미래와 통하는 책

동양북스 외국어 베스트 도서

700만 독자의 선택!

새로운 도서,
다양한 자료
**동양북스
홈페이지에서
만나보세요!**

www.dongyangbooks.com
m.dongyangbooks.com

※ 학습자료 및 MP3 제공 여부는 도서마다 상이하므로 확인 후 이용 바랍니다.

홈페이지 도서 자료실에서 학습자료 및 MP3 무료 다운로드

PC

❶ 홈페이지 접속 후 도서 자료실 클릭
❷ 하단 검색 창에 검색어 입력
❸ MP3, 정답과 해설, 부가자료 등 첨부파일 다운로드
　* 원하는 자료가 없는 경우 '요청하기' 클릭!

MOBILE

* 반드시 '인터넷, Safari, Chrome' App을 이용하여 홈페이지에 접속해주세요. (네이버, 다음 App 이용 시 첨부파일의 확장자명이 변경되어 저장되는 오류가 발생할 수 있습니다.)

❶ 홈페이지 접속 후 ≡ 터치

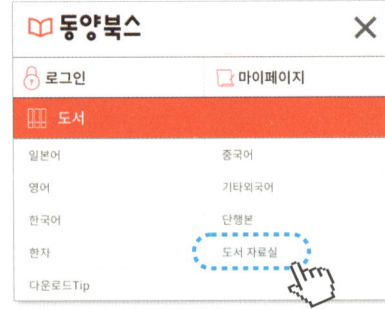

❷ 도서 자료실 터치

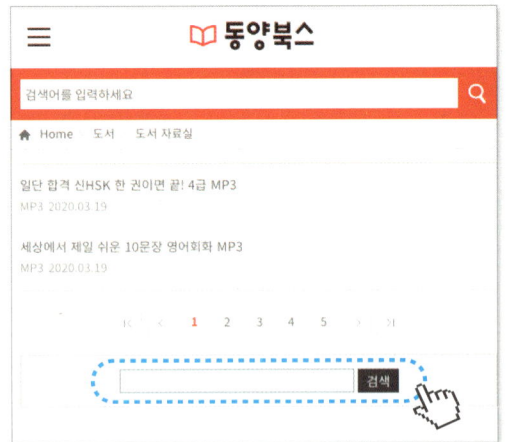

❸ 하단 검색창에 검색어 입력
❹ MP3, 정답과 해설, 부가자료 등 첨부파일 다운로드
　* 압축 해제 방법은 '다운로드 Tip' 참고

일본어능력시험

일단 합격
JLPT
N3 문자·어휘

이선옥, JLPT 교재개발연구회 저
사이키 가쓰히로 감수

동양북스

일본어능력시험

일단 합격
JLPT N3 문자·어휘

초판 4쇄 | 2024년 8월 10일

저　자 | 이선옥, JLPT 교재개발연구회
감　수 | 사이키 가쓰히로
발행인 | 김태웅
책임 편집 | 길혜진, 이서인
디자인 | 남은혜, 김지혜
마케팅 총괄 | 김철영
온라인 마케팅 | 김은진
제　작 | 현대순

발행처 | ㈜동양북스
등　록 | 제 2014-000055호
주　소 | 서울시 마포구 동교로22길 14 (04030)
구입 문의 | 전화 (02)337-1737　팩스 (02)334-6624
내용 문의 | 전화 (02)337-1762　dybooks2@gmail.com

ISBN 979-11-5768-528-8 18730
　　　979-11-5768-525-7 (세트)

ⓒ 이선옥 · JLPT 교재개발연구회, 2019

▶ 본 책은 저작권법에 의해 보호를 받는 저작물이므로 무단 전재와 복제를 금합니다.
▶ 잘못된 책은 구입처에서 교환해드립니다.
▶ 도서출판 동양북스에서는 소중한 원고, 새로운 기획을 기다리고 있습니다.
　　http://www.dongyangbooks.com

머리말

모든 일본어 학습자 여러분, 정말 반갑습니다.

여러분의 첫 도전! 일본어 능력시험(JLPT) N3에 돌입하신 모든 분들의 만족스럽고 성공적인 합격 결과를 진심으로 응원합니다.

일본어 능력시험(JLPT)은, 국제교류기금(國際交流基金) 및 일본국제교육지원협회(日本國際教育支援協會)에서 주최하고 있는 시험으로, 일본어를 모국어로 하지 않는 사람을 대상으로 일본어 능력을 측정하고 인정함을 목적으로 실시하고 있습니다. 이는 일본 정부가 공인하는 일본어 능력테스트이니 만큼, 일본 대학과 기업체는 물론, 국내 대학, 공기업, 사기업 등 매우 많은 분야에서 특차전형과 인사에 평가 척도로 이용되고 있으며, 급수 소지자에 가산점을 부여하고 있습니다.

특히 N3 시험은 '문자·어휘/문법/독해/청해'의 형태로, 일본어를 구사하는 데에 있어서 가장 핵심적이고 중요한 '기본 지식'과 중·고급의 응용력을 갖추고 있는지를 평가하고 있습니다. 기초가 흔들리면 전체가 무너지듯, N3 시험을 성공적으로 이루어 낸다면, 앞으로 N2, N1까지 탄탄하고 순조로운 성공을 거둘 수 있을 것입니다.

知之者 不如 好之者, 好之者 不如 樂之者 (논어)
[단순히 머리로 아는 사람은, 온 마음으로 좋아하는 사람에 미치지 못하고, 온 마음으로 좋아해도, 그것을 즐기며 실천하는 사람을 따라잡을 수 없다.]

일본어를 처음 시작했을 때의 설렘, 그리고 성취해 나가면서 느꼈던 즐거움을 늘 기억하시길 바랍니다. 시험이라는 제도 안에서 헷갈리는 문제를 풀어나간다는 것은 힘든 싸움일지도 모릅니다. 하지만, 지난 16년 동안의 강의 속에 함께 했던 수많은 학습자들 중 오로지 '즐거움'만으로 끝내 만족스러운 성공을 거둔 분들을 많이 만나 왔습니다. 정신없이 몰두하게 되는 고된 시험 준비는, 결국 여러분의 빛나는 일본어 능력을 완성시켜 줄 아름다운 과정입니다.

끝으로, 이 책의 출판에 도움을 주신 모든 분들께 감사의 말씀을 드립니다.

저자 일동

이 책의 구성과 활용법

이 책은 JLPT(일본어능력시험) N3 문자·어휘에 대비할 수 있도록 구성된 수험서입니다. 2010년 개정 이후 출제된 어휘들을 학습하고 확실하게 복습할 수 있도록 짜여 있습니다. 이 책은 크게 네 개 파트로 이루어집니다. 처음 JLPT 문자·어휘 학습을 준비하는 학습자들을 위해 ❶ 유형을 분석하고, ❷ 기출 어휘를 먼저 살펴본 후 ❸ 출제 예상 어휘 학습으로 나아갑니다. 모든 어휘 학습을 마친 뒤에는 ❹ 실전 형식의 모의고사를 통해 마무리 실력 점검을 할 수 있습니다.

▶ PART 1 유형 공략
시험 유형과 꿀팁을 한눈에!

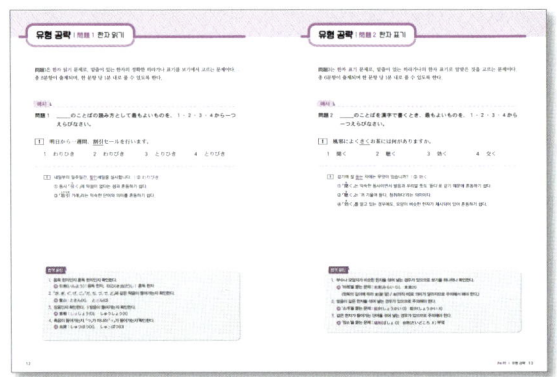

〈PART 1 유형 공략〉에서는 본격적인 학습에 앞서 시험에 출제되는 각 문제 유형을 제시하여 처음 JLPT를 접하는 학습자도 유형에 쉽게 적응할 수 있습니다. 또한 '합격 꿀팁'을 통해 고득점을 위한 비법도 확인할 수 있습니다.

▶ PART 2 기출 공략
지피지기면 백전백승, 기출 어휘 정복하기

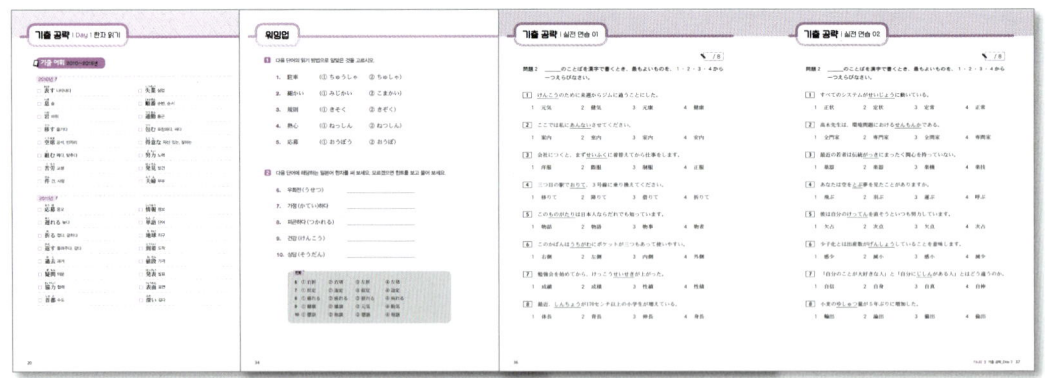

〈PART 2 기출 공략〉에서는 2010년부터 지금까지의 기출 어휘를 연도순으로 살펴봅니다. 기출 어휘 학습을 마친 후에는 간단한 유형의 워밍업 문제를 통해서 바로 앞에서 암기한 어휘를 확인합니다. 그 다음에는 실제 시험과 동일한 유형의 실전 연습 문제를 풀어 보면서 실전에 대비해 봅시다.

▶ PART 3 합격 공략
N3 문자·어휘 만점을 위한 실력 다지기

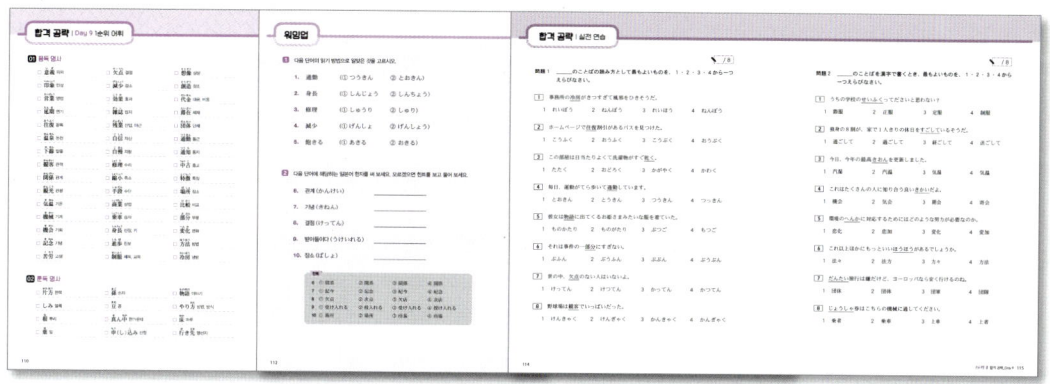

〈PART 3 합격 공략〉에서는 N3 출제 예상 어휘를 우선 순위별로 분류하고, 품사별로 정리하여 효율적으로 학습할 수 있도록 하였습니다. 합격 어휘 학습을 마친 후에는 마찬가지로 워밍업 문제를 통해서 바로 앞에서 암기한 어휘를 간단히 확인하고 실전 연습을 통해 문제 풀이 실력을 향상시켜 보세요.

▶ PART 4 실전 공략
문자·어휘 모의고사 5회분으로 마무리 점검

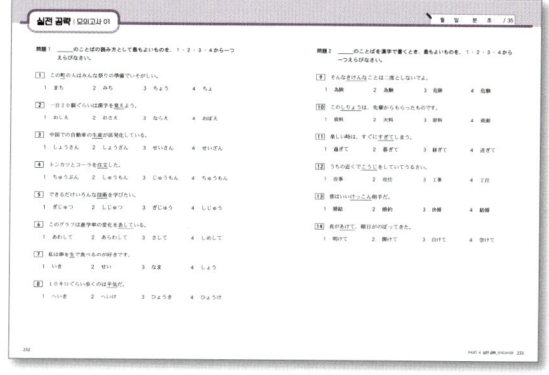

〈PART 4 실전 공략〉에서는 문자·어휘 문제로 구성된 모의고사 5회분을 풀이합니다. 실제로 시험을 보는 것처럼 시간을 정해 두고 문제를 풀이하세요. 문제를 다 푸는 데 걸린 시간과 정답의 개수를 기록하면서 시험을 보기 전 마지막으로 실력을 점검합니다.

JLPT(일본어능력시험)란?

❶ JLPT에 대해서
JLPT(Japanese-Language Proficiency Test)는 일본어를 모국어로 하지 않는 사람의 일본어 능력을 측정하고 인정하는 시험으로, 국제교류기금과 재단법인 일본국제교육지원협회가 주최하고 있습니다. 1984년부터 실시되고 있으며 다양화된 수험자와 수험 목적의 변화에 발맞춰 2010년부터 새로워진 일본어 능력시험이 연 2회(7월, 12월) 실시되고 있습니다.

❷ JLPT 레벨과 인정 기준

레벨	과목별 시간		인정 기준
	유형별	시간	
N1	언어지식(문자·어휘·문법) 독해	110분	**기존 시험 1급보다 다소 높은 레벨까지 측정** [읽기] 논리적으로 약간 복잡하고 추상도가 높은 문장 등을 읽고, 문장의 구성과 내용을 이해할 수 있으며 다양한 화제의 글을 읽고, 이야기의 흐름이나 상세한 표현 의도를 이해할 수 있다. [듣기] 자연스러운 속도의 체계적 내용의 회화나 뉴스, 강의를 듣고, 내용의 흐름 및 등장인물의 관계나 내용의 논리구성 등을 상세히 이해하거나, 요지를 파악할 수 있다.
	청해	60분	
	계	170분	
N2	언어지식(문자·어휘·문법) 독해	105분	**기존 시험의 2급과 거의 같은 레벨** [읽기] 신문이나 잡지의 기사나 해설, 평이한 평론 등, 논지가 명쾌한 문장을 읽고 문장의 내용을 이해할 수 있으며, 일반적인 화제에 관한 글을 읽고, 이야기의 흐름이나 표현 의도를 이해할 수 있다. [듣기] 자연스러운 속도의 체계적 내용의 회화나 뉴스를 듣고, 내용의 흐름 및 등장인물의 관계를 이해하거나, 요지를 파악할 수 있다.
	청해	50분	
	계	155분	
N3	언어지식(문자·어휘)	105분	**기존 시험의 2급과 3급 사이에 해당하는 레벨(신설)** [읽기] 일상적인 화제에 구체적인 내용을 나타내는 문장을 읽고 이해할 수 있으며, 신문의 기사 제목 등에서 정보의 개요를 파악할 수 있다. 일상적인 장면에서 난이도가 약간 높은 문장을 바꿔 제시하며 요지를 이해할 수 있다. [듣기] 자연스러운 속도의 체계적 내용의 회화를 듣고, 이야기의 구체적인 내용을 등장인물의 관계 등과 함께 거의 이해할 수 있다.
	언어지식(문법)·독해		
	청해	40분	
	계	145분	
N4	언어지식(문자·어휘)	95분	**기존 시험 3급과 거의 같은 레벨** [읽기] 기본적인 어휘나 한자로 쓰여진, 일상생활에서 흔하게 일어나는 화제의 문장을 읽고 이해할 수 있다. [듣기] 일상적인 장면에서 다소 느린 속도의 회화라면 거의 내용을 이해할 수 있다.
	언어지식(문법)·독해		
	청해	35분	
	계	130분	
N5	언어지식(문자·어휘)	80분	**기존 시험 4급과 거의 같은 레벨** [읽기] 히라가나 가타카나, 일상생활에서 사용되는 기본적인 한자로 쓰인 정형화된 어구나 문장을 읽고 이해할 수 있다. [듣기] 일상생활에서 자주 접하는 장면에서 느리고 짧은 회화로부터 필요한 정보를 얻어낼 수 있다.
	언어지식(문법)·독해		
	청해	30분	
	계	110분	

❸ 시험 결과의 표시

레벨	득점 구분	인정 기준
N1	언어지식(문자 · 어휘 · 문법)	0~60
	독해	0~60
	청해	0~60
	종합득점	0~180
N2	언어지식(문자 · 어휘 · 문법)	0~60
	독해	0~60
	청해	0~60
	종합득점	0~180
N3	언어지식(문자 · 어휘 · 문법)	0~60
	독해	0~60
	청해	0~60
	종합득점	0~180
N4	언어지식(문자 · 어휘 · 문법) · 독해	0~120
	청해	0~60
	종합득점	0~180
N5	언어지식(문자 · 어휘 · 문법) · 독해	0~120
	청해	0~60
	종합득점	0~180

❹ 시험 결과 통지의 예

다음 예와 같이 ① '득점구분별 득점'과 각 득점구분별 득점을 합계한 ② '종합득점', 앞으로의 일본어 학습을 위한 ③ '참고 정보'를 통지합니다. ③ '참고 정보'는 합격/불합격 판정 대상이 아닙니다.

※예 : N3를 수험한 Y씨의 '합격/불합격 통지서'의 일부 성적 정보(실제 서식은 변경될 수 있습니다.)

① 득점 구분별 득점			② 종합 득점
언어지식 (문자 · 어휘 · 문법)	독해	청해	120/180
50/60	30/60	40/60	

③ 참고 정보	
문자 · 어휘	문법
A	C

A 매우 잘했음 (정답률 67% 이상)
B 잘했음 (정답률 34%이상 67% 미만)
C 그다지 잘하지 못했음 (정답률 34% 미만)

차례

머리말 3
이 책의 구성과 활용법 4
JLPT(일본어능력시험)란? 6
차례 8
학습 플래너 10

PART 1 유형 공략

問題 1 한자 읽기 12
問題 2 한자 표기 13
問題 3 문맥 규정 14
問題 4 유의어 15
問題 5 용법 16

PART 2 기출 공략

Day 1 한자 읽기 20
Day 2 한자 표기 30
Day 3 문맥 규정 40
Day 4 유의어 52
Day 5 용법 64

PART 3 합격 공략

Day 6 1순위 어휘 80
Day 7 1순위 어휘 90
Day 8 1순위 어휘 100
Day 9 1순위 어휘 110

Day 10 1순위 어휘 120
Day 11 2순위 어휘 130
Day 12 2순위 어휘 140
Day 13 2순위 어휘 150
Day 14 2순위 어휘 160
Day 15 2순위 어휘 170
Day 16 3순위 어휘 180
Day 17 3순위 어휘 190
Day 18 3순위 어휘 200
Day 19 3순위 어휘 210
Day 20 3순위 어휘 220

PART 4 실전 공략

모의고사 01 232
모의고사 02 238
모의고사 03 244
모의고사 04 250
모의고사 05 256

정답 확인 263
해답 용지 269

*이 책에 나온 문제의 정답과 해석은 표지의 QR코드를 스캔하거나 동양북스 홈페이지 (www.dongyangbooks.com) 도서 자료실에 접속하면 확인할 수 있습니다.

학습 플래너

★ 날짜를 기록하면서 진도를 확인해 보세요.

Day 1 월 일	**Day 2** 월 일	**Day 3** 월 일	**Day 4** 월 일
■ 기출 어휘 ■ 워밍업 ■ 실전 연습 01~04	■ 기출 어휘 ■ 워밍업 ■ 실전 연습 01~04	■ 기출 어휘 ■ 워밍업 ■ 실전 연습 01~04	■ 기출 어휘 ■ 워밍업 ■ 실전 연습 01~04
Day 5 월 일	**Day 6** 월 일	**Day 7** 월 일	**Day 8** 월 일
■ 기출 어휘 ■ 워밍업 ■ 실전 연습 01~04	■ 1순위 어휘 ■ 워밍업 ■ 실전 연습	■ 1순위 어휘 ■ 워밍업 ■ 실전 연습	■ 1순위 어휘 ■ 워밍업 ■ 실전 연습
Day 9 월 일	**Day 10** 월 일	**Day 11** 월 일	**Day 12** 월 일
■ 1순위 어휘 ■ 워밍업 ■ 실전 연습	■ 1순위 어휘 ■ 워밍업 ■ 실전 연습	■ 2순위 어휘 ■ 워밍업 ■ 실전 연습	■ 2순위 어휘 ■ 워밍업 ■ 실전 연습
Day 13 월 일	**Day 14** 월 일	**Day 15** 월 일	**Day 16** 월 일
■ 2순위 어휘 ■ 워밍업 ■ 실전 연습	■ 2순위 어휘 ■ 워밍업 ■ 실전 연습	■ 2순위 어휘 ■ 워밍업 ■ 실전 연습	■ 3순위 어휘 ■ 워밍업 ■ 실전 연습
Day 17 월 일	**Day 18** 월 일	**Day 19** 월 일	**Day 20** 월 일
■ 3순위 어휘 ■ 워밍업 ■ 실전 연습	■ 3순위 어휘 ■ 워밍업 ■ 실전 연습	■ 3순위 어휘 ■ 워밍업 ■ 실전 연습	■ 3순위 어휘 ■ 워밍업 ■ 실전 연습

최종 점검

☐ 모의고사 01	☐ 모의고사 02	☐ 모의고사 03	☐ 모의고사 04	☐ 모의고사 05
/ 35	/ 35	/ 35	/ 35	/ 35

유형 공략

問題 1	한자 읽기	12
問題 2	한자 표기	13
問題 3	문맥 규정	14
問題 4	유의어	15
問題 5	용법	16

〈PART 1 유형 공략〉에서는 각 문제 유형의 대략적인 개요를 살펴봅니다. 본격적인 문자·어휘 학습에 앞서 문제 유형의 기본적인 정보를 확인합니다. 각각의 문제에 대해 간단하게 정리해 두었으니 가볍게 읽으며 워밍업을 합니다.

유형 공략 | 問題 1 한자 읽기

問題 1은 한자 읽기 문제로, 밑줄이 있는 한자의 정확한 히라가나 표기를 보기에서 고르는 문제이다. 총 8문항이 출제되며, 한 문항 당 1분 내로 풀 수 있도록 한다.

예시

問題 1 ＿＿＿＿のことばの読み方として最もよいものを、1・2・3・4から一つえらびなさい。

[1] 明日から一週間、割引セールを行います。

1　わりひき　　2　わりびき　　3　とりひき　　4　とりびき

[1] 내일부터 일주일간, 할인세일을 실시합니다. | ② わりびき
　① 동사「引く」에 탁점이 없다는 점과 혼동하기 쉽다.
　③「取引 거래」라는 익숙한 단어와 의미를 혼동하기 쉽다.

합격 꿀팁

1. 음독 한자인지 훈독 한자인지 확인한다.
   예) 引用(いんよう) : 음독 한자, 引(ひ)き出(だ)し : 훈독 한자
2.「が, ぎ, ぐ, げ, ご」「だ, ぢ, づ, で, ど」와 같은 탁음이 들어가는지 확인한다.
   예) 登山 : とざん (O)　とさん (X)
3. 장음인지 확인한다. 「う」 발음이 들어가는지 확인한다.
   예) 首相 : しゅしょう (O)　しゅうしょう (X)
4. 촉음이 들어가는지, 「つ」가 아니라 「っ」가 들어가는지 확인한다.
   예) 出発 : しゅっぱつ (O)　しゅつはつ (X)

유형 공략 | 問題 2 한자 표기

問題2는 한자 표기 문제로, 밑줄이 있는 히라가나의 한자 표기로 알맞은 것을 고르는 문제이다.
총 6문항이 출제되며 한 문항 당 1분 내로 풀 수 있도록 한다.

예시

問題2 _____ のことばを漢字で書くとき、最もよいものを、1・2・3・4から一つえらびなさい。

[1] 風邪によく<u>きく</u>お茶には何がありますか。

1　聞く　　　2　聴く　　　3　効く　　　4　交く

[1] 감기에 잘 듣는 차에는 무엇이 있습니까? | ③ 効く
①「聞く」는 익숙한 동사이면서 발음과 우리말 뜻도 '듣다'로 같기 때문에 혼동하기 쉽다.
②「聴く」는 '귀 기울여 듣다, 청취하다'라는 의미이다.
③「効く」는 '(약효가) 듣다, 효과가 있다'라는 의미이다.
④「効く」를 알고 있는 경우에도, 모양이 비슷한 한자가 제시되어 있어 혼동하기 쉽다.

합격 꿀팁

1. 부수나 모양자가 비슷한 한자를 섞어 넣는 경우가 있으므로 보기를 하나하나 확인한다.
   - 예 '미래'를 묻는 문제 : 未来(みらい)(O)　末来(X)
     (윗획의 길이에 따라 末(끝 말) / 未(아직 미)로 의미가 달라지므로 주의해서 봐야 한다.)
2. 발음이 같은 한자를 섞어 넣는 경우가 있으므로 주의해야 한다.
   - 예 '소개'를 묻는 문제 : 紹介(しょうかい)(O)　招介(しょうかい)(X)
3. 같은 한자가 들어가는 단어를 섞어 넣는 경우가 있으므로 주의해야 한다.
   - 예 '장소'를 묻는 문제 : 場所(ばしょ)(O)　台所(だいどころ)(X) 부엌

유형 공략 | 問題 3 문맥 규정

問題 3은 문맥 규정 문제로, 문장의 흐름에 맞는 어휘를 고르는 문제이다. 총 11문항이 출제되며 한 문항 당 1분 내로 풀 수 있도록 한다.

예시

問題 3 （　　　）に入れるのに最もよいものを、1・2・3・4から一つえらびなさい。

1　（　　　）寝たので、気持ちがいい。

1　すっかり　　　2　ぐっすり　　　3　はっきり　　　4　ぴったり

1　푹 자서, 기분이 좋다. | ② ぐっすり
　① すっかり 완전히, 온통　② ぐっすり 푹　③ はっきり 확실히, 명확히　④ ぴったり 딱, 꼭

합격 꿀팁

1. 다른 유형에 비해 특히 '부사'의 출제빈도가 높다. '상태·빈도·정도 부사'는 물론, '의성어·의태어'에 걸쳐 다양하다.
2. 어휘의 의미 이해가 중요하므로, 단어의 사전적 의미를 외우기보다는 문장의 흐름속에서 이해하고 기억해 두는 노력이 필요하다.
3. 하나의 어휘가 문장에 따라 여러 의미로 쓰이는 다의어도 있기 때문에, 다양한 문장을 접하는 것이 중요하다.
   예) ずっと待(ま)っていた。쭉 기다리고 있었다.
　　　こちらの方(ほう)がずっといい。이 쪽이 훨씬 좋다.

유형 공략 | 問題 4 유의어

問題 4는 유의어 문제로, 제시된 어휘와 뜻이 비슷한 어휘, 즉, 바꾸어 써도 문장이 성립할 수 있는 어휘를 보기에서 고르는 문제이다. 총 5문항이 출제되며 한 문항 당 1분 내로 풀 수 있도록 한다.

예시

問題 4 ＿＿＿に意味が最も近いものを、1・2・3・4から一つえらびなさい。

1　明日の飛行機の予約を確認してください。

1　変えて　　　2　調べて　　　3　行って　　　4　頼んで

---

1 내일 비행기 예약을 확인해 주세요. | ② 調べて
① 変える 바꾸다, 변경하다 ② 調べる 알아보다, 조사하다
③ 行う 실시하다 ④ 頼む 부탁하다, 의뢰하다
・「確認する 확인하다」의 의미로 가장 가까운 것은 2번의 동사 「調べる」이므로, 어휘를 교체하여도 문장의 의미와 의도는 같다.

합격 꿀팁

1. 제시된 단어를 대체하여 쓸 수 있는 단어를 알아야 하므로, 어휘력은 물론 문장 전체의 의미와 의도를 파악하는 독해력도 요구된다.
2. 평소 단어를 암기할 때, 유사표현도 함께 정리해 두는 습관이 중요하다.
   예) ゆっくり寝(ね)る・ぐっすり寝(ね)る・たっぷり寝(ね)る 푹 자다

유형 공략 | 問題 5 용법

問題 5는 **용법** 문제로, 어휘의 올바른 쓰임새를 묻는 문제이다. 즉, 제시된 어휘의 의미가 가장 바르게 쓰이고 있는 문장을 고르는 형식이다. 총 5문항이 출제되며, 각 문항 당 1분 내외로 풀 수 있도록 한다.

예시

問題 5　つぎのことばの使い方として最もよいものを、1・2・3・4から一つえらびなさい。

1　指示

1　「この書類、３０部コピーしておいて」と秘書に指示した。
2　「この作文を見ていただけませんか」と先生に指示した。
3　「あした映画を見に行こうよ」と友だちに指示した。
4　「トイレはどこにありますか」と店員に指示した。

1　지시 | ①「この書類、３０部コピーしておいて」と秘書に指示した。

① '이 서류, 30부 복사해 놓게'라고 비서에게 지시했다.(○)
② '이 작문을 봐 주실 수 있습니까?'라고 선생님에게 지시했다.
③ '내일 영화를 보러 가자'라고 친구에게 지시했다.
④ '화장실은 어디에 있습니까?'라고 점원에게 지시했다.

「지시(指示)」란, '가리켜 보이다, 일러서 시키다'의 의미이다. 윗사람 혹은, 책임자가 낮은 지위의 상대방에게 하는 행동의 의미를 가진다.

따라서, ②번은「うかがう 여쭙다」로, ③번은「さそう 권하다, 청하다」, ④번은「きく 묻다」 정도의 동사로 바꿔 쓰는 것이 자연스럽다.

합격 꿀팁

1. 어휘의 정확한 의미 파악이 포인트이다. 사전적인 의미는 물론, 어휘가 가지는 긍정·부정적인 뉘앙스의 파악까지 체크해 둘 필요가 있다.
2. 부사의 경우, 문장 안에서 의미가 달라지는 경우가 적지 않다.
    예) なかなかできない。좀처럼(쉽사리) 잘 되지 않는다.
    　　なかなかきれいだ。꽤(상당히) 예쁘다.
3. 특정 어휘의 경우 어떤 어휘와 함께 쓰이는지, 패턴화하여 암기하는 것도 좋은 방법이다.
    예)「けっして~ない(부정문)」: 결코 ~지 않다

Memo

① 기출 어휘
2010년부터 2018년도까지 N3 문자·어휘 시험에 출제된 기출 어휘를 연도순으로 나눠 정리하였습니다.

② 워밍업
기출 어휘 학습을 마친 후에는 간단한 문제를 통해 빠르게 복습해 볼 수 있습니다.

③ 실전 연습
실제 일본어 능력시험(JLPT) N3의 문자·어휘 시험과 동일한 형식의 문제를 풀어 보면서 실전에 대비할 수 있습니다.

기출 공략

Day 1	한자 읽기	20
Day 2	한자 표기	30
Day 3	문맥 규정	40
Day 4	유의어	52
Day 5	용법	64

〈PART 2 기출 공략〉에서는 실제 일본어 능력시험(JLPT) N3의 문자·어휘에서 출제된 어휘를 문제 유형별로 살펴봅니다. 기출 어휘를 학습한 다음에는 워밍업을 통해 앞에서 배운 어휘를 복습하고 실전 연습으로 실력을 쌓아 보세요.

기출 공략 | Day 1 한자 읽기

기출 어휘 2010~2018년

2010년

- 表^{あらわ}す 나타내다
- 息^{いき} 숨
- 岩^{いわ} 바위
- 移^{うつ}す 옮기다
- 空席^{くうせき} 공석, 빈자리
- 組^くむ 짜다, 맞추다
- 苦労^{くろう} 고생
- 件^{けん} 건, 사항

- 失業^{しつぎょう} 실업
- 順番^{じゅんばん} 순번, 순서
- 通勤^{つうきん} 통근
- 包^{つつ}む 포장하다, 싸다
- 得意^{とくい}な 자신 있는, 잘하는
- 努力^{どりょく} 노력
- 発見^{はっけん} 발견
- 夫婦^{ふうふ} 부부

2011년

- 応募^{おうぼ} 응모
- 遅^{おく}れる 늦다
- 折^おる 접다, 굽히다
- 返^{かえ}す 돌려주다, 갚다
- 過去^{かこ} 과거
- 疑問^{ぎもん} 의문
- 協力^{きょうりょく} 협력
- 首都^{しゅと} 수도

- 情報^{じょうほう} 정보
- 単語^{たんご} 단어
- 地球^{ちきゅう} 지구
- 到着^{とうちゃく} 도착
- 値段^{ねだん} 가격
- 発表^{はっぴょう} 발표
- 表面^{ひょうめん} 표면
- 深^{ふか}い 깊다

2012년

- 合図 (あいず) 신호
- 汗 (あせ) 땀
- 以降 (いこう) 이후
- 笑顔 (えがお) 웃는 얼굴
- 横断 (おうだん) 횡단
- 固い (かたい) 딱딱하다
- 完成 (かんせい) 완성
- 配る (くばる) 나누어 주다, 배포하다
- 外科 (げか) 외과
- 困る (こまる) 곤란하다
- 島 (しま) 섬
- 示す (しめす) 나타내다
- 卒業 (そつぎょう) 졸업
- 他人 (たにん) 타인, 남
- 平日 (へいじつ) 평일
- 短い (みじかい) 짧다

2013년

- 浅い (あさい) 얕다
- 改札 (かいさつ) 개찰
- 各地 (かくち) 각지
- 苦しい (くるしい) 괴롭다
- 事情 (じじょう) 사정
- 実力 (じつりょく) 실력
- 出張 (しゅっちょう) 출장
- 席 (せき) 자리, 좌석
- 選手 (せんしゅ) 선수
- 貯金 (ちょきん) 저금
- 通知 (つうち) 통지
- 根 (ね) 뿌리
- 生える (はえる) 나다, 돋아나다
- 文章 (ぶんしょう) 문장
- 留守 (るす) 부재
- 笑う (わらう) 웃다

2014년

- 相手 (あいて) 상대방
- 厚い (あつい) 두껍다
- 一般的な (いっぱんてきな) 일반적인
- 応用 (おうよう) 응용
- 覚える (おぼえる) 기억하다, 외우다
- 替える (かえる) 교체하다

- ☐ 検(けん)査(さ) 검사
- ☐ 広(こう)告(こく) 광고
- ☐ 呼(こ)吸(きゅう) 호흡
- ☐ 自(し)然(ぜん) 자연
- ☐ 集(しゅう)中(ちゅう) 집중
- ☐ 商(しょう)業(ぎょう) 상업
- ☐ 食(しょっ)器(き) 식기
- ☐ 大(たい)会(かい) 대회
- ☐ 横(よこ) 옆, 가로
- ☐ 割(わ)れる 깨지다, 나뉘다

2015년
- ☐ 表(あらわ)す 나타내다, 표현하다
- ☐ 美(うつく)しい 아름답다
- ☐ 首(くび) 목
- ☐ 経(けい)営(えい)学(がく) 경영학
- ☐ 血(けつ)液(えき)型(がた) 혈액형
- ☐ 支(し)給(きゅう)する 지급하다
- ☐ 創(そう)造(ぞう) 창조
- ☐ 朝(ちょう)食(しょく) 조식, 아침식사
- ☐ 伝(つた)える 전하다, 전달하다
- ☐ 荷(に)物(もつ) 짐
- ☐ 分(ぶん)類(るい) 분류
- ☐ 平(へい)均(きん) 평균
- ☐ 変(へん)化(か) 변화
- ☐ 干(ほ)す 말리다
- ☐ 湖(みずうみ) 호수
- ☐ 汚(よご)れる 더러워지다

2016년
- ☐ 折(お)れる 부러지다, 꺾이다
- ☐ 観(かん)客(きゃく) 관객
- ☐ 共(きょう)通(つう) 공통
- ☐ 加(くわ)える 추가하다
- ☐ 訓(くん)練(れん) 훈련
- ☐ 個(こ)人(じん) 개인
- ☐ 税(ぜい)金(きん) 세금
- ☐ 到(とう)着(ちゃく) 도착
- ☐ 独(どく)立(りつ) 독립
- ☐ 努(ど)力(りょく) 노력
- ☐ はかる 재다, 측정하다
- ☐ 払(はら)う 지불하다

- □ 方向(ほうこう) 방향
- □ 豆(まめ) 콩
- □ 丸い(まるい) 둥글다
- □ 申し込み(もうしこみ) 신청

2017년

- □ 位置(いち) 위치
- □ 過去(かこ) 과거
- □ 下線(かせん) 밑줄
- □ 汚い(きたない) 더럽다
- □ 禁煙(きんえん) 금연
- □ 計算(けいさん) 계산
- □ 転ぶ(ころぶ) 넘어지다
- □ 手術(しゅじゅつ) 수술
- □ 主要(しゅよう) 주요
- □ 商品(しょうひん) 상품
- □ 早退(そうたい) 조퇴
- □ 直接(ちょくせつ) 직접
- □ 冷える(ひえる) 식다, 차가워지다
- □ 回す(まわす) 돌리다
- □ 結ぶ(むすぶ) 묶다, 잇다
- □ 燃える(もえる) 타다, 불타다

2018년

- □ 遊ぶ(あそぶ) 놀다
- □ 疑う(うたがう) 의심하다
- □ 改札(かいさつ) 개찰
- □ 換える(かえる) 바꾸다, 교환하다
- □ 機械(きかい) 기계
- □ 休日(きゅうじつ) 휴일
- □ 血圧(けつあつ) 혈압
- □ 恋しい(こいしい) 그립다
- □ 塩(しお) 소금
- □ 制服(せいふく) 제복, 유니폼
- □ 相談(そうだん) 상담
- □ 卒業(そつぎょう) 졸업
- □ 確か(たしか) 확실함
- □ 得意な(とくいな) 자신 있는
- □ 部分(ぶぶん) 부분
- □ 命令(めいれい) 명령

워밍업

1 다음 단어의 읽기 방법으로 알맞은 것을 고르세요.

1. 到着　　　（① とうちゃく　　② とちゃく）
2. 分類　　　（① ぶんるい　　　② ぶんりゅう）
3. 変化　　　（① べんか　　　　② へんか）
4. 通知　　　（① とうち　　　　② つうち）
5. 相談　　　（① そうだん　　　② しょうだん）

2 다음 단어에 해당하는 일본어 한자를 써 보세요. 모르겠으면 힌트를 보고 풀어 보세요.

6. 문장(ぶんしょう)　　　_____

7. 부재(るす)　　　　　　_____

8. 가격(ねだん)　　　　　_____

9. 호흡(こきゅう)　　　　_____

10. 신청(もうしこみ)　　　_____

힌트

	①	②	③	④
6	文書	文章	書章	書類
7	留守	旅守	留学	留手
8	値価	価格	値段	階段
9	平吸	呼吸	吸級	平級
10	申し混み	申し込み	伸し込み	伸し混み

3 다음 밑줄 친 한자를 히라가나로 써 보세요.

11. 先生が<u>合図</u>をしたら、始めてください。 ＿＿＿＿＿＿

12. ７時の飛行機は満員で<u>空席</u>がない。 ＿＿＿＿＿＿

13. イギリスの<u>首都</u>はどこですか。 ＿＿＿＿＿＿

14. 自分の<u>得意</u>なことを仕事にするといい。 ＿＿＿＿＿＿

15. 別々に<u>包ん</u>でいただけますか。 ＿＿＿＿＿＿

4 다음 괄호 안에 들어갈 단어로 알맞은 것을 고르세요.

16. 昨日、階段で (① 運んで　② 転んで) けがをした。

17. 学生にテストの用紙を (① 配った　② 払った)。

18. 明日の会議に遅れないようにみんなに (① 表して　② 伝えて) ください。

19. 昨日借りた本は３時までに (① 貸さなければ　② 返さなければ) ならない。

20. この本はあまりにも (① 太くて　② 厚くて)、明日までに読み切れない。

◆ 정답

1 ①　2 ①　3 ②　4 ②　5 ①　6 ②　7 ①　8 ③　9 ②　10 ②
11 あいず　12 くうせき　13 しゅと　14 とくい　15 つつんで　16 ②　17 ①　18 ②　19 ②　20 ②

기출 공략 | 실전 연습 01

✏️ /8

問題1 ＿＿＿＿のことばの読み方として最もよいものを、1・2・3・4から一つえらびなさい。

|1| 日本の漫画を読みながら単語を覚えます。
1　だんご　　　2　たんご　　　3　げんご　　　4　けんご

|2| 100メートル走っただけで呼吸があらくなる。
1　こきゅう　　2　こうきゅう　3　こしゅう　　4　こうしゅう

|3| このドラマの主要な登場人物はだれですか。
1　じゅよう　　2　じゅうよう　3　しゅよう　　4　しゅうよう

|4| クラスのみんなに先生の話を伝えた。
1　あたえた　　2　そなえた　　3　かなえた　　4　つたえた

|5| 失業していた友だちに新しい仕事を紹介した。
1　しつぎょう　2　そつぎょう　3　ざんぎょう　4　じゅぎょう

|6| 両親に送ってもらったリンゴを近所に配った。
1　ひろった　　2　わたった　　3　くばった　　4　はった

|7| 原稿はほぼ完成し、あとは部分的に修正すればいい。
1　がんせい　　2　かんせい　　3　がんしょう　4　かんしょう

|8| 毎朝、となりの家から美しいピアノ曲が流れている。
1　うつくしい　2　まぶしい　　3　すばらしい　4　めずらしい

기출 공략 | 실전 연습 02

/ 8

問題1 _____のことばの読み方として最もよいものを、1・2・3・4から一つえらびなさい。

① 人の失敗を笑うな。だれでも失敗はするものだ。
   1 ねがう   2 さそう   3 ならう   4 わらう

② 日本は多くの島からなっています。
   1 ちょう   2 とう   3 とり   4 しま

③ 名前を上から順番に呼んでいきました。
   1 じゅんぱん   2 じゅっぱん   3 じゅんばん   4 じゅうばん

④ この飛行機はまもなく成田(なりた)空港に到着いたします。
   1 どちゃく   2 どうちゃく   3 とちゃく   4 とうちゃく

⑤ 私はいつも自転車で通勤しています。
   1 つうやく   2 つうしん   3 つうきん   4 つうか

⑥ いちばん得意な科目はなんですか。
   1 とうくい   2 とくい   3 どうくい   4 どくい

⑦ この件については、こちらの資料をお読みください。
   1 あん   2 けん   3 ほう   4 よう

⑧ 友だちにインフルエンザを移された。
   1 うつされた   2 かえされた   3 けされた   4 おされた

기출 공략 | 실전 연습 03

/8

問題1 ＿＿＿のことばの読み方として最もよいものを、1・2・3・4から一つえらびなさい。

1 少子化は韓国と日本、両国に共通する問題である。

   1 こうつう   2 こうづう   3 きょうつう   4 きょうづう

2 急に東京への出張が決まって、今夜は荷づくりで忙しい。

   1 しゅつじょう   2 しゅつば   3 しゅっしょう   4 しゅっちょう

3 ご協力いただき、誠にありがとうございました。

   1 きょうりょく   2 こうりょく   3 きょうりき   4 こうりき

4 もったいない！ 残りは包んでもらって持って帰ろうよ。

   1 つつんで   2 つづんで   3 つうつんで   4 つうづんで

5 さっき買ったばかりのコップなのに、割れている。

   1 こわれて   2 われて   3 はれて   4 なおれて

6 父は色紙を折ってきれいな鳥を作ってくれた。

   1 きって   2 わって   3 おって   4 うって

7 年のせいか、最近「頭が固い」とよく言われている。

   1 うすい   2 たかい   3 あつい   4 かたい

8 打ち上げ花火を合図にテープカットが行われた。

   1 ごうず   2 あいず   3 ごうと   4 あいと

問題1 ＿＿＿＿のことばの読み方として最もよいものを、1・2・3・4から一つえらびなさい。

1 大事なことは直接会って話す方がいいと思うよ。
 1　ちょくせつ 2　ちょっせつ 3　じょくせつ 4　じょっせつ

2 彼は実力によって現在の地位にのぼりつめた。
 1　しつりょく 2　しつりき 3　じつりょく 4　じつりき

3 早く手術をしないと危ない。
 1　しゅうしゅつ 2　しゅしゅつ 3　しゅうじゅつ 4　しゅじゅつ

4 地震に備えて毎月訓練を行っています。
 1　ぐんれん 2　くんれん 3　ぐんねん 4　くんねん

5 テストの結果は来週の水曜日、通知します。
 1　つうち 2　つうし 3　とうち 4　とうし

6 部長の命令で、来週出張に行くことになった。
 1　めれい 2　めえれい 3　めいれい 4　めいれ

7 みんな彼が犯人ではないかと疑っているようだ。
 1　うかがって 2　うたがって 3　うたって 4　うかって

8 あんなに努力したのに…。残念ですね。
 1　のりょく 2　のうりょく 3　どりょく 4　どうりょく

기출 공략 | Day 2 한자 표기

📖 기출 어휘 2010~2018년

2010년

- 内側(うちがわ) 안쪽
- 追う(おう) 뒤쫓다
- 降りる(おりる) 내리다
- 楽器(がっき) 악기
- 血液(けつえき) 혈액
- 身長(しんちょう) 신장
- 過ごす(すごす) 지내다, 보내다
- 正常(せいじょう) 정상
- 成績(せいせき) 성적
- 制服(せいふく) 제복, 교복
- 専門家(せんもんか) 전문가
- 物語(ものがたり) 이야기

2011년

- 案内(あんない) 안내
- 痛い(いたい) 아프다
- 解決(かいけつ) 해결
- 観光(かんこう) 관광
- 気温(きおん) 기온
- ~券(入場券)(けん・にゅうじょうけん) ~권(입장권)
- 健康(けんこう) 건강
- 現在(げんざい) 현재
- 自由(じゆう) 자유
- 大量(たいりょう) 대량
- 法律(ほうりつ) 법률
- 涙(なみだ) 눈물

2012년

- 温める(あたためる) 따뜻하게 하다, 데우다
- 帰宅(きたく) 귀가
- 記録(きろく) 기록
- 原料(げんりょう) 원료
- 自信(じしん) 자신
- 週刊誌(しゅうかんし) 주간지
- 相談(そうだん) 상담
- 育てる(そだてる) 키우다, 기르다

- 歯 이, 치아
- 復習 복습
- 守る 지키다
- 結ぶ 연결하다, 묶다

2013년
- 遅い 느리다, 늦다
- 重ねる 거듭하다
- 貸す 빌려주다
- 残業 잔업
- 信じる 믿다
- 疲れる 피로해지다, 지치다
- 包む 포장하다
- 停電 정전
- 独身 독신
- 逃げる 달아나다, 도망치다
- ~倍(2倍) ~배(2배)
- 容器 용기

2014년
- 移る 옮기다
- 温泉 온천
- 仮定する 가정하다
- 消す 끄다, 지우다
- 欠席 결석
- 減少 감소
- 恋しい 그립다
- 細かい 자세하다, 작다
- 雑誌 잡지
- 駐車 주차
- 複数 복수, 여러 개
- 若い 젊다

2015년
- 楽器 악기
- 借りる 빌리다
- 関心 관심
- 規則 규칙

- ☐ 欠点(けってん) 결점
- ☐ 原因(げんいん) 원인
- ☐ 現在(げんざい) 현재
- ☐ 正解(せいかい) 정답
- ☐ 勤める(つとめる) 근무하다
- ☐ 投げる(なげる) 던지다
- ☐ 願う(ねがう) 바라다, 부탁하다
- ☐ 緑(みどり) 초록, 녹색

2016년

- ☐ 記録(きろく) 기록
- ☐ 組む(くむ) 짜다, 짜맞추다
- ☐ 乗車(じょうしゃ) 승차
- ☐ 成績(せいせき) 성적
- ☐ 波(なみ) 파도
- ☐ 逃げる(にげる) 도망치다
- ☐ 眠る(ねむる) 자다, 잠들다
- ☐ 速い(はやい) 빠르다
- ☐ 回す(まわす) 돌리다
- ☐ 満足(まんぞく) 만족
- ☐ 焼く(やく) 굽다, 태우다
- ☐ 輸出(ゆしゅつ) 수출

2017년

- ☐ 預ける(あずける) 맡기다, 위임하다
- ☐ 応募(おうぼ) 응모
- ☐ 関係(かんけい) 관계
- ☐ 期待(きたい) 기대
- ☐ 教師(きょうし) 교사
- ☐ 軽油(けいゆ) 경유
- ☐ 困る(こまる) 곤란하다
- ☐ 坂道(さかみち) 언덕길, 비탈길
- ☐ 頭痛(ずつう) 두통
- ☐ 違う(ちがう) 다르다
- ☐ 飛ぶ(とぶ) 날다
- ☐ 葉(は) 잎, 잎사귀
- ☐ 秒(びょう) 초(시간 단위)
- ☐ 燃える(もえる) 타다, 불타다

2018년

- ☐ 当(あ)たる 맞다, 적중하다
- ☐ 厚(あつ)い 두껍다
- ☐ 右折(うせつ) 우회전
- ☐ 帰宅(きたく) 귀가
- ☐ 週刊誌(しゅうかんし) 주간지
- ☐ 出勤(しゅっきん) 출근
- ☐ 退院(たいいん) 퇴원
- ☐ 疲(つか)れ 피로
- ☐ 続(つづ)き 계속, 연결
- ☐ 泣(な)く 울다
- ☐ 熱心(ねっしん)に 열심히
- ☐ 複雑(ふくざつ)な 복잡한

워밍업

1 다음 단어의 읽기 방법으로 알맞은 것을 고르세요.

1. 駐車　　（① ちゅうしゃ　　② ちゅしゃ）

2. 細かい　　（① みじかい　　② こまかい）

3. 規則　　（① きそく　　② きぞく）

4. 熱心　　（① ねっしん　　② ねつしん）

5. 応募　　（① おうぼう　　② おうぼ）

2 다음 단어에 해당하는 일본어 한자를 써 보세요. 모르겠으면 힌트를 보고 풀어 보세요.

6. 우회전(うせつ)　　_____

7. 가정(かてい) 하다　　_____

8. 피곤하다(つかれる)　　_____

9. 건강(けんこう)　　_____

10. 상담(そうだん)　　_____

> **힌트**
> 6　① 右折　② 右切　③ 左折　④ 左切
> 7　① 反定　② 返定　③ 仮定　④ 返定
> 8　① 痛れる　② 疲れる　③ 彼れる　④ 病れる
> 9　① 健康　② 建康　③ 元気　④ 院気
> 10　① 想談　② 相談　③ 想話　④ 相話

3 다음 밑줄 친 한자를 히라가나로 써 보세요.

11. 医者の話では来週には<u>退院</u>できるそうだよ。 _____

12. お金に<u>困</u>っている友だちに３万円貸してあげた。 _____

13. 電車が遅れてしまった<u>原因</u>は大雪だったということです。 _____

14. 地球温暖化(ちきゅうおんだんか)の影響(えいきょう)で毎年平均<u>気温</u>が上がっている。 _____

15. 日本を<u>経由</u>してロンドンに向かう飛行機のチケットを買った。
_____

4 다음 괄호 안에 들어갈 단어로 알맞은 것을 고르세요.

16. 明日は一日中、大雨が (① 降りる　② 降る) そうです。

17. ごめん。１万円 (① 貸して　② 借りて) もらえるかな。

18. 日本男性の７５％がダイエットに (① 感心　② 関心) を持っている。

19. 生きるのに疲れたら (① 投げたって　② 逃げたって) いいんじゃないか。

20. この計算はけっこう (① 複雑で　② 簡単で)、時間がかかりそうですが…。

◆ 정답

1 ①　2 ②　3 ①　4 ①　5 ②　6 ①　7 ③　8 ②　9 ①　10 ②
11 たいいん　12 こまって　13 げんいん　14 きおん　15 けいゆ　16 ②　17 ①　18 ②　19 ②　20 ①

기출 공략 | 실전 연습 01

問題2 ＿＿＿＿のことばを漢字で書くとき、最もよいものを、1・2・3・4から一つえらびなさい。

1 けんこうのために来週からジムに通うことにした。
　1　元気　　　2　健気　　　3　元康　　　4　健康

2 ここでは私にあんないさせてください。
　1　案内　　　2　室内　　　3　家内　　　4　安内

3 会社につくと、まずせいふくに着替えてから仕事をします。
　1　洋服　　　2　際服　　　3　制服　　　4　正服

4 三つ目の駅でおりて、3号線に乗り換えてください。
　1　移りて　　2　降りて　　3　借りて　　4　折りて

5 このものがたりは日本人ならだれでも知っています。
　1　物話　　　2　物語　　　3　物事　　　4　物者

6 このかばんはうちがわにポケットが三つもあって使いやすい。
　1　右側　　　2　左側　　　3　内側　　　4　外側

7 勉強会を始めてから、けっこうせいせきが上がった。
　1　成績　　　2　成積　　　3　性績　　　4　性積

8 最近、しんちょうが170センチ以上の小学生が増えている。
　1　体長　　　2　背長　　　3　伸長　　　4　身長

기출 공략 | 실전 연습 02

/ 8

問題2 ＿＿＿＿のことばを漢字で書くとき、最もよいものを、1・2・3・4から一つえらびなさい。

1 すべてのシステムがせいじょうに動いている。

　1　正状　　　2　定状　　　3　定常　　　4　正常

2 高木(たかぎ)先生は、環境(かんきょう)問題におけるせんもんかである。

　1　全門家　　2　専門家　　3　全問家　　4　専問家

3 最近の若者は伝統がっきにまったく関心を持っていない。

　1　薬器　　　2　楽器　　　3　楽機　　　4　楽技

4 あなたは空をとぶ夢を見たことがありますか。

　1　飛ぶ　　　2　羽ぶ　　　3　運ぶ　　　4　呼ぶ

5 彼は自分のけってんを直そうといつも努力しています。

　1　欠占　　　2　次点　　　3　欠点　　　4　次占

6 少子化とは出産数がげんしょうしていることを意味します。

　1　感少　　　2　減小　　　3　感小　　　4　減少

7 「自分のことが大好きな人」と「自分にじしんがある人」とはどう違うのか。

　1　自信　　　2　自身　　　3　自真　　　4　自伸

8 小麦のゆしゅつ量が5年ぶりに増加(ぞうか)した。

　1　輸出　　　2　論出　　　3　備出　　　4　倫出

기출 공략 | 실전 연습 03

問題2 ＿＿＿のことばを漢字で書くとき、最もよいものを、1・2・3・4から一つえらびなさい。

1　この映画は悲しくて、なみだなしには見られない。

1　戸　　　　　2　扉　　　　　3　涙　　　　　4　漏

2　5年もおってきた犯人を、目の前で逃がしてしまった。

1　迫って　　　2　追って　　　3　負って　　　4　求って

3　改札口でこのじょうしゃ券をわたせば乗れます。

1　昇車　　　　2　乗車　　　　3　上車　　　　4　下車

4　おんせんに行くなら、やっぱり黒川(くろかわ)がいいですよ。

1　温湯　　　　2　暖湯　　　　3　温泉　　　　4　温湯

5　ちょっとお手洗いかりてもいいですか。

1　昔りても　　2　借りても　　3　替りても　　4　惜りても

6　これはプラスチックのようきに入れてもいいですか。

1　用機　　　　2　用器　　　　3　容機　　　　4　容器

7　あなたの幸せを心からねがっています。

1　求って　　　2　祈って　　　3　望んで　　　4　願って

8　街は夜遅くまでわかい人でいっぱいだった。

1　苦い　　　　2　若い　　　　3　古い　　　　4　著い

기출 공략 | 실전 연습 04

/ 8

問題2 ＿＿＿のことばを漢字で書くとき、最もよいものを、1・2・3・4から一つえらびなさい。

1 最近、夜眠れなくて<u>こまって</u>います。

　1　因って　　　2　困って　　　3　固って　　　4　団って

2 足のむくみは腰と<u>かんけい</u>があると言われて、レントゲン写真を撮った。

　1　関係　　　2　間係　　　3　関系　　　4　間系

3 安全のためにこれらのルールを<u>まもって</u>ください。

　1　治って　　　2　保って　　　3　決って　　　4　守って

4 さっき読んでいた本の話の<u>つづき</u>が気になって眠れない。

　1　連き　　　2　絡き　　　3　係き　　　4　続き

5 自分の子供を<u>そだてて</u>みて、親の苦労を初めて知った。

　1　育てて　　　2　養てて　　　3　肯てて　　　4　産てて

6 休みの日は出かけないで、家でごろごろしながら<u>すごす</u>ことが多いです。

　1　暮ごす　　　2　経ごす　　　3　過ごす　　　4　募ごす

7 この本には<u>せいせき</u>が上がるノートの作り方が紹介されている。

　1　成責　　　2　成績　　　3　正責　　　4　正績

8 この料理は、アルミホイルで<u>つつんで</u>焼くだけで出来上がります。

　1　囲んで　　　2　包んで　　　3　巻んで　　　4　回んで

기출 공략 | Day 3 문맥 규정

기출 어휘 2010~2018년

2010년

扱う 취급하다	しまう 치우다, 넣다
あわ 거품	全~(全人口) 전~ (전인구)
うっかり 깜빡, 무심코	体力 체력
カタログ 카탈로그	どきどき 두근두근
感じる 느끼다	ノック 노크
感動 감동	早めに 일찌감치
希望 희망	半日 반나절
キャンセル 취소	迷う 헤매다, 망설이다
最新 최신	~向き ~향, ~쪽
しばらく 잠시	家賃 집세
しばる 묶다	りっぱな 훌륭한

2011년

合わせる 합치다	~産 ~산(산지)
インタビュー 인터뷰	しっかり 제대로, 단단히
影響 영향	主張 주장
カーブ 커브	出張 출장
かかる 걸리다	冗談 농담
からから 바삭바삭(건조한 모양)	清潔な 청결한
さっそく 즉시	整理 정리

영어

처음부터 시작하는
어션영어의 진짜 기초영어

알파벳부터 파닉스, 단어, 문법, 패턴,
회화까지 한 권에!

영어를 읽는 법(파닉스)부터 차근차근!
설명이 필요할 때 유튜브 강의로 차근차근!

· 영어를 처음부터 다시 시작하고 싶은 분들을 위한
  진짜 기초영어 교재

한글로 쉽게 배우는
어션영어의 진짜 기초영어 파닉스편

알파벳부터 영단어, 실수하기 쉬운 발음까지
한 권으로 쉽게 끝!

알파벳과 자세한 설명을 차근차근 보여줍니다.
학습이 끝나면 Review로 실력을 바로 확인합니다.
헷갈릴 만한 발음은 따로 학습합니다.

· 자신 있게 영어를 읽고 싶은 분을 위한
  진짜 기초영어 파닉스 교재

초보탈출을 위한
어션영어의 진짜 기초영어 완결편

영어회화에 꼭 필요한 영문법과 표현을
한 권으로 정리!

영어 문장 구조와 설명을 한눈에 보여줍니다.
단어와 문장을 차근차근 학습합니다.
영어회화에 꼭 필요한 영문법과 표현을 따로 학습합니다.

· 유튜브 구독자 22만 명, 어션영어의 진짜 기초 영어

중국어

혼자 해야 진짜 독학이다!

가장 쉬운 독학
중국어 첫걸음

30일 안에 완성하는 왕초보 독학 입문서
700만이 선택한 입문서의 바이블

무료 학습 강의와 워크북에 쓰기노트까지 제공

· 단 한 권으로 가장 쉽게 첫걸음 마스터

1권으로 단숨에 해결
일단해 중국어 첫걸음

한 과씩 뽑아서 가볍게 공부하는 학습지
오늘 공부할 내용만 쏙 꺼내서 가볍게 학습

정규 온라인 강의 & 저자 스터디윗미 영상 제공
강의, MP3, 정답을 한눈에! 올인원 QR페이지

· HSK 3급 준비까지 1권으로 단숨에 해결

가장 쉬운
여행 중국어

현지에서 바로 써먹는 여행 회화 패턴
당장이라도 중국 맛집 투어를 떠나고 싶다면!
휴대전화 번역 앱만으로는 불안하다면!
생생한 여행 중국어 회화를 배우고 싶다면!

· 필수 패턴으로 배우는 왕초보 여행 회화

일본어 수험서

JLPT 일단 합격 시켜드립니다!

일단 합격 JLPT 일본어능력시험 종합서

일단 합격 JLPT 일본어능력시험 실전모의고사

일단 합격 JLPT 일본어능력시험 분야서 (문법, 문자어휘, 독해, 청해)

일단 합격 JLPT 일본어능력시험 단어장

일단 합격하고 오겠습니다
JPT 실전모의고사 1250제

적중률 높은 모의고사 5회분으로 완벽하게 JPT 실전 대비!
오답률 높은 PART2 150문항,
PART6 100문항 보너스 문제 수록
기출 포인트에 맞춘 자세하고 꼼꼼한 해설까지

1:1 저자 Q&A, MP3 무료 다운로드

- ☐ 前後 전후, 앞뒤
- ☐ ためる 모으다, 담다
- ☐ 流れる 흐르다
- ☐ 複雑な 복잡한
- ☐ 不満 불만
- ☐ ぶらぶら 어슬렁어슬렁, 천천히
- ☐ 申込書 신청서
- ☐ 両替 환전

2012년
- ☐ 意志 의지
- ☐ 応援 응원
- ☐ 起きる 일어나다
- ☐ 外食 외식
- ☐ 片方 한쪽
- ☐ がっかりする 낙심하다
- ☐ カバー 커버, 덮개
- ☐ かれる 시들다
- ☐ 期待 기대
- ☐ 差 차이, 차
- ☐ しつこい 끈질기다
- ☐ 自動的な 자동적인
- ☐ セット 세트
- ☐ 想像 상상
- ☐ 代金 대금(비용)
- ☐ ながれ 흐름
- ☐ なつかしい 그립다
- ☐ のばす 연장하다
- ☐ ヒント 힌트
- ☐ ふる 흔들다
- ☐ むく (껍질)벗기다
- ☐ 別れる 헤어지다

2013년
- ☐ うわさ 소문
- ☐ 追いつく 따라잡다
- ☐ おかしい 이상하다
- ☐ おぼれる 물에 빠지다
- ☐ 主に 주로
- ☐ かわく 마르다

- ☐ 交換 こうかん 교환
- ☐ 材料 ざいりょう 재료
- ☐ 自慢する じまんする 자랑하다
- ☐ 渋滞 じゅうたい 정체
- ☐ たたむ 접다, 개다
- ☐ 経つ たつ 경과하다
- ☐ 調子 ちょうし 상태
- ☐ とじる 닫다, (눈)감다

- ☐ 突然 とつぜん 돌연, 갑자기
- ☐ なるべく 가능한 한, 되도록
- ☐ 引き受ける ひきうける 받아들이다
- ☐ 不安 ふあん 불안
- ☐ 物価 ぶっか 물가
- ☐ 別々に べつべつに 따로따로
- ☐ 緩い ゆるい 느슨하다, 완만하다
- ☐ リサイクル 리사이클, 재활용

2014년

- ☐ あきる 질리다, 식상하다
- ☐ 穴 あな 구멍
- ☐ 印象 いんしょう 인상
- ☐ お祝い おいわい 축하
- ☐ 我慢する がまんする 참다
- ☐ 感覚 かんかく 감각
- ☐ 記念 きねん 기념
- ☐ くせ 버릇
- ☐ 悔しい くやしい 분하다, 억울하다
- ☐ 合計 ごうけい 합계
- ☐ 覚める さめる (잠)깨다, 정신들다

- ☐ 資源 しげん 자원
- ☐ 使用(料) しよう(りょう) 사용(료)
- ☐ 積極的な せっきょくてきな 적극적인
- ☐ テーマ 테마
- ☐ 当日 とうじつ 당일
- ☐ パンフレット 팸플릿
- ☐ ぶつける 부딪치다
- ☐ ふらふら 비틀비틀, 휘청휘청
- ☐ 方法 ほうほう 방법
- ☐ 目標 もくひょう 목표
- ☐ 分ける わける 나누다, 구분하다

2015년

- 編む 짜다, 뜨개질하다
- 栄養 영양
- 演奏 연주
- 香り 향기
- 隠す 숨기다
- 観察 관찰
- キャンセル 취소
- 興味 흥미
- 盛んな 왕성한, 활발한
- 順番 순번, 차례
- そっくり 꼭 닮음, 전부
- 代表的な 대표적인
- 戦う 싸우다
- 発表 발표
- ぴったり 딱(밀착, 어울림)
- 防ぐ 막다, 방지하다
- 守る 지키다
- 文句 불평
- 破れる 찢어지다, 파손되다
- リサイクル 리사이클, 재활용
- 料金 요금
- 割合 비율

2016년

- アドバイス 어드바이스, 충고
- イメージ 이미지
- うっかり 깜빡, 무심코
- うまい 능숙하다
- うわさ 소문
- 惜しい 아깝다, 아쉽다
- 囲む 포위하다, 둘러싸다
- がらがら 텅텅(빈 모습)
- 傷 상처
- 検査 검사
- 断る 거절하다
- 自信 자신
- 沈む 가라앉다
- 姿勢 자세
- 確かめる 확인하다
- 頼る 의지하다

- ☐ チャレンジ 도전
- ☐ 特徴(とくちょう) 특징
- ☐ 内緒(ないしょ) 비밀
- ☐ 農業(のうぎょう) 농업
- ☐ 許す(ゆるす) 용서하다, 허락하다
- ☐ 流行(りゅうこう) 유행

2017년

- ☐ 応募(おうぼ) 응모
- ☐ 落ち着く(おちつく) 안정되다, 자리잡다
- ☐ 解決(かいけつ) 해결
- ☐ 確実(かくじつ) 확실
- ☐ 完成(かんせい) 완성
- ☐ 苦しい(くるしい) 괴롭다
- ☐ 染み(しみ) 얼룩
- ☐ 申請(しんせい) 신청
- ☐ ずいぶん 꽤, 상당히
- ☐ 正常(せいじょう) 정상
- ☐ 底(そこ) 바닥
- ☐ そっくり 꼭 닮음, 모조리
- ☐ そっと 살짝, 몰래
- ☐ 登場(とうじょう) 등장
- ☐ 比較(ひかく) 비교
- ☐ 拭く(ふく) 닦다
- ☐ 平均(へいきん) 평균
- ☐ マナー 매너
- ☐ 目的(もくてき) 목적
- ☐ 床(ゆか) 마루, 바닥
- ☐ 呼びかける(よびかける) 부르다
- ☐ 列(れつ) 줄

2018년

- ☐ あふれる (가득 차서) 넘치다
- ☐ 意外に(いがいに) 의외로
- ☐ うっかり 깜빡, 무심코
- ☐ エネルギー 에너지
- ☐ かさねる 포개다, 겹치다
- ☐ 乾燥(かんそう) 건조
- ☐ 期待(きたい) 기대
- ☐ きつい 꽉 끼다

- ☐ 偶然(ぐうぜん) 우연
- ☐ 想像(そうぞう) 상상
- ☐ 経営(けいえい) 경영
- ☐ バケツ 양동이, 버킷
- ☐ 原料(げんりょう) 원료
- ☐ 発展(はってん) 발전
- ☐ しっかり 제대로, 단단히
- ☐ 交(ま)ざる 섞이다
- ☐ 自動的(じどうてき)に 자동적으로
- ☐ 待(ま)ち合(あ)わせる (시간, 장소 등을 정해) 만날 약속을 하다
- ☐ しぼる (쥐어)짜다, 즙 내다
- ☐ まよう 헤매다, 망설이다
- ☐ 制限(せいげん) 제한
- ☐ 目標(もくひょう) 목표

워밍업

1 다음 단어의 읽기 방법으로 알맞은 것을 고르세요.

1. 突然　　　（① どつぜん　　② とつぜん）

2. 希望　　　（① きぼう　　　② ひぼう）

3. 落ち着く　（① おちづく　　② おちつく）

4. 我慢　　　（① じまん　　　② がまん）

5. 完成　　　（① かんせい　　② がんせい）

2 다음 단어에 해당하는 일본어 한자를 써 보세요. 모르겠으면 힌트를 보고 풀어 보세요.

6. 집세(やちん)　　　_____

7. 환전(りょうがえ)　_____

8. 기대(きたい)　　　_____

9. 괴롭다(くるしい)　_____

10. (시간, 장소 등을 정해) 만날 약속을 하다(まちあわせる)

    _____

힌트				
6	① 家借	② 家賃	③ 屋借	④ 屋賃
7	① 両換	② 両替	③ 換金	④ 換替
8	① 期待	② 基待	③ 期持	④ 基持
9	① 古しい	② 若しい	③ 昔しい	④ 苦しい
10	① 待ち会わせる	② 持ち会わせる	③ 待ち合わせる	④ 持ち合わせる

3 다음 밑줄 친 한자를 히라가나로 써 보세요.

11. <ruby>秋葉原<rt>あきはばら</rt></ruby>で<u>最新</u>のノートパソコンを買ってきた。 _____

12. うちの子は<u>整理</u>が下手なので、いつも部屋は散らかっています。
_____

13. 10年後の自分のすがたを<u>想像</u>してみた。 _____

14. <u>物価</u>が高いので、生活するのが大変だ。 _____

15. 自分のことを自分で<u>自慢</u>するなんてつまらない。 _____

4 다음 괄호 안에 들어갈 단어로 알맞은 것을 고르세요.

16. 昨日買ってきたズボンが (① きつくて ② こまかくて) はけない。

17. それについてはこの本に (① くやしく ② くわしく) 書いてある。

18. 新しい単語はちゃんと (① 覚えて ② 覚めて) ください。

19. うまくいかない現実から(① 投げたい ② 逃げたい)。

20. 仕事でミスをして部長から「(① うっかり ② しっかり) しろ」と言われた。

> **정답**
>
> 1 ② 2 ① 3 ② 4 ② 5 ① 6 ② 7 ② 8 ① 9 ④ 10 ③
> 11 さいしん 12 せいり 13 そうぞう 14 ぶっか 15 じまん 16 ① 17 ② 18 ① 19 ② 20 ②

기출 공략 | 실전 연습 01

　　　　　　　　　　　　　　　　　　　　　　　　　　　　　　　　／8

問題3　（　　　）に入れるのに最もよいものを、1・2・3・4から一つえらびなさい。

1　（　　　）おいた洋服を３年ぶりに出した。

　　1　とじて　　　　2　わたして　　　　3　わって　　　　4　しまって

2　部屋に入るときは、必ず（　　　）してください。

　　1　カット　　　　2　ノック　　　　3　セット　　　　4　ネット

3　朝食を（　　　）とらないと、体を壊すよ。

　　1　がっかり　　　2　うっかり　　　3　しっかり　　　4　すっきり

4　（　　　）質問についてどう対処すればいいでしょうか。

　　1　たのしい　　　2　ただしい　　　3　かしこい　　　4　しつこい

5　A：「風邪はどう？」

　　B：「（　　　）よくなったけど、今日の部活は休もうかな。」

　　1　さっさと　　　2　ずいぶん　　　3　なるべく　　　4　けっして

6　これ、昨日買ったシャツなんですが、よく見たら、（　　　）がついていました。

　　1　たね　　　　2　つぶ　　　　3　しみ　　　　4　さび

7　（　　　）早くお越しください。

　　1　なるべく　　　2　どんどん　　　3　きちんと　　　4　ちゃんと

8　運動不足のせいか、最近（　　　）がなくて、すぐに疲れてしまう。

　　1　協力　　　　2　努力　　　　3　体力　　　　4　実力

問題3 （　　）に入れるのに最もよいものを、1・2・3・4から一つえらびなさい。

1　土日の体感時間を「一週間」に（　　）方法を教えます。
　1　はずす　　　2　なおす　　　3　のばす　　　4　のこす

2　2時間、何も飲まずに講演したら、口が（　　）になった。
　1　ぺこぺこ　　2　からから　　3　ふらふら　　4　ぶらぶら

3　歩きスマホをしていて電柱に頭を（　　）。
　1　あたった　　2　あてた　　　3　ぶつかった　4　ぶつけた

4　昨日デパートで見たスカートを、買おうかどうか（　　）いる。
　1　まがって　　2　まよって　　3　ねがって　　4　ねらって

5　運転中、子犬が（　　）飛び出してきたので、ブレーキをかけた。
　1　急いで　　　2　突然　　　　3　常に　　　　4　徐々に

6　会社に（　　）を持っているのになぜ転職しないのか。
　1　不満　　　　2　目標　　　　3　期待　　　　4　指示

7　誕生日プレゼントに（　　）したことってありますか。
　1　がっかり　　2　ぐっすり　　3　ぎっしり　　4　すっかり

8　来月からバスとタクシーの（　　）が上がるそうです。
　1　速度　　　　2　利用　　　　3　通行　　　　4　料金

기출 공략 | 실전 연습 03

　/8

問題3 （　　）に入れるのに最もよいものを、1・2・3・4から一つえらびなさい。

1 猫も犬も新しいベッドで気持ちよさそうに（　　）と眠っていた。
1　やっぱり　　　2　ぐっすり　　　3　がっかり　　　4　はっきり

2 引っ越すなら、できるだけ南（　　）の部屋にした方がいい。
1　ぎみ　　　　2　むき　　　　3　ずき　　　　4　がち

3 奨学金の（　　）書は水曜日までに出してください。
1　締切　　　　2　申込　　　　3　差込　　　　4　問合せ

4 台風の（　　）で三日間学校は休みとなった。
1　影響　　　　2　故郷　　　　3　環境　　　　4　遅延

5 新しいカメラを買うためにお金を（　　）います。
1　あげて　　　2　ためて　　　3　くわえて　　4　のせて

6 田中さんと本田さんが付き合ってるっていう（　　）を聞いたんだけど、本当？
1　うわさ　　　2　わけ　　　　3　くせ　　　　4　かたち

7 自分の（　　）でもないのに発言するのはやめてほしい。
1　番号　　　　2　順調　　　　3　調子　　　　4　順番

8 街を（　　）歩いていたとき、偶然彼に会った。
1　ばらばら　　2　ぐらぐら　　3　ぶらぶら　　4　きらきら

기출 공략 | 실전 연습 04

/ 8

問題3 （　　）に入れるのに最もよいものを、1・2・3・4から一つえらびなさい。

1 私には日本で韓国語を教えたいという（　　）があります。
　　1 絶望（ぜつぼう）　　2 展望（てんぼう）　　3 希望（きぼう）　　4 有望（ゆうぼう）

2 「仕事のやりがい」を（　　）のはどんな時ですか。
　　1 信じる　　2 生える　　3 接する　　4 感じる

3 合格するためには、勉強に対するもっと（　　）な姿勢（しせい）が必要です。
　　1 必然的（ひつぜんてき）　　2 消極的（しょうきょくてき）　　3 否定的（ひていてき）　　4 積極的（せっきょくてき）

4 休みの日は（　　）一人の時間を楽しむようにしています。
　　1 まれに　　2 おもに　　3 けっして　　4 ずいぶん

5 こわい人だと思っていたら、（　　）やさしい人だった。
　　1 意外（いがい）と　　2 事実（じじつ）に　　3 それほど　　4 当然（とうぜん）

6 夫と初めて会ったとき、優しそうな人だという（　　）を受けました。
　　1 現象（げんしょう）　　2 人情（にんじょう）　　3 印象（いんしょう）　　4 鑑賞（かんしょう）

7 私はモーツァルトの曲に（　　）して、自分も作曲家になりたいと思った。
　　1 感動（かんどう）　　2 応援（おうえん）　　3 期待（きたい）　　4 歓迎（かんげい）

8 父は小さな和菓子屋を（　　）しています。
　　1 経由（けいゆ）　　2 経営（けいえい）　　3 経過（けいか）　　4 経済（けいざい）

기출 공략 | Day 4 유의어

기출 어휘 2010~2018년

2010년

☐ 明ける 날 새다, 끝나다	≒	☐ おわる 끝나다
☐ 暗記する 암기하다	≒	☐ 覚える 외우다, 기억하다
☐ きつい 힘들다	≒	☐ 大変だ 큰일이다, 힘들다
☐ きまり 규칙	≒	☐ 規則 규칙
☐ くたびれる 지치다, 녹초가 되다	≒	☐ つかれる 피곤하다
☐ 混雑している 혼잡하다	≒	☐ 客がたくさんいる 손님이 많이 있다
☐ たまる 쌓이다	≒	☐ たくさん残る 많이 남다
☐ 短気だ 성미가 급하다	≒	☐ すぐ怒る 바로 화내다
☐ 単純だ 단순하다	≒	☐ わかりやすい 알기 쉽다
☐ まご 손자	≒	☐ 娘の息子 딸의 아들

2011년

☐ おそろしい 무섭다	≒	☐ こわい 무섭다
☐ 欠点 결점	≒	☐ 悪いところ 나쁜 점
☐ さっき 조금 전에	≒	☐ 少し前に 조금 전에
☐ スケジュール 스케줄	≒	☐ 予定 예정
☐ 通勤する 통근하다	≒	☐ 仕事に行く 일하러 가다
☐ 減る 줄어들다	≒	☐ 少なくなる 적어지다
☐ やり直す 다시 하다	≒	☐ もう一度やる 한번 더 하다
☐ 翌年 이듬해	≒	☐ 次の年 다음 해

☐ らくな 편한	≒	☐ かんたんな 간단한
☐ わけ 이유	≒	☐ 理由(りゆう) 이유

2012년

☐ あきらめる 포기하다	≒	☐ やめる 그만두다
☐ うばう 빼앗아 가다	≒	☐ 取(と)る 잡다, 빼앗다
☐ 気(き)に入(い)っている 마음에 들다	≒	☐ 好(す)きだ 좋아하다
☐ 共通点(きょうつうてん) 공통점	≒	☐ 同(おな)じところ 같은 점
☐ 整理(せいり)する 정리하다	≒	☐ 片付(かたづ)ける 치우다, 정리하다
☐ ぜったいに 절대로	≒	☐ かならず 반드시
☐ そっと 살짝	≒	☐ 静(しず)かに 조용히
☐ ないしょにする 비밀로 하다	≒	☐ 誰(だれ)にも話(はな)さない 누구에게도 말하지 않는다
☐ 年中(ねんじゅう) 일 년 내내, 연중	≒	☐ いつも 항상
☐ まぶしい 눈부시다	≒	☐ 明(あか)るすぎる 너무 밝다

2013년

☐ 位置(いち) 위치	≒	☐ 場所(ばしょ) 장소
☐ 売(う)り切(き)れる 매진되다	≒	☐ 全部売(ぜんぶう)れる 전부 팔리다
☐ 回収(かいしゅう)する 회수하다	≒	☐ あつめる 모으다
☐ キッチン 키친	≒	☐ 台所(だいどころ) 부엌
☐ このごろ 요즘	≒	☐ 最近(さいきん) 최근
☐ サイズ 사이즈	≒	☐ 大(おお)きさ 크기

☐ しゃべる 말하다	≒	☐ 話す 이야기하다
☐ たしかめる 확인하다	≒	☐ チェックする 체크하다
☐ 注文する 주문하다	≒	☐ 頼む 부탁하다, 주문하다
☐ わけ 이유, 사정	≒	☐ 理由 이유

2014년

☐ あわてて 허둥지둥, 황급히	≒	☐ 急いだようすで 서두르는 모습으로
☐ 案 안, 방안	≒	☐ アイデア 아이디어
☐ おかしな 이상한	≒	☐ 変な 이상한
☐ カーブしている 굽어 있다	≒	☐ 曲がっている 굽어 있다
☐ きつい 타이트하다	≒	☐ 大変だ 힘들다
☐ くたびれる 지치다, 녹초가 되다	≒	☐ 疲れる 피곤하다
☐ さっき 아까, 조금 전	≒	☐ 少し前に 조금 전에
☐ 指導する 지도하다	≒	☐ 教える 가르치다
☐ 経つ 지나다	≒	☐ 過ぎる 지나다
☐ 約 약	≒	☐ だいたい 대략

2015년

☐ 相変わらず 변함없이	≒	☐ 前と同じように 전과 같이
☐ 疑う 의심하다	≒	☐ 本当ではないと思う 사실이 아니라고 생각하다
☐ 機会 기회	≒	☐ チャンス 찬스, 기회
☐ 次第に 점차	≒	☐ 少しずつ 조금씩

☐ 手段 수단	≒	☐ やり方 방식
☐ すべて 모두	≒	☐ 全部 전부
☐ 黙って 아무 말 없이	≒	☐ 何も言わずに 아무것도 말하지 않고
☐ 短気な 성질이 급한	≒	☐ すぐ怒る 금방 화내는
☐ 得意な 잘하는, 자신 있는	≒	☐ 上手にできる 능숙하게 할 수 있는
☐ 配達する 배달하다	≒	☐ 届ける 전달하다, 신고하다

2016년

☐ 余る 남다	≒	☐ 多すぎて残る 너무 많아서 남다
☐ 延期する 연기하다	≒	☐ 別の日にやる 다른 날로 하다
☐ 横断禁止 횡단금지	≒	☐ 渡ってはいけない 건너서는 안 된다
☐ かがやく 빛나다	≒	☐ 光る 빛나다
☐ がっかりする 낙심하다	≒	☐ 残念だと思う 유감이라고 생각하다
☐ きまり 규칙	≒	☐ 規則 규칙
☐ 当然 당연	≒	☐ もちろん 물론
☐ 不安だ 불안하다	≒	☐ 心配だ 걱정스럽다
☐ まったく 전혀	≒	☐ ぜんぜん 전혀
☐ 学ぶ 배우다	≒	☐ 勉強する 공부하다

2017년

- あらゆる 온갖 ≒ すべての 모든
- 協力する 협력하다 ≒ 手伝う 돕다, 거들다
- スケジュール 스케줄 ≒ 予定 예정
- どなる 호통치다 ≒ 大声で怒る 큰소리로 화내다
- 約 약 ≒ だいたい 대체, 대략

2018년

- 駆けてきた (전속력으로) 달려왔다 ≒ 走ってきた 달려왔다
- 指導して 지도하여 ≒ 教えて 가르쳐
- しゃべらない 말하지 않다 ≒ 話さない 말하지 않다
- 手段 수단 ≒ やり方 방법
- たいくつな 지루한 ≒ つまらない 시시한, 변변찮은
- 多少 다소 ≒ ちょっと 조금, 약간
- 団体で 단체로 ≒ グループで 그룹으로
- トレーニング 트레이닝 ≒ 練習 연습
- ぺらぺらです 술술 말합니다 ≒ 上手に話せます 능숙하게 말할 수 있습니다
- ようやく 겨우, 간신히 ≒ やっと 겨우, 가까스로

기출 경향 분석

- **유형**
  1. 2000년도에 새로 생긴 유형으로, 주어진 문장의 밑줄 친 어휘와 문맥상 가장 가까운 뜻을 지닌 어휘를 고르는 문제이다.
  2. 주어진 모든 선택지의 어휘를 대입하여도 옳은 문장이 성립하기 때문에, 학습자들이 다소 혼동하거나 당황하는 경우도 있다. 때문에, 밑줄 친 어휘의 의미와 상황을 가장 정확하게 파악하여, 같은 의미의 문장으로 성립될 수 있는 교체단어를 고르는 것이 핵심이다.

- **문항수**
  총 5문항이 출제된다.

- **학습 방법**
  1. 평소 비슷한 의미를 지니는 어휘끼리 묶어서 학습하는 것이 핵심이다.
  2. 또, 여러가지 의미를 지니는 '다의어'의 경우 어휘의 단편적인 의미보다는 예문을 함께 정리하여 학습하는 것이 효과적이다.

워밍업

1 다음 단어와 비슷한 의미를 가진 단어를 고르세요.

1. そっと　　　（① 静かに　　　② 簡単に）

2. 暗記する　　（① 覚める　　　② 覚える）

3. 欠点　　　　（① 短所　　　　② 短気）

4. 不安　　　　（① 格安　　　　② 心配）

5. 注文する　　（① 疑う　　　　② 頼む）

2 다음 단어에 해당하는 일본어 한자를 써 보세요. 모르겠으면 힌트를 보고 풀어 보세요.

6. 점차 (しだいに)　　　_____

7. 배우다 (まなぶ)　　　_____

8. 잘하는, 자신있는 (とくいな)　　　_____

9. 위치 (いち)　　　_____

10. 통근 (つうきん)　　　_____

힌트

6	① 欠弟に	② 次第に	③ 欠第に	④ 次弟に
7	① 習ぶ	② 強ぶ	③ 学ぶ	④ 勤ぶ
8	① 得意な	② 特意な	③ 得議な	④ 特議な
9	① 位置	② 立置	③ 位直	④ 立直
10	① 通事	② 通仕	③ 通務	④ 通勤

3 다음 밑줄 친 한자를 히라가나로 써 보세요.

11. このゲームのルールはとても<u>単純</u>だ。＿＿＿＿＿＿

12. 単語を<u>暗記</u>するのは大変だ。＿＿＿＿＿＿

13. 人間、誰にでも<u>欠点</u>はあるものだ。＿＿＿＿＿＿

14. 次回のご<u>注文</u>のさいはお値引きができます。＿＿＿＿＿＿

15. 目的地によって交通<u>手段</u>はことなります。＿＿＿＿＿＿

4 다음 괄호 안에 들어갈 단어로 알맞은 것을 고르세요.

16. 先生の (① 心配　② 指導) にしたがって練習した。

17. (① あらゆる　② ありえない) 手段をつくしてトッププレイヤーになりたい。

18. 山田さんは韓国人みたいに韓国語が (① ばらばら　② ぺらぺら) ですね。

19. こんな (① たいせつな　② たいくつな) 授業は二度と取りたくない。

20. うちの妹は (① 短気で　② 穏やかで) 気が強いので、よくけんかをします。

> **정답**
> **1** ①　**2** ②　**3** ①　**4** ②　**5** ②　**6** ②　**7** ③　**8** ①　**9** ①　**10** ④
> **11** たんじゅん　**12** あんき　**13** けってん　**14** ちゅうもん　**15** しゅだん　**16** ②　**17** ①　**18** ②　**19** ②　**20** ①

기출 공략 | 실전 연습 01

✏️ / 8

問題4 ＿＿＿に意味が最も近いものを、1・2・3・4から一つえらびなさい。

1 お正月の休みが明けてから現れる「正月病」って知ってますか。

1 始まって　　2 続いて　　3 終わって　　4 取れて

2 ゆうた、自分の部屋くらいは自分で整理したらどう？

1 探したら　　2 片付けたら　　3 用意したら　　4 作ったら

3 運転中はちゃんと交通規則を守ってください。

1 マーク　　2 ニーズ　　3 ルート　　4 ルール

4 いつも車で通勤しています。

1 散歩に行って　　2 買い物に行って　　3 仕事に行って　　4 運動に行って

5 日本に来て初めての地震、本当におそろしい経験でした。

1 こわい　　2 ひどい　　3 すごい　　4 めずらしい

6 大学院で教育学を学んでいます。

1 教えて　　2 選んで　　3 勉強して　　4 設置して

7 ドローンを飛ばせる場所が減っている。

1 少なくなって　　2 多くなって　　3 違って　　4 変わって

8 カフェで使える英会話。簡単な表現で飲み物を注文しよう！

1 たのしもう　　2 そそごう　　3 たのもう　　4 変更しよう

기출 공략 | 실전 연습 02

/ 8

問題4 ＿＿＿＿に意味が最も近いものを、1・2・3・4から一つえらびなさい。

1 団体生活にはいろいろなきまりがあることを、子供たちに理解させたい。

1　マナー　　　　2　規則　　　　3　コツ　　　　4　苦労

2 資料にミスが多くて、タイピングをやりなおした。

1　おわらせた　　　　　　　　2　やめてしまった
3　あきらめた　　　　　　　　4　もう一度やった

3 長旅をしてすっかりくたびれた。

1　はまった　　　2　きにいった　　　3　つかれた　　　4　おそくなった

4 この車は値段もいいし、デザインも気に入っているので買いたい。

1　きれいな　　　2　好きな　　　3　新しい　　　4　変わっている

5 雑談をしていると、急にいいアイデアが浮かびました。

1　イメージ　　　2　案　　　3　質問　　　4　表情

6 一つの失敗でこれまでのあらゆる努力がむだになった。

1　たいていの　　　2　すべての　　　3　だいたいの　　　4　すこしの

7 先生は全校生徒の名前を全部暗記していた。

1　覚えて　　　2　わかって　　　3　忘れて　　　4　書いて

8 仕事がたのしくて結婚にはまったく興味がありません。

1　あまり　　　2　ほとんど　　　3　ぜんぜん　　　4　もう

기출 공략 | 실전 연습 03

問題4 ＿＿＿＿に意味が最も近いものを、1・2・3・4から一つえらびなさい。

1 昨日買ったくつはヒールが、高すぎて<u>不安だ</u>。
　1　危ない　　　2　面倒だ　　　3　不安定だ　　　4　心配だ

2 夜空の星はみな<u>かがやいて</u>ます。
　1　回って　　　2　光って　　　3　動いて　　　　4　消えて

3 道にごみを捨ててはいけないのは<u>当然</u>のことだ。
　1　当たり前　　2　いつも　　　3　絶対　　　　　4　昔

4 本当に色々と<u>協力して</u>くれてありがとう。
　1　努力して　　2　教えて　　　3　手伝って　　　4　伝えて

5 お金を<u>貯金</u>するための習慣をどう身につければいいですか。
　1　あげる　　　2　ためる　　　3　かりる　　　　4　あきらめる

6 水曜日は<u>予定</u>が入ってないから、いつでもいいよ。
　1　トレーニング　2　パーティー　3　オーダー　　　4　スケジュール

7 この店は<u>年中</u>こんでいます。
　1　たまに　　　2　だいたい　　3　いつも　　　　4　今年も

8 何でもすぐに<u>やめて</u>しまう人とはあまり付き合いたくない。
　1　はなして　　2　あきらめて　3　おこって　　　4　ないて

기출 공략 | 실전 연습 04

　　　/ 8

問題4 ＿＿＿に意味が最も近いものを、1・2・3・4から一つえらびなさい。

1 恋人を奪われた気分はどうですか。

1 取られた　　2 泣かされた　　3 見られた　　4 紹介された

2 ドアをそっと開けて部屋に入った。

1 ぱっと　　2 思いきり　　3 普通に　　4 静かに

3 まいちゃんってけっこうしゃべるタイプじゃない？

1 しずかな　　2 てれる　　3 明るい　　4 よく話す

4 参加者の人数をもう一度チェックしておいた方がいいよ。

1 聞いて　　2 確かめて　　3 伝えて　　4 覚えて

5 楽しいことを考えているだけで次第に明るい気分になる。

1 少しずつ　　2 いつも　　3 とても　　4 いつまでも

6 今年も相変わらずかつかつの生活だ。

1 これからは　　2 意外と　　3 前と同じように　　4 必ず

7 そんなにどならないでください。

1 大声で泣かないで　　　　2 大声で笑わないで
3 大声で歌わないで　　　　4 大声で怒らないで

8 私の言うこと、信じてないの？

1 きいてる　　　　　　　2 うたがってる
3 わかってる　　　　　　4 やくにたってる

기출 공략 | Day 5 용법

기출 어휘 2010~2018년

2010년

- 落ち着く 안정되다
- 回収 회수
- 区切る 구분하다
- 修理 수리
- そっくり 꼭 닮은 모습
- なだらかな 완만한
- はかる 재다, 측정하다
- まずしい 가난하다
- 未来 미래
- ユーモア 유머

2011년

- 植える 심다
- 受け入れる 받아들이다
- 断る 거절하다
- 転ぶ 넘어지다
- 指示 지시
- 正直な 정직한
- 性格 성격
- そろそろ 슬슬
- 見送る 배웅하다
- ゆるい 느슨하다, 완만하다

2012년

- 暗記 암기
- 活動 활동
- 空 텅 빈 상태
- 緊張 긴장
- 経由 경유
- 通り過ぎる 지나가다
- 訪問 방문
- 募集 모집
- 翻訳 번역
- 行き先 행선지, 목적지

2013년

- 余る 남다
- 建設 건설
- 効果 효과
- こぼす 쏟다, 엎지르다
- 進歩 진보
- 早退 조퇴
- だるい 나른하다
- にぎる 움켜쥐다
- 発生 발생
- 身につける 배워 익히다

2014년

- 期限 기한
- 縮小 축소
- 制限 제한
- たまる 쌓이다
- 伝わる 전달되다
- どなる 고함지르다
- 内容 내용
- 発展 발전
- 話しかける 말 걸다
- 離す 떼어내다, 분리하다

2015년

- 預ける 맡기다
- 移動 이동
- 親しい 친하다
- 締め切り 마감
- 渋滞 정체
- 修理 수리
- 新鮮な 신선한
- 清潔な 청결한
- 混ぜる 섞다
- ゆでる 삶다

2016년

- □ 空 텅 빈 상태
- □ 急に 갑자기
- □ 主張 주장
- □ 消費 소비
- □ 性格 성격
- □ 慰める 위로하다
- □ 似合う 어울리다
- □ 沸騰 비등
- □ 募集 모집
- □ 曲げる 구부리다, 굽히다

2017년

- □ 受け取る 받아들이다, 수취하다
- □ かれる 시들다
- □ 減少 감소
- □ 断る 거절하다
- □ 滞在 체재
- □ 中古 중고
- □ どきどき 두근두근
- □ 引き受ける 떠맡다
- □ 分類 분류
- □ 身につける 배워 익히다

2018년

- □ 埋める 묻다, 메우다
- □ 延期 연기
- □ 追いつく 따라붙다
- □ 活動 활동
- □ 距離 거리
- □ 区別 구별
- □ 建築 건축
- □ 盛んな 왕성한, 붐인
- □ 重大 중대
- □ 知り合う 서로 알게 되다

기출 경향 분석

- **유형**
    1. 2000년도부터 새로 생긴 유형으로, 어휘의 올바른 쓰임새를 묻는 것이 포인트이다.
    2. 학습자들이 가장 어려워하는 파트로, 제시된 어휘의 의미를 정확하게 파악하고 있어야 풀 수 있는 문형이다.
    3. 어색한 문장을 하나씩 제외시켜 가는 방식의 문제풀이도 효과적이다.

- **문항수**
총 5문항이 출제된다.

- **학습 방법**
    1. 품사의 파악이 중요하며, 문장구조안에서 올바르게 쓰이고 있는지 알 수 있어야 한다.
    2. 특정의 다른 어휘와 호응하여(구문형성) 사용될 수 있는 어휘의 경우, 단편적인 해석보다 예문을 함께 정리하여 학습하는 것이 중요하다.

워밍업

1 다음 단어의 읽기 방법으로 알맞은 것을 고르세요.

1. 制限　　　（① せいがん　　② せいげん）
2. 行き先　　（① ゆきせん　　② ゆきさき）
3. 渋滞　　　（① じたい　　　② じゅうたい）
4. 訪問　　　（① ほうもん　　② ほもん）
5. 盛んだ　　（① さかんだ　　② さがんだ）

2 다음 단어에 해당하는 일본어 한자를 써 보세요. 모르겠으면 힌트를 보고 풀어 보세요.

6. 진보(しんぽ)　　　＿＿＿＿＿＿＿＿＿＿＿＿
7. 기한(きげん)　　　＿＿＿＿＿＿＿＿＿＿＿＿
8. 어울리다(にあう)　＿＿＿＿＿＿＿＿＿＿＿＿
9. 구별(くべつ)　　　＿＿＿＿＿＿＿＿＿＿＿＿
10. 정직한(しょうじきな)　＿＿＿＿＿＿＿＿＿＿＿＿

힌트

6　① 進歩	② 進走	③ 伸歩	④ 伸走
7　① 期恨	② 期限	③ 基恨	④ 基限
8　① 以会う	② 以合う	③ 似会う	④ 似合う
9　① 具別	② 区別	③ 具列	④ 区列
10　① 正真な	② 正直な	③ 正値な	④ 正植な

3 다음 밑줄 친 한자를 히라가나로 써 보세요.

11. ここから駅まで歩いて３分という<u>距離</u>だ。＿＿＿＿＿

12. あの店って先週からアルバイトを<u>募集</u>しているらしいよ。＿＿＿＿

13. 部品がなくて、<u>修理</u>しようがないです。＿＿＿＿＿

14. 書類の<u>内容</u>をちゃんと読んでから、サインしてください。＿＿＿＿

15. 空港まで友だちを<u>見送った</u>。（　　　）

4 다음 괄호 안에 들어갈 단어로 알맞은 것을 고르세요.

16. (① 緊張　② 出張) してしまって発表はうまくできなかった。

17. おにぎりはご飯を (① にげて　② にぎって) 作る。

18. 風邪薬のせいか、体が (① ゆるくて　② だるくて) 集中できない。

19. 今日のテストは (① 余る　② 与える) ほど易しかった。

20. ストレスが (① たまった　② つもった) とき、どうしていますか。

◆ 정답
1 ②　2 ②　3 ②　4 ①　5 ①　6 ①　7 ②　8 ④　9 ②　10 ②
11 きょり　12 ぼしゅう　13 しゅうり　14 ないよう　15 みおくった　16 ①　17 ②　18 ②　19 ①　20 ①

기출 공략 | 실전 연습 01

/8

問題5　つぎのことばの使い方として最もよいものを、1・2・3・4から一つえらびなさい。

1　ユーモア
1　田中先生は、ユーモアが多くて、倒れたそうだ。
2　彼は毎日残業で忙しくて、最近ユーモアを持っている。
3　昨日買った小説はとてもユーモアだった。
4　彼女はユーモアがあって、一緒にいると楽しい。

2　修理
1　スマホが壊れてしまって修理に行ってきた。
2　宿題を出す前に先輩に修理してもらった。
3　旅行の日程を修理しなければならない。
4　けんた！　もうちょっと机の上をきれいに修理しなさいよ。

3　こぼす
1　しまった！　電車の中に財布をこぼしちゃった。
2　期末試験のためスマホをカバンにこぼしておいた。
3　お客さんブランド物のバッグにコーヒーをこぼしてしまった。
4　この川はこの町の真ん中をこぼしている。

4　はかる
1　イチゴを箱から出してはかってみたら２１個だった。
2　駅から新しい家までの時間をはかってみた。
3　将来、自分の店を持ちたいとはかっています。
4　スマホで電気代や家賃をはかっています。

5　未来

1　私は未来、医者になりたいと思っています。
2　台風で未来の運動会は延期となります。
3　社長の未来の日程についてお知らせします。
4　子どもの未来のために、地域環境や教育を考える。

6　なだらかだ

1　なだらかな坂道だけど、自転車でのぼるのは大変だ。
2　夕べ、けっこう大きな地震があって家がなだらかにゆれた。
3　彼はなだらかな性格であまり怒ったりしない。
4　春になって外はなだらかな風が吹いている。

7　正直

1　なんでも正直に言ってくれた方が安心できます。
2　解答用紙に正直な答えをチェックしなさい。
3　正直に彼のところに行ってあやまった方がいいですよ。
4　あの交差点を右にまがって正直に行ってください。

8　あまる

1　放課後なのに教室に学生たちがあまっている。
2　車が道の真ん中であまってしまった。
3　忘年会のあまったお金、皆さんどうしますか。
4　出かける時にドアをしっかりあまってください。

기출 공략 | 실전 연습 02

/ 8

問題5 つぎのことばの使い方として最もよいものを、1・2・3・4から一つえらびなさい。

1 締め切り

1 この道路の締め切り速度は100㎞/hです。
2 レポートの締め切りは明日までです。
3 この映画の締め切りはハッピーエンドだった。
4 忘年会を締め切りとして一年が終わった。

2 かれる

1 手がかれたのでハンドクリームをたくさんぬった。
2 ダイエットして3キロもかれた。
3 彼からもらった花がもうかれてしまった。
4 牛乳や卵などかれやすいものは冷蔵庫に入れといて。

3 見送る

1 田舎の両親に毎日かならずメールを見送るようにしている。
2 先生からもらった本を何ページか見送ってみたが、とても難しかった。
3 空港まで見送ってくれて本当にありがとう。
4 飛行機の窓から空を見送るのが好きです。

4 植える

1 ケーキの上にいろんな果物を植えた。
2 この町は海を植えて作られた。
3 家の前に電灯が植えられてから、夜中でも明るくていい。
4 この公園にはめずらしい花がたくさん植えてある。

5 転ぶ

1 道で転んでけがをしてしまった。
2 急用ができて午後のスケジュールは全部転んだ。
3 初めて右ハンドルの車を転んでみました。
4 台風で公園の木が何本も転んでいた。

6 慰(なぐさ)める

1 大学に合格した友だちをみんなで慰(なぐさ)めた。
2 失恋(しつれん)で落ち込んでいる友だちを慰(なぐさ)めてあげた。
3 約束の時間に遅れて、友だちに慰(なぐさ)められた。
4 他人の失敗を慰(なぐさ)めるのはよくない。

7 盛(さか)んだ

1 最近、石油の値段が盛(さか)んだ。
2 この国はIT産業が盛(さか)んだ。
3 宿題が盛(さか)んにあって遊びに行く時間がない。
4 試験に落ちてしまって盛(さか)んに落ち込んでいる友だちのことが心配だ。

8 ゆるい

1 この本の内容はゆるくて小学生でも分かりやすいですね。
2 この靴、ゆるくて歩きにくいんだ。
3 買ったばかりのテレビなのに画面がゆるくて返品(へんぴん)した。
4 試合に負けて、ゆるくて泣いてしまった。

기출 공략 | 실전 연습 03

/8

問題5 つぎのことばの使い方として最もよいものを、1・2・3・4から一つえらびなさい。

1 翻訳
1 難しい法律用語が多くて翻訳に困っています。
2 10万円を韓国ウォンに翻訳してください。
3 このスカート、もっと短く翻訳してください。
4 しょうゆと砂糖を1対1の翻訳で混ぜた。

2 どきどき
1 どきどき友だちと映画を見に行ったりします。
2 テストの結果が気になってどきどきする。
3 3月に入ってから風がどきどき暖かくなってきた。
4 もうこんな時間か。じゃ、どきどき帰ろうか。

3 預ける
1 毎朝、布団をたたんで押し入れの中に預けます。
2 昨日貸してあげた本、今すぐ預けてくれる？
3 この花は毎日水を預けないと枯れてしまう。
4 貴重品はフロントに預けた方がいいね。

4 混ぜる
1 今月の給料と貯金を混ぜれば、新しいカメラが買える。
2 二人の力を混ぜることができれば、この試合は勝てると思う。
3 しょうゆとオリーブオイルを混ぜて、サラダのドレッシングを作った。
4 A社とB社を混ぜて新しい会社を作りました。

5 移動
1 そのうわさはSNSでクラス中に移動した。
2 名前を呼ばれた人はとなりの部屋に移動してください。
3 時計の針が移動しなくなって、修理に行ってきた。
4 弟の風邪が移動して、今ま私も熱があります。

6 落ち着く
1 空港に落ち着いたら、電話してください。
2 もうすべての桜の花が落ち着いてしまった。
3 地震の際、あわてず落ち着いて行動することが大事です。
4 指輪が洗面所の排水管に落ち着いた。

7 建設
1 このつくえは友だちと二人で建設したものです。
2 公園にたくさんのベンチが建設されました。
3 この町に新しい図書館が建設される予定です。
4 この工場では飛行機を建設しています。

8 にぎる
1 先生からもらった資料をクリップでしっかりにぎった。
2 豆腐はやわらかくてはしでにぎるのは簡単じゃない。
3 靴のひもが固くにぎってあってなかなかほどけなかった。
4 初めての運転で緊張してハンドルを強くにぎっていたら、手が赤くなった。

기출 공략 | 실전 연습 04

/ 8

問題5 つぎのことばの使い方として最もよいものを、1・2・3・4から一つえらびなさい。

1 新鮮な

1 このパソコンは新鮮な技術が使われています。
2 今日、新鮮な先生に初めて会った。
3 新しくできたスーパーで新鮮ないちごを買ってきた。
4 木村さんは昨日入ったばかりの新鮮な社員です。

2 そっくり

1 山本さんは毎晩そっくりの時間に散歩に出かけます。
2 私にそっくりのサイズのスカートが見つかりました。
3 夫と息子は顔や性格はもちろん、声までそっくりです。
4 彼とは家がそっくりなので、よく遊びに行きます。

3 身につける

1 彼は将来の夢をいつも身につけている。
2 木村先生は多くの人の尊敬を身につけている。
3 いろいろな技術を身につけて、いい会社に入りたい。
4 校長先生は400人以上の学生たちの顔と名前を身につけている。

4 だるい

1 今日、片思いの彼女に会えなくてだるかった。
2 空がだるいから、雨が降らないうちに早く帰ろう。
3 朝から熱があって、体がだるい。
4 停電で暖房をつけられなくて部屋の中がだるい。

5 発生

1 ログインエラーが発生した場合の対処法を教えてください。
2 この大学からは有名な作家が発生している。
3 駅前にカフェが三つも発生した。
4 春になると、この公園にはめずらしい花がたくさん発生します。

6 効果

1 君が手伝ってくれた効果で、無事にこの仕事が終わった。
2 やっぱりブログやSNSの広告の効果は大きいね。
3 最近、小さい字があまり見えないのは年を取った効果かな。
4 昨日の残業の効果が出たらしく、体がだるい。

7 似合う

1 みんなのスケジュールが似合う日は水曜日しかないね。
2 何回も練習したのに、音楽とダンスの動きが似合わない。
3 ピンクの方が今履いているスカートとよく似合ってますね。
4 子供がほしいけど、夫婦で意見が似合わない。

8 清潔

1 あの歌手の声はとても清潔で感動した。
2 この地域はあまり知られていないため、清潔な自然が残っている。
3 この温泉旅館は古いけど、施設はとても清潔だ。
4 食事のあと、コーヒーを飲んだら清潔な気持ちになった。

① 합격 어휘
출제 예상 어휘를 우선 순위별, 품사별로 정리하여 효율적으로 암기할 수 있습니다.

② 워밍업
합격 어휘 학습을 마친 후에는 간단한 문제를 통해 빠르게 복습해 볼 수 있습니다.

③ 실전 연습
실제 일본어 능력시험(JLPT) N3의 문자·어휘 시험과 동일한 형식의 문제를 풀어 보면서 실전에 대비할 수 있습니다.

합격 공략

Day 6 ~ Day 10	1순위 어휘 80
Day 11 ~ Day 15	2순위 어휘 130
Day 16 ~ Day 20	3순위 어휘 180

〈PART 3 합격 공략〉에서는 출제 예상 어휘를 우선 순위별, 품사별로 살펴봅니다. 합격 어휘를 학습한 다음에는 워밍업을 통해 앞에서 배운 어휘를 복습하고 실전 연습으로 실력을 쌓아 보세요.

합격 공략 | Day 6 1순위 어휘

01 음독 명사

- 意志(いし) 의지
- 位置(いち) 위치
- 応援(おうえん) 응원
- 応募(おうぼ) 응모
- 応用(おうよう) 응용
- 温泉(おんせん) 온천
- 外食(がいしょく) 외식
- 活動(かつどう) 활동
- 関心(かんしん) 관심
- 完成(かんせい) 완성
- 期限(きげん) 기한
- 休日(きゅうじつ) 휴일
- 空席(くうせき) 공석, 빈자리
- 血液(けつえき) 혈액
- 原因(げんいん) 원인
- 検査(けんさ) 검사
- 原料(げんりょう) 원료
- 広告(こうこく) 광고
- 呼吸(こきゅう) 호흡
- 最近(さいきん) 최근, 요즘
- 最新(さいしん) 최신
- 材料(ざいりょう) 재료
- 指示(しじ) 지시
- 自然(しぜん) 자연
- 実力(じつりょく) 실력
- 集中(しゅうちゅう) 집중
- 順番(じゅんばん) 순서, 순번
- 商品(しょうひん) 상품
- 性格(せいかく) 성격
- 税金(ぜいきん) 세금
- 体力(たいりょく) 체력
- 多少(たしょう) 다소
- 他人(たにん) 타인, 남
- 注文(ちゅうもん) 주문
- 朝食(ちょうしょく) 조식, 아침식사
- 貯金(ちょきん) 저금
- 当日(とうじつ) 당일
- 努力(どりょく) 노력
- 内容(ないよう) 내용
- 発見(はっけん) 발견
- 発生(はっせい) 발생
- 物価(ぶっか) 물가
- 文章(ぶんしょう) 문장
- 分類(ぶんるい) 분류
- 平均(へいきん) 평균

02 훈독 명사

- 相手(あいて) 상대방
- 朝日(あさひ) 아침 해, 아침 햇빛
- 岩(いわ) 바위
- 内側(うちがわ) 안쪽
- (お)祝(いわ)い 축하, 축하 행사
- 傷(きず) 상처, 흠
- 首(くび) 목
- 島(しま) 섬
- 締(し)め切(き)り 마감
- 早道(はやみち) 지름길
- 友人(ゆうじん) 친구
- 横(よこ) 옆, 가로

03 동사

- 植える 심다
- 遅れる 늦다
- 覚える 외우다, 기억하다
- 返す 돌려주다, 갚다
- 片づける 정리·정돈하다
- 消す 끄다, 지우다
- 信じる 믿다
- 確かめる 확인하다
- 伝える 전하다
- 包む 싸다, 포장하다
- 閉じる 닫다, (눈을) 감다
- 泣く 울다
- 眠る 잠들다
- 払う 지불하다
- 防ぐ 막다, 방지하다
- 太る 살찌다
- 混ぜる 섞다
- 守る 지키다
- 許す 허락·용서하다
- 汚れる 더러워지다
- 分ける 나누다, 분류하다
- 笑う 웃다

04 い형용사

- 厚い 두껍다
- 痛い 아프다
- 美しい 아름답다
- 硬い 딱딱하다
- 汚い 더럽다
- 詳しい 상세하다, 잘 알다
- 速い 빠르다
- 若い 젊다

05 な형용사

- 盛んだ 왕성하다, 활발하다
- 主要だ 주요하다
- 正直だ 정직하다
- 得意だ 자신 있다, 잘하다
- 変だ 이상하다
- 立派だ 훌륭하다, 위대하다

워밍업

1 다음 단어의 읽기 방법으로 알맞은 것을 고르세요.

1. 位置 　　（① いち　　　② いし）
2. 多少 　　（① たしょう　② だしょう）
3. 発生 　　（① はっしょう　② はっせい）
4. 詳しい 　（① くやしい　② くわしい）
5. 貯金 　　（① ちょきん　② ちょうきん）

2 다음 단어에 해당하는 일본어 한자를 써 보세요. 모르겠으면 힌트를 보고 풀어 보세요.

6. 물가（ぶっか） ＿＿＿＿＿＿＿＿＿

7. 순서（じゅんばん） ＿＿＿＿＿＿＿＿＿

8. 최신（さいしん） ＿＿＿＿＿＿＿＿＿

9. 울다（なく） ＿＿＿＿＿＿＿＿＿

10. 젊다（わかい） ＿＿＿＿＿＿＿＿＿

힌트			
6 ① 物値	② 値段	③ 物価	④ 物段
7 ① 順予	② 順番	③ 番組	④ 順序
8 ① 新鮮	② 最近	③ 新宿	④ 最新
9 ① 泣く	② 無く	③ 涙く	④ 流く
10 ① 右い	② 若い	③ 古い	④ 苦い

3 다음 밑줄 친 한자를 히라가나로 써 보세요.

11. <u>実力</u>はあるけど無名な人. _____

12. 明日<u>検査</u>を受けるから、8時からは何も食べてはいけない. _____

13. 彼は<u>広告</u>会社で働くことになった. _____

14. 夫は子どもの教育にはまったく<u>関心</u>がない. _____

15. 何もせずにボーッとして<u>休日</u>を終えてしまうのはもったいない.
_____

4 다음 괄호 안에 들어갈 단어로 알맞은 것을 고르세요.

16. 私の名前を (① 運んで ② 覚えて) ください.

17. 引っ越し (① 祝い ② 願い) に行って来た.

18. 明日の会議に遅れないようにみんなに (① 表して ② 伝えて) ください.

19. 昨日借りた本は3時までに (① 貸さなければ ② 返さなければ) ならない.

20. 彼女は年齢より (① 苦く ② 若く) 見える.

✦ 정답
1 ① **2** ① **3** ② **4** ② **5** ① **6** ③ **7** ② **8** ④ **9** ① **10** ②
11 じつりょく **12** けんさ **13** こうこく **14** かんしん **15** きゅうじつ **16** ② **17** ① **18** ② **19** ② **20** ②

합격 공략 | 실전 연습

/8

問題1 ＿＿＿のことばの読み方として最もよいものを、1・2・3・4から一つえらびなさい。

1 この奨学金に応募するにはどうすればいいですか。
1　おうも　　2　おうもう　　3　おうぼ　　4　おうぼう

2 レストランで1時間も順番待ちをしました。
1　じゅんばん　　2　しゅんばん　　3　じゅんじょ　　4　しゅんじょ

3 私はこの大学に入るために大変な努力をした。
1　のりょく　　2　のうりょく　　3　どりょく　　4　どうりょく

4 小さなことでも約束を守ることは大切だよ。
1　くもる　　2　まもる　　3　まわる　　4　かわる

5 三日も徹夜して、やっとレポートが完成しました。
1　がんせい　　2　かんせい　　3　がんしょう　　4　かんしょう

6 昨日、買ったばかりの新車なのに傷がついてしまった。
1　しみ　　2　けが　　3　きず　　4　しわ

7 予約しなくても、空席があれば当日でも座れます。
1　こうせき　　2　こうしき　　3　くうせき　　4　くうしき

8 今回のことを通じて、知らない自分を発見しました。
1　はつげん　　2　はっげん　　3　はつけん　　4　はっけん

✎ /8

問題2 ＿＿＿＿のことばを漢字で書くとき、最もよいものを、1・2・3・4から一つえらびなさい。

① りっぱな料理人になりたいです。
　1　立派な　　　2　立波な　　　3　位派な　　　4　位波な

② このアプリでさいしんの映画情報はもちろん、レビューも確認できます。
　1　最親　　　　2　最近　　　　3　最新　　　　4　最中

③ 明日、けつえき検査（けんさ）をしに病院に行きます。
　1　体力　　　　2　活力　　　　3　血圧　　　　4　血液

④ 夕べ、歯がいたくて眠れなかった。
　1　痛くて　　　2　病くて　　　3　通くて　　　4　療くて

⑤ 二人はせいかくが合わないと言いながらも付き合い続けている。
　1　姓格　　　　2　性格　　　　3　性客　　　　4　姓客

⑥ 図書館に本をかえしに行って来ます。
　1　惜しに　　　2　借しに　　　3　反しに　　　4　返しに

⑦ 目をとじて、耳をすませば聞こえますよ。
　1　開じて　　　2　締じて　　　3　閉じて　　　4　明じて

⑧ わかいころはどんなことでも自信があった。
　1　苦い　　　　2　若い　　　　3　右い　　　　4　古い

합격 공략 | 실전 연습

　　　　　　　　　　　　　　　　　　　　　　　　　　　　/ 8

問題3　（　　　）に入れるのに最もよいものを、1・2・3・4から一つえらびなさい。

1　レポートの（　　　）が、あと三日しか残ってない。
　1　しなぎれ　　　2　うりきれ　　　3　しめきり　　　4　つめきり

2　砂糖としょうゆを2：1の割合で（　　　）、肉にかけます。
　1　ゆでて　　　2　むして　　　3　わかして　　　4　まぜて

3　この公園には桜の木がたくさん（　　　）あって、春になると人でいっぱいになる。
　1　うえて　　　2　うめて　　　3　うられて　　　4　うんで

4　おもしろい映画を見ながら久しぶりに（　　　）。
　1　習った　　　2　泣いた　　　3　笑った　　　4　悩んだ

5　人の話を（　　　）をもって聴く。
　1　関心　　　2　内緒　　　3　内容　　　4　手段

6　木村さんは、テニスのいい練習（　　　）です。
　1　敵　　　2　相手　　　3　選手　　　4　先生

7　今、（　　　）不明の熱病で入院しています。
　1　由来　　　2　苦情　　　3　事実　　　4　原因

8　（　　　）人はうそをつくのが苦手で、思っていることが顔に出てしまう。
　1　正真な　　　2　正直な　　　3　定真な　　　4　定直な

問題4 ＿＿＿＿に意味が最も近いものを、1・2・3・4から一つえらびなさい。

1 間違いが多くて、書きなおすように指示した。
1　命令　　2　努力　　3　依頼　　4　お願い

2 台風で飛行機が多少遅れています。
1　すこし　2　すべて　3　かなり　4　ずっと

3 イチゴジュースを注文した。
1　作った　2　飲んだ　3　注いだ　4　頼んだ

4 自分の部屋は自分で片付けてほしいんだ。
1　選んで　2　契約して　3　きれいにして　4　デザインして

5 この映画の内容はぜんぜん覚えていない。
1　ストーリー　2　サウンド　3　シリーズ　4　レビュー

6 空気が汚れたところには住みたくない。
1　きれいな　2　きたない　3　かわいた　4　うすい

7 毎日徹夜でがんばってやっと原稿を仕上げた。
1　働いて　2　協力して　3　団結して　4　努力して

8 デパートには品物の種類が多くて買い物に便利だ。
1　果物　2　商品　3　備品　4　食品

합격 공략 | 실전 연습

/ 8

問題5 つぎのことばの使い方として最もよいものを、1・2・3・4から一つえらびなさい。

1 応援
1. 毎週一回、部屋の応援をしています。
2. 私が応援していたチームが負けてしまった。
3. だれでも応援はするよ。がっかりしないで。
4. 応援なく、ごゆっくりどうぞ。

2 広告
1. 勇気を出して彼女に広告した。
2. 明日、部長に出張の結果を広告する。
3. 広告の効果でよく売れている。
4. 旅行での出来事をみんなに広告した。

3 応用
1. イベントに応用してみたけど、おもしろくなかった。
2. 図書館の施設を応用する方はデスクに予約を入れてください。
3. 今、この会社は新入社員を応用しています。
4. このスマホには様々な技術が応用されている。

4 許す
1. 店員にスパゲッティとコーラを許した。
2. お父さんが許してくれるなら彼と結婚したいです。
3. わからないことがあったら、先生に許した方がいいよ。
4. 二人でちゃんと許していきたいです。

5 原料
1 このサラダの原料は何ですか。
2 図書館で論文の原料をたくさんコピーしてきた。
3 ガソリンの原料である原油の値段がどんどん上がっている。
4 毎日、徹夜して本の原料を書いています。

6 分類
1 ケーキを三つに分類して食べた。
2 届いたメールを分類して整理した。
3 二人ずつ分類して掃除した方が早く終わりそう。
4 カメラを直すために分類した。

7 集中
1 みんな遅れないで、3時までに駅前に集中してください。
2 映画が好きでたくさんのポスターを集中しています。
3 動画を集中してサイトにアップした。
4 うるさくて勉強に集中できない。

8 太る
1 車が太って駐車しにくい。
2 髪が太ったので美容院に行って切ってもらった。
3 最近、太ったせいかズボンがきつくてはけない。
4 道が太って通りやすくなった。

합격 공략 | Day 7 1순위 어휘

01 음독 명사

- 案内(あんない) 안내
- 合計(ごうけい) 합계
- 停電(ていでん) 정전
- 横断(おうだん) 횡단
- 混雑(こんざつ) 혼잡
- 当然(とうぜん) 당연
- 解決(かいけつ) 해결
- 資源(しげん) 자원
- 不安(ふあん) 불안
- 改札(かいさつ) 개찰
- 失業(しつぎょう) 실업
- 夫婦(ふうふ) 부부
- 仮定(かてい) 가정
- 自由(じゆう) 자유
- 分類(ぶんるい) 분류
- 観察(かんさつ) 관찰
- 渋滞(じゅうたい) 정체
- 方向(ほうこう) 방향
- 規則(きそく) 규칙
- 主張(しゅちょう) 주장
- 訪問(ほうもん) 방문
- 疑問(ぎもん) 의문
- 出張(しゅっちょう) 출장
- 法律(ほうりつ) 법률
- 希望(きぼう) 희망
- 首都(しゅと) 수도
- 未来(みらい) 미래
- 協力(きょうりょく) 협력
- 正解(せいかい) 정답
- 面接(めんせつ) 면접
- 禁止(きんし) 금지
- 整理(せいり) 정리
- 目的(もくてき) 목적
- 緊張(きんちょう) 긴장
- 選手(せんしゅ) 선수
- 目標(もくひょう) 목표
- 経由(けいゆ) 경유
- 全部(ぜんぶ) 전부
- 文句(もんく) 불평
- 現在(げんざい) 현재
- 卒業(そつぎょう) 졸업
- 輸出(ゆしゅつ) 수출
- 交換(こうかん) 교환
- 地球(ちきゅう) 지구
- 料金(りょうきん) 요금

02 훈독 명사

- 汗(あせ) 땀
- 香り(かおり) 향기
- 底(そこ) 바닥
- 穴(あな) 구멍
- 感じ(かんじ) 느낌
- 湖(みずうみ) 호수
- 息(いき) 숨
- 決まり(きまり) 규칙
- 緑(みどり) 초록
- 噂(うわさ) 소문
- 塩(しお) 소금
- 家賃(やちん) 집세

03 동사

- 溢れる 흘러넘치다
- 売れる 팔리다
- 追う 쫓다, 따르다
- 怒る 화내다
- 終わる 끝나다
- 折る 꺾다
- 輝く 빛나다
- 囲む 둘러싸다
- 借りる 빌리다
- 頼む 부탁하다, 주문하다
- 違う 다르다
- 疲れる 지치다
- 手伝う 돕다, 거들다
- 届ける 배달하다, 신고하다
- 生える 나다, 돋다
- 振る 흔들다
- 曲がる 돌다, 꺾다
- 迷う 망설이다
- 燃える 타다, 불길이 일다
- 破れる 파손되다
- 止める 그만두다, 끊다
- 割れる 깨지다, 나누어지다

04 い형용사

- 明るい 밝다
- 浅い 얕다
- 遅い 늦다, 느리다
- 苦しい 괴롭다, 힘들다
- 怖い 무섭다
- 懐かしい 그립다
- 深い 깊다
- 短い 짧다

05 な형용사

- 主だ 주되다
- 静かだ 조용하다
- 新鮮だ 신선하다
- 正常だ 정상이다
- 短気だ 성질이 급하다
- 単純だ 단순하다
- 不安だ 불안하다
- 複雑だ 복잡하다

워밍업

1 다음 단어의 읽기 방법으로 알맞은 것을 고르세요.

1. 頼む　　　（① このむ　　② たのむ）
2. 複雑　　　（① ふくざつ　② ほくざつ）
3. 横断　　　（① おうだん　② おだん）
4. 正解　　　（① せいかい　② しょうかい）
5. 汗　　　　（① あな　　　② あせ）

2 다음 단어에 해당하는 일본어 한자를 써 보세요. 모르겠으면 힌트를 보고 풀어 보세요.

6. 안내(あんない)　＿＿＿＿＿＿＿＿＿＿
7. 주장(しゅちょう)　＿＿＿＿＿＿＿＿＿＿
8. 방향(ほうこう)　＿＿＿＿＿＿＿＿＿＿
9. 팔리다(うれる)　＿＿＿＿＿＿＿＿＿＿
10. 교환(こうかん)　＿＿＿＿＿＿＿＿＿＿

힌트

6	① 案内	② 案納	③ 安内	④ 安納
7	① 主長	② 注張	③ 主張	④ 注長
8	① 房向	② 方同	③ 防向	④ 方向
9	① 売れる	② 買れる	③ 販れる	④ 読れる
10	① 校換	② 交換	③ 校替	④ 交替

3 다음 밑줄 친 한자를 히라가나로 써 보세요.

11. <u>緊張</u>しなくてもいいよ。　_____

12. たばこを吸うのは<u>禁止</u>されています。　_____

13. だれか<u>手伝</u>ってくれない？　_____

14. <u>遅</u>くなってごめんね。　_____

15. この部屋は駅から近いので<u>家賃</u>が高い。　_____

4 다음 괄호 안에 들어갈 단어로 알맞은 것을 고르세요.

16. どうぞ、ご (① 自由に　② 自然に) お取りください。

17. (① 失望　② 希望) の大学に受かってよかったですね。

18. 拾った財布を警察に (① 届けた　② 返した)。

19. あの角を右に (① 曲がって　② 切って) まっすぐ行ってください。

20. 明日の発表が気になって (① 静かに　② 不安に) なった。

> **정답**
>
> 1② 2① 3① 4① 5② 6① 7③ 8④ 9① 10②
> 11 きんちょう 12 きんし 13 てつだって 14 おそく 15 やちん 16 ① 17 ② 18 ① 19 ① 20 ②

합격 공략 | 실전 연습

✏️ /8

問題1 ＿＿＿＿のことばの読み方として最もよいものを、1・2・3・4から一つえらびなさい。

1 失業していた友だちがすぐ就職できてよかった。
1　しつぎょう　　2　じぎょう　　3　そつぎょう　　4　ざんぎょう

2 本の表紙が破れてしまったので、テープではっておいた。
1　よごれて　　2　はずれて　　3　やぶれて　　4　ゆれて

3 明日の出張のために今日は早めに寝るつもりなんだ。
1　しゅつちょう　　2　しゅっちょう　　3　しょうちょう　　4　しょっちょう

4 オーストラリアの首都がシドニーだと思っている人は少なくない。
1　しゅとう　　2　しゅと　　3　しゅうとう　　4　しゅうと

5 これまでの説明の中でなにか疑問があったら何でも聞いてください。
1　ぎもん　　2　いもん　　3　しつもん　　4　くもん

6 地球は太陽の周りをまわっている。
1　じきゅう　　2　じきゅ　　3　ちきゅう　　4　ちきゅ

7 あわてずに、ゆっくり息を吸ってみて。
1　いけ　　2　しき　　3　いき　　4　あき

8 昔、山のふもとの湖で友だちと泳いだものです。
1　かわ　　2　いけ　　3　うみべ　　4　みずうみ

✏ /8

問題2 ＿＿＿＿のことばを漢字で書くとき、最もよいものを、1・2・3・4から一つえらびなさい。

1 久しぶりにふうふで箱根(はこね)の温泉に行って来た。

 1 夫婦　　　2 婦夫　　　3 扶婦　　　4 婦扶

2 目指(めざ)している大学に入るのが今年のもくひょうです。

 1 目表　　　2 目栗　　　3 目標　　　4 目的

3 この給料(きゅうりょう)では どうも生活がくるしい。

 1 右しい　　2 若しい　　3 古しい　　4 苦しい

4 就活(しゅうかつ)のめんせつでよくある質問を紹介します。

 1 見接　　　2 面接　　　3 免接　　　4 視接

5 Ａ４用紙(ようし)やちらしで作る箱のおり方を教えます。

 1 折り　　　2 祈り　　　3 切り　　　4 居り

6 夫婦の問題なら二人きりでかいけつした方がいいよ。

 1 解正　　　2 解定　　　3 解決　　　4 解釈

7 もんくばかり言う上司の心理(しんり)や対処法(たいしょほう)について紹介させていただきます。

 1 字句　　　2 文句　　　3 字区　　　4 文区

8 あなたのみらいを占ってみましょう。

 1 将来　　　2 紹来　　　3 末来　　　4 未来

합격 공략 | 실전 연습

　　　　　　　　　　　　　　　　　　　　　　　　✎ /8

問題3 （　　）に入れるのに最もよいものを、1・2・3・4から一つえらびなさい。

1 友だちなら、手伝いあうのは（　　）のことだと思う。
　1　当然　　　　2　出来事　　　　3　お見舞い　　　　4　事実

2 料理もサービスもふんいきもととのっていて、とてもいい（　　）の旅館でした。
　1　形　　　　2　意味　　　　3　考え　　　　4　感じ

3 彼は何の（　　）があってここに来たのだろう。
　1　感動　　　　2　会議　　　　3　目的　　　　4　割合

4 これが事実だと（　　）して話してみよう。
　1　過程　　　　2　仮定　　　　3　課程　　　　4　果亭

5 君が言ったことが（　　）正しいとは言えないよ。
　1　ぜひ　　　　2　どうして　　　　3　さて　　　　4　ぜんぶ

6 母はアパートの（　　）収入で生活しています。
　1　料金　　　　2　運賃　　　　3　家賃　　　　4　家庭

7 父にたばこを（　　）ほしい。
　1　やんで　　　　2　やめて　　　　3　とめて　　　　4　とまって

8 いいものがたくさんあって、どれを選んだらいいか（　　）しまう。
　1　並んで　　　　2　迷って　　　　3　回って　　　　4　疑って

問題4 ＿＿＿に意味が最も近いものを、1・2・3・4から一つえらびなさい。

1 運転するときは交通規則を守りましょう。
　1 スピード　　2 ルート　　3 マーク　　4 ルール

2 この駅は周りがオフィス街になっているので、いつも混雑している。
　1 道に迷う　　　　　　　2 バスが通っている
　3 人がたくさんいる　　　4 電車の音がうるさい

3 道を横断するときは、車に気を付けてください。
　1 まがる　　2 はしる　　3 すすむ　　4 わたる

4 カーナビに現在の位置を入力する必要はありません。
　1 家　　2 目的地　　3 今　　4 現場

5 ひびのはいったコップは捨てよう。
　1 割れた　　2 汚い　　3 落とした　　4 古い

6 家にある家具は全部自分で作ったものです。
　1 すべて　　2 だいたい　　3 半分　　4 部分的に

7 三日も残業したのでかなり疲れた。
　1 ねれた　　2 くたびれた　　3 すすんだ　　4 かたがこった

8 ドレスはレンタルしたほうがいいよね。
　1 買った　　2 売った　　3 返した　　4 借りた

합격 공략 | 실전 연습

/8

問題5 つぎのことばの使い方として最もよいものを、1・2・3・4から一つえらびなさい。

1 選手
1. 気に入ったものを一つだけ選手してください。
2. あの選手は復帰にけっこう時間がかかるそうだ。
3. 選手でクラスの代表を決めた。
4. 小さいころから歌が好きで将来は選手になりたい。

2 不安
1. みんな避難先に移動できて不安した。
2. 親を不安させないようにがんばって勉強している。
3. 試験の結果が気になって不安だ。
4. 値段がとても不安で買わなかった。

3 面接
1. イギリスの首相が今日日本を面接した。
2. 昨日、デパートで面接したものが届いた。
3. 駅は毎日多くの人が面接するところだ。
4. 明日バイトの面接、うまくいくといいよね。

4 解決
1. その問題の解決のために私にできることがあったら言ってください。
2. 電話は1876年ベルのよって解決された。
3. 日本語を英語に解決してタイピングした。
4. この数学の問題の解決は3番です。

5 資源
1 彼にそんなことを言う資源はない。
2 ごみは資源になる。それがリサイクルです。
3 この資源を明日の会議が始まるまでにコピーしておいて。
4 会社の設立のための資源を集めることができた。

6 希望
1 来週のパーティー、希望にしています。
2 希望の大学に入るために一生懸命に勉強している。
3 先週、久しぶりに温泉に行って希望した。
4 いったい何が希望でここに来たの？

7 届ける
1 お願いがあるんだけど、届けてくれる？
2 ご注文の品物は今日中にお届けします。
3 今日は学校を休んで病院に届けたほうがいいよ。
4 私の趣味は世界各国の切手を届けることです。

8 観察
1 書類にミスがあるかよく観察してください。
2 森の生き物を観察するのがおもしろくて毎週山に行っている。
3 送ってもらったメールはざっと観察しました。
4 デパートでかわいいスカートを観察したが、高くて買えなかった。

합격 공략 | Day 8 1순위 어휘

01 음독 명사

- 暗記 (あんき) 암기
- 移動 (いどう) 이동
- 栄養 (えいよう) 영양
- 回収 (かいしゅう) 회수
- 各地 (かくち) 각지
- 楽器 (がっき) 악기
- 我慢 (がまん) 참음, 자제
- 感覚 (かんかく) 감각
- 感動 (かんどう) 감동
- 期待 (きたい) 기대
- 帰宅 (きたく) 귀가
- 休養 (きゅうよう) 휴양
- 教師 (きょうし) 교사
- 共通 (きょうつう) 공통
- 興味 (きょうみ) 흥미
- 経営 (けいえい) 경영
- 外科 (げか) 외과
- 欠席 (けっせき) 결석
- 健康 (けんこう) 건강
- 個人 (こじん) 개인
- 事情 (じじょう) 사정
- 指導 (しどう) 지도
- 使用 (しよう) 사용
- 情報 (じょうほう) 정보
- 食器 (しょっき) 식기
- 申請 (しんせい) 신청
- 頭痛 (ずつう) 두통
- 制限 (せいげん) 제한
- 成績 (せいせき) 성적
- 専門家 (せんもんか) 전문가
- 早退 (そうたい) 조퇴
- 相談 (そうだん) 상담
- 大会 (たいかい) 대회
- 単語 (たんご) 단어
- 駐車 (ちゅうしゃ) 주차
- 調子 (ちょうし) 상태, 컨디션
- 直接 (ちょくせつ) 직접
- 到着 (とうちゃく) 도착
- 独身 (どくしん) 독신
- 値段 (ねだん) 가격
- 年中 (ねんじゅう) 일년내내
- 発表 (はっぴょう) 발표
- 半日 (はんにち) 반일, 한나절
- 平日 (へいじつ) 평일
- 留守 (るす) 부재중

02 훈독 명사

- 泡 (あわ) 거품
- 笑顔 (えがお) 웃는 얼굴
- おしまい 끝, 마감
- 空 (から) 텅 빈 상태
- 薬 (くすり) 약
- くせ 버릇
- 坂道 (さかみち) 언덕길
- 席 (せき) 자리
- 波 (なみ) 파도
- 涙 (なみだ) 눈물
- 歯 (は) 이, 치아
- 割合 (わりあい) 비율

03 동사

- あきらめる 포기하다
- 預(あず)ける 맡기다
- 扱(あつか)う 다루다
- 余(あま)る 남다
- 表(あらわ)す 나타내다
- 疑(うたが)う 의심하다
- 売(う)り切(き)れる 매진되다
- 遅(おく)れる 늦다
- 貸(か)す 빌려주다
- 枯(か)れる 시들다
- 区切(くぎ)る 구분 짓다
- 断(ことわ)る 거절하다
- こぼす 흘리다
- しゃべる 말하다
- 確(たし)かめる 확인하다
- 経(た)つ (시간)경과하다
- 手伝(てつだ)う 돕다, 거들다
- 投(な)げる 던지다
- はかる 재다, 측정하다
- 太(ふと)る 살찌다
- 結(むす)ぶ 묶다, 연결하다
- 別(わか)れる 헤어지다

04 い형용사

- うまい 잘하다, 맛있다
- 惜(お)しい 아깝다, 아쉽다
- きつい 타이트하다, 힘들다
- 悔(くや)しい 분하다
- 詳(くわ)しい 상세하다, 자세히 알고 있다
- 親(した)しい 친하다
- だるい 나른하다
- つまらない 시시하다, 하찮다

05 な형용사

- 簡単(かんたん)だ 간단하다, 쉽다
- 残念(ざんねん)だ 유감이다, 아쉽다
- 十分(じゅうぶん)だ 충분하다
- 心配(しんぱい)だ 걱정스럽다
- たいくつだ 지루하다
- 大切(たいせつ)だ 중요하다, 소중하다
- 代表的(だいひょうてき)だ 대표적이다
- 楽(らく)だ 편하다

워밍업

1 다음 단어의 읽기 방법으로 알맞은 것을 고르세요.

1. 興味　　　（① きょうみ　　② きょみ）
2. 調子　　　（① じょうし　　② ちょうし）
3. 独身　　　（① どくしん　　② どっしん）
4. 扱う　　　（① すう　　　　② あつかう）
5. 共通　　　（① きょうつう　② こうつう）

2 다음 단어에 해당하는 일본어 한자를 써 보세요. 모르겠으면 힌트를 보고 풀어 보세요.

6. 기대 (きたい)　　　＿＿＿＿＿＿＿＿＿

7. 정보 (じょうほう)　＿＿＿＿＿＿＿＿＿

8. 웃는 얼굴 (えがお)　＿＿＿＿＿＿＿＿＿

9. 빌려주다 (かす)　　＿＿＿＿＿＿＿＿＿

10. 친하다 (したしい)　＿＿＿＿＿＿＿＿＿

힌트

6	① 期持	② 期待	③ 気待	④ 気持
7	① 情報	② 青報	③ 情娠	④ 青娠
8	① 失頭	② 笑頭	③ 失顔	④ 笑顔
9	① 借す	② 返す	③ 貸す	④ 替す
10	① 新しい	② 親しい	③ 観しい	④ 斯しい

3 다음 밑줄 친 한자를 히라가나로 써 보세요.

11. みんなそれぞれ<u>事情</u>があるみたい。　_____

12. 大学時代に家庭<u>教師</u>で英語を教えた。　_____

13. 部長はただいま<u>留守</u>にしております。　_____

14. もう３時間も<u>経</u>った。　_____

15. それは本当に<u>残念</u>ですね。　_____

4 다음 괄호 안에 들어갈 단어로 알맞은 것을 고르세요.

16. 試合で負けてしまって (① くわしい　② くやしい)。

17. あなたにとって一番 (① 大切な　② 丈夫な) ものは何ですか。

18. あの二人はけっきょく (① 別れて　② 分かって) しまった。

19. あの映画は長すぎて (① たいくつ　② じゅうぶん) だった。

20. 体重を (① はかって　② ふとって) みた。

> **정답**
> 1① 2② 3① 4② 5① 6② 7① 8④ 9③ 10②
> 11 じじょう　12 きょうし　13 るす　14 たった　15 ざんねん　16②　17①　18①　19①　20①

PART 3 합격 공략_Day 8

합격 공략 | 실전 연습

/8

問題1 ＿＿＿＿のことばの読み方として最もよいものを、1・2・3・4から一つえらびなさい。

[1] この文章には、筆者の考えがよく表れている。

1　あふれて　　2　かくれて　　3　あらわれて　　4　はずれて

[2] みんな彼の話を聞いて、うそではないかと疑っていた。

1　まよって　　2　うたって　　3　まわって　　4　うたがって

[3] バック駐車には自信がありません。

1　じゅしゃ　　2　じゅうしゃ　　3　ちゅしゃ　　4　ちゅうしゃ

[4] 時間がたっぷり余った。

1　のこった　　2　あまった　　3　くばった　　4　しまった

[5] それでは結果を発表します。

1　はつひょう　　2　はっぴょう　　3　はつびょう　　4　はっぴょ

[6] 先生に相談した方がいいんじゃない？

1　しょうだん　　2　ざつだん　　3　そうだん　　4　しんだん

[7] １０人に１人の割合で奨学金を受けている。

1　かつあい　　2　わりごう　　3　かつごう　　4　わりあい

[8] 帰宅が早い人が家でできるパソコン仕事を探しています。

1　きだく　　2　きったく　　3　きたく　　4　きつたく

問題2 ＿＿＿のことばを漢字で書くとき、最もよいものを、1・2・3・4から一つえらびなさい。

1 広い部屋を二つに<u>くぎって</u>使っている。
    1　別切って　　　2　区切って　　　3　分切って　　　4　刀切って

2 メールが届いてるかどうか、<u>たしかめた</u>ほうがいいかもよ。
    1　認かめた　　　2　忍かめた　　　3　破かめた　　　4　確かめた

3 結婚記念日に夫からもらった手紙を読んで、<u>かんどう</u>した。
    1　感動　　　　　2　感働　　　　　3　減動　　　　　4　減働

4 恋愛の悩みを相談してくれる<u>せんもんか</u>っている？
    1　全問家　　　　2　専問家　　　　3　全門家　　　　4　専門家

5 この電車はまもなく新宿駅に<u>とうちゃく</u>いたします。
    1　至着　　　　　2　到着　　　　　3　倒着　　　　　4　制着

6 家で<u>がっき</u>の練習がしたいけど、アパートなのでできない。
    1　楽机　　　　　2　楽機　　　　　3　楽器　　　　　4　楽械

7 お金のことなら<u>しんぱい</u>するな。
    1　心杯　　　　　2　心配　　　　　3　必配　　　　　4　必杯

8 今日は<u>なみ</u>があまり高くなくて安心だ。
    1　皮　　　　　　2　被　　　　　　3　彼　　　　　　4　波

합격 공략 | 실전 연습

問題3 （　　　）に入れるのに最もよいものを、1・2・3・4から一つえらびなさい。

1 ガラスの製品は注意して（　　　）ください。
1 たすけて　　2 あつかって　　3 あつめて　　4 おって

2 人はそう（　　　）に変わりませんよ。
1 重要　　2 残念　　3 便利　　4 簡単

3 （　　　）ことに、せっかく買ったカメラを忘れてそのまま旅行に行ってしまった。
1 残念な　　2 心配な　　3 大切な　　4 邪魔な

4 自分の意見を言うさいに「（　　　）にはこう思いますが…」といっておく。
1 全般的　　2 客観的　　3 個人的　　4 部分的

5 この本棚を（　　　）させたいけど、手伝ってもらえるかな。
1 移転　　2 引っ越し　　3 移動　　4 転職

6 2キロしか太ってないのに、スカートが（　　　）なった。
1 こまかく　　2 せまく　　3 ほそく　　4 きつく

7 生活のためのお金はこれで（　　　）だ。
1 十分　　2 必要　　3 安全　　4 大切

8 いくら大変でも（　　　）ないで頑張りたい。
1 わらわ　　2 たのしま　　3 あきらめ　　4 よろこば

問題4 ＿＿＿に意味が最も近いものを、1・2・3・4から一つえらびなさい。

1 さつき君って本当にピアノうまいんだね。
1 好きな　　2 上手な　　3 嫌いな　　4 苦手な

2 英単語をたくさん暗記した。
1 書いた　　2 読んだ　　3 教えた　　4 覚えた

3 みさきとちえは本当に仲がいい。
1 おとなしい　　2 やさしい
3 したしい　　4 どうしようもない

4 若いのに自分の店を経営しているなんてすごい。
1 建築　　2 運営　　3 リフォーム　　4 設計

5 誕生日パーティーでビールを飲んだ。
1 コーナー　　2 席　　3 祝い　　4 番組

6 新しい単語がたくさん出てきて、夜12時まで勉強した。
1 言葉　　2 文章　　3 文法　　4 会話

7 デスクの人に申請書を出してください。
1 証明書　　2 領収書　　3 報告書　　4 申込書

8 あの先生の授業はたいくつだ。
1 たのしい　　2 おもしろい　　3 つまらない　　4 むずかしい

합격 공략 | 실전 연습

/8

問題5 つぎのことばの使い方として最もよいものを、1・2・3・4から一つえらびなさい。

1 きつい
1 私は日本語がきつくて、簡単な挨拶しかできません。
2 この本、とてもきつくて全部読んでしまいました。
3 この仕事を一人でするなんて、ちょっときついです。
4 １０キロもやせたので服がきつくなった。

2 くわしい
1 高木君って、本当にパソコンにくわしいね。
2 バスに乗るとき、くわしいお金を準備しておけば楽だ。
3 この村はきのこの生産がくわしいです。
4 試合で負けてしまってくわしい。

3 結ぶ
1 その件についてはみんなで話し合って結びましょう。
2 話し合いの結果、移動手段はバスに結びました。
3 山に登る前に、靴のひもをしっかり結んでね。
4 塩の代わりにしょうゆを結んで食べた。

4 くせ
1 君が助けてくれたくせで無事に仕事を終えられた。
2 彼はお酒を飲むと自分のことを自慢するくせがある。
3 その会社は今年社員募集のくせを立てています。
4 一度ぐらいの失敗であきらめるくせではない。

5 惜しい
1 この店の料理は惜しくてよく来ている。
2 この靴はきつくてはけないけど、捨てるには惜しい。
3 卒業して惜しい友だちと別れることになった。
4 デパートに惜しいものがたくさんあって、なんでも買いたくなる。

6 我慢
1 母はいつも小言を言いながら私のことを我慢する。
2 今回の試験はとても難しくて我慢した。
3 外で子供たちがいきいきと我慢しているのを見た。
4 彼の失礼な言い方に我慢できなかった。

7 こぼす
1 友だちに借りた本を家にこぼして来ちゃった。
2 野菜サラダにマヨネーズをこぼして食べた。
3 その話はあまりにも悲しくて、つい涙をこぼしてしまった。
4 セーターについているほこりをテープでこぼした。

8 値段
1 日本ではバスを降りるとき値段を払います。
2 最近、野菜の値段が上がった。
3 鈴木さんはクラスで人気があって値段が高い。
4 本棚の値段をはかってみたらあまり広くなかった。

합격 공략 | Day 9 1순위 어휘

01 음독 명사

- 意義(いぎ) 의의
- 印象(いんしょう) 인상
- 営業(えいぎょう) 영업
- 延期(えんき) 연기
- 往復(おうふく) 왕복
- 温泉(おんせん) 온천
- 下線(かせん) 밑줄
- 観客(かんきゃく) 관객
- 関係(かんけい) 관계
- 観光(かんこう) 관광
- 気温(きおん) 기온
- 機械(きかい) 기계
- 機会(きかい) 기회
- 記念(きねん) 기념
- 苦労(くろう) 고생
- 欠点(けってん) 결점
- 減少(げんしょう) 감소
- 効果(こうか) 효과
- 雑誌(ざっし) 잡지
- 残業(ざんぎょう) 잔업, 야근
- 自信(じしん) 자신
- 自慢(じまん) 자랑
- 修理(しゅうり) 수리
- 縮小(しゅくしょう) 축소
- 手段(しゅだん) 수단
- 商業(しょうぎょう) 상업
- 乗車(じょうしゃ) 승차
- 身長(しんちょう) 신장, 키
- 進歩(しんぽ) 진보
- 制服(せいふく) 제복, 교복
- 想像(そうぞう) 상상
- 創造(そうぞう) 창조
- 代金(だいきん) 대금, 비용
- 滞在(たいざい) 체재
- 団体(だんたい) 단체
- 中古(ちゅうこ) 중고
- 通勤(つうきん) 통근
- 通知(つうち) 통지
- 特徴(とくちょう) 특징
- 場所(ばしょ) 장소
- 比較(ひかく) 비교
- 部分(ぶぶん) 부분
- 変化(へんか) 변화
- 方法(ほうほう) 방법
- 冷房(れいぼう) 냉방

02 훈독 명사

- 片方(かたほう) 한쪽
- しみ 얼룩
- 根(ね) 뿌리
- 葉(は) 잎
- 孫(まご) 손자
- 豆(まめ) 콩
- 真ん中(まんなか) 한가운데
- 申(し)込み(もうしこみ) 신청
- 物語(ものがたり) 이야기
- やり方(かた) 방법, 방식
- 床(ゆか) 마루
- 行き先(ゆきさき) 행선지

03 동사

- 飽きる 질리다
- 温める 따뜻하게 하다, 데우다
- 合わせる 합치다, 맞추다
- 受け入れる 받아들이다
- 追いつく 따라잡다
- 落ち着く 침착하다, 안정되다
- かかる 걸리다
- 乾く 마르다, 건조되다
- 効く 효과가 있다
- 組む 짜다, 꼬다
- しまう 치우다, 끝내다
- 過ごす 지내다
- 黙る 침묵하다
- 伝わる 전달되다
- 通り過ぎる 지나가다
- 慰める 위로하다
- 投げる 던지다
- にぎる 쥐다, 잡다
- 離す 떼어내다
- 干す 말리다
- 間違える 착각하다, 잘못하다
- 見送る 배웅하다

04 부사

- 必ず 반드시
- からから 바삭바삭(바싹 마른 모양)
- さっさと 빨리빨리, 척척
- しばらく 잠시, 당분간
- そろそろ 슬슬
- どきどき 두근두근
- ぴったり 딱, 꼭
- もう一度 한번 더

05 접속사

- けりども 하지만
- しかし 그러나
- それから 그리고, 그리고나서
- それで 그래서
- それに 게다가
- だが 하지만
- だから 그러므로, 그래서
- または 또는

워밍업

1 다음 단어의 읽기 방법으로 알맞은 것을 고르세요.

1. 通勤 (① つうきん　② とおきん)
2. 身長 (① しんじょう　② しんちょう)
3. 修理 (① しゅうり　② しゅり)
4. 減少 (① げんしょ　② げんしょう)
5. 飽きる (① あきる　② おきる)

2 다음 단어에 해당하는 일본어 한자를 써 보세요. 모르겠으면 힌트를 보고 풀어 보세요.

6. 관계(かんけい) _____
7. 기념(きねん) _____
8. 결점(けってん) _____
9. 받아들이다(うけいれる) _____
10. 장소(ばしょ) _____

> **힌트**
> 6　① 間系　② 関系　③ 間係　④ 関係
> 7　① 記今　② 記念　③ 紀今　④ 紀念
> 8　① 欠点　② 次点　③ 欠店　④ 次店
> 9　① 受け入れる　② 授入れる　③ 受け人れる　④ 授け入れる
> 10　① 易所　② 場所　③ 所易　④ 所場

3 다음 밑줄 친 한자를 히라가나로 써 보세요.

11. <u>中古</u>ピアノを買った。　_____

12. 有名なミュージカルなので<u>観客</u>も多い。　_____

13. 笑顔は他人にいい<u>印象</u>を与える。　_____

14. テーブルの<u>真ん中</u>においてください。　_____

15. 最近、<u>残業</u>が多くて大変です。　_____

4 다음 괄호 안에 들어갈 단어로 알맞은 것을 고르세요.

16. 台風で旅行は (① 延着　② 延期) になった。

17. プレゼンなら (① 自信　② 自身) あります。

18. あの人はいつも自分のことを (① 自慢　② 我慢) する。

19. 簡単なのに (① 間違えて　② 異なって) しまう漢字もあります。

20. 春分の日、(① 頭　② 豆) をたくさん食べた。

◆ 정답
1 ①　2 ②　3 ①　4 ②　5 ①　6 ④　7 ②　8 ①　9 ①　10 ②
11 ちゅうこ　12 かんきゃく　13 いんしょう　14 まんなか　15 ざんぎょう　16 ②　17 ①　18 ①　19 ①　20 ②

합격 공략 | 실전 연습

/ 8

問題1 ＿＿＿＿のことばの読み方として最もよいものを、1・2・3・4から一つえらびなさい。

1 事務所の冷房がきつすぎて風邪をひきそうだ。

　1　れいぼう　　2　ねんぼう　　3　れいほう　　4　ねんぽう

2 ホームページで往復割引があるバスを見つけた。

　1　こうふく　　2　おうふく　　3　こうぶく　　4　おうぶく

3 この部屋は日当たりよくて洗濯物がすぐ乾く。

　1　たたく　　2　おどろく　　3　かがやく　　4　かわく

4 毎日、運動がてら歩いて通勤しています。

　1　とおきん　　2　とうきん　　3　つうきん　　4　つっきん

5 彼女は物語に出てくるお姫さまみたいな服を着ていた。

　1　ものかたり　　2　ものがたり　　3　ぶつご　　4　もつご

6 それは事件の一部分にすぎない。

　1　ぶふん　　2　ぶうふん　　3　ぶぶん　　4　ぶうぶん

7 世の中、欠点のない人はいないよ。

　1　けってん　　2　けつてん　　3　かってん　　4　かつてん

8 野球場は観客でいっぱいだった。

　1　けんきゃく　　2　けんぎゃく　　3　かんきゃく　　4　かんぎゃく

問題2 ＿＿＿＿のことばを漢字で書くとき、最もよいものを、1・2・3・4から一つえらびなさい。

1 うちの学校のせいふくってださいと思わない？

1　際服　　　　2　正服　　　　3　定服　　　　4　制服

2 独身の8割が、家で1人きりの休日をすごしているそうだ。

1　通ごして　　2　過ごして　　3　経ごして　　4　送ごして

3 今日、今年の最高きおんを更新しました。

1　汽湿　　　　2　汽温　　　　3　気湿　　　　4　気温

4 これはたくさんの人に知り合う良いきかいだよ。

1　機会　　　　2　気会　　　　3　期会　　　　4　寄会

5 環境のへんかに対応するためにはどのような努力が必要なのか。

1　恋化　　　　2　恋加　　　　3　変化　　　　4　変加

6 これ以上ほかにもっといいほうほうがあるでしょうか。

1　法々　　　　2　法方　　　　3　方々　　　　4　方法

7 だんたい旅行は嫌だけど、ヨーロッパなら安く行けるのね。

1　団休　　　　2　団体　　　　3　団軍　　　　4　団隊

8 じょうしゃ券はこちらの機械に通してください。

1　乗者　　　　2　乗車　　　　3　上車　　　　4　上者

합격 공략 | 실전 연습

✏ /8

問題3 （　　）に入れるのに最もよいものを、1・2・3・4から一つえらびなさい。

1 冬服を洗濯して押し入れに（　　）おいた。
　1　とじて　　　2　わたして　　　3　しめて　　　4　しまって

2 中国に留学に行く友だちを空港で（　　）。
　1　むかえた　　2　あずけた　　　3　みおくった　　4　あたえた

3 レポートは（　　）水曜日までに提出すること。
　1　きっと　　　2　かなり　　　　3　ずっと　　　　4　かならず

4 山本さんは子供の時、親をなくして（　　）して育った。
　1　苦情　　　　2　苦労　　　　　3　苦学　　　　　4　苦痛

5 あのスーパーは遅くまで（　　）していて便利だ。
　1　作業　　　　2　商業　　　　　3　残業　　　　　4　営業

6 私の言うことが相手にちゃんと（　　）いない。
　1　渡して　　　2　伝わって　　　3　達して　　　　4　つながって

7 あなたに（　　）のダイエット方法を見つけよう。
　1　ぴったり　　2　そっくり　　　3　ばったり　　　4　たっぷり

8 コーヒーをこぼして、友だちのワンピースに（　　）をつけてしまった。
　1　つぶ　　　　2　しわ　　　　　3　けが　　　　　4　しみ

問題４　＿＿＿に意味が最も近いものを、１・２・３・４から一つえらびなさい。

1　私の<u>孫</u>は、いまイギリスで留学しています。
　　1　父の弟　　　2　父の父　　　3　娘のむすこ　　　4　妹のむすこ

2　<u>落ち着きのない</u>子供に、書道はおすすめの習い事です。
　　1　おとなしい　　2　まじめな　　3　たいくつな　　4　そそっかしい

3　多くの国で人口が<u>減少</u>している。
　　1　ふえて　　　2　へって　　　3　のびて　　　4　わかって

4　先生の質問にみんな<u>だまっていた</u>。
　　1　答えなかった　2　怒っていた　3　笑っていた　4　下を向いていた

5　せっかくの<u>チャンス</u>をのがしてしまった。
　　1　大物　　　2　機会　　　3　人材　　　4　お客さん

6　梅雨の時期、洗濯物を室内で<u>乾かす</u>方法を教えてください。
　　1　あらう　　　2　たたむ　　　3　かたづける　　　4　ほす

7　この薬は風邪に<u>効く</u>。
　　1　いい　　　2　わるい　　　3　効果がない　　　4　逆効果だ

8　彼と初めての温泉旅行、今から<u>どきどき</u>している。
　　1　のんびり　　2　わくわく　　3　いらいら　　4　うんざり

합격 공략 | 실전 연습

/8

問題5　つぎのことばの使い方として最もよいものを、1・2・3・4から一つえらびなさい。

1 手段

1　日本語が上手になる手段はありませんか。
2　今回の出張の手段はどこですか？
3　スマホは重要なコミュニケーションの手段である。
4　教育を専攻する手段を教えてください。

2 苦労

1　彼は店員に苦労を言った。
2　子供のころは親に苦労ばかりかけていた。
3　上司から精神的苦労を受けた。
4　同僚が苦労で倒れた。

3 自信

1　いくら仕事で忙しくても、自信のやりたい勉強はあきらめません。
2　本棚の組み立てくらいなら、一人でもできる自信があります。
3　このゆたかな自信を守らなければならない。
4　山田さんっていつも息子のことを自信してばかりいる。

4 自慢

1　部屋が汚いことを母に自慢された。
2　彼女は私にすごく怒っていて自慢ならないようだ。
3　今月の売り上げ結果がよくて部長から自慢された。
4　自慢じゃないけど、今回の試験で100点取ったぞ。

5　そろそろ

　1　くたびれてしまってもう体がそろそろになった。
　2　お客さんに製品についてそろそろと説明した。
　3　仕事も終わったし、そろそろ帰ろうか。
　4　好きな彼の顔をそろそろ見ながら歩いた。

6　なぐさめる

　1　入学試験に受かってみんなからなぐさめてもらった。
　2　なぐさめる言葉が見つからないほど、彼は落ち込んでいた。
　3　他人のことをなぐさめたり疑ったりしてはいけないよ。
　4　料理に髪の毛が入っていて店員をなぐさめた。

7　申し込み

　1　明日の誕生日のお祝いに小川さんも申し込みした方がいいんじゃない？
　2　取引先から回答が来ないので、もう一度申し込みした。
　3　彼との結婚について両親と申し込みをした。
　4　参加の申し込みは原則としてメールで行います。

8　さっさと

　1　レストランの中はもう人でさっさとだった。
　2　朝だぞ。ほら、もう8時だよ！さっさと起きろ。
　3　ダイエット中だから、何かさっさとしたものが食べたい。
　4　君は性格も趣味も彼とさっさと似てる。

합격 공략 | Day 10 1순위 어휘

01 음독 명사

- 以降(いこう) 이후
- 右折(うせつ) 우회전
- 演奏(えんそう) 연주
- 屋外(おくがい) 실외, 옥외
- 行事(ぎょうじ) 행사
- 強調(きょうちょう) 강조
- 許可(きょか) 허가
- 記録(きろく) 기록
- 禁煙(きんえん) 금연
- 限界(げんかい) 한계
- 故郷(こきょう) 고향
- 差(さ) 차, 차이
- 支給(しきゅう) 지급
- 手術(しゅじゅつ) 수술
- 主婦(しゅふ) 주부
- 冗談(じょうだん) 농담
- 食欲(しょくよく) 식욕
- 請求(せいきゅう) 청구
- 騒音(そうおん) 소음
- 大量(たいりょう) 대량
- 短期(たんき) 단기
- 通行(つうこう) 통행
- 独立(どくりつ) 독립
- 荷物(にもつ) 짐
- 農業(のうぎょう) 농업
- 配達(はいたつ) 배달
- 発展(はってん) 발전
- 反省(はんせい) 반성
- 秒(びょう) 초(시간)
- 復習(ふくしゅう) 복습
- 不足(ふそく) 부족 · ～不足(ぶそく) 부족
- 不満(ふまん) 불만
- 勉強(べんきょう) 공부
- 貿易(ぼうえき) 무역
- 放送(ほうそう) 방송
- 募集(ぼしゅう) 모집
- 歩道橋(ほどうきょう) 육교
- 翻訳(ほんやく) 번역
- 満足(まんぞく) 만족
- 命令(めいれい) 명령
- 容器(ようき) 용기, 그릇
- 理由(りゆう) 이유
- 流行(りゅうこう) 유행
- 両替(りょうがえ) 환전
- 列(れつ) 열, 줄

02 훈독 명사

- 空き地(あきち) 공터
- 明後日(あさって) 모레
- 係員(かかりいん) 담당, 담당자
- 台所(だいどころ) 부엌
- 種(たね) 씨앗
- 生(なま) 날 것
- 針(はり) 바늘
- ふた 뚜껑
- 故郷(ふるさと) 시골, 고향
- 向き(むき) 방향, ~향
- 物置(ものおき) 창고, 헛간
- 忘れ物(わすれもの) 물건을 깜빡 잊고 옴, 잊은 물건

03 동사

- 明ける 날이 밝다, (기간)끝나다
- 編む 짜다, 뜨개질하다
- 慌てる 당황하다
- 奪う 빼앗다
- 覚える 외우다, 기억하다
- おぼれる 물에 빠지다
- 隠す 숨기다
- 気に入る 마음에 들다
- くたびれる 지치다, 녹초가 되다
- 加える 추가하다
- 騒ぐ 소란피우다, 떠들다
- 示す 나타내다
- ためる 모으다, 담다
- どなる 고함·호통치다
- 逃げる 도망치다
- 延ばす 연기·연장하다
- 話しかける 말 걸다
- ぶつける 부딪치다
- 身につける 배워 익히다, 터득하다
- 剥く (껍질)벗기다
- やり直す 다시 하다
- 呼びかける 호소하다, 불러오다

04 부사

- 意外に 의외로
- いつも 늘, 항상
- がっかり 낙담한 모양
- しっかり 제대로, 단단히
- じっと 가만히, 꼼짝 않고
- ずいぶん 꽤, 몹시
- そっと 가만히, 몰래
- 大体 거의, 대체로
- 突然 돌연, 갑자기

05 가타카나

- アイデア(アイディア) 아이디어
- アドバイス 어드바이스, 충고
- イメージ 이미지
- キッチン 키친, 주방
- キャンセル 캔슬, 취소
- グループ 그룹
- チャンス 찬스, 기회
- テーマ 테마

워밍업

1 다음 단어의 읽기 방법으로 알맞은 것을 고르세요.

1. 理由　　（① りゆう　　② りゆ）
2. 故郷　　（① こきょう　　② こうきょう）
3. 台所　　（① たいどころ　　② だいどころ）
4. 係員　　（① かかりいん　　② けいいん）
5. 覚える　（① おぼえる　　② おしえる）

2 다음 단어에 해당하는 일본어 한자를 써 보세요. 모르겠으면 힌트를 보고 풀어 보세요.

6. 발전 (はってん)　　＿＿＿＿＿＿＿＿
7. 명령 (めいれい)　　＿＿＿＿＿＿＿＿
8. 공부 (べんきょう)　＿＿＿＿＿＿＿＿
9. 부족 (ふそく)　　　＿＿＿＿＿＿＿＿
10. 연기·연장하다 (のばす)　＿＿＿＿＿＿＿＿

힌트

6	① 発殿	② 発展	③ 発伝	④ 発表
7	① 命冷	② 命令	③ 冷命	④ 令命
8	① 強勉	② 強兎	③ 勉強	④ 兎強
9	① 不足	② 否足	③ 不促	④ 否促
10	① 延ばす	② 廷ばす	③ 申ばす	④ 伸ばす

3 다음 밑줄 친 한자를 히라가나로 써 보세요.

11. <u>冗談</u>だから、怒らないでよ。 _____

12. <u>翻訳</u>のバイトは家でできるからいい。 _____

13. ここは一方<u>通行</u>の道路です。 _____

14. 最初からやり<u>直して</u>ください。 _____

15. 空港で<u>両替</u>した。 _____

4 다음 괄호 안에 들어갈 단어로 알맞은 것을 고르세요.

16. 気温の変化をグラフで (① 眺める ② 示す)。

17. 魚はガラスの (① 容器 ② 機器) に入れよう。

18. ここは (① 禁煙席 ② 喫煙席) なので、吸ってはいけない。

19. ドアを (① がっかり ② しっかり) しめた。

20. 説明は (① たいして ② だいたい) 理解しました。

◆ 정답

1 ① **2** ① **3** ② **4** ① **5** ① **6** ② **7** ② **8** ③ **9** ① **10** ①
11 じょうだん **12** ほんやく **13** つうこう **14** やりなおして **15** りょうがえ **16** ② **17** ① **18** ① **19** ② **20** ②

합격 공략 | 실전 연습

✎ /8

問題1 ＿＿＿のことばの読み方として最もよいものを、1・2・3・4から一つ
えらびなさい。

1 たくさんの人がいるから、通行のじゃまにならないようにしてね。

　1　つこう　　　2　つうこう　　　3　こうつう　　　4　こつう

2 施設内では係員の指示にしたがってください。

　1　けいいん　　2　やくいん　　　3　しょくいん　　4　かかりいん

3 これが今、高校生の間で流行のゲームだ。

　1　りゅこう　　2　りゅうこう　　3　りゅこ　　　　4　りゅうこ

4 兄は貿易会社で働いています。

　1　ぼうえき　　2　ぼうい　　　　3　もうえき　　　4　もうい

5 求人募集を出してもだれも来てくれない。

　1　もうしゅう　2　もしゅう　　　3　ぼうしゅう　　4　ぼしゅう

6 旅行の前に１０万円をドルに両替した。

　1　りょうかえ　2　りょうたい　　3　りょうがえ　　4　りょうだい

7 食品店の営業許可を受けるにはどうしたらいいですか。

　1　きょか　　　2　きょうか　　　3　けいか　　　　4　げいか

8 地方のお祭りが国際イベントに発展した。

　1　はつでん　　2　はつてん　　　3　はっでん　　　4　はってん

問題2 ＿＿＿＿のことばを漢字で書くとき、最もよいものを、1・2・3・4から一つえらびなさい。

1 このシステムを導入してから、安くたいりょうに生産（せいさん）できるようになった。

1　太量　　　2　多量　　　3　大量　　　4　台量

2 彼女にうそをついたことをはんせいしている。

1　反省　　　2　返省　　　3　反性　　　4　返性

3 最近、しょくよくがなく3キロもやせた。

1　食求　　　2　食好　　　3　食谷　　　4　食欲

4 このにもつをホテルまで運んでいただけますか。

1　筒物　　　2　荷物　　　3　何物　　　4　可物

5 しゅふだって家事でけっこう忙しい。

1　住帰　　　2　住婦　　　3　主帰　　　4　主婦

6 毎日、学校で習ったことをふくしゅうしてから寝ます。

1　後習　　　2　復習　　　3　傷習　　　4　昜習

7 バイオリンの音は好きですが、えんそうはできません。

1　演春　　　2　宙春　　　3　演奏　　　4　宙奏

8 しゅじゅつの前の日は何も食べたり飲んだりしてはいけない。

1　手術　　　2　手街　　　3　手述　　　4　手沭

합격 공략 | 실전 연습

✏️ /8

問題3 （　　）に入れるのに最もよいものを、1・2・3・4から一つえらびなさい。

1 社員たちの会社に対する（　　）をアンケートで調べました。
1 不足（ふそく）　　2 指示（しじ）　　3 解説（かいせつ）　　4 不満（ふまん）

2 南（　　）の部屋ってどんなメリットがありますか。
1 がち　　2 むき　　3 ずき　　4 だらけ

3 だれでもミスはする。そんなに（　　）しないで。
1 うっかり　　2 しっかり　　3 がっかり　　4 すっかり

4 あの店なら買ったものを家まで（　　）してもらえる。
1 通達（つうたつ）　　2 配達（はいたつ）　　3 伝達（でんたつ）　　4 発達（はったつ）

5 いくら頑張（がんば）っても一人でできることには（　　）があるよ。
1 限界（げんかい）　　2 限定（げんてい）　　3 欠点（けってん）　　4 欠陥（けっかん）

6 肩の痛みも（　　）よくなった。
1 うっかり　　2 はっきり　　3 がっかり　　4 そっと

7 会社に遅れそうだったので、（　　）家を出た。
1 あらためて　　2 よろこんで　　3 あわてて　　4 まちがえて

8 このバイトだけでは（　　）な収入にならない。
1 無理（むり）　　2 満足（まんぞく）　　3 不足（ふそく）　　4 自然（しぜん）

問題4 　___に意味が最も近いものを、1・2・3・4から一つえらびなさい。

1 報告書にあやまりが多くて、やりなおした。
　1　やめてしまった　　　　　2　もう一度やった
　3　ほかの人に頼んだ　　　　4　おこられた

2 この店のおしゃれなところが気に入っている。
　1　うれしい　　2　好きだ　　3　ありがたい　　4　いやだ

3 皆さん、いい案を思いつきました！
　1　アイデア　　2　デザイン　　3　ストーリー　　4　プラン

4 9時の予約をキャンセルしたいんですが。
　1　おねがいしたい　　　　　2　しめきりたい
　3　とりけしたい　　　　　　4　へんこうしたい

5 梅雨が明けても、あまり気分は変わらない。
　1　はじまっても　2　おわっても　3　つづいても　4　なくても

6 コンタクトレンズをケースに入れておいた。
　1　容器　　2　水　　3　箱　　4　部屋

7 電話の相手が怒った理由がわからない。
　1　ばしょ　　2　じかん　　3　きぶん　　4　わけ

8 もう7月か。ずいぶん暑くなったね。
　1　かなり　　2　もっと　　3　急に　　4　少し

합격 공략 | 실전 연습

/8

問題5　つぎのことばの使い方として最もよいものを、1・2・3・4から一つえらびなさい。

1 短期(たんき)

1　うちの妹は短期ですぐ怒る性格だ。
2　春休み期間のみの短期アルバイトをしたいです。
3　このような高い車を買うなんて、君も短期だね。
4　テストの短期が終われば夏休みだ。

2 強調(きょうちょう)

1　おかげさまで、体調はもう強調になりました。
2　ピアノの強調に合わせて歌ってみましょう。
3　彼はもう一度リーダーシップの重要性を強調した。
4　試験の点数が悪かったのになかなか強調だね。

3 放送(ほうそう)

1　部屋の中にいた小さな虫を外に放送した。
2　夜遅くの電話は失礼なので、メールを放送した。
3　ご注文の品物は今朝、放送いたしました。
4　新しいドラマが来週から放送される。

4 呼びかける

1　あの歌手は最後の舞台でヒット曲を呼びかけた。
2　住民に道路調査への協力を呼びかけた。
3　夜中、いきなり電話が呼びかけて驚いた。
4　毎朝、コンビニに呼びかけて牛乳を買います。

5 そっと
1 急に雨が降り出してそっと走って帰った。
2 サプライズパーティーには本当にそっとした。
3 遅刻したのでそっと教室に入った。
4 そんなことはそっと答えられません。

6 だいたい
1 彼の小説はだいたい読みました。
2 彼が怒っている理由はだいたいなんだろう。
3 その質問にはだいたい答えられなかった。
4 二人はだいたい別れてしまった。

7 おぼれる
1 おぼれている犬を助けた。
2 道で転んで服がおぼれてしまった。
3 失恋しておぼれている友だちを笑わせるアイデアはないか。
4 このような遅い時間におぼれてすみません。

8 どなる
1 毎日どなる上司に腹が立つ。
2 授業中、田中君がどなると、先生は親切に答えてくれた。
3 彼女にどなってもらって本当にうれしかった。
4 何か悲しいことがあったのか、彼女は部屋で一人でしずかにどなっていた。

합격 공략 | Day 11 2순위 어휘

01 음독 명사

- 握手 (あくしゅ) 악수
- 違反 (いはん) 위반
- 家具 (かぐ) 가구
- 缶 (かん) 캔, 깡통
- 環境 (かんきょう) 환경
- 歓迎 (かんげい) 환영
- 看護師 (かんごし) 간호사
- 距離 (きょり) 거리
- 緊張 (きんちょう) 긴장
- 研究 (けんきゅう) 연구
- 現金 (げんきん) 현금
- 言語 (げんご) 언어
- 現実 (げんじつ) 현실
- 国語 (こくご) 국어
- 国会 (こっかい) 국회
- 参加 (さんか) 참가
- 司会 (しかい) 사회
- 死亡 (しぼう) 사망
- 事務 (じむ) 사무
- 重要 (じゅうよう) 중요
- 種類 (しゅるい) 종류
- 消化 (しょうか) 소화
- 初心者 (しょしんしゃ) 초보자
- 書店 (しょてん) 서점
- 書類 (しょるい) 서류
- 成功 (せいこう) 성공
- 正座 (せいざ) 정좌
- 性質 (せいしつ) 성질
- 送金 (そうきん) 송금
- 総合 (そうごう) 종합
- 掃除 (そうじ) 청소
- 誕生 (たんじょう) 탄생
- 直前 (ちょくぜん) 직전
- 通過 (つうか) 통과
- 答案 (とうあん) 답안
- 灯台 (とうだい) 등대
- 売店 (ばいてん) 매점
- 犯人 (はんにん) 범인
- 販売 (はんばい) 판매
- 舞台 (ぶたい) 무대
- 物理 (ぶつり) 물리
- 本社 (ほんしゃ) 본사
- 模様 (もよう) 모양
- 予定 (よてい) 예정
- 予報 (よほう) 예보

02 훈독 명사

- 居眠り (いねむり) 앉아서 좀
- おしゃれ 멋쟁이, 멋을 냄
- 書留 (かきとめ) 등기 우편
- 考え (かんがえ) 생각
- 問い合わせ (といあわせ) 문의, 조회
- 並木 (なみき) 가로수
- 半年 (はんとし) 반년
- 世の中 (よのなか) 세상

03 동사

- 受け取る 받아들이다
- 移す 옮기다
- 駆ける 전속력으로 달리다, 뛰다
- 過ぎる 지나다
- 付き合う 사귀다
- 飛ぶ 날다, 튀다
- 似合う 어울리다
- 流行る 유행하다
- 減る 감소하다
- 学ぶ 배우다
- 守る 지키다
- 渡る 건너다

04 い형용사

- おかしい 이상하다
- 幼い 어리다
- 恐ろしい 무섭다, 두렵다
- おとなしい 얌전하다
- しつこい 끈질기다
- 貧しい 가난하다
- まぶしい 눈부시다
- 緩い 느슨하다, 완만하다

05 な형용사

- 一般的だ 일반적이다
- 様々だ 다양하다
- 自動的だ 자동적이다
- 上品だ 품위 있다
- 大事だ 중요하다
- 丁寧だ 정중하다
- 特別だ 특별하다
- 平凡だ 평범하다

06 부사

- うっかり 깜빡, 무심코
- およそ 대강, 대략
- がらがら 텅텅(빈 모양)
- さっき 방금 전
- 全然 전혀
- ふらふら 비틀비틀
- 別々に 따로따로
- ほっと 휴우(한숨 쉬는 모양)
- まさか 설마
- 全く 전혀
- 約 약
- ようやく 겨우, 간신히

워밍업

1 다음 단어의 읽기 방법으로 알맞은 것을 고르세요.

1. 現実　　　（① げんじつ　　② げんしつ）

2. 書留　　　（① しょりゅう　　② かきとめ）

3. 流行る　　（① りゅこうる　　② はやる）

4. 守る　　　（① まもる　　② まがる）

5. 掃除　　　（① そうじ　　② そじ）

2 다음 단어에 해당하는 일본어 한자를 써 보세요. 모르겠으면 힌트를 보고 풀어 보세요.

6. 서류(しょるい)　＿＿＿＿＿＿＿＿

7. 성질(せいしつ)　＿＿＿＿＿＿＿＿

8. 어울리다(にあう)　＿＿＿＿＿＿＿＿

9. 자동적(じどうてき)　＿＿＿＿＿＿＿＿

10. 특별(とくべつ)　＿＿＿＿＿＿＿＿

힌트

	①	②	③	④
6	書頭	書種	書数	書類
7	姓質	姓実	性質	性実
8	以合う	似合う	以会う	似会う
9	自動的	自働的	自重的	自種的
10	寺別	持別	待別	特別

3 다음 밑줄 친 한자를 히라가나로 써 보세요.

11. 好きなタレントと<u>握手</u>した。 _____

12. ここから歩いて2分ぐらいの<u>距離</u>だ。 _____

13. <u>環境</u>問題についてレポートを書いた。 _____

14. <u>答案</u>はボールペンで書いてください。 _____

15. 最近、体重が<u>減</u>った。 _____

4 다음 괄호 안에 들어갈 단어로 알맞은 것을 고르세요.

16. 天気 (① 予報 ② 予算) を見て、傘を持って出かけた。

17. 授業中、(① 居眠り ② 質問) をしてしかられた。

18. 目が (① かゆくて ② まぶしくて) サングラスをかけた。

19. この犬は (① おとなしくて ② おかしくて) こわくない。

20. 銀行で (① カード ② 現金) をおろした。

정답

1① 2② 3② 4① 5① 6② 7③ 8② 9① 10④
11 あくしゅ 12 きょり 13 かんきょう 14 とうあん 15 へった 16① 17① 18② 19① 20②

합격 공략 | 실전 연습

/8

問題1 ＿＿＿のことばの読み方として最もよいものを、1・2・3・4から一つえらびなさい。

1 幼いころの記憶はほとんどない。

1　ちいさい　　2　わかい　　3　ふるい　　4　おさない

2 歓迎会は上司や先輩に自分のことを知ってもらう重要な機会だ。

1　がんけい　　2　かんえい　　3　かんげい　　4　がんえい

3 オリンピックは参加することに意味がある。

1　さんか　　2　さんが　　3　しんか　　4　しんが

4 お酒やたばこは未成年者に販売しておりません。

1　ばいばい　　2　はんばい　　3　はつばい　　4　ばんばい

5 死亡の原因を調べているところです。

1　しぼう　　2　しもう　　3　しどう　　4　ししょう

6 ゲームと現実の区別がつかなくなる病気があると聞いた。

1　けんじつ　　2　けんしつ　　3　げんしつ　　4　げんじつ

7 話し方を「上品」に変えるちょっとしたコツを紹介します。

1　じょうひん　　2　じょっぴん　　3　じょひん　　4　じょびん

8 このドアはセンサーで自動的に開きます。

1　しどう　　2　じどう　　3　しとう　　4　じとう

✎ /8

問題2 ＿＿＿＿のことばを漢字で書くとき、最もよいものを、1・2・3・4から一つえらびなさい。

1 空をとぶ夢にはどのような意味があるでしょうか。
　1　羽ぶ　　　　2　昇ぶ　　　　3　飛ぶ　　　　4　浮ぶ

2 友だちから結婚式のしかいを頼まれた。
　1　司会　　　　2　詞会　　　　3　司介　　　　4　詞介

3 この道は桜なみきになっていて春になると多くの人が訪れます。
　1　並木　　　　2　立木　　　　3　波木　　　　4　彼木

4 フランス語はぜんぜん話せません。
　1　全前　　　　2　全然　　　　3　全部　　　　4　全先

5 いろいろなしゅるいの花が咲いていた。
　1　重頭　　　　2　種頭　　　　3　重類　　　　4　種類

6 修士論文の審査を無事につうかしました。
　1　通可　　　　2　通過　　　　3　承可　　　　4　承過

7 地球環境についてけんきゅうしている。
　1　博攻　　　　2　専攻　　　　3　研究　　　　4　研求

8 駅のばいてんでサンドイッチと新聞を買った。
　1　売店　　　　2　売場　　　　3　買店　　　　4　売買

합격 공략 | 실전 연습 03

問題3 （　　　）に入れるのに最もよいものを、1・2・3・4から一つえらびなさい。

1　（　　　）彼が犯人だとは思ってもみませんでした。
　　1　なるほど　　　2　たぶん　　　3　もっとも　　　4　まさか

2　家が（　　　）大学への進学をあきらめた。
　　1　あやしくて　　2　まずしくて　　3　こいしくて　　4　けわしくて

3　（　　　）して窓を開けたまま家を出てしまった。
　　1　うっかり　　　2　しっかり　　　3　がっかり　　　4　すっかり

4　急に態度が変わったりして、今日の彼はなんだか（　　　）。
　　1　おしい　　　2　まぶしい　　　3　おかしい　　　4　するどい

5　このパンは賞味期間は（　　　）いるから捨てよう。
　　1　終わって　　　2　過ぎて　　　3　待って　　　4　無くなって

6　逃げていた（　　　）が捕まった。
　　1　本人　　　2　相手　　　3　犯人　　　4　警察

7　帰り道で（　　　）によって雑誌を買った。
　　1　書店　　　2　本社　　　3　本店　　　4　本棚

8　電話で商品について（　　　）をした。
　　1　申し込み　　　2　問い合わせ　　　3　振り込み　　　4　締め切り

問題4 ＿＿＿＿に意味が最も近いものを、1・2・3・4から一つえらびなさい。

1 意外に電車の中はがらがらだった。
　1　込んでいた　　2　空いていた　　3　涼しかった　　4　満員だった

2 このシャツ、そのスカートと似合いますよ。
　1　ぴったりです　2　そっくりです　3　色が似ています　4　色が違います

3 カセットレコーダーの需要は減っている。
　1　伸びて　　　　2　高まって　　　3　減少して　　　4　増加して

4 初心者でもプレーしやすいコースをお勧めください。
　1　だれ　　　　　2　こども　　　　3　初めて　　　　4　おとしより

5 親から学費を送金してもらった。
　1　用意して　　　2　振り込んで　　3　かせいで　　　4　貸して

6 言語の学習はくりかえし練習することが大切だ。
　1　言葉　　　　　2　国語　　　　　3　言動　　　　　4　物語

7 水曜日は予定が入っていないので、家でのんびりしたい。
　1　ミーティング　2　デート　　　　3　テスト　　　　4　スケジュール

8 自分の考えをはっきり述べる。
　1　こと　　　　　2　意見　　　　　3　予想　　　　　4　プラン

합격 공략 | 실전 연습

/ 8

問題5 つぎのことばの使い方として最もよいものを、1・2・3・4から一つ えらびなさい。

[1] うっかり
1 ゆうべは、公園を<u>うっかり</u>歩いた。
2 <u>うっかり</u>して、名前を書かずに宿題を出してしまった。
3 カレーにはやっぱり肉を<u>うっかり</u>入れたほうがおいしいよ。
4 旅行がキャンセルになって、<u>うっかり</u>した。

[2] 消化(しょうか)
1 小さな火事だったので、すぐに<u>消化</u>できた。
2 薬を飲んで<u>消化</u>が治った。
3 野菜やいも類は<u>消化</u>にいいので、大丈夫です。
4 運動をしてストレスを<u>消化</u>した。

[3] おかしい
1 ひもは<u>おかしく</u>しばってください。
2 <u>おかしい</u>坂道(さかみち)を歩いて疲れた。
3 冬なのにこんなにも暖(あたた)かいなんて<u>おかしい</u>よね。
4 物理(ぶつり)が<u>おかしい</u>ので毎晩復習しています。

[4] はやる
1 今、日本ではどんな歌が<u>はやって</u>いますか。
2 あの角を右に<u>はやる</u>と花屋があります。
3 ダイエットがきっかけで運動に<u>はやり</u>ました。
4 この記事は事実に<u>はやって</u>書いたものです。

5 ようやく
　1 冬も終わり、ようやく春らしくなってきた。
　2 空が暗くなってきたので、ようやく雨が降りそうです。
　3 そんなにおいしい店ならようやく行ってみます。
　4 ようやく高くても私は買いに行きます。

6 受け取る
　1 今日は疲れたので何か出前でも受け取ろう。
　2 送っていただいた書類はちゃんと受け取りました。
　3 私が落とした財布を木村君が受け取ってくれた。
　4 他人のものをかってに受け取ってはだめだよ。

7 重要
　1 来週の旅行に重要なものはすべてそろえました。
　2 明日は重要な会議がある。
　3 毎日練習していたので、重要になりました。
　4 りんごは重要な大きさに切ってください。

8 おとなしい
　1 夜遅く一人で歩くのはおとなしい。
　2 彼女とけんかして、おとなしいことまで言ってしまった。
　3 この犬は、体が大きいけどおとなしいから怖がらないで。
　4 前は静かな性格だった彼なのに、今はおとなしい。

합격 공략 | Day 12 2순위 어휘

01 음독 명사

- 合図(あいず) 신호
- 医療(いりょう) 의료
- 学者(がくしゃ) 학자
- 学習(がくしゅう) 학습
- 感情(かんじょう) 감정
- 感心(かんしん) 감탄
- 区域(くいき) 구역
- 区間(くかん) 구간
- 現代(げんだい) 현대
- 限度(げんど) 한도
- 時間割(じかんわり) 시간표
- 四季(しき) 사계절
- 授業(じゅぎょう) 수업
- 上下(じょうげ) 상하
- 条件(じょうけん) 조건
- 私立(しりつ) 사립
- 成人(せいじん) 성인
- 送別会(そうべつかい) 송별회
- 送料(そうりょう) 배송료
- 地下(ちか) 지하
- 地下水(ちかすい) 지하수
- 通信(つうしん) 통신
- 通帳(つうちょう) 통장
- 通訳(つうやく) 통역
- 道路(どうろ) 도로
- 日時(にちじ) 일시
- 日程(にってい) 일정
- 日本酒(にほんしゅ) 정종
- 拍手(はくしゅ) 박수
- 博物館(はくぶつかん) 박물관
- 部品(ぶひん) 부품
- 保存(ほぞん) 보존
- 本人(ほんにん) 본인
- 毎度(まいど) 매번, 항상
- 無休(むきゅう) 무휴
- 無視(むし) 무시
- 無地(むじ) 무지, 민무늬
- 理想(りそう) 이상

02 훈독 명사

- 足跡(あしあと) 발자국, 발자취
- お尻(しり) 엉덩이
- お土産(みやげ) 기념품, 선물
- 腰(こし) 허리
- 税込み(ぜいこみ) 세금 포함
- 梅雨(つゆ) 장마
- 場合(ばあい) 경우
- 縁(ふち) 가장자리
- 迎え(むかえ) 마중
- 昔(むかし) 옛날
- 割引(わりびき) 할인

03 동사

- 当たる 맞다, 해당하다
- 教える 가르치다
- 配る 나누어주다
- たまる 쌓이다
- 頼る 의지하다
- 勤める 근무하다
- 抜く 빼다, 거르다
- 願う 바라다

04 い형용사

- 怪しい 수상하다
- 勇ましい 용맹스럽다
- うらやましい 부럽다
- 恋しい 그립다
- 細かい 자세하다, 잘다
- 頼もしい 믿음직스럽다
- とんでもない 터무니없다
- ぬるい 미지근하다

05 な형용사

- 幸せだ 행복하다
- 地味だ 수수하다
- 清潔だ 청결하다
- 積極的だ 적극적이다
- そっくりだ 똑같다
- 大変だ 힘들다, 큰일이다
- なだらかだ 완만하다
- 面倒だ 번거롭다, 귀찮다

06 부사

- 相変わらず 여전히
- いきいき 활기차게
- いちいち 일일이
- 一般に 일반적으로
- きちんと 제대로
- 急に 갑자기
- ぎりぎり 빠듯하게
- 決して 결코
- ざっと 대충, 대략
- 次第に 점차
- すでに 이미, 벌써
- 絶対に 절대로
- ぜひ 부디, 꼭
- たっぷり 듬뿍, 충분히
- ちゃんと 착실하게
- ついに 마침내, 드디어
- なるべく 가급적
- のろのろ 느릿느릿
- 早めに 일찌감치
- ぶらぶら 어슬렁, 빈둥빈둥

워밍업

1 다음 단어의 읽기 방법으로 알맞은 것을 고르세요.

1. 感情　　　（① かんじょう　　② かんそう）
2. 毎度　　　（① まいどう　　② まいど）
3. 道路　　　（① どうろ　　② どろう）
4. 昔　　　　（① むかし　　② むかえ）
5. 条件　　　（① じょけん　　② じょうけん）

2 다음 단어에 해당하는 일본어 한자를 써 보세요. 모르겠으면 힌트를 보고 풀어 보세요.

6. 현대 (げんだい)　　_____
7. 감탄 (かんしん)　　_____
8. 이상 (りそう)　　_____
9. 장마 (つゆ)　　_____
10. 믿음직스럽다 (たのもしい)　_____

힌트

6	① 現代	② 現題	③ 現在	④ 現実
7	① 感傷	② 感心	③ 感想	④ 感動
8	① 理想	② 理相	③ 以想	④ 以相
9	① 毎雨	② 海雨	③ 悔雨	④ 梅雨
10	① 頼もしい	② 信もしい	③ 頭もしい	④ 束もしい

3 다음 밑줄 친 한자를 히라가나로 써 보세요.

11. 銀行に勤めていますよ。 _____

12. 彼女はいつも地味な服を着ている。 _____

13. 雨の場合、運動会はキャンセルとなります。 _____

14. 情報通信の時代。 _____

15. 送別会でお酒を飲みすぎちゃった。 _____

4 다음 괄호 안에 들어갈 단어로 알맞은 것을 고르세요.

16. ストレスがたくさん(① たまる ② つもる)。

17. 修学旅行の(① 日常 ② 日程)が決まった。

18. 高速(① 通路 ② 道路)を走ってきた。

19. 彼氏ができて、毎日が(① しあわせだ ② けわしい)。

20. そんあ(① 細かい ② 細い)ことは気にしない。

정답

1① 2② 3① 4① 5② 6① 7② 8① 9④ 10①
11 つとめて 12 じみ 13 ばあい 14 つうしん 15 そうべつかい 16① 17② 18② 19① 20①

합격 공략 | 실전 연습

　　　　　　　　　　　　　　　　　　　　　　　　　/ 8

問題1 ＿＿＿のことばの読み方として最もよいものを、1・2・3・4から一つえらびなさい。

1 個人番号カードは必ず<u>本人</u>が受け取りに来てください。

　1　もとひと　　2　もとびと　　3　ほんじん　　4　ほんにん

2 <u>往復乗車券</u>についても学生<u>割引</u>が適用されます。

　1　わりひき　　2　わりびき　　3　とりひき　　4　とりびき

3 大学時代から<u>通訳</u>のバイトをしています。

　1　ほんやく　　2　かよやく　　3　とおやく　　4　つうやく

4 スマホだと<u>細かい</u>字が読みづらい。

　1　やわらかい　2　ちかい　　　3　こまかい　　4　みじかい

5 30歳を超えたら<u>学習</u>方法を変えないといけない。

　1　がくしゅう　2　がくしゅ　　3　がっしゅう　4　がっしゅ

6 <u>通帳</u>を作るときは身分証明書が必要です。

　1　つちょう　　2　つうちょう　3　とおちょう　4　とおちょ

7 あの人は有名な<u>学者</u>です。

　1　かくしゃ　　2　かっしゃ　　3　がっしゃ　　4　がくしゃ

8 <u>博物館</u>まで歩いてどのくらいかかりますか。

　1　はくものかん　2　はくふつかん　3　はくぶつかん　4　はっぶつかん

問題2 ＿＿＿＿のことばを漢字で書くとき、最もよいものを、1・2・3・4から一つえらびなさい。

① ぶひんがないので修理のしようがありません。

1 付品　　　2 物品　　　3 部品　　　4 分品

② この結婚を許すには一つじょうけんがある。

1 条件　　　2 組件　　　3 条権　　　4 組権

③ そぼの家で、めずらしいむかしのお金を見つけました。

1 借　　　　2 替　　　　3 昔　　　　4 責

④ 急に雨が降り出したので傘を持って駅にむかえにいった。

1 迎え　　　2 抑え　　　3 向え　　　4 回え

⑤ 社会生活に役に立ついっぱんてきな常識やマナーを知っておこう。

1 一般的　　2 一船的　　3 一段的　　4 一版的

⑥ 急用ができて、そうべつかいには行けなくなった。

1 送別会　　2 運別会　　3 送離会　　4 運離会

⑦ どうろはもう車でいっぱいだった。

1 道街　　　2 道路　　　3 路道　　　4 街道

⑧ にっていを変えて明日出発することにした。

1 日定　　　2 日決　　　3 日程　　　4 日停

합격 공략 | 실전 연습

/ 8

問題3 （　　　）に入れるのに最もよいものを、1・2・3・4から一つえらびなさい。

① 駅から（　　　）歩いて３０分ぐらいかかる。
1　ばらばら　　2　ぐらぐら　　3　きらきら　　4　ぶらぶら

② 野菜の長持ちする（　　　）方法を教えてください。
1　保護　　2　保存　　3　存在　　4　在庫

③ 書類の内容を（　　　）見ただけなので、もっと考える時間がほしい。
1　じょじょに　　2　しっかり　　3　ざっと　　4　きっぱり

④ スタートのベルがなり、生徒に問題用紙を（　　　）。
1　くばった　　2　わけた　　3　くれた　　4　あげた

⑤ 明るくて（　　　）している人は本当に魅力的だ。
1　まごまご　　2　いきいき　　3　ぶらぶら　　4　いらいら

⑥ うちの子は、主人と顔も声も（　　　）です。
1　すっかり　　2　そっくり　　3　ぴったり　　4　ぎっしり

⑦ この店は年中（　　　）でいつでも行けるから便利だ。
1　無休　　2　通勤　　3　無効　　4　勤労

⑧ 修学旅行で福岡に行って来ました。これ（　　　）です。
1　お祝い　　2　お土産　　3　お礼　　4　お世話

問題4　＿＿＿＿に意味が最も近いものを、1・2・3・4から一つえらびなさい。

1　カレーは野菜を<u>たっぷり</u>入れたほうがおいしいよ。
1　きれいに　　2　たくさん　　3　はやく　　4　ゆっくり

2　風邪気味の時は、薬飲んで<u>なるべく</u>早めに寝たほうがいいよ。
1　たまには　　2　かならず　　3　さっさと　　4　できるだけ

3　この仕事は<u>ぜひ</u>やりぬきたい。
1　どうしても　　2　はやく　　3　じっくり　　4　あしたまでには

4　入学の手続きがけっこう<u>めんどう</u>だ。
1　簡単だ　　2　複雑だ　　3　重要だ　　4　楽だ

5　午後からは<u>次第に</u>天気もよくなるでしょう。
1　ときどき　　2　すぐに　　3　かなり　　4　少しずつ

6　彼はなんでも真面目にするから<u>頼もしい</u>。
1　すばらしい　　2　信頼できる　　3　好ましい　　4　人気がある

7　A：「君、ピアノ上手だね。」
　　B：「いえいえ、<u>とんでもないです</u>。」
1　まだまだです　　　　　　　2　まあまあです
3　そちらこそお上手で　　　　4　じつはプロなんです

8　この温泉旅館は古いけど、<u>清潔</u>で気に入っている。
1　しんせつで　　2　あかるくて　　3　やすくて　　4　きれいで

합격 공략 | 실전 연습

/ 8

問題5　つぎのことばの使い方として最もよいものを、1・2・3・4から一つ
　　　　えらびなさい。

[1]　いちいち

1　棚に人形がいちいち並んでいる。
2　部長は小さなことまでいちいち文句を言う。
3　いちいち親切に教えてくれてありがとう。
4　明日は彼女とのデート。むねがいちいちする。

[2]　ちゃんと

1　ちゃんと勉強しないと、大学に入れませんよ。
2　このへんには、ちゃんとスーパーがありません。
3　彼女はちゃんと会社に就職した。
4　山田さんは時間にとてもちゃんとです。

[3]　感心

1　私は感心して彼の話に耳をかたむけた。
2　あの人はフランス語に感心がある。
3　映画のラストシーンで感心の涙があふれてきた。
4　りっぱな建物を感心した。

[4]　そっくり

1　彼はそっくり自分の考えを話していった。
2　けんたはおじいさんの若いころにそっくりだよ。
3　眠かったがコーヒーを飲んで頭がそっくりした。
4　二人は社内でそっくり付き合っていた。

5 ぬるい
   1 彼とは知り合ったばかりで、まだぬるい。
   2 一日歩いていたのであしがぬるくなった。
   3 紅茶を入れるときはぬるいお湯を使った方がいいです。
   4 おじいさんの髪ももうだいぶぬるくなっている。

6 条件
   1 今日はどのようなご条件でいらっしゃったんですか。
   2 昨日、彼と結婚の条件をしました。
   3 今の仕事より条件のいい仕事を見つけた。
   4 時間の条件があるので、3月の発表は難しそうです。

7 ぬく
   1 上着をぬいていすにかけておいた。
   2 ワインのコルクをぬいてください。
   3 オレンジの皮をぬいて食べた。
   4 机の上をきれいにぬいた。

8 合図
   1 有名な歌手に合図を書いてもらってうれしかった。
   2 鈴木君は先生の合図を見ないで走り出した。
   3 ガイドブックの合図を読んでも、何の建物かぜんぜんわからない。
   4 旅行の時はいつも合図を確認しながら移動します。

합격 공략 | Day 13 2순위 어휘

01 음독 명사

- 悪化(あっか) 악화
- 拡大(かくだい) 확대
- 確認(かくにん) 확인
- 学費(がくひ) 학비
- 感想(かんそう) 감상
- 経験(けいけん) 경험
- 幸運(こううん) 행운
- 工学(こうがく) 공학
- 今後(こんご) 향후, 앞으로
- 混乱(こんらん) 혼란
- 事件(じけん) 사건
- 事故(じこ) 사고
- 実現(じつげん) 실현
- 社説(しゃせつ) 사설
- 周囲(しゅうい) 주위
- 正午(しょうご) 정오
- 上司(じょうし) 상사
- 常識(じょうしき) 상식
- 上旬(じょうじゅん) 상순, 초순
- 消防(しょうぼう) 소방
- 資料(しりょう) 자료
- 進学(しんがく) 진학
- 清掃(せいそう) 청소
- 成長(せいちょう) 성장
- 青年(せいねん) 청년
- 速達(そくたつ) 속달(우편)
- 速度(そくど) 속도
- 態度(たいど) 태도
- 遅刻(ちこく) 지각
- 注射(ちゅうしゃ) 주사
- 提案(ていあん) 제안
- 徒歩(とほ) 도보
- 入場(にゅうじょう) 입장
- 入浴(にゅうよく) 입욕
- 熱中(ねっちゅう) 열중
- 被害(ひがい) 피해
- 飛行(ひこう) 비행
- 美人(びじん) 미인
- 雰囲気(ふんいき) 분위기
- 迷惑(めいわく) 폐, 성가심
- 友情(ゆうじょう) 우정
- 郵送(ゆうそう) 우송
- 要求(ようきゅう) 요구
- 量(りょう) 양
- 留学(りゅうがく) 유학

02 훈독 명사

- あくび 하품
- 味見(あじみ) 맛[간]을 봄
- 受取人(うけとりにん) 수취인
- 牛(うし) 소
- 子育て(こそだて) 육아
- 小包(こづつみ) 소포
- 好み(この み) 취향, 기호
- 知らせ(しらせ) 통지, 알림
- 知り合い(しりあい) 지인
- 違い(ちがい) 차이, 다름
- 箸(はし) 젓가락
- 日当たり(ひあたり) 볕이 듦, 일조
- 間(ま) 사이, 틈
- やる気(き) 의욕

03 동사

- 合う 맞다, 일치하다
- 受ける 받다
- おごる 한턱내다
- 落ち着く 침착·안정하다
- 替える 교체하다
- 悲しむ 슬퍼하다, 마음 아파하다
- サボる 게으름 피우다
- しばる 묶다
- 締める (끈, 넥타이) 매다
- 抱く 안다, 마음속에 품다
- 立ち上がる 일어서다, 일어나다
- 散らかす 어지르다
- 付き合う 사귀다, 행동을 같이하다
- 外す 떼다, 떼어 내다
- 冷える 식다, 차가워지다
- 回す 돌리다
- 見かける 눈에 띄다, 가끔 보다
- 呼び出す 호출하다, 불러내다

04 부사

- あっという間に 순식간에
- 案外 의외로, 뜻밖에도
- 今にも 당장이라도
- ぐっすり 푹(깊이 잠든)
- しみじみ 절실히, 곰곰이
- たまたま 우연히
- はきはき 시원시원(활발한 모양)
- ばったり 푹(쓰러짐), 딱(마주침)

05 가타카나

- インタビュー 인터뷰
- エネルギー 에너지
- オープン 오픈
- サイズ 사이즈
- スケジュール 스케줄
- チャレンジ 도전
- ノック 노크
- パンフレット 팜플렛
- ヒント 힌트
- マナー 매너

워밍업

1 다음 단어의 읽기 방법으로 알맞은 것을 고르세요.

1. 雰囲気　　（① ふんいき　　② ふんにき）

2. 熱中　　　（① ねっちゅう　② ねつじゅう）

3. 周囲　　　（① しゅい　　　② しゅうい）

4. 実現　　　（① しつげん　　② じつげん）

5. 悪化　　　（① あっか　　　② あくか）

2 다음 단어에 해당하는 일본어 한자를 써 보세요. 모르겠으면 힌트를 보고 풀어 보세요.

6. 우송(ゆうそう)　　＿＿＿＿＿＿＿＿＿

7. 사이, 틈(ま)　　　＿＿＿＿＿＿＿＿＿

8. 지인(しりあい)　　＿＿＿＿＿＿＿＿＿

9. 요구(ようきゅう)　＿＿＿＿＿＿＿＿＿

10. 유학(りゅうがく)　＿＿＿＿＿＿＿＿＿

힌트

6	① 郵送	② 郵速	③ 乗送	④ 乗速
7	① 門	② 間	③ 問	④ 関
8	① 知り会い	② 知り合い	③ 敗り会い	④ 敗り合い
9	① 腰救	② 腰求	③ 要救	④ 要求
10	① 留学	② 修学	③ 流学	④ 旅学

3 다음 밑줄 친 한자를 히라가나로 써 보세요.

11. お酒を飲んで<u>事故</u>を起こした。　_____

12. 安全のために<u>速度</u>は出さないようにしてね。　_____

13. <u>常識</u>のない人の行動には腹が立つ。　_____

14. ちょっと<u>味見</u>してくれない？　_____

15. <u>冷えた</u>ご飯を食べるとダイエット効果があるって本当？　_____

4 다음 괄호 안에 들어갈 단어로 알맞은 것을 고르세요.

16. 高校を卒業して、大学に (① 進出　② 進学) することにした。

17. 人に (① 迷惑　② 世話) をかけないように気をつける。

18. 日本人の口に (① 合う　② 入る) 韓国料理を紹介したい。

19. 彼は (① ばったり　② はきはき) と質問に答えた。

20. (① 目標　② 好み) の料理を選んでください。

> **정답**
> 1 ①　2 ①　3 ②　4 ②　5 ①　6 ①　7 ②　8 ②　9 ④　10 ①
> 11 じこ　12 そくど　13 じょうしき　14 あじみ　15 ひえた　16 ②　17 ①　18 ①　19 ②　20 ②

합격 공략 | 실전 연습

/ 8

問題1 ＿＿＿＿のことばの読み方として最もよいものを、1・2・3・4から一つえらびなさい。

[1] スケジュールを確認してから連絡します。

1 かくにん　　2 かくいん　　3 がくにん　　4 がくいん

[2] 今回のテストは案外易しかった。

1 いがい　　2 いかい　　3 あんがい　　4 あんかい

[3] 大学時代に４年間ずっと奨学金(しょうがくきん)を受けていた。

1 とどけて　　2 つづけて　　3 さけて　　4 うけて

[4] 小包を送るのに９５０円の料金がかかった。

1 しょうほう　　2 しょぽう　　3 こづつみ　　4 こつつみ

[5] あの事件が起きてからもう１０年も経(た)った。

1 じけん　　2 しけん　　3 じこ　　4 しこ

[6] 貴重(きちょう)な経験させてくれてありがとう。

1 けいげん　　2 けいけん　　3 かいけん　　4 かいげん

[7] 自己成長のチャンス！チャレンジしてみて！

1 せいなが　　2 せいちょう　　3 せなが　　4 せちょう

[8] 上司に出張の報告書(ほうこくしょ)を出した。

1 じょうし　　2 じょし　　3 じょうじ　　4 じょじ

問題2 ＿＿＿＿のことばを漢字で書くとき、最もよいものを、1・2・3・4から一つえらびなさい。

[1] あなたの成功とこううんを祈っています。
　　1　幸連　　　　2　辛連　　　　3　幸運　　　　4　辛運

[2] 彼はしゅういの意見を聞こうとしない。
　　1　周囲　　　　2　周辺　　　　3　週囲　　　　4　週辺

[3] みんなで協力してしりょうをまとめた。
　　1　次料　　　　2　辞料　　　　3　資料　　　　4　源料

[4] 息子は今アメリカにりゅうがくしています。
　　1　留学　　　　2　旅学　　　　3　流学　　　　4　修学

[5] こんらんした心をやっと落ち着かせた。
　　1　混乱　　　　2　込乱　　　　3　込雑　　　　4　混雑

[6] ちこくしそうだったのでタクシーに乗って学校へ行った。
　　1　遅刻　　　　2　送刻　　　　3　遅各　　　　4　遅格

[7] うちの犬は病院でちゅうしゃされるとき、いつも痛そうに鳴く。
　　1　主射　　　　2　住射　　　　3　柱射　　　　4　注射

[8] 友達の会社への転職をていあんされた。
　　1　提安　　　　2　提案　　　　3　題安　　　　4　題案

합격 공략 | 실전 연습

/8

問題3 （　　　）に入れるのに最もよいものを、1・2・3・4から一つえらびなさい。

1 先輩に（　　　）記事の書き方や取材のコツを教えてもらった。
1　サイズ　　　2　キーボード　　　3　ヒント　　　4　インタビュー

2 あの学生は質問に（　　　）と答えていた。
1　そろそろ　　2　はきはき　　　3　いよいよ　　　4　すくすく

3 今週の（　　　）はもういっぱいです。
1　オフィス　　2　シーズン　　　3　スケジュール　4　パターン

4 地震により仙台は大きな（　　　）を受けた。
1　被害　　　　2　避難　　　　　3　非常　　　　　4　過労

5 木村君は昨日、車の（　　　）にあって今日は会社を休むそうです。
1　事故　　　　2　事件　　　　　3　出来事　　　　4　都合

6 授業中、眠くなって（　　　）が出てしまった。
1　くしゃみ　　2　あくび　　　　3　せき　　　　　4　ねつ

7 ピザは（　　　）なくなった。
1　今にも　　　　　　　　　　　2　せっかく
3　これから　　　　　　　　　　4　あっという間に

8 （　　　）倒れてしまいそうなほど体調が悪い。
1　今でも　　　2　今にも　　　　3　今まで　　　　4　今さら

問題4 ＿＿＿に意味が最も近いものを、1・2・3・4から一つえらびなさい。

1 たまたま駅前で大学時代の友達に会った。
1 たまに　　2 偶然　　3 いつも　　4 ひさしぶりに

2 学費は自分でかせいで払っています。
1 本代　　2 バス代　　3 授業料　　4 医療費

3 今日はあまりやる気がない。
1 意欲　　2 意識　　3 意見　　4 意味

4 疲れがとれないのはぐっすり眠れていないからです。
1 ばったり　　2 たまたま　　3 たっぷり　　4 しみじみ

5 コンテストにチャレンジすることにしたぞ。
1 挑戦　　2 没頭　　3 集中　　4 参加

6 ねえ、ネクタイってどうやってするんだっけ？
1 かう　　2 きめる　　3 えらぶ　　4 しめる

7 試験結果のお知らせはいつだったっけ？
1 解説　　2 変更　　3 通知　　4 発表日

8 子育てに熱心な男性を「イクメン」って言うんだって。
1 子どもの教育　　2 育児　　3 子どもとの遊び　　4 親子関係

합격 공략 | 실전 연습

　　　　　　　　　　　　　　　　　　　　　　　　　✏ / 8

問題5 つぎのことばの使い方として最もよいものを、1・2・3・4から一つえらびなさい。

1 案内（あんがい）

1　東京行きの飛行機は案内より３０分遅れて出発した。
2　木村さんはやさしい人だと思ったら、案外冷たい。
3　環境問題はずっと前から案外されていた。
4　お客さんの案内は私に任せてください。

2 ぐっすり

1　期末試験も終ってぐっすり寝た。
2　私の部屋は狭くてぐっすりできない。
3　彼はぐっすりした顔で話していた。
4　コンタクトをするとぐっすり見えます。

3 オープン

1　前より大きい部屋にオープンアップした。
2　昨日、駅前に和食の食堂がオープンした。
3　あの店には珍しくてオープンなものがたくさんあります。
4　朝、きれいに化粧をして彼にオープンした。

4 ばったり

1　教室で友だちとばったり話した。
2　部屋に入ったらみんなばったり寝ていた。
3　あの食堂でばったりした料理を食べよう。
4　昨日、駅前で高校の友達にばったり会った。

5　今にも
1　あの人は、今にもりっぱな人になるだろう。
2　寒くなったと思ったら、今にも雪が降っている。
3　今にも覚えてますよ。あの日のこと。
4　君、顔色も悪いし、今にも倒れそうだよ。

6　落ち着く
1　怒らないで。落ち着いてよく考えよう。
2　駅に落ち着いたら、電話してね。
3　書店にたくさんの本が落ち着いていた。
4　期末試験に落ち着いてしまった。

7　しみじみ
1　電車はしみじみ速度をだした。
2　もう遅いから、しみじみ帰ろう。
3　しみじみながら明日は出張で留守にします。
4　古い友だちからの手紙を読んで、人生についてしみじみ考えてみた。

8　実現
1　実現に会ってみればどんな人かわかるよ。
2　実現から逃げるのはよくないよ。
3　自分の店を持つという夢が実現した。
4　実現はうわさの内容とはぜんぜん違う。

합격 공략 | Day 14 2순위 어휘

01 음독 명사

- ☐ 育児(いくじ) 육아
- ☐ 学問(がくもん) 학문
- ☐ 乾杯(かんぱい) 건배
- ☐ 完了(かんりょう) 완료
- ☐ 帰国(きこく) 귀국
- ☐ 記事(きじ) 기사
- ☐ 気体(きたい) 기체
- ☐ 合格(ごうかく) 합격
- ☐ 高級(こうきゅう) 고급
- ☐ 最高(さいこう) 최고
- ☐ 祭日(さいじつ) (신사의)제삿날
- ☐ 住居(じゅうきょ) 주거
- ☐ 就職(しゅうしょく) 취직
- ☐ 商店(しょうてん) 상점
- ☐ 将来(しょうらい) 장래
- ☐ 政治(せいじ) 정치
- ☐ 生年月日(せいねんがっぴ) 생년월일
- ☐ 製品(せいひん) 제품
- ☐ 測定(そくてい) 측정
- ☐ 測量(そくりょう) 측량
- ☐ 知人(ちじん) 지인
- ☐ 地方(ちほう) 지방
- ☐ 中央(ちゅうおう) 중앙
- ☐ 読書(どくしょ) 독서
- ☐ 特色(とくしょく) 특색
- ☐ 特売(とくばい) 특매
- ☐ 日中(にっちゅう) 낮(해가 있는 동안)
- ☐ 入力(にゅうりょく) 입력
- ☐ 人気(にんき) 인기
- ☐ 倍(ばい) (수량) 배
- ☐ 美術(びじゅつ) 미술
- ☐ 筆記(ひっき) 필기
- ☐ 文房具(ぶんぼうぐ) 문방구
- ☐ 郵便(ゆうびん) 우편
- ☐ 用事(ようじ) 일, 용무
- ☐ 用途(ようと) 용도
- ☐ 履歴書(りれきしょ) 이력서
- ☐ 例外(れいがい) 예외
- ☐ 留守番(るすばん) 집 지키기

02 훈독 명사

- ☐ 当たり前(あたりまえ) 당연
- ☐ 宛て(あて) ~에게, ~앞(편지 등에서)
- ☐ 思い出(おもいで) 추억
- ☐ 恋(こい) 사랑
- ☐ 恋人(こいびと) 연인
- ☐ 近道(ちかみち) 지름길
- ☐ 土(つち) 흙
- ☐ 遠回り(とおまわり) 우회, 돌아감
- ☐ 柱(はしら) 기둥
- ☐ 日帰り(ひがえり) 당일치기
- ☐ 踏み切り(ふみきり) 건널목
- ☐ 振り込み(ふりこみ) 송금, 이체
- ☐ 迷子(まいご) 미아
- ☐ 負け(まけ) 패배
- ☐ 実り(みのり) 성과, 결실
- ☐ 向かい(むかい) 맞은편, 건너편
- ☐ 虫歯(むしば) 충치
- ☐ 行方(ゆくえ) 행방

03 동사

- 味わう 맛보다, 체험하다
- 謝る 사과하다
- 祈る 빌다, 기원하다
- 動く 움직이다
- 打つ 치다, 때리다
- 選ぶ 고르다
- 行う 실시하다, 행하다
- 飾る 장식하다
- 勝つ 이기다
- 曇る (날씨)흐리다
- 暮らす 지내다, 하루를 보내다
- 比べる 비교하다
- 転ぶ 넘어지다
- 壊れる 고장 나다, 부서지다
- 支払う 지불하다
- 捨てる 버리다
- 助ける 돕다, 구조하다
- 建てる 세우다
- 続ける 계속하다
- 流れる 흐르다
- 引き受ける 받아들이다, 떠맡다
- 曲げる 구부리다

04 부사

- いっせいに 일제히
- しかも 더욱 더
- しいんと 조용히
- 実は 실은, 사실은
- 少々 잠시
- 少しも 조금도
- つい 그만, 무심코
- 次々 잇달아
- 常に 항상

05 접속사

- しかも 게다가, 더구나
- すると 그러자
- それでも 그런데도
- それとも 그렇지 않으면
- それなのに 그래도
- ただし 단, 다만
- ところが 그런데, 그러나
- なぜかというと 왜냐하면
- または 또는

워밍업

1 다음 단어의 읽기 방법으로 알맞은 것을 고르세요.

1. 恋人　　（① こいびと　　② こいじん）
2. 住居　　（① じゅきょう　　② じゅうきょ）
3. 比べる　（① ならべる　　② くらべる）
4. 高級　　（① こうきゅう　　② こきゅう）
5. 合格　　（① ごうかく　　② こうかく）

2 다음 단어에 해당하는 일본어 한자를 써 보세요. 모르겠으면 힌트를 보고 풀어 보세요.

6. 독서(どくしょ)　　　　＿＿＿＿＿＿＿＿
7. 용도(ようと)　　　　　＿＿＿＿＿＿＿＿
8. 당일치기(ひがえり)　　＿＿＿＿＿＿＿＿
9. 집 지키기(るすばん)　 ＿＿＿＿＿＿＿＿
10. 고장나다, 부서지다(こわれる)　＿＿＿＿＿＿＿＿

힌트

6	① 売書	② 読書	③ 続書	④ 買書
7	① 用事	② 用道	③ 用意	④ 用途
8	① 日替り	② 日帰り	③ 日変り	④ 日替り
9	① 類守番	② 旅守番	③ 流守番	④ 留守番
10	① 汚れる	② 崩れる	③ 壊れる	④ 倒れる

3 다음 밑줄 친 한자를 히라가나로 써 보세요.

11. 育児のために会社を辞めた。 _____

12. メールで履歴書を送った。 _____

13. 明日、帰国する予定です。 _____

14. 工事が無事に完了した。 _____

15. 就職するか進学するか迷っている。 _____

4 다음 괄호 안에 들어갈 단어로 알맞은 것을 고르세요.

16. 初級から (① 進級 ② 高級) までのコースが揃っています。

17. 人文学は何を研究する (① 学校 ② 学問) ですか。

18. このドアはセンサーがあって自動的に (① 動く ② 働く)。

19. 新しい (① 製品 ② 上品) の売り上げが伸びない。

20. 案内所は公園の (① 中央 ② 集中) にあります。

◆ 정답

1 ① 2 ② 3 ② 4 ① 5 ① 6 ② 7 ④ 8 ② 9 ④ 10 ③
11 いくじ 12 りれきしょ 13 きこく 14 かんりょう 15 しゅうしょく 16 ② 17 ② 18 ① 19 ① 20 ①

합격 공략 | 실전 연습

✏ /8

問題 1 ＿＿＿のことばの読み方として最もよいものを、1・2・3・4から一つえらびなさい。

1　机の上は常にきれいにしておきなさい。

　1　すぐに　　　2　つねに　　　3　とくに　　　4　ついに

2　いつも早起きしていますが、日曜日は例外です。

　1　れがい　　　2　れつがい　　3　れいがい　　4　れんがい

3　政治に関心を持っている若者（わかもの）は多くない。

　1　せいじ　　　2　せいち　　　3　せっじ　　　4　せっち

4　他の子供と成績（せいせき）を比べてはだめです。

　1　のべては　　2　すべては　　3　くらべては　4　ならべては

5　この学校の特色は国際交流（こくさいこうりゅう）が盛（さか）んなことです。

　1　どくしょく　2　とくしょく　3　どっしょく　4　とっしょく

6　こちらに生年月日をお書きください。

　1　しょうねんがつひ　　　　2　しょうねんがっぴ
　3　せいねんがつひ　　　　　4　せいねんがっぴ

7　川のはばや深（ふか）さを測量する仕事をしています。

　1　そくりょう　2　そくりょ　　3　しょくりょう　4　しょくりょ

8　近道を通って学校に行った。

　1　きんどう　　2　きんど　　　3　ちかみち　　4　ちかまち

問題2 ＿＿＿＿のことばを漢字で書くとき、最もよいものを、1・2・3・4から一つえらびなさい。

1 彼はさいこうの演技を引き出した。
　1　最後　　　2　最古　　　3　最高　　　4　最好

2 静かにながれている川を眺めていた。
　1　流れて　　2　落れて　　3　波れて　　4　溶れて

3 高木先輩からいろいろたすけてもらいました。
　1　協けて　　2　預けて　　3　求けて　　4　助けて

4 しゅうしょくするか、進学するか悩んでいます。
　1　勤務　　　2　通勤　　　3　就職　　　4　職場

5 彼は話をつづけていた。
　1　続けて　　2　連けて　　3　断けて　　4　結けて

6 ようじがあって今日の飲み会には行けそうにないです。
　1　用事　　　2　仕事　　　3　急用　　　4　用仕

7 この町のちゅうおうに大きな公園があります。
　1　中映　　　2　中英　　　3　中央　　　4　中瑛

8 あのせいひんは日本のブランドです。
　1　製物　　　2　制物　　　3　製品　　　4　制品

합격 공략 | 실전 연습

/8

問題3　（　　）に入れるのに最もよいものを、1・2・3・4から一つえらびなさい。

1　階段で（　　）ように気を付けてください。
　1　ころばない　　2　よろこばない　　3　よごれない　　4　まけない

2　親が自分の子供が最高だと思うのは（　　）。
　1　おおざっぱだ　2　あたりまえだ　3　なまいきだ　4　かわいそうだ

3　みんな反対したが、（　　）彼はあきらめなかった。
　1　それで　　　2　それとも　　　3　それでも　　　4　それに

4　明日は休校となります。（　　）教職員は出勤すること。
　1　それに　　　2　しかも　　　　3　そのうえ　　　4　ただし

5　今日も徹夜しないと。（　　）明日締め切りなのでしかたない。
　1　どうしても　2　なぜかというと　3　あるいは　　4　ところが

6　明日、出張に行くので、旅行は（　　）で行ってくることにした。
　1　宿泊　　　　2　日帰り　　　　3　一泊　　　　4　ホームステイ

7　お茶にしますか。（　　）ジュースにしますか。
　1　それで　　　2　それしか　　　3　それとも　　　4　それなのに

8　友だちにちゃんと「ごめんなさい」って（　　）ね。
　1　いのって　　2　あやまって　　3　けんかして　　4　ゆるして

問題4 _____ に意味が最も近いものを、1・2・3・4から一つえらびなさい。

[1] 買ったばかりの自転車なのに壊れて、今日、修理してもらった。
　　1　故障して　　　2　事故になって　　3　被害をうけて　　4　傷がついて

[2] 頑張ってきたんだから、合格するに違いない。
　　1　勝つ　　　　　2　受かる　　　　　3　よくなる　　　　4　いい点数を取る

[3] もうすべての準備は完了しました。
　　1　始めました　　2　決めました　　　3　済みました　　　4　知らせました

[4] 先生が怒るのは当たり前だ。
　　1　自由だ　　　　2　当然だ　　　　　3　だめなことだ　　4　自然なことだ

[5] 卒業式は運動場で行います。
　　1　実施します　　2　観覧できます　　3　始まります　　　4　参加できます

[6] 日本の文化が味わえることをしてみたい。
　　1　理解できる　　2　見せられる　　　3　体験できる　　　4　表わせる

[7] あの建物は1600年に建てられました。
　　1　くずれました　　　　　　　　　　2　うれました
　　3　せっけいされました　　　　　　　4　つくられました

[8] 漢字を入力するのはあまり難しくない。
　　1　タイピングする　2　覚える　　　　3　写す　　　　　　4　コピーする

합격 공략 | 실전 연습

/ 8

問題5 つぎのことばの使い方として最もよいものを、1・2・3・4から一つえらびなさい。

1 実は
1. 理想と実はぜんぜん違う。
2. 実は、このような失敗はしないように注意してください。
3. 実は、君に言いたいことがあってここまで来たんだ。
4. 彼がそう言った実はいくら考えてもわからない。

2 思い出
1. 年末、家族と一緒にいい思い出をした。
2. この日記は私にとって大切な思い出です。
3. あの夫婦はお互い思い出が違って、けんかばかりする。
4. 来週、友だちと一緒に旅行に行く思い出です。

3 助ける
1. お勧めの料理を店員に助けた。
2. 道でけがをした犬を助けた小学生の記事を読んだ。
3. 取引先からの回答メールを助けています。
4. この大学は奨学金制度を助けるためにつとめている。

4 向かい
1. 図書館はうちの会社の向かいにあります。
2. この部屋は南向かいなので、暖かいです。
3. 海の向かいに飛行機が見える。
4. 空港に着いたところ、向かいで山田さんに会った。

5 行方

1 台風は行方を変えて南の方に向かった。
2 郵便局までの行方を知っていますか。
3 警察は犯人の行方を追っている。
4 旅行の行方をどこにしようか悩んでます。

6 少しも

1 図書館ならここから少しもあります。
2 それぐらいなら少しも自分で調べなさい。
3 原稿のタイピングで少しも眠れなかった。
4 あなたも少しも運動した方がいいよ。

7 引き受ける

1 雨が降ったので、家に引き受けた。
2 来月から新しい仕事を引き受けることにした。
3 先生は帰ろうとした学生を引き受けた。
4 聞きたいことがあって明日彼女を引き受けるつもりだ。

8 将来

1 木村さんの将来の夢について聞いた。
2 間違いないように、将来チェックしてみます。
3 なにとぞ、将来をよろしくお願いします。
4 スケジュール調整のために将来の予定を教えてもらえますか。

합격 공략 | Day 15 2순위 어휘

01 음독 명사

- 運賃 (うんちん) 운임
- 温度 (おんど) 온도
- 学歴 (がくれき) 학력
- 火災 (かさい) 화재
- 喫煙 (きつえん) 흡연
- 記入 (きにゅう) 기입
- 逆 (ぎゃく) 역, 반대
- 区別 (くべつ) 구별
- 最低 (さいてい) 최저, 최악
- 採点 (さいてん) 채점
- 才能 (さいのう) 재능
- 左折 (させつ) 좌회전
- 時刻表 (じこくひょう) 시각표
- 支社 (ししゃ) 지사
- 自習 (じしゅう) 자습
- 次女 (じじょ) 차녀
- 収入 (しゅうにゅう) 수입
- 症状 (しょうじょう) 증상
- 診察 (しんさつ) 진찰
- 人種 (じんしゅ) 인종
- 人生 (じんせい) 인생
- 正門 (せいもん) 정문
- 責任 (せきにん) 책임
- 体育 (たいいく) 체육
- 体温 (たいおん) 체온
- 対策 (たいさく) 대책
- 中間 (ちゅうかん) 중간
- 長所 (ちょうしょ) 장점
- 定期 (ていき) 정기
- 停車 (ていしゃ) 정차
- 登山 (とざん) 등산
- 都市 (とし) 도시
- 人間 (にんげん) 인간
- 発想 (はっそう) 발상
- 発達 (はったつ) 발달
- 発電 (はつでん) 발전
- 発売 (はつばい) 발매
- 範囲 (はんい) 범위
- 平行 (へいこう) 평행
- 平和 (へいわ) 평화
- 無料 (むりょう) 무료
- 名作 (めいさく) 명작
- 冷凍 (れいとう) 냉동
- 連休 (れんきゅう) 연휴
- 録音 (ろくおん) 녹음

02 훈독 명사

- 集まり (あつまり) 모임
- 梅 (うめ) 매화(매실)
- お礼 (おれい) 사례, 감사
- 品物 (しなもの) 물건
- 印 (しるし) 표시, 마크
- 包み (つつみ) 꾸러미, 보따리
- 取り引き (とりひき) 거래
- 鶏 (にわとり) 닭
- 街 (まち) 거리
- 間違い (まちがい) 실수, 오류
- 幅 (はば) 폭, 너비
- 息子 (むすこ) 아들

03 동사

- 売る 팔다
- 変わる 변하다
- 決める 정하다
- 気をつける 조심하다, 긴장하다
- 答える 대답하다
- 困る 곤란하다
- 下がる 내려가다
- 調べる 조사하다, 찾아보다
- 積もる 쌓이다
- 泊まる 묵다, 숙박하다
- 直す 고치다
- 並べる 늘어놓다, 나란히 하다
- 似ている 닮았다
- 残る 남다
- 運ぶ 나르다, 운반하다
- はる 붙이다
- 晴れる 맑다, 개다
- 拾う 줍다
- 増える 늘다, 증가하다
- 踏む 밟다
- 任せる 맡기다
- まとめる 정리하다, 모으다

04 い형용사

- くだらない 시시하다
- 険しい 험하다
- そそっかしい 경솔하다
- 激しい 격렬하다
- 醜い 못생기다
- もったいない 아깝다
- やかましい 시끄럽다
- 若々しい 젊다, 젊어 보인다

05 な형용사

- 明らかだ 분명하다
- 安易だ 안이하다
- すてきだ 근사하다
- 適当だ 적당하다
- 夢中だ 열중하다
- 明確だ 명확하다
- 利口だ 영리하다
- 立派だ 훌륭·위대하다

워밍업

1 다음 단어의 읽기 방법으로 알맞은 것을 고르세요.

1. 区別　　（① とくべつ　　② くべつ）
2. 品物　　（① しなもの　　② ひんもの）
3. 長所　　（① ちょうしょ　　② ちょしょう）
4. 登山　　（① とざん　　② とうざん）
5. 無料　　（① むりょ　　② むりょう）

2 다음 단어에 해당하는 일본어 한자를 써 보세요. 모르겠으면 힌트를 보고 풀어 보세요.

6. 수입 (しゅうにゅう)　　_____
7. 책임 (せきにん)　　_____
8. 정기 (ていき)　　_____
9. 체육 (たいいく)　　_____
10. 좌회전 (させつ)　　_____

> **힌트**
>
> 6　① 納入　② 収入　③ 押入　④ 流入
> 7　① 責任　② 青任　③ 積任　④ 績任
> 8　① 正期　② 政期　③ 決期　④ 定期
> 9　① 休育　② 体育　③ 休骨　④ 体骨
> 10　① 左切　② 左折　③ 右切　④ 右折

3 다음 밑줄 친 한자를 히라가나로 써 보세요.

11. <u>逆</u>の立場になって考えよう。　_____

12. 最近、体重が<u>増</u>えていくいっぽうだ。　_____

13. 社内の競争が<u>激</u>しい。　_____

14. <u>適当</u>に答えておいた。　_____

15. インフルエンザの<u>症状</u>を調べてみた。　_____

4 다음 괄호 안에 들어갈 단어로 알맞은 것을 고르세요.

16. エアコンの (① 温度　② 気温) をあげてください。

17. ゴールデンウィークとは５月の大型 (① 休職　② 連休) のことです。

18. バスの中で足を (① 踏まれた　② 降られた)。

19. 技術の (① 発達　② 発電) で人間の生活環境も豊かになった。

20. そろそろ (① 期間　② 中間) 試験が始まる。

◆ **정답**

1② 2① 3① 4① 5② 6② 7① 8④ 9② 10②
11 ぎゃく　12 ふえて　13 はげしい　14 てきとうに　15 しょうじょう　16 ①　17 ②　18 ①　19 ①　20 ②

합격 공략 | 실전 연습

✏ /8

問題1 ＿＿＿のことばの読み方として最もよいものを、1・2・3・4から一つえらびなさい。

1 人間関係に疲れた時の対処法を知らないと苦しい。

　1　じんかん　　2　にんかん　　3　じんげん　　4　にんげん

2 登山用品の売り場は何階ですか。

　1　とざん　　　2　とうざん　　3　とさん　　　4　とうさん

3 薬を飲んでも熱が下がらない。

　1　あがらない　2　さがらない　3　したがらない　4　げがらない

4 訪問の方は正門からお入りください。

　1　しょもん　　2　しょむん　　3　せいもん　　4　せいむん

5 私の人生に恋愛は必要だろうか。

　1　じんしょう　2　じんせい　　3　にんしょう　4　にんせい

6 世界平和を望む人が９９％なのになぜ戦争は終わらないのか。

　1　へいか　　　2　へいぼん　　3　へいき　　　4　へいわ

7 どちらが長いか比べてみようよ。

　1　ならべて　　2　しらべて　　3　くらべて　　4　うかべて

8 人種差別をしてはいけない。

　1　にんしゅう　2　じんしゅう　3　にんしゅ　　4　じんしゅ

/ 8

問題2 ＿＿＿のことばを漢字で書くとき、最もよいものを、1・2・3・4から一つえらびなさい。

1 女性のこうがくれき化が少子化の原因だとは言えない。
    1　高学禁　　　2　高学履　　　3　高学歴　　　4　高学力

2 みんなで話し合って旅行先をきめた。
    1　定めた　　　2　決めた　　　3　政めた　　　4　快めた

3 事故を防ぐためにいろいろなたいさくを考える。
    1　代策　　　2　台策　　　3　対策　　　4　大策

4 あの机をいっしょにはこんでもらえませんか。
    1　連んで　　　2　運んで　　　3　転んで　　　4　進んで

5 せっかくの日本旅行だから、旅館にとまることにした。
    1　止まる　　　2　停まる　　　3　泊まる　　　4　宿まる

6 今年さいていの売り上げを記録した。
    1　最低　　　2　撮低　　　3　最底　　　4　撮底

7 人にはちょうしょもあれば短所もあるものだ。
    1　張所　　　2　長所　　　3　張点　　　4　長点

8 中学生以上は大人のうんちんをはらってください。
    1　運値　　　2　運段　　　3　運賃　　　4　運価

합격 공략 | 실전 연습

/ 8

問題3 （　　）に入れるのに最もよいものを、1・2・3・4から一つえらびなさい。

1 みんなの意見を（　　）、結論(けつろん)を出した方がいいと思います。
　1　ながめて　　2　みまもって　　3　みとめて　　4　まとめて

2 やるべきことがまだたくさん（　　）いて、帰れない。
　1　ふえて　　2　のこって　　3　あふれて　　4　こぼれて

3 壊(こわ)れたパソコンを弟に（　　）もらった。
　1　なくして　　2　なおって　　3　ならせて　　4　なおして

4 朝、窓を開けたら、雪が（　　）いた。
　1　つつまれて　　2　はさまれて　　3　つもって　　4　つめて

5 こちらにお名前とご住所をご（　　）ください。
　1　記念(きねん)　　2　記入(きにゅう)　　3　記録(きろく)　　4　記憶(きおく)

6 せっかくの料理をこんなにたくさん残したら（　　）よ。
　1　あつかましい　　2　うらやましい　　3　もったいない　　4　あぶない

7 君、作曲(さっきょく)にかなり（　　）があるみたいだね。もっと勉強してみない？
　1　機能(きのう)　　2　努力(どりょく)　　3　才能(さいのう)　　4　知能(ちのう)

8 この本棚(ほんだな)は（　　）が広くて本がたくさん入りそう。
　1　はば　　2　高さ　　3　広さ　　4　背

問題4 ＿＿＿に意味が最も近いものを、1・2・3・4から一つえらびなさい。

1 クラスの代表として私が先生にお礼の言葉を述べた。
1 謝罪　　　2 感謝　　　3 むすび　　　4 おくやみ

2 隣のテレビの音がやかましくて眠れない。
1 ずうずうしくて　　　2 やむをえなくて
3 はずかしくて　　　　4 うるさくて

3 3歳未満の子供は無料で利用できるらしいよ。
1 おまけ　　　2 ただ　　　3 半額　　　4 割引

4 サイバー犯罪が増加している。
1 ふえて　　　2 へって　　　3 おきて　　　4 ねらって

5 この二人は顔も声もそっくりだ。
1 すてきだ　　　2 変わっている　　　3 似ている　　　4 全然違う

6 早く病院に行って医者に診察を受けたほうがいいよ。
1 みてもらった　　　　2 くすりをもらった
3 そうだんした　　　　4 しゅじゅつしてもらった

7 ごめん。急用ができて今晩の集まりには行けなくなったよ。
1 デート　　　2 授業　　　3 コンサート　　　4 飲み会

8 朝から頭も痛いし、体温も高いので病院に行った。
1 熱も出た　　　2 咳も出た　　　3 鼻水も出た　　　4 くしゃみも出た

합격 공략 | 실전 연습

✏️ /8

問題5 つぎのことばの使い方として最もよいものを、1・2・3・4から一つえらびなさい。

1 まかせる

1 あの角を右にまかせるとすぐ私の家です。
2 お酒をまかせるようにと医者に言われた。
3 試験でいい点数をとったので、はやく母にまかせたい。
4 この件は彼にまかせるつもりです。

2 平行(へいこう)

1 料理をするときいつもこの本を平行にしています。
2 駅前にはいろいろな店が平行している。
3 この川と平行して道路が作られた。
4 新しい単語(たんご)をたくさん平行した。

3 明(あき)らかだ

1 彼は試験に受かって、明らかな顔をしている。
2 明らかな性格の彼女が好きです。
3 字はボールペンで明らかに書いてください。
4 鈴木(すずき)さんが言ったことがうそであるのは明らかだ。

4 こまる

1 車が道路にこまっていてぜんぜん進まない。
2 失業(しつぎょう)して生活にこまっています。
3 この機械(きかい)で風の強さをこまることができます。
4 先生はみんなの前で鈴木(すずき)君をこまった。

5 りっぱだ

1 二人が付き合ってるというのはりっぱなことだ。
2 心までりっぱな人になってほしい。
3 コーヒーをこぼしてシャツがりっぱになった。
4 満開の桜を見て私の心もりっぱになってしまった。

6 すてきだ

1 彼はすてきな成績で卒業した。
2 友だちの結婚式はとてもすてきだった。
3 この靴は私の足にすてきだ。
4 私のいちばんすてきな科目は数学だ。

7 気を付ける

1 地面がこおっているので気をつけて歩いた。
2 バスの中に傘を忘れてきたのにいまさら気をつけた。
3 空をとんでいるような気をつけた。
4 先生、気をつけることがあるんで、質問してもいいですか。

8 範囲

1 家の範囲にはいろんな店があって住みやすい。
2 申し込みの範囲は木曜日までです。
3 試験の範囲は５５ページから最後までだ。
4 セールの範囲は今週の月曜日から水曜日までです。

합격 공략 | Day 16 3순위 어휘

01 음독 명사

- 運転 (うんてん) 운전
- 永遠 (えいえん) 영원
- 会員 (かいいん) 회원
- 河川 (かせん) 하천
- 休暇 (きゅうか) 휴가
- 休業 (きゅうぎょう) 휴업
- 芸術 (げいじゅつ) 예술
- 携帯 (けいたい) 휴대
- 高速道路 (こうそくどうろ) 고속도로
- 交通 (こうつう) 교통
- 作業 (さぎょう) 작업
- 詩人 (しじん) 시인
- 事前 (じぜん) 사전
- 時速 (じそく) 시속
- 周辺 (しゅうへん) 주변
- 住民 (じゅうみん) 주민
- 商売 (しょうばい) 장사
- 賞品 (しょうひん) 상품
- 職業 (しょくぎょう) 직업
- 職場 (しょくば) 직장
- 親戚 (しんせき) 친척
- 深夜 (しんや) 심야
- 石油 (せきゆ) 석유
- 節約 (せつやく) 절약
- 選挙 (せんきょ) 선거
- 大使館 (たいしかん) 대사관
- 体重 (たいじゅう) 체중
- 退職 (たいしょく) 퇴직
- 知恵 (ちえ) 지혜
- 中級 (ちゅうきゅう) 중급
- 直後 (ちょくご) 직후
- 提出 (ていしゅつ) 제출
- 伝染 (でんせん) 전염
- 土地 (とち) 토지
- 年賀状 (ねんがじょう) 연하장
- 変更 (へんこう) 변경
- 弁護士 (べんごし) 변호사
- 編集 (へんしゅう) 편집
- 報告 (ほうこく) 보고
- 法律 (ほうりつ) 법률
- 味方 (みかた) 아군, (내)편
- 名刺 (めいし) 명함
- 名人 (めいじん) 명인
- 録画 (ろくが) 녹화
- 路面 (ろめん) 노면

02 훈독 명사

- 油 (あぶら) 기름
- 雨戸 (あまど) 덧문
- 市場 (いちば) 시장
- 売り上げ (うりあげ) 매상, 매출
- 売り切れ (うりきれ) 매진
- お見舞い (おみまい) 병문안
- 格安 (かくやす) 저렴함, 값이 쌈
- 下り (くだり) 하행, 내리막
- 袖 (そで) 소매
- 働き (はたらき) 기능, 효능
- 日付 (ひづけ) 일자, 날짜
- 街角 (まちかど) 길모퉁이
- 胸 (むね) 가슴
- 目下 (めした) 손아랫사람
- 夕日 (ゆうひ) 석양, 노을

03 동사

- 集（あつ）まる 모이다
- 祝（いわ）う 축하하다
- 受（う）かる 합격하다
- 押（お）す 누르다, 밀다
- 暮（く）れる 저물다, 해가 지다
- 出（で）かける 외출하다
- 撮（と）る (카메라로) 찍다
- 脱（ぬ）ぐ 벗다
- 申（もう）し込（こ）む 신청하다
- 戻（もど）る 되돌아오다
- 役立（やくだ）つ 도움이 되다
- 分（わ）ける 쪼개다, 나누다
- 忘（わす）れる 잊다
- 渡（わた）す 건네주다

04 い형용사

- 厳（きび）しい 엄격하다
- 寂（さび）しい 외롭다
- 涼（すず）しい 시원하다
- 素晴（すば）らしい 훌륭하다
- 正（ただ）しい 옳다, 바르다
- 辛（つら）い 괴롭다
- 苦（にが）い 쓰다
- 憎（にく）い 밉다

05 な형용사

- 意地悪（いじわる）だ 짓궂다
- 基本的（きほんてき）だ 기본적이다
- 消極的（しょうきょくてき）だ 소극적이다
- 確（たし）かだ 확실하다
- 苦手（にがて）だ 자신없다, 서툴다
- 熱心（ねっしん）だ 열심이다
- 明白（めいはく）だ 명백하다
- 冷静（れいせい）だ 냉정하다, 침착하다

워밍업

1 다음 단어의 읽기 방법으로 알맞은 것을 고르세요.

1. 変更　　　（① へんこう　　② へんけい）
2. 撮る　　　（① とる　　　　② にぎる）
3. 職業　　　（① しょくぎょ　② しょくぎょう）
4. 提出　　　（① ていしゅつ　② せいしゅつ）
5. 忘れる　　（① つかれる　　② わすれる）

2 다음 단어에 해당하는 일본어 한자를 써 보세요. 모르겠으면 힌트를 보고 풀어 보세요.

6. 심야(しんや)　　　　＿＿＿＿＿＿＿＿
7. 대사관(たいしかん)　＿＿＿＿＿＿＿＿
8. 연하장(ねんがじょう)＿＿＿＿＿＿＿＿
9. 휴업(きゅうぎょう)　＿＿＿＿＿＿＿＿
10. 영원(えいえん)　　　＿＿＿＿＿＿＿＿

힌트

	①	②	③	④
6	深夜	深液	探夜	探液
7	大仕館	大使館	大士館	大事館
8	年可状	年下状	年加状	年賀状
9	体業	休業	体職	休職
10	永遠	永近	氷遠	氷近

3 다음 밑줄 친 한자를 히라가나로 써 보세요.

11. 新規会員登録ページです。 _____

12. 出版社で本の編集をしています。 _____

13. 家の周辺には店が多い。 _____

14. この町は交通が便利でいいよね。 _____

15. 今日は友だちのお見舞いに行きます。 _____

4 다음 괄호 안에 들어갈 단어로 알맞은 것을 고르세요.

16. 今年で、会社を (① 退職 ② 早退) した。

17. 法律を勉強して (① 弁護士 ② 医者) になった。

18. 大会で勝って (① 商品 ② 賞品) をもらった。

19. 新製品がもう (① 売り切れ ② 締め切り) になった。

20. この薬はとても (① 苦しい ② 苦い)。

◆ 정답

1① 2① 3② 4① 5② 6① 7② 8④ 9② 10①
11 かいいん 12 へんしゅう 13 しゅうへん 14 こうつう 15 おみまい 16 ① 17 ① 18 ② 19 ① 20 ②

합격 공략 | 실전 연습

/8

問題1 ＿＿＿＿のことばの読み方として最もよいものを、1・2・3・4から一つえらびなさい。

1 今月の売り上げの結果を上司に報告した。

　1　ほうこ　　　2　ほこく　　　3　ほうこう　　　4　ほうこく

2 職場での基本マナーをしっかりと身につけよう。

　1　しきば　　　2　しきじょう　　　3　しょくば　　　4　しょくじょう

3 勇気を出して彼女に手紙を渡した。

　1　わたした　　　2　もどした　　　3　おとした　　　4　かえした

4 この町の住民はごみ問題で困っています。

　1　じゅみん　　　2　じゅうみん　　　3　ちゅみん　　　4　ちゅうみん

5 心から友だちの出産を祝った。

　1　いわった　　　2　ねがった　　　3　うたがった　　　4　いのった

6 高速道路を安く利用する方法を教えます。

　1　こそくどろう　　　　　　2　こうそくどろう
　3　こそくどうろ　　　　　　4　こうそくどうろ

7 交通が便利なのでこの部屋に引っ越した。

　1　こうつう　　　2　こつう　　　3　きょうつう　　　4　きょつう

8 人の前で話すのは苦手です。

　1　くうて　　　2　くうで　　　3　にがて　　　4　にがで

問題2 ＿＿＿＿のことばを漢字で書くとき、最もよいものを、1・2・3・4から一つえらびなさい。

1 ビジネスマンにとってめいしは顔のようなものである。
　1　命刺　　　2　命士　　　3　名刺　　　4　名士

2 この映画はむねを打つ作品です。
　1　胸　　　　2　腕　　　　3　脇　　　　4　腹

3 会社を辞めて、新しいしょうばいを始めた。
　1　商売　　　2　売買　　　3　商買　　　4　買売

4 宇宙はえいえんに存在するでしょうか。
　1　永延　　　2　永遠　　　3　氷延　　　4　氷遠

5 電話ではなく、必ずメールでもうしこんでください。
　1　甲し混んで　2　甲し込んで　3　申し混んで　4　申し込んで

6 このボタンをおせば動きます。
　1　押せば　　2　圧せば　　3　触せば　　4　引せば

7 商品はあっというまにうりきれになってしまった。
　1　売り締れ　2　買り締れ　3　売り切れ　4　買り切れ

8 貯金したい人のためのせつやくのコツをまとめてみました。
　1　節約　　　2　既約　　　3　節的　　　4　既的

합격 공략 | 실전 연습

✏ /8

問題3 （　　）に入れるのに最もよいものを、1・2・3・4から一つえらびなさい。

1　家賃が高くなった理由は、（　　）の値段が上がったからだ。
　1　地域　　　　2　番地　　　　3　地理　　　　4　土地

2　安全に（　　）できるように環境を整える。
　1　作品　　　　2　作業　　　　3　作文　　　　4　作法

3　（　　）が減ったので、店をしめることにした。
　1　貸し借り　　2　貸し出し　　3　売り上げ　　4　売り場

4　木村さんは（　　）ピアノを習っています。
　1　得意に　　　2　途中に　　　3　熱心に　　　4　短気に

5　一つ（　　）なことは、僕は君のことが好きだということ。
　1　確か　　　　2　豊か　　　　3　手軽　　　　4　得意

6　雪で（　　）がすべりやすくなっている。
　1　帰宅　　　　2　路面　　　　3　町　　　　　4　地下

7　友だちが病院に入院していて、みんなで（　　）に行って来た。
　1　お見合い　　2　お礼　　　　3　お見舞い　　4　お祝い

8　（　　）な女性に魅力を感じる男性が多い。
　1　必然的　　　2　効果的　　　3　平和的　　　4　積極的

問題4 ＿＿＿に意味が最も近いものを、1・2・3・4から一つえらびなさい。

1 人生って辛い時も楽しい時もあるのよ。

　1　くるしい　　　2　くやしい　　　3　さびしい　　　4　きつい

2 駅の周辺には何もない。

　1　まわり　　　　2　まえ　　　　　3　うしろ　　　　4　なか

3 油きらしてるから、買ってきてちょうだい。

　1　ソース　　　　2　オイル　　　　3　シュガー　　　4　スパイス

4 一生懸命勉強すれば、きっと受かりますよ。

　1　入れます　　　　　　　　　　　2　合格します
　3　わかります　　　　　　　　　　4　成績が上がります

5 この本は今書いている論文に役立つ。

　1　必要だ　　　　2　参考になる　　3　似ている　　　4　引用した

6 でかける前はちゃんと部屋の電気を消しなさい。

　1　寝る　　　　　2　外出する　　　3　かぎをかける　4　おふろに入る

7 今日は財布を忘れた。

　1　落とした　　　　　　　　　　　2　なくした
　3　家においてきた　　　　　　　　4　買ってきた

8 残念ながら休暇をとれなかった。

　1　休憩　　　　　2　休息　　　　　3　休み　　　　　4　昼休み

합격 공략 | 실전 연습

/8

問題5 つぎのことばの使い方として最もよいものを、1・2・3・4から一つえらびなさい。

1 熱心
1 先生に熱心に勉強してるねとほめられた。
2 母が熱心を込めてあんでくれたセーターはあたたかい。
3 気を落としている友だちのことが熱心だ。
4 熱心ながら、それは認められません。

2 冷静だ
1 みそしるが冷静になってしまいました。
2 冬の海は冷静で泳げない。
3 冷静になって考えてみたほうがいいよ。
4 クーラーをつけると部屋の中が冷静になった。

3 きびしい
1 彼女はお金にきびしくて、なんでもすぐ買ってしまう。
2 仕事でミスした後輩をきびしく注意した。
3 電気をつけたままにするのはきびしい。
4 駅前に新しくできたレストランは人気がきびしくて予約しないと入れない。

4 明白だ
1 明白な色のシャツがほしい。
2 まだ6時なのに、空はもう明白になった。
3 彼が犯人であるのは明白だ。
4 私のことどう思っているのか、明白な気持ちが知りたい。

5 格安

1 このカフェはなんだか格安がありますね。
2 予算が少ないので格安の航空券を探している。
3 彼はハンサムで性格も格安なので、人気があります。
4 この新製品のパソコンは使い方がとても格安です。

6 味方

1 私が作った料理なんだけど、ちょっと味方してきてくれる？
2 あの人は私にとって心強い味方だ。
3 お世話になった人に味方なお菓子をプレゼントした。
4 この店の料理は味方もきれいでおいしい。

7 伝染

1 あの資料は人事部に伝染しました。
2 荷物は空港まで伝染いたします。
3 私の話の意味が相手にちゃんと伝染したかわからない。
4 伝染病が全国的に広がっていて心配だ。

8 節約

1 うるさくてテレビの音を節約した。
2 節約せずに全部食べてください。
3 時間の節約のためにタクシーに乗ることにした。
4 今月から銀行にお金を節約することにした。

합격 공략 | Day 17 3순위 어휘

01 음독 명사

- 医学 의학
- 意見 의견
- 駅員 역무원
- 遠慮 사양, 거절
- 海外 해외
- 会議 회의
- 外出 외출
- 科学 과학
- 火事 화재
- 家庭 가정
- 期間 기간
- 急行 급행
- 牛肉 소고기
- 教育 교육
- 空気 공기
- 空港 공항
- 経済 경제
- 警察 경찰
- 結果 결과
- 決定 결정
- 結論 결론
- 見物 구경
- 公開 공개
- 交差点 교차로
- 紅茶 홍차
- 講堂 강당
- 後輩 후배
- 交番 파출소
- 故障 고장
- 最後 최후
- 賛成 찬성
- 地震 지진
- 湿気 습기
- 辞典 사전
- 車道 차도
- 習慣 습관
- 主人 남편
- 出版 출판
- 紹介 소개
- 植物 식물
- 人口 인구
- 新年 신년, 새해
- 心理 심리
- 睡眠 수면
- 暖房 난방

02 훈독 명사

- 勢い 기세
- 居間 거실
- 受付 접수(처)
- 怒り 분노
- (お)年寄り 노인
- 貸し出し 대출
- 暮らし 생활
- くり返し 반복
- 出入り 출입
- 出来事 사건, 생긴 일
- 年上 연상
- 仲 사이, 관계

- ☐ 値上げ 가격 인상
- ☐ 引っ越し 이사
- ☐ 人々 사람들
- ☐ 祭り 축제
- ☐ 真似 흉내
- ☐ 丸 동그라미
- ☐ 夕焼け 저녁 노을
- ☐ 夜明け 새벽

03 동사

- ☐ 乾かす 말리다
- ☐ 下げる 낮추다
- ☐ 信じる 믿다
- ☐ 進める 진행시키다
- ☐ 試す 시험하다
- ☐ 続く 계속되다
- ☐ 詰める 채우다
- ☐ 飛び出す 뛰어들다
- ☐ 鳴る (벨)울리다
- ☐ 慣れる 익숙해지다
- ☐ 望む 바라다, 소망하다
- ☐ 参る 가다 / 오다(겸양어)
- ☐ 開く 펼치다
- ☐ 広がる 널리 퍼지다

04 い형용사

- ☐ すごい 대단하다
- ☐ 冷たい 차갑다
- ☐ 眠い 졸리다
- ☐ 恥ずかしい 부끄럽다
- ☐ ひどい 심하다
- ☐ 細い 가늘다
- ☐ 珍しい 드물다
- ☐ 柔らかい 부드럽다

05 な형용사

- ☐ かわいそうだ 불쌍하다
- ☐ 素直だ 온순하다, 솔직하다
- ☐ 正確だ 정확하다
- ☐ 派手だ 화려하다
- ☐ 不思議だ 신기하다, 이상하다
- ☐ 平気だ 태연하다, 아무렇지도 않다
- ☐ 豊かだ 풍부하다
- ☐ 楽だ 편하다

워밍업

1 다음 단어의 읽기 방법으로 알맞은 것을 고르세요.

1. 賛成　　　（① さんしょう　　② さんせい）
2. 辞典　　　（① じてん　　② じしょ）
3. 貸し出し　（① かしだし　　② かえしだし）
4. 開く　　　（① きく　　② ひらく）
5. 不思議だ　（① ふしぎだ　　② ふしきだ）

2 다음 단어에 해당하는 일본어 한자를 써 보세요. 모르겠으면 힌트를 보고 풀어 보세요.

6. 드물다 (めずらしい)　_____
7. 지진 (じしん)　_____
8. 회의 (かいぎ)　_____
9. 계속되다 (つづく)　_____
10. 파출소 (こうばん)　_____

힌트

	①	②	③	④
6	珍しい	参しい	診しい	疹しい
7	土振	地振	土震	地震
8	合議	会議	合義	会義
9	続く	読く	売く	待く
10	交審	校審	交番	校番

3 다음 밑줄 친 한자를 히라가나로 써 보세요.

11. たばこはご遠慮ください。　_____

12. 日本の夏は湿気が多い。　_____

13. 十分、睡眠をとってください。　_____

14. 旅行先で困った出来事はなんですか。　_____

15. 君に望むのは正直さだ。　_____

4 다음 괄호 안에 들어갈 단어로 알맞은 것을 고르세요.

16. 何時間話し合っても (① 結論　② 議論) が出ない。

17. 個人情報が (① 公開　② 公共) されてしまった。

18. あと少しだ！(① 後ろ　② 最後) まで頑張ろう。

19. (① 夕焼け　② 夕べ) がきれいだ。

20. 新しいプロジェクトを (① 勧めて　② 進めて) いる。

◆ 정답

1② 2① 3① 4② 5① 6① 7④ 8② 9① 10③
11 えんりょ　12 しっけ　13 すいみん　14 できごと　15 のぞむ　16①　17①　18②　19①　20②

합격 공략 | 실전 연습

/8

問題1 _____のことばの読み方として最もよいものを、1・2・3・4から一つえらびなさい。

[1] 日本三大祭りについてレポートを書いた。
1　いのり　　　2　まいり　　　3　まつり　　　4　かわり

[2] 初めての海外旅行なのでわくわくする。
1　がいかい　　2　かいがい　　3　うみがい　　4　うみかい

[3] 試験の結果が気になっていらいらしている。
1　けが　　　　2　けんか　　　3　けつか　　　4　けっか

[4] 二つ目の交差点で右にまがってください。
1　こさてん　　2　こうさてん　3　きょさてん　4　きょうさてん

[5] 早起きはいい習慣だと思います。
1　しゅうかん　2　しゅっかん　3　しょうかん　4　しょっかん

[6] 友だちを迎えに空港へ行った。
1　くうこ　　　2　くうこう　　3　くこう　　　4　こうくう

[7] ２０年近く不景気が続いている。
1　つついて　　2　つづいて　　3　ついて　　　4　つまずいて

[8] 早く結婚していい家庭をきずくのが夢です。
1　かてい　　　2　かけい　　　3　やてい　　　4　やけい

問題2 ＿＿＿のことばを漢字で書くとき、最もよいものを、1・2・3・4から一つえらびなさい。

1 ひっこしの準備で大変だ。
　1　弘っ越し　　　2　引っ超し　　　3　引っ越し　　　4　弘っ超し

2 この本、昨日テレビでしょうかいされていたものだ。
　1　紹介　　　　　2　招介　　　　　3　照介　　　　　4　召介

3 こうはいの田中君と一緒に食事をした。
　1　先輩　　　　　2　先背　　　　　3　後輩　　　　　4　後背

4 図書館ってなんで辞書はかしだしできないの？
　1　貸し出し　　　2　借し出し　　　3　返し出し　　　4　反し出し

5 こうばんで道をたずねた。
　1　校版　　　　　2　交版　　　　　3　校番　　　　　4　交番

6 うわさはSNSを通して学校中にひろがった。
　1　開がった　　　2　遠がった　　　3　広がった　　　4　通がった

7 子どものきょういくにかなりお金がかかる。
　1　授育　　　　　2　教育　　　　　3　授養　　　　　4　教養

8 2か月間ダイエットして体がほそくなった。
　1　狭く　　　　　2　鋭く　　　　　3　細く　　　　　4　弱く

합격 공략 | 실전 연습

✏ /8

問題3 （　　）に入れるのに最もよいものを、1・2・3・4から一つえらびなさい。

1　人の前で自分の（　　）をはっきり言うのが苦手です。
　1　連絡　　　2　住所　　　3　解説　　　4　意見

2　あちらの（　　）でお名前をお書きください。
　1　受入　　　2　受付　　　3　受取　　　4　受身

3　自分の実力を（　　）ために、テストを受けてみることにした。
　1　めざす　　2　みまもる　3　ためす　　4　ためる

4　このセーターは日陰で（　　）てください。
　1　かわって　2　かして　　3　かくして　4　かわかして

5　それは冗談でも（　　）なあ。
　1　くさい　　2　ひどい　　3　いとしい　4　なつかしい

6　占いが当たって（　　）気持ちになった。
　1　不思議な　2　懐かしい　3　おしい　　4　真面目な

7　服はこちらのスーツケースに（　　）送ろう。
　1　ならんで　2　ふせいで　3　とどいて　4　つめて

8　議論が行き詰まってしまって（　　）は出せなかった。
　1　完了　　　2　完成　　　3　結論　　　4　理論

問題4 ＿＿＿に意味が最も近いものを、1・2・3・4から一つえらびなさい。

1 調査結果によると、一人暮らしの<u>お年寄り</u>が増えているそうだ。
   1 女性　　　2 老人　　　3 若者　　　4 子供

2 山田さんは大きな家に<u>引っ越しをした</u>。
   1 入った　　2 泊まった　　3 移った　　4 あこがれた

3 <u>主人</u>は病院で働いています。
   1 妻　　　2 夫　　　3 主役　　　4 家主

4 今回の旅行はフランスに<u>決定しました</u>。
   1 きめました　　　　　　2 かえました
   3 あらためました　　　　4 いってきました

5 自転車が<u>故障した</u>ので歩いて駅まで行った。
   1 パンクした　　2 とられた　　3 なくなった　　4 こわれた

6 今日は仕事を休んで、<u>睡眠をとって</u>ください。
   1 病院に行って　2 遊びに行って　3 ゆっくりして　4 寝て

7 授業料の<u>値上げ</u>があると聞いて、びっくりした。
   1 学費が高くなる　　　　2 学費がただになる
   3 授業が多くなる　　　　4 授業が長くなる

8 本社に戻ることを<u>望ん</u>でいます。
   1 希望して　　2 展望して　　3 信じて　　4 あきらめて

합격 공략 | 실전 연습 05

問題5 つぎのことばの使い方として最もよいものを、1・2・3・4から一つえらびなさい。

1 正確(せいかく)

1 あの人が正確にまちがっている。
2 それは練習用で、こっちが正確な申請書だよ。
3 木村さんは時間に正確な人だから遅れないと思う。
4 正確というよりも、うそがつけないタイプだ。

2 なれる

1 こちらの生活にはすっかりなれました。
2 彼との約束をなれてしまって大変だった。
3 地震で家がなれていた。
4 宿題を明日までになれないといけない。

3 派手(はで)

1 今はお客さんが少ないのでけっこう派手だ。
2 こちらの都合で派手な注文をしてすみません。
3 山の派手な空気を吸い込んだ。
4 派手な服が好きな彼女はいつも目立つ。

4 見物(けんぶつ)

1 見物だけで人を判断するのはよくない。
2 日本の夏といえば花火見物が欠かせませんね。
3 送っていただいた書類はちゃんと見物しました。
4 あの本棚は見物はいいけど、ちょっともろそうだね。

5 平気だ
1 平気な世界がおとずれることを願っています。
2 年下のくせになんて平気なやつなんだ。
3 ぜんぜん平気です。この荷物は一人で運べますから。
4 なんだ、その態度は！ おれは平気で怒ってるんだぞ！

6 楽だ
1 彼は、明日のパーティーをとても楽にしている。
2 給料が上がって生活が前より楽になった。
3 みんな理解できるように楽に説明します。
4 海から吹く楽な風が気持ちいい。

7 経済
1 アルバイトを辞めたので経済が大変だ。
2 東京は日本の経済の中心だと言われている。
3 私の夢は自分の店を経済することです。
4 母は２０年以上この会社で経済を担当しています。

8 心理
1 今まで親に自分の本当の心理を伝えた。
2 もっと心理をきたえて強くならなければならない。
3 彼の話を聞いて心理が痛んだ。
4 他人の心理を理解するのはなかなか難しい。

합격 공략 | Day 18 3순위 어휘

01 음독 명사

- 遠足(えんそく) 소풍
- お宅(たく) 댁
- 価値(かち) 가치, 값
- 財布(さいふ) 지갑
- 作品(さくひん) 작품
- 市民(しみん) 시민
- 社長(しゃちょう) 사장
- 小説(しょうせつ) 소설
- 食品(しょくひん) 식품
- 数学(すうがく) 수학
- 生産(せいさん) 생산
- 世界(せかい) 세계
- 専攻(せんこう) 전공
- 全国(ぜんこく) 전국
- 先日(せんじつ) 며칠 전
- 戦争(せんそう) 전쟁
- 全体(ぜんたい) 전체
- 選択(せんたく) 선택
- 台風(たいふう) 태풍
- 代理(だいり) 대리
- 男子(だんし) 남자
- 注意(ちゅうい) 주의
- 都合(つごう) 상황, 형편
- 途中(とちゅう) 도중
- 内部(ないぶ) 내부
- 文書(ぶんしょ) 문서
- 返事(へんじ) 답장, 대답
- 弁当(べんとう) 도시락
- 歩道(ほどう) 보도, 인도
- 本気(ほんき) 진심
- 本棚(ほんだな) 책장
- 夜間(やかん) 야간
- 用意(ようい) 준비
- 予算(よさん) 예산
- 夜空(よぞら) 밤하늘
- 夜中(よなか) 한밤중
- 歴史(れきし) 역사
- 列車(れっしゃ) 열차
- 老人(ろうじん) 노인

02 훈독 명사

- 池(いけ) 연못
- 田舎(いなか) 시골, 고향
- 命(いのち) 목숨
- 入口(いりぐち) 입구
- 裏(うら) 뒤, 뒷면
- 大家(おおや) 집주인
- 押し入れ(おしいれ) 벽장
- 形(かたち) 형태
- 片道(かたみち) 편도
- 神(かみ) 신
- 具合(ぐあい) 상태, 형편
- 怪我(けが) 상처, 부상
- 今朝(けさ) 오늘 아침
- 氷(こおり) 얼음
- 砂(すな) 모래
- 背中(せなか) 등
- 棚(たな) 선반
- 旅(たび) 여행
- 箱(はこ) 상자
- 町(まち) 마을
- 夜中(よなか) 한밤중

03 부사

- いきなり 갑자기
- いつの間(ま)にか 어느새인가
- いらいら 안절부절
- 必(かなら)ずしも 반드시(뒤에 부정문이 옴)
- かなり 꽤, 상당히
- ぎっしり 가득, 잔뜩
- こっそり 몰래
- 徐々(じょじょ)に 서서히
- 少(すく)なくとも 적어도
- すっかり 완전히
- ずっと 계속, 훨씬
- ながなが 장황하게, 길게
- のんびり 한가롭게
- ぶつぶつ 투덜투덜
- 別(べつ)に 딱히, 별로
- まごまご 우물쭈물

04 접속사

- あるいは 또는
- および 및
- けれど 그러나, 그렇지만
- さて 그런데
- したがって 따라서, 그러므로
- そのうえ 게다가
- だって 그렇지만
- つまり 즉, 요컨대
- なぜなら 왜냐하면

05 가타카나

- アンケート 앙케트
- インスタント 인스턴트
- カーブ 커브, 곡선
- カタログ 카탈로그
- カラー 컬러, 색
- コンディション 컨디션
- ストーリー 스토리
- セット 세트
- ダイエット 다이어트
- チェック 체크
- ユーモア 유머
- リサイクル 재활용

워밍업

1 다음 단어의 읽기 방법으로 알맞은 것을 고르세요.

1. 遠足　　　（① えんぞく　　② えんそく）
2. 注意　　　（① ちゅうい　　② じゅうい）
3. 台風　　　（① たいふう　　② だいふう）
4. 池　　　　（① いけ　　　　② みずうみ）
5. 夜中　　　（① よるなか　　② よなか）

2 다음 단어에 해당하는 일본어 한자를 써 보세요. 모르겠으면 힌트를 보고 풀어 보세요.

6. 전공(せんこう)　_____
7. 도시락(べんとう)　_____
8. 지갑(さいふ)　_____
9. 시골, 고향(いなか)　_____
10. 편도(かたみち)　_____

힌트

	①	②	③	④
6	専攻	専工	博攻	博工
7	弁堂	昇堂	弁当	昇当
8	財布	材布	財怖	材怖
9	田舎	田含	舎田	含田
10	方径	方道	片径	片道

3 다음 밑줄 친 한자를 히라가나로 써 보세요.

11. 彼の小説を読んだことがありますか。 ＿＿＿＿＿

12. 数学なら自信があります。 ＿＿＿＿＿

13. ご都合いかかですか。 ＿＿＿＿＿

14. かがみの裏にも収納があります。 ＿＿＿＿＿

15. 大学院で歴史の勉強をしています。 ＿＿＿＿＿

4 다음 괄호 안에 들어갈 단어로 알맞은 것을 고르세요.

16. こっちのほうが (① ぎっしり ② ずっと) いいと思います。

17. 辞書や雑誌などを (① 本棚 ② 本部) に入れました。

18. 苦しい部分もあるが (① 全体 ② 全身) 的にうまく行っている。

19. 料理の材料は私が (① 用意 ② 用途) しておきます。

20. 先生は (① 平気 ② 本気) で怒っているみたい。

◆ 정답

1② 2① 3① 4① 5② 6① 7③ 8① 9① 10④
11 しょうせつ　12 すうがく　13 つごう　14 うら　15 れきし　16 ②　17 ①　18 ①　19 ①　20 ②

합격 공략 | 실전 연습

✏️ /8

問題1 ＿＿＿のことばの読み方として最もよいものを、1・2・3・4から一つえらびなさい。

1 その事件は夜中に起こった。

1　よなか　　2　よるなか　　3　やじゅう　　4　よちゅう

2 すぐ隣に大家さんが住んでいます。

1　おおいえ　　2　だいか　　3　おおや　　4　だいや

3 「かわいい子には旅をさせよ」ということわざを知っていますか。

1　かり　　2　たび　　3　かけ　　4　つり

4 氷が薄くてスケートはできそうにない。

1　あぶら　　2　みぞれ　　3　こおり　　4　あられ

5 短期間で生産しようとしても材料が間に合わない。

1　せいさん　　2　しょうさん　　3　せいせん　　4　しょさん

6 アルミ缶はこの箱に入れてください。

1　かご　　2　ふくろ　　3　あみ　　4　はこ

7 明日お伺いしたいのですが、ご都合はいかがでしょうか。

1　とあい　　2　とごう　　3　つうごう　　4　つごう

8 今年は全国的に地価が上がっている。

1　ぜんこく　　2　ぜんくに　　3　せんごく　　4　せんぐに

問題2 　＿＿＿＿のことばを漢字で書くとき、最もよいものを、1・2・3・4から一つえらびなさい。

1 あの交差点（こうさてん）で横断ほどうを渡ってください。
 1　走道 2　歩路 3　歩道 4　走路

2 表紙（ひょうし）のうらにメモが書いてあった。
 1　裏 2　表 3　側 4　隣

3 お皿はたなの上においてください。
 1　底 2　床 3　棚 4　机

4 メールを送ったのにまだへんじは来てない。
 1　反事 2　返事 3　反仕 4　返仕

5 このまんがは日本のれきしを勉強するのに役立つ（やくだつ）。
 1　暦史 2　歴使 3　暦使 4　歴史

6 けさは早く起きて犬と散歩に出かけた。
 1　今夜 2　昨夜 3　今朝 4　明朝

7 緊張（きんちょう）して、せなかに汗をかくほどだった。
 1　背中 2　輩中 3　背仲 4　輩仲

8 図書館のいりぐちで待ち合わせしましょう。
 1　入口 2　人口 3　出り口 4　居り口

합격 공략 | 실전 연습

/8

問題3 （　　）に入れるのに最もよいものを、1・2・3・4から一つえらびなさい。

1 アメリカ人の友達に英作文の（　　）を頼みました。
　1　チャレンジ　　2　チケット　　3　チャンス　　4　チェック

2 ざっと読んでみたが、この例文は（　　）的に問題ない。
　1　全身　　2　全体　　3　全部　　4　全集

3 高いものが（　　）品質がいいとは言えないだろう。
　1　さすがに　　2　かなり　　3　必ずしも　　4　まさか

4 モネの（　　）の中で、この絵はあまり知られていないものです。
　1　作品　　2　部品　　3　製品　　4　商品

5 A：「体の（　　）はどう？」
　B：「病院に行ってきてから、よくなったよ。」
　1　状況　　2　調理　　3　具合　　4　気分

6 休日はどこへも出かけないで家で（　　）したいものだ。
　1　わくわく　　2　いらいら　　3　がっかり　　4　のんびり

7 風邪はもう（　　）治りました。
　1　ずっと　　2　ぎりぎり　　3　すっかり　　4　そっくり

8 家に帰る（　　）、スーパーによってビールを買った。
　1　途中　　2　集中　　3　夢中　　4　在中

✎ /8

問題4 ＿＿＿＿に意味が最も近いものを、1・2・3・4から一つえらびなさい。

1 今日は母の代わりに夕食の<u>用意</u>をすることにした。
　1 片付け　　　2 準備　　　3 買い物　　　4 料理

2 この中で<u>リサイクル</u>できるものはありますか。
　1 配送　　　2 再利用　　　3 再申請　　　4 返品

3 <u>突然</u>雨が降ってきたので、走って帰ってきた。
　1 さっき　　　2 いきなり　　　3 だんだん　　　4 やっぱり

4 こっちのスカートのほうが<u>ずっと</u>いいと思うんだけど。
　1 たぶん　　　2 もっと　　　3 それなりに　　　4 きっと

5 体もだるくて<u>徐々に</u>熱も上がってきた。
　1 急に　　　2 かなり　　　3 結局　　　4 少しずつ

6 最近はけっこう<u>コンディション</u>がいい方だ。
　1 体調　　　2 顔色　　　3 成績　　　4 収入

7 あの二人は小学生の時から<u>仲がいい</u>。
　1 優しい　　　2 親しい　　　3 賢い　　　4 可愛い

8 <u>別に</u>食べたいものはありません。
　1 他に　　　2 もっと　　　3 代わりに　　　4 特に

합격 공략 | 실전 연습

問題5　つぎのことばの使い方として最もよいものを、1・2・3・4から一つえらびなさい。

1　かなり

1　約束のことをかなり忘れてしまった。
2　タクシーに乗ればかなり間に合いそう。
3　明日、かなり来てください。
4　薬を飲んで休んだら、かなりよくなった。

2　ぶつぶつ

1　じゃあ、ぶつぶつ出かけようか。
2　ぶつぶつ独り言を言うくせは早くなおした方がいいよ。
3　3月になってぶつぶつ暖かくなってきた。
4　朝から晩まで働いてもうぶつぶつだ。

3　少なくとも

1　上司に少なくとも食事に誘われて、いやになる。
2　少なくともこれだけは覚えてくれ。
3　最近、ダイエット食品が若い女性に少なくとも売れている。
4　安かったので少なくとも買ってしまった。

4　あるいは

1　宿題もレポートもあるいはしていない。
2　週末、公園を散歩して、あるいは書店に行きました。
3　イエス、あるいはノーではっきり言ってください。
4　ここのラーメン、あるいはおいしいね。

5　ユーモア
　1　彼はユーモアのある人で、みんなに好かれている。
　2　授業中、ユーモアを言って先生に叱られた。
　3　テレビなどでユーモアの言うことは信じられない。
　4　すみませんが、ユーモアなどで肉は食べられません。

6　いつの間にか
　1　いつの間にか、よくここで遊んだものだ。
　2　彼とはいつの間にかここで食事をしました。
　3　宿題をしていたら、いつの間にか3時間もたっていた。
　4　急いでいるので、書類をいつの間にか出してください。

7　すっかり
　1　世の中、欠点のないすっかりな人はいないよ。
　2　このスカートにはこのブラウスがすっかりですね。
　3　少し休んだら、頭がすっかりした。
　4　薬を飲んで休んだら、すっかり治りました。

8　いらいら
　1　彼はフランス語もドイツ語もいらいらと話す。
　2　渋滞で学校に遅れそうになっていらいらしていた。
　3　海岸をいらいら歩いていたらおなかがへってきた。
　4　ここまで走ってきたので、もうのどがいらいらです。

합격 공략 | Day 19 3순위 어휘

01 음독 명사

- 以内(いない) 이내
- 依頼(いらい) 의뢰
- 宇宙(うちゅう) 우주
- 汚染(おせん) 오염
- 火山(かざん) 화산
- 可能性(かのうせい) 가능성
- 完了(かんりょう) 완료
- 記念(きねん) 기념
- 競争(きょうそう) 경쟁
- 金額(きんがく) 금액
- 苦情(くじょう) 불평
- 形式(けいしき) 형식
- 呼吸(こきゅう) 호흡
- 才能(さいのう) 재능
- 差別(さべつ) 차별
- 左右(さゆう) 좌우
- 資格(しかく) 자격
- 支配(しはい) 지배
- 借金(しゃっきん) 빚, 돈을 꿈
- 処理(しょり) 처리
- 人類(じんるい) 인류
- 水準(すいじゅん) 수준
- 数年(すうねん) 수년, 여러 해
- 政党(せいとう) 정당
- 責任(せきにん) 책임
- 代表(だいひょう) 대표
- 短所(たんしょ) 단점
- 頂上(ちょうじょう) 정상
- 通路(つうろ) 통로
- 日課(にっか) 일과
- 封筒(ふうとう) 봉투
- 不況(ふきょう) 불황
- 分解(ぶんかい) 분해
- 豊富(ほうふ) 풍부
- 夢中(むちゅう) 열중(함)
- 優勝(ゆうしょう) 우승
- 領収書(りょうしゅうしょ) 영수증
- 冷蔵庫(れいぞうこ) 냉장고
- 列島(れっとう) 열도
- 論文(ろんぶん) 논문

02 훈독 명사

- 石(いし) 돌
- 売り場(うりば) 매장
- 上着(うわぎ) 상의
- 贈り物(おくりもの) 선물
- お手洗い(おてあらい) 화장실
- 落とし物(おとしもの) 분실물
- 壁(かべ) 벽
- 毛糸(けいと) 털실
- 咳(せき) 기침
- 空(そら) 하늘
- 畳み(たたみ) 다다미
- 通り(とおり) 길, 통로
- 船(ふね) 배
- 港(みなと) 항구
- 娘(むすめ) 딸
- 村(むら) 마을
- 指(ゆび) 손가락
- 若者(わかもの) 젊은이

03 동사

- 伺う 여쭙다, 찾아뵙다
- 失う 잃다
- 映る 비치다
- 得る 얻다
- 驚く 놀라다
- 泳ぐ 헤엄치다
- 抱える 떠안다
- 数える 세다
- 消える 꺼지다, 지워지다
- 超える 넘다
- 咲く (꽃)피다
- 占める 차지하다
- 吸う 빨아들이다, 피우다
- 勧める 권하다
- 解く 풀다
- はぶく 생략하다
- 召し上がる 드시다
- 用いる 이용하다

04 부사

- いくら 아무리(뒤에 ても・でも 등이 붙음)
- 一体 도대체
- 大いに 대단히, 크게
- 結局 결국
- 続々 잇달아
- はっきり 명확하게, 확실히
- ぴかぴか 반짝반짝
- 最も 가장

05 가타카나

- オフィス 오피스
- キャンパス 캠퍼스
- サンプル 샘플
- ストップ 스톱, 정지
- ストレス 스트레스
- チーム 팀
- データ 데이터
- トレーニング 트레이닝
- パーセント 퍼센트
- パスポート 여권
- プラン 플랜, 계획
- マイナス 마이너스
- レベル 레벨

워밍업

1 다음 단어의 읽기 방법으로 알맞은 것을 고르세요.

1. 完了　　　（① かんりょう　② かんりょ）
2. 呼吸　　　（① こうきゅう　② こきゅう）
3. 水準　　　（① すいじゅん　② すじゅん）
4. 通路　　　（① つうろ　　② つうろう）
5. 豊富　　　（① ほうふう　② ほうふ）

2 다음 단어에 해당하는 일본어 한자를 써 보세요. 모르겠으면 힌트를 보고 풀어 보세요.

6. 금액（きんがく）　_____
7. 자격（しかく）　_____
8. 인류（じんるい）　_____
9. 정당（せいとう）　_____
10. 일과（にっか）　_____

힌트

6	① 禁顔	② 禁額	③ 金顔	④ 金額
7	① 資各	② 資格	③ 姿各	④ 姿格
8	① 人類	② 人流	③ 入類	④ 入流
9	① 政堂	② 正堂	③ 政党	④ 正党
10	① 日科	② 日果	③ 日課	④ 日過

3 다음 밑줄 친 한자를 히라가나로 써 보세요.

11. <u>責任</u>をもってしっかりやれ。＿＿＿＿＿＿

12. 山の<u>頂上</u>で空を見上げた。＿＿＿＿＿＿

13. その書類は、<u>封筒</u>に入れといて。＿＿＿＿＿＿

14. あちこちいろんな花が<u>咲い</u>ている。＿＿＿＿＿＿

15. この電灯は１０分後、自動的に<u>消える</u>。＿＿＿＿＿＿

4 다음 괄호 안에 들어갈 단어로 알맞은 것을 고르세요.

16. 誤解ははやく (① 解いた ② 溶けた) 方がいいよ。

17. (① 苦情 ② 苦労) の連絡ばかりだ。

18. (① いったい ② いくら) 高くても買いたいものだ。

19. この世から (① 差別 ② 分別) をなくすことはできるだろうか。

20. 日曜日に (① うたがっても ② うかがっても) いいですか。

정답
1① 2② 3① 4① 5② 6④ 7② 8① 9③ 10③
11 せきにん 12 ちょうじょう 13 ふうとう 14 さいて 15 きえる 16① 17① 18② 19① 20②

합격 공략 | 실전 연습

/8

問題1 ＿＿＿のことばの読み方として最もよいものを、1・2・3・4から一つえらびなさい。

1 うちの娘はスカートが嫌いなようです。
1 むすこ　　2 むすめ　　3 あね　　4 いもうと

2 ここ数年、東京でくらしている。
1 すうねん　　2 しゅうねん　　3 そうねん　　4 すねん

3 日本列島の長さはどれぐらいかな。
1 れつどう　　2 れんどう　　3 れんとう　　4 れっとう

4 5分以内に外に出てください。
1 いぜん　　2 いがい　　3 いない　　4 いこう

5 先生の論文を読ませていただきました。
1 ろんもん　　2 ろんぶん　　3 のんぶん　　4 のんもん

6 道を渡るときは左右をよく見てください。
1 さゆう　　2 ざう　　3 さゆ　　4 ざゆう

7 かがみに映っている自分の姿を見てダイエットを決心した。
1 うって　　2 うつって　　3 はって　　4 はいって

8 女子生徒が学年のトップを占めている。
1 つめて　　2 しめて　　3 うめて　　4 はめて

問題2 ＿＿＿＿のことばを漢字で書くとき、最もよいものを、1・2・3・4から一つえらびなさい。

1 カレンダーはあっちのかべにかけよう。

1 癖　　　　2 僻　　　　3 壁　　　　4 壁

2 首相は国民から支持をえた。

1 得た　　　2 受た　　　3 取た　　　4 引た

3 クラスのだいひょうとして全校生徒の前でスピーチした。

1 対票　　　2 代票　　　3 対表　　　4 代表

4 この数学の問題は誰もとくことができなかった。

1 溶く　　　2 説く　　　3 解く　　　4 答く

5 これはうちゅうから撮った地球の写真です。

1 宇宙　　　2 宙宇　　　3 守宙　　　4 宙守

6 彼女は美術のさいのうがあります。

1 材能　　　2 材熊　　　3 才能　　　4 才熊

7 毎朝、花に水をやるのが私のにっかである。

1 一果　　　2 日果　　　3 一課　　　4 日課

8 この裁判では勝つかのうせいはうすい。

1 何能性　　2 可能性　　3 何能姓　　4 可能姓

합격 공략 | 실전 연습

✏ /8

問題3 （　　）に入れるのに最もよいものを、1・2・3・4から一つえらびなさい。

① 4月になるとこの公園には桜の花がきれいに（　　）。
1　かれる　　　2　あく　　　3　くれる　　　4　さく

② 報告書（ほうこくしょ）は（　　）を守って作成（さくせい）してください。
1　形態（けいたい）　　2　形式（けいしき）　　3　刑事（けいじ）　　4　刑法（けいほう）

③ この川は深くて（　　）のは危ないですよ。
1　溶（と）ける　　2　治（なお）る　　3　泳（およ）ぐ　　4　混（ま）ぜる

④ 山のきれいな空気を（　　）みてください。
1　飛んで　　2　扱（あつか）って　　3　吸（す）って　　4　眺（なが）めて

⑤ 秋になると、山に（　　）と登山客（とざんきゃく）がやってくる。
1　続々　　2　着々　　3　別々　　4　色々

⑥ 今日こそ彼女に告白（こくはく）するつもりだったが、（　　）できなかった。
1　結構（けっこう）　　2　結論（けつろん）　　3　結果（けっか）　　4　結局（けっきょく）

⑦ なぜ現代社会は（　　）がますますはげしくなるのか。
1　急行（きゅうこう）　　2　競争（きょうそう）　　3　戦争（せんそう）　　4　相談（そうだん）

⑧ 態度の悪い店員がいたので本社に（　　）の電話をかけた。
1　苦労（くろう）　　2　失礼（しつれい）　　3　苦情（くじょう）　　4　謝罪（しゃざい）

問題4 ＿＿＿＿に意味が最も近いものを、1・2・3・4から一つえらびなさい。

1 忘れないで領収書をもらってきなさい。
　　1　チケット　　　2　レシート　　　3　ポスター　　　4　テキスト

2 私は何もなくしていません。
　　1　かえして　　　2　うしなって　　3　とって　　　　4　うたがって

3 これは最高の贈り物だ。
　　1　プレゼン　　　2　プロジェクト　3　プレゼント　　4　プラン

4 最近は道具を買うよりアプリを用いた方が安上がりだ。
　　1　使った　　　　2　借りた　　　　3　買った　　　　4　入れた

5 人生で最も大切なことは何ですか。
　　1　特に　　　　　2　今後も　　　　3　いちばん　　　4　結局

6 外国語の実力はトレーニングしないと伸びないよ。
　　1　予習　　　　　2　練習　　　　　3　復習　　　　　4　学習

7 旅行のプランはできましたか。
　　1　準備　　　　　2　資料　　　　　3　計画　　　　　4　しおり

8 自分がいいと思った時に、このストップボタンを押してください。
　　1　開始　　　　　2　止まれ　　　　3　再生　　　　　4　終了

합격 공략 | 실전 연습

/8

問題5 つぎのことばの使い方として最もよいものを、1・2・3・4から一つえらびなさい。

1 若者
1 風に若者がゆれている。
2 漢字が書けない若者が増えている。
3 歴史の教科書に出ている若者の名前を全部覚えました。
4 将来は宇宙工学が専門の若者になりたい。

2 分解
1 すいかをみんなで分解して食べました。
2 テレビを分解して、故障の原因を調べた。
3 商品は色によって分解して並べてください。
4 その川は東から南にかけてこの町を分解している。

3 支配
1 ローマはヨーロッパの大部分を支配した。
2 彼は店の前で人々にちらしを支配していた。
3 太い柱が屋根を支配している。
4 みんなで支配してこの仕事を無事に絡わらせた。

4 差別
1 トイレと風呂は差別の方がいい。
2 登録の際、年齢と差別は必ず入力してください。
3 私はRとLの発音が差別できません。
4 その会社は人をやとう際、外国人を差別している。

5 才能(さいのう)
1 先生の才能(さいのう)にしたがって行動してね。
2 彼は小さい時から才能(さいのう)と呼ばれていた。
3 しっかり才能(さいのう)を習得すれば、いい職人になれるよ。
4 才能(さいのう)を発揮するいい機会だよ。

6 夢中(むちゅう)
1 ブラジルはサッカーが夢中(むちゅう)な国です。
2 今、日本では何が夢中(むちゅう)していますか。
3 ゲームに夢中(むちゅう)になっている息子のことが心配だ。
4 夢中(むちゅう)で弁護士(べんごし)を目指(めざ)そうと思います。

7 はっきり
1 私はあの日の出来事をはっきり覚えています。
2 なべにお湯をはっきり入れて火にかけます。
3 はっきりして彼との約束を忘れてしまった。
4 お客さんがはっきり来なくなった。

8 はぶく
1 塩(しお)を入れてスプーンではぶきました。
2 田中(たなか)さんをはぶいてみんな集まりました。
3 妹が泣いているので、そっとはぶいてやった。
4 時間がないので、詳細(しょうさい)ははぶきます。

합격 공략 | Day 20 3순위 어휘

01 음독 명사

- 委員(いいん) 위원
- 一応(いちおう) 우선, 일단
- 一生(いっしょう) 일생
- (お)菓子(かし) 과자
- 温暖化(おんだんか) 온난화
- 外見(がいけん) 겉모습
- 家事(かじ) 집안 일
- 価値(かち) 가치
- 過程(かてい) 과정
- 気圧(きあつ) 기압
- 気候(きこう) 기후
- 給料(きゅうりょう) 급료
- 景気(けいき) 경기
- 血圧(けつあつ) 혈압
- 月末(げつまつ) 월말
- 高価(こうか) 고가
- 誤解(ごかい) 오해
- 支出(ししゅつ) 지출
- 実施(じっし) 실시
- 宿泊(しゅくはく) 숙박
- 受験(じゅけん) 수험
- 首相(しゅしょう) 수상
- 初級(しょきゅう) 초급
- 乗客(じょうきゃく) 승객
- 勝負(しょうぶ) 승부
- 進学(しんがく) 진학
- 人物(じんぶつ) 인물
- 親友(しんゆう) 친구
- 数字(すうじ) 숫자
- 性能(せいのう) 성능
- 世間(せけん) 세상
- 相互(そうご) 상호, 서로
- 存在(そんざい) 존재
- 知能(ちのう) 지능
- 南北(なんぼく) 남북
- 年齢(ねんれい) 연령
- 発明(はつめい) 발명
- 判断(はんだん) 판단
- 筆者(ひっしゃ) 필자
- 評判(ひょうばん) 평판
- 文法(ぶんぽう) 문법
- 面接(めんせつ) 면접
- 役所(やくしょ) 관공서
- 勇気(ゆうき) 용기
- 話題(わだい) 화제

02 훈독 명사

- 足元(あしもと) 발끝, 발밑
- 組合(くみあい) 조합
- 下着(したぎ) 속옷
- 字引(じびき) 사전
- 仲間(なかま) 동료
- 中身(なかみ) 알맹이, 내용
- 場面(ばめん) 장면
- 水着(みずぎ) 수영복
- 身分(みぶん) 신분
- 見本(みほん) 견본
- 悪口(わるくち) 욕, 험담

03 동사

- 改める 고치다, 개선하다
- 浮く 뜨다, (마음이) 들뜨다
- 恐れる 무서워하다
- 異なる 다르다
- 叫ぶ 소리치다
- 備える 대비하다
- 倒れる 쓰러지다, 넘어지다
- 達する 달하다, 도달하다
- 眺める 바라보다
- 述べる 서술하다
- 含む 포함하다
- 防ぐ 방지하다
- 認める 인정하다
- やぶる 찢다, 부수다

04 부사

- うろうろ 어정어정, 허둥지둥
- おそらく 아마
- 思い切り 실컷
- ぐらぐら 흔들흔들
- けっこう 꽤, 상당히
- 実に 실로
- せめて 적어도
- たとえ 설령, 가령
- どっと 우르르, 왈칵, 털썩
- どんどん 자꾸, 점점
- にっこり 생긋, 방긋
- びっくり 깜짝

05 가타카나

- グラフ 그래프
- コピー 복사
- コミュニケーション 커뮤니케이션
- スピード 스피드, 속도
- ツアー 투어
- バイク 오토바이
- ファックス 팩스
- ファッション 패션
- ファン 팬
- ホームページ 홈페이지
- ラッシュ 러쉬
- ルール 룰, 규칙
- レシート 영수증
- レンタル 렌탈

워밍업

1 다음 단어의 읽기 방법으로 알맞은 것을 고르세요.

1. 実施　　　（① じっし　　② じつし）
2. 見本　　　（① けんほん　② みほん）
3. 温暖化　　（① おんだんか　② おんなんか）
4. 知能　　　（① じのう　　② ちのう）
5. 受験　　　（① じゅっけん　② じゅけん）

2 다음 단어에 해당하는 일본어 한자를 써 보세요. 모르겠으면 힌트를 보고 풀어 보세요.

6. 판단(はんだん)　_____
7. 가치(かち)　_____
8. 장면(ばめん)　_____
9. 속, 알맹이(なかみ)　_____
10. 대비하다(そなえる)　_____

힌트

	①	②	③	④
6	判断	判短	制断	制短
7	価格	価値	値段	価段
8	場面	易面	腸面	傷面
9	仲体	仲身	中体	中身
10	用える	雇える	備える	揃える

3 다음 밑줄 친 한자를 히라가나로 써 보세요.

11. <u>相手</u>の立場になって考えよう。 _____

12. <u>一応</u>そう結論できる。 _____

13. 彼の<u>評判</u>はいい。 _____

14. <u>筆者</u>の言いたいことは何ですか。 _____

15. <u>相互</u>の利益をはかる。 _____

4 다음 괄호 안에 들어갈 단어로 알맞은 것을 고르세요.

16. 結果より (① 過程 ② 課程) が大切だ。

17. ネットで (① 課題 ② 話題) になっている商品。

18. 引っ越しのことで (① 役所 ② 役目) に行って来た。

19. 両親が私の結婚を (① みとめて ② まとめて) くれません。

20. 知らない人が家の前を (① そろそろ ② うろうろ) している。

◆ 정답

1① 2② 3① 4② 5② 6① 7② 8① 9④ 10③
11 あいて 12 いちおう 13 ひょうばん 14 ひっしゃ 15 そうご 16① 17② 18① 19① 20②

합격 공략 | 실전 연습

✏ /8

問題1 ＿＿＿のことばの読み方として最もよいものを、1・2・3・4から一つえらびなさい。

1 うれしくて宙に浮いているような感じがします。

1　あいて　　　2　ふいて　　　3　おいて　　　4　ういて

2 一生忘れられない恋をしたことがありますか。

1　いちしょう　2　いちせい　　3　いっしょう　4　いっせい

3 お土産で北海道のめずらしいお菓子を買ってきた。

1　おかき　　　2　おもち　　　3　おかし　　　4　おやつ

4 イギリスの首相が来日した。

1　しゅそう　　2　しゅしょう　3　しゅうそう　4　しゅうしょう

5 このおにぎりの中身はなに？

1　ちゅうしん　2　じゅうしん　3　なかみ　　　4　なかめ

6 この映画の最後の場面はとても悲しい。

1　じょうめん　2　ばめん　　　3　じょめん　　4　ばあめん

7 身分証明書があれば外国人も参加できます。

1　しんぶん　　2　しんふん　　3　みぶん　　　4　みふん

8 教材の見本が届いた。

1　みほん　　　2　みぼん　　　3　けんほん　　4　けんぼん

/ 8

問題2　＿＿＿＿のことばを漢字で書くとき、最もよいものを、1・2・3・4から一つえらびなさい。

1　今回はじゅけん生に良い食事について紹介します。
　　1　受検　　　　2　授検　　　　3　受験　　　　4　授験

2　彼はコーヒーを飲みながら外をながめていた。
　　1　眺めて　　　2　視めて　　　3　観めて　　　4　望めて

3　やくしょの許可を得なければならない。
　　1　官所　　　　2　使所　　　　3　役所　　　　4　公所

4　自分のそんざいを認めてもらいたいと思うのは当然のことだ。
　　1　在存　　　　2　存在　　　　3　在居　　　　4　存居

5　我慢の限界にたっしたときどうしますか。
　　1　至した　　　2　上した　　　3　達した　　　4　登した

6　今のけいきがいつまで続くと思いますか。
　　1　軽気　　　　2　怪気　　　　3　経気　　　　4　景気

7　すべての製品がせいのう検査ずみです。
　　1　性能　　　　2　姓能　　　　3　製能　　　　4　制能

8　そんなに働いていると、病気になってたおれますよ。
　　1　疲れます　　2　倒れます　　3　崩れます　　4　壊れます

합격 공략 | 실전 연습

/8

問題3 （　　　）に入れるのに最もよいものを、1・2・3・4から一つえらびなさい。

1 （　　　）で答えられない質問があった場合どうすればいいですか。
　1　見送り　　　2　歓迎　　　3　お見舞い　　　4　面接

2 この書類を１０人分（　　　）しておいてください。
　1　コーヒー　　2　コピー　　3　カフェ　　　　4　カップ

3 これから私の言うこと、（　　　）しないで聞いてほしい。
　1　分解　　　　2　読解　　　3　誤解　　　　　4　見解

4 このような（　　　）プレゼントはむしろ相手に迷惑になる。
　1　きれいな　　2　高価な　　3　必要な　　　　4　便利な

5 来年は物価が（　　　）１０％は上がると思う。
　1　おそらく　　2　なるべく　3　もっとも　　　4　けっして

6 高校の友達に会うのは（　　　）２０年ぶりだ。
　1　なにも　　　2　まもなく　3　しだいに　　　4　じつに

7 主演俳優は会場の外でおおぜいの（　　　）に囲まれていた。
　1　ファン　　　2　ガイド　　3　メンバー　　　4　ポスター

8 今月は（　　　）が多くて、貯金ができなかった。
　1　経済　　　　2　支出　　　3　給料　　　　　4　値段

問題4 _____に意味が最も近いものを、1・2・3・4から一つえらびなさい。

① いきなり大きな音がしてびっくりした。
1 目が覚めた　2 驚いた　3 振り向いた　4 気になった

② 確かに、仕事のスピードも大事だと思うよ。
1 中身　2 仲間　3 正確さ　4 速さ

③ １００点じゃなくてもいいから、せめて７０点はとりたい。
1 だいたい　2 ずっと　3 少なくとも　4 すべて

④ 来週、改めてうかがいます。
1 もう一度　2 何度も　3 すぐに　4 ゆっくり

⑤ ここに集まっている人はみんな私と同じ年齢だ。
1 誕生日　2 青年　3 年　4 学年

⑥ 足元に気をつけて！
1 転ばないように　2 ひかれないように
3 盗まれないように　4 こぼさないように

⑦ 国内旅行より海外旅行の方がおもしろい。
1 ツアー　2 ドラマ　3 メディア　4 スポーツ

⑧ おそらく彼は同窓会に二度と来ないと思う。
1 もちろん　2 たぶん　3 絶対　4 もっとも

합격 공략 | 실전 연습

/ 8

問題5 つぎのことばの使い方として最もよいものを、1・2・3・4から一つえらびなさい。

1 発明(はつめい)
1 新種(しんしゅ)のキノコが発明(はつめい)された。
2 人類(じんるい)の最大の発明(はつめい)はなんだと思いますか。
3 ご注文の品をすぐに発明(はつめい)いたします。
4 東京(とうきょう)は鉄道(てつどう)が発明(はつめい)している都市だ。

2 ふくむ
1 洗濯物(せんたくもの)はちゃんとふくんでおきなさい。
2 結果を出すためにみんなふくみました。
3 牛乳にはカルシウムがたくさんふくまれています。
4 人をふくむのはよくないことですよ。

3 どっと
1 彼の顔を見たとたん、どっと涙があふれた。
2 家でどっと休んだら、体の具合がよくなった。
3 彼からの返事をどっと待っている。
4 割れやすいものだからどっと扱ってください。

4 ラッシュ
1 忘れ物をラッシュで取りに帰った。
2 彼は毎朝ラッシュで汗(あせ)を流している。
3 ラッシュで道がすごく混(こ)んでいます。
4 支払(しはら)いはラッシュですます。

5　どんどん
1　緊張してむねがどんどんした。
2　うちの息子は勉強もせず、家でどんどんしています。
3　残業でもう体がどんどんになってしまった。
4　この村の人口はどんどん減少している。

6　やぶる
1　彼女のおなかに新しい命がやぶっています。
2　どろぼうは窓ガラスをやぶって家の中に入った。
3　ケーキをやぶる前にナイフを温めます。
4　彼は信頼できる人だから、きっと約束をやぶるだろう。

7　ルール
1　この店はルールが悪い人が多い。
2　このゲームのルールは簡単ですよ。
3　あの人のルールに欠けた態度が許せない。
4　仮想通貨に関するルールにご注意ください。

8　たとえ
1　たとえ春になったけど、まだ寒いね。
2　たとえ彼が日本に行っても、一緒に行く気はありません。
3　たとえ風邪が治ったら、プールに行きたい。
4　見て、あの雲。たとえアイスクリームみたい。

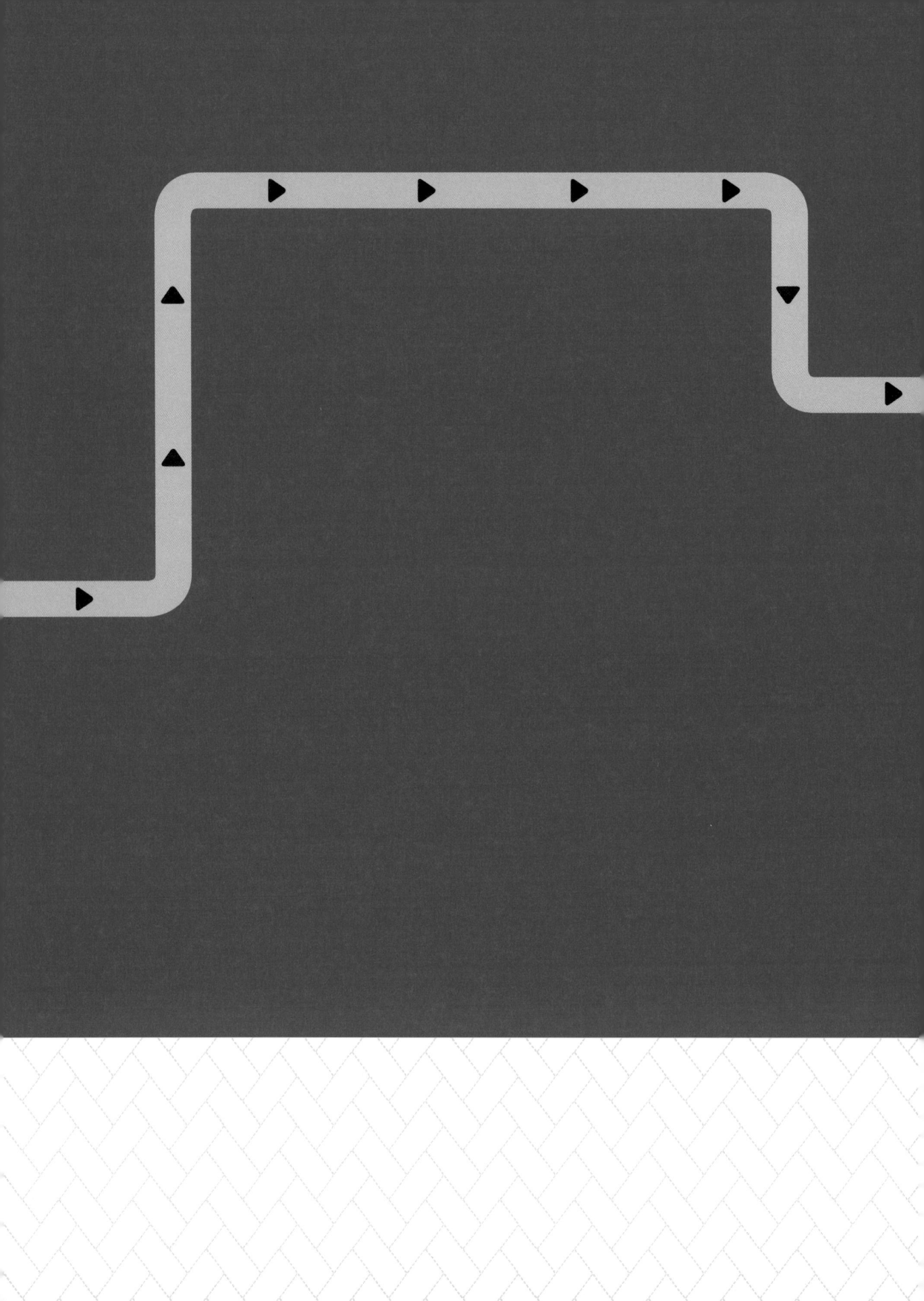

PART 4

실전 공략

모의고사 01	232
모의고사 02	238
모의고사 03	244
모의고사 04	251
모의고사 05	257

〈PART 4 실전 공략〉에서는 일본어 능력시험(JLPT)N3 문자·어휘 문제로 구성된 모의고사 5회분을 풀어봅니다. 실제로 시험을 보는 것처럼 시간을 정해 두고 문제를 풀어보세요. 문제를 다 푸는 데 걸린 시간과 정답의 개수를 기록하면서 시험을 보기 전 마지막으로 실력을 점검합니다.

실전 공략 | 모의고사 01

問題1 ＿＿＿のことばの読み方として最もよいものを、1・2・3・4から一つえらびなさい。

[1] この町の人はみんな祭りの準備で忙しい。

1 まち　　　　2 みち　　　　3 ちょう　　　　4 ちょ

[2] 一日２０個ぐらいは漢字を覚えよう。

1 おしえ　　　2 おさえ　　　3 ならえ　　　　4 おぼえ

[3] 中国での自動車の生産が活発化している。

1 しょうさん　2 しょうざん　3 せいさん　　　4 せいざん

[4] トンカツとコーラを注文した。

1 ちゅうぶん　2 しゅうもん　3 じゅうもん　　4 ちゅうもん

[5] できるだけいろんな技術を学びたい。

1 ぎじゅつ　　2 しじゅつ　　3 ぎじゅう　　　4 しじゅう

[6] このグラフは進学率の変化を表している。

1 あわして　　2 あらわして　3 さして　　　　4 しめして

[7] 私は卵を生で食べるのが好きです。

1 いき　　　　2 せい　　　　3 なま　　　　　4 しょう

[8] １０キロぐらい歩くのは平気だ。

1 へいき　　　2 へいけ　　　3 ひょうき　　　4 ひょうけ

問題2 　　　　のことばを漢字で書くとき、最もよいものを、1・2・3・4から一つえらびなさい。

⑨ そんなきけんなことは二度としないでよ。
1　為険　　　2　為験　　　3　危険　　　4　危験

⑩ このしりょうは、先輩からもらったものです。
1　資料　　　2　次料　　　3　原料　　　4　資源

⑪ 楽しい時は、すぐにすぎてしまう。
1　過ぎて　　2　暮ぎて　　3　経ぎて　　4　送ぎて

⑫ うちの近くでこうじをしていてうるさい。
1　攻事　　　2　攻仕　　　3　工事　　　4　工仕

⑬ 彼はいいけっこん相手だ。
1　婚結　　　2　婚約　　　3　決婚　　　4　結婚

⑭ 夜があけて、朝日がのぼってきた。
1　明けて　　2　開けて　　3　白けて　　4　空けて

실전 공략 | 모의고사 01

問題3 （　　）に入れるのに最もよいものを、1・2・3・4から一つえらびなさい。

15 昨日聞いたのに、もう（　　）忘れてしまいました。
1　はっきり　　2　すっきり　　3　ぴったり　　4　すっかり

16 生活が（　　）海外旅行なんて考えられない。
1　くるしくて　2　さびしくて　3　わるくて　　4　むずかしくて

17 警察では事故が起きた（　　）を調べています。
1　結果　　　2　原因　　　3　目的　　　4　理由

18 彼女から返事がなかなか来なくて、（　　）している。
1　かんかん　2　にこにこ　3　ぶらぶら　4　いらいら

19 約束を（　　）ちゃって、本当にごめんね。
1　まもっ　　2　こわし　　3　やぶっ　　4　やめ

20 安くて、（　　）二つも買ってしまった。
1　まず　　　2　つい　　　3　ぜひ　　　4　まるで

21 文法は（　　）だが、話す方はまあまあできる。
1　得意　　　2　苦労　　　3　上手　　　4　苦手

22 あの人は、今話題の映画に（　　）俳優だ。
1　映っている　2　出ている　3　入っている　4　載っている

23 木村君のお母さんは(　　)病気で入院しているらしい。
  1　深い　　　2　厳しい　　　3　激しい　　　4　重い

24 部屋に小さな(　　)があるので、簡単な料理は作れます。
  1　キッチン　　2　ベランダ　　3　トイレ　　　4　リビング

25 交通の(　　)で、私たちの生活は大きく変わった。
  1　発見　　　2　発表　　　3　発達　　　4　発育

실전 공략 | 모의고사 01

問題4 ＿＿＿に意味が最も近いものを、1・2・3・4から一つえらびなさい。

26 鈴木君なら<u>ぜったい</u>受かると思う。
　1　かならず　　2　らくに　　3　たぶん　　4　なんとか

27 <u>相変わらず</u>おきれいですね。お元気でしたか。
　1　とても　　2　やはり　　3　前よりも　　4　思ったより

28 本を図書館に<u>戻し</u>に行く。
　1　読みに　　2　借りに　　3　返しに　　4　調べに

29 あの選手は<u>悔しそうな</u>顔をしていた。
　1　うれしそうな　　2　残念そうな　　3　意外そうな　　4　満足そうな

30 お金や物ではなく、<u>思いやり</u>が一番嬉しい。
　1　優しい気持ち　　2　正直な態度　　3　心の成長　　4　勇気ある行動

問題5 つぎのことばの使い方として最もよいものを、1・2・3・4から一つえらびなさい。

[31] 今にも
1 あの人、今にも倒れそうですね。
2 父は、今にも仕事をしているはずだ。
3 田中さんは、今にも来るでしょう。
4 パクさんは、今にも大阪に住んでいる。

[32] 思い出す
1 アルバムを見ると子供のころのことを思い出します。
2 一日１００個も単語を思い出すのは無理です。
3 浅井さんはいつもいいアイディアを思い出す。
4 もう４０歳だが、思い出して留学することにした。

[33] 無事
1 今週末ならいつでも無事です。
2 おかげでだいぶ無事になりました。
3 おかげさまで無事に仕事がおわりました。
4 運転中は無事に気をつけてください。

[34] 年上
1 中学生になると、年上料金を払わなければならない。
2 部長は私より若いが、会社では私の年上になる。
3 後輩の木村君は私より１年年上に大学に入学した。
4 この５人の中で、私が一番年上だ。

[35] ミス
1 一人で生きていると思うのは、大きなミスだ。
2 電車にミスしないように、時間を調べておこう。
3 その事故は、小さな運転のミスから起こった。
4 道をミスして、変なところまで来てしまった。

실전 공략 | 모의고사 02

問題1 ＿＿＿のことばの読み方として最もよいものを、1・2・3・4から一つえらびなさい。

[1] 何でも私に<u>相談</u>してね。

1 そうだん　　2 しょうだん　　3 そだん　　4 しょだん

[2] <u>職場</u>でのマナーを身につけるようにしてください。

1 しょくじょう　2 しょくば　　3 しきじょう　　4 しきば

[3] 木村（きむら）さんは実力によって<u>現在</u>（ちい）の地位を得（え）た。

1 けんさい　　2 げんさい　　3 けんざい　　4 げんざい

[4] <u>幸い</u>授業に間に合った。

1 さいわい　　2 こうい　　3 つらい　　4 からい

[5] その<u>件</u>については担当者（たんとうしゃ）に確認できしだいお知らせします。

1 きん　　2 ぎん　　3 けん　　4 げん

[6] クラスのみんなが私を<u>迎え</u>に空港まで来てくれた。

1 かんがえに　　2 むかえに　　3 おぼえに　　4 おしえに

[7] 彼女は心の<u>温かい</u>人です。

1 あたたかい　　2 みじかい　　3 こまかい　　4 やわらかい

[8] この山は<u>岩</u>が多くて、あぶない。

1 すな　　2 つち　　3 いし　　4 いわ

問題2 ＿＿＿＿のことばを漢字で書くとき、最もよいものを、1・2・3・4から一つえらびなさい。

9 このものがたりの主人公はだれですか。

1　物語　　　　2　昔話　　　　3　話語　　　　4　語話

10 階段から落ちてこっせつしてしまった。

1　滑折　　　　2　滑節　　　　3　骨折　　　　4　骨切

11 気に入った物が多くて選ぶのにこまっています。

1　困って　　　2　恩って　　　3　回って　　　4　因って

12 この計画をもっとぐたいかさせたい。

1　具休化　　　2　具体化　　　3　倶休化　　　4　倶体化

13 山田さんはしんちょうが190センチもあります。

1　身長　　　　2　体長　　　　3　伸張　　　　4　伸長

14 この窓から見えるけしきはとてもきれいです。

1　京絶　　　　2　京色　　　　3　景絶　　　　4　景色

실전 공략 | 모의고사 02

問題3 (　　)に入れるのに最もよいものを、1・2・3・4から一つえらびなさい。

15 雨の日は(　　)家にいます。
 1　いったい　　2　しばらく　　3　たいてい　　4　めったに

16 いっしょに夏休みの(　　)を立てましょう。
 1　計算　　　　2　計画　　　　3　企画　　　　4　予想

17 週末なので(　　)いるかと思ったら、店は暇だった。
 1　わって　　　2　さいて　　　3　しまって　　4　こんで

18 部屋の中が暑くなってきた。(　　)クーラーをつけた。
 1　それで　　　2　それに　　　3　そのうえ　　4　それから

19 あのレストランはとても(　　)がいいので、よく行きます。
 1　サイン　　　2　サービス　　3　サンプル　　4　サラリーマン

20 今回の研修(けんしゅう)は(　　)多いものとなり、嬉しく思っている。
 1　実(みの)り　　　　2　習得(しゅうとく)　　　3　利益(りえき)　　　4　努力(どりょく)

21 会議に遅れたら(　　)ですから、急ぎましょう。
 1　たいへん　　2　けっこう　　3　ほんとう　　4　すごい

22 親であっても子供(　　)の手紙を読むべきではない。
 1　むけ　　　　2　あて　　　　3　用　　　　　4　様

23 彼女は(　　)いてスタイルがいい。

1　ためて　　　2　しめて　　　3　よせて　　　4　やせて

24 二つの映画の共通(　　)は、主人公が死ぬということだ。

1　式　　　　　2　点　　　　　3　語　　　　　4　件

25 朝食はいつもトーストと牛乳だけの(　　)メニューにしている。

1　シンプルな　2　オーバーな　3　オープンな　4　ショックな

실전 공략 | 모의고사 02

問題4 ＿＿＿に意味が最も近いものを、1・2・3・4から一つえらびなさい。

26　借金のことで頭をかかえています。
　　1　なやんで　　2　もめて　　3　しらべて　　4　おこって

27　この仕事はとてもきつい。
　　1　たのしい　　2　簡単だ　　3　つまらない　　4　大変だ

28　それが事件のきっかけです。
　　1　契機　　2　内容　　3　結末　　4　背景

29　論文に必要なあらゆる資料を集めた。
　　1　だいたいの　　2　すべての　　3　ほかの　　4　かなりの

30　お昼になって次々にお客さんが入ってきた。
　　1　どんどん　　2　すこしずつ　　3　すぐに　　4　だんだん

問題5 つぎのことばの使い方として最もよいものを、1・2・3・4から一つ えらびなさい。

[31] ユーモア
1 テレビや雑誌などのユーモアはインターネットにとって変わられた。
2 彼はユーモアを言って、みんなを笑わせた。
3 木村さんはユーモアがあっておもしろい人です。
4 ユーモアって魚も食べないんですか。

[32] 突然
1 山田君は走りではクラスで突然一番だ。
2 彼の退職はあまりにも突然だった。
3 借りたものを返すのは突然なことです。
4 意外な出来事に突然とした。

[33] ぐっすり
1 学生食堂のメニューがぐっすりよくなった。
2 夜中、隣の部屋の音にぐっすりして目が覚めた。
3 二人はいつもぐっすり歩いている。
4 薬を飲んでぐっすり寝ればよくなるよ。

[34] 才能
1 この計画は実現才能だと思います。
2 彼女はピアノの才能を生かしてピアニストになった。
3 才能的には可能だが、問題は時間だ。
4 このクーラーは自動的に消える才能があります。

[35] 今ごろ
1 今ごろクレジットカードで払うことが多くなった。
2 彼は今ごろ倒れそうだった。
3 来年の今ごろには結婚しているだろうか。
4 それでは、今ごろテストを始めます。

실전 공략 | 모의고사 03

問題1 ＿＿＿のことばの読み方として最もよいものを、1・2・3・4から一つえらびなさい。

[1] 新聞に求人広告が載っていた。

1　ほこく　　　2　ここく　　　3　ほうこく　　　4　こうこく

[2] 取引先の人に名刺をもらった。

1　めいし　　　2　めいじ　　　3　めし　　　4　めじ

[3] 父といっしょに庭に桜の木を植えた。

1　はえた　　　2　うえた　　　3　かえた　　　4　かかえた

[4] お酒を飲みすぎたことを反省した。

1　ばんせい　　　2　ばんぜい　　　3　はんせい　　　4　はんぜい

[5] 私たちは仲間だから、そんなこと気にしないで。

1　なかま　　　2　なかかん　　　3　ちゅうま　　　4　ちゅうかん

[6] あと少しで勝てたのに、惜しかったなあ。

1　おしかった　　　　　　2　くやしかった
3　たのもしかった　　　　4　たのしかった

[7] 道で転んでしまって恥ずかしかった。

1　はこんで　　　2　ならんで　　　3　うかんで　　　4　ころんで

[8] この店は夜間も開いていていつでも行ける。

1　やかん　　　2　よるま　　　3　よなか　　　4　よま

問題2 ＿＿＿＿のことばを漢字で書くとき、最もよいものを、1・2・3・4から一つえらびなさい。

9 試験のけっかが発表された。
1 結菓　　2 結果　　3 結課　　4 結程

10 彼は転職のことをしんけんに考え始めた。
1 真剣に　2 真刻に　3 深剣に　4 深刻に

11 大学の時、つうやくのバイトをした。
1 通訳　　2 翻訳　　3 通択　　4 翻択

12 病院で血液のけんさをした。
1 剣仕　　2 剣査　　3 検仕　　4 検査

13 コップがからになったので、また水を入れた。
1 空　　　2 泡　　　3 穴　　　4 攻

14 朝はいつも時間におわれて忙しい。
1 忙われて　2 求われて　3 要われて　4 追われて

실전 공략 | 모의고사 03

問題3 （　　　）に入れるのに最もよいものを、1・2・3・4から一つえらびなさい。

[15] この薬は頭痛（ずつう）によく（　　　）。
1　聴く　　　　2　効く　　　　3　付く　　　　4　就く

[16] 勝てなかったけど、チームみんなで頑張ったので（　　　）だった。
1　満足（まんぞく）　2　失望（しつぼう）　3　失敗（しっぱい）　4　不足（ふそく）

[17] 彼女はあの長いワンピースがとても（　　　）いる。
1　にて　　　2　きがえて　　　3　であって　　　4　にあって

[18] 雨のため、予定を（　　　）することになった。
1　変更（へんこう）　2　変身（へんしん）　3　両替（りょうがえ）　4　交換（こうかん）

[19] 私には自分の家を建てるというはっきりした（　　　）があった。
1　目標（もくひょう）　2　理想（りそう）　3　未来（みらい）　4　将来（しょうらい）

[20] （　　　）あの二人が結婚するとは、信じられない。
1　なるほど　　2　まさか　　3　やっぱり　　4　けっして

[21] 部屋に入る前に（　　　）してください。
1　ノック　　　2　パンチ　　　3　バック　　　4　ヒント

[22] あまり使っていない物を片付けて（　　　）にしまった。
1　冷蔵庫（れいぞうこ）　2　洗濯機（せんたくき）　3　ごみ箱（ばこ）　4　物置（ものおき）

23 あと1時間（　　）にバスは空港に着く予定です。

1　以上　　　　2　以内　　　　3　前　　　　4　おき

24 手が冷たくなって指の（　　）がなくなった。

1　感覚（かんかく）　　2　感情（かんじょう）　　3　確認（かくにん）　　4　自覚（じかく）

25 彼はコーヒーに砂糖（さとう）を（　　）入れて飲む。

1　うっかり　　2　ゆっくり　　3　たっぷり　　4　すっきり

실전 공략 | 모의고사 03

問題4 ＿＿＿＿に意味が最も近いものを、1・2・3・4から一つえらびなさい。

26 試験に合格したら、友だちと旅行に行くつもりだ。

1　落ちたら　　　2　受かったら　　　3　負けたら　　　4　失敗したら

27 イさんは日本の歴史（れきし）についてくわしい。

1　よく知っている　　　　　　　　2　興味がある

3　自信がある　　　　　　　　　　4　何も知らない

28 田中（たなか）さんは仕事のスピードにおいては誰にも負けない。

1　丁寧（ていねい）さ　　2　正確（せいかく）さ　　3　速さ　　　4　多さ

29 彼が怒るのは当然（とうぜん）だ。

1　当たり前だ　　2　不思議（ふしぎ）だ　　3　おかしい　　4　ゆるせない

30 彼女はにこにこしている。

1　かなしそうだ　　　　　　　　　2　たいへんそうだ

3　らくそうだ　　　　　　　　　　4　うれしそうだ

問題5　つぎのことばの使い方として最もよいものを、1・2・3・4から一つえらびなさい。

[31]　守る
1　木村さんはどんなことがあっても必ず約束を守る人だ。
2　友だちが宿題を守ってくれた。
3　傘がなくて困っていた時、田中さんが守ってくれた。
4　子どもたちに勉強を守っている。

[32]　売り切れる
1　もう誰も来ないから、店を売り切れた。
2　まだ売り切れがあるから出しておこう。
3　売り切れたと思っていたのに、もう何も残っていなかった。
4　急いで行ったけど、人気のケーキはもう売り切れていた。

[33]　黙る
1　ワイングラスが割れないように黙って運びます。
2　夏休みは田舎に行ってのんびり黙ります。
3　ドアが自動的に黙りました。
4　悪いことをして黙っていてはいけない。

[34]　思わず
1　思わず車が出てきて危ないところだった。
2　ここの料理、思わずおいしいね。
3　彼の話を聞いて、思わず笑ってしまった。
4　思わずお客さんがいなくなっていた。

[35]　割れる
1　シャツが割れて穴があいた。
2　コップが割れてしまったので新しいのを買いに行った。
3　指が割れて血が出た。
4　スケジュールが割れたので家で休んだ。

실전 공략 | 모의고사 04

問題1 ＿＿＿のことばの読み方として最もよいものを、1・2・3・4から一つえらびなさい。

1 失敗しても気を落とすな。
　1　しつれい　　2　しっぱい　　3　しんぱい　　4　しんけん

2 彼は世界の歴史に関心がある。
　1　れきし　　2　りきし　　3　れきじ　　4　りきじ

3 買ってきたスカートをはいてみたら緩かった。
　1　ゆるかった　　2　きつかった　　3　あたたかかった　　4　あつかった

4 何か困ったことがあったら、私に言ってください。
　1　つまった　　2　こおった　　3　まよった　　4　こまった

5 本の感想文を書くのはたのしい。
　1　かんしょう　　2　かんそう　　3　がんしょう　　4　がんそう

6 父は、日曜日には必ず登山に行きます。
　1　とざん　　2　とうざん　　3　とさん　　4　とうさん

7 ショーウィンドーにコップが並んでいる。
　1　うんで　　2　うかんで　　3　ならんで　　4　はこんで

8 来週、サッカーの試合があって、毎日練習している。
　1　れんしゅう　　2　えんしゅう　　3　れんしゅ　　4　えんしゅ

問題2 ＿＿＿＿のことばを漢字で書くとき、最もよいものを、1・2・3・4から
一つえらびなさい。

9 子供にあまい親が増えてきた。
　1　甘い　　　　2　美味い　　　3　苦い　　　　4　上手い

10 めずらしいいしを集めるのがたのしいです。
　1　岩　　　　　2　砂　　　　　3　石　　　　　4　岸

11 田中君はしょうらい何になりたいの？
　1　近来　　　　2　本来　　　　3　未来　　　　4　将来

12 今回はだんたい旅行で行くつもりだ。
　1　団帯　　　　2　団体　　　　3　団態　　　　4　団隊

13 それは今すぐきめられない。
　1　定められない　2　改められない　3　決められない　4　結められない

14 彼はよくやくそくを破る。
　1　約束　　　　2　約速　　　　3　的束　　　　4　的速

問題3 （　　）に入れるのに最もよいものを、1・2・3・4から一つえらびなさい。

[15] 宝くじに（　　）何がしたいですか。
1　あたったら　　2　とったら　　3　あわせたら　　4　あまったら

[16] 彼女の行動は丁寧で（　　）だ。
1　品質（ひんしつ）　　2　品格（ひんかく）　　3　商品（しょうひん）　　4　上品（じょうひん）

[17] 私は経済（けいざい）に興味を（　　）いる。
1　まもって　　2　もって　　3　たまって　　4　して

[18] このおもちゃは国の安全（　　）に合格したものだ。
1　基礎　　2　基盤　　3　基準　　4　基順

[19] 心配したが、大きな事故ではなくて（　　）した。
1　やっと　　2　ほっと　　3　そっと　　4　きっと

[20] 先生と相談してから、（　　）がわいてきました。
1　安心　　2　暇　　3　感想　　4　勇気

[21] コンタクトの代わりに（　　）をかけることにした。
1　ぼうし　　2　めがね　　3　ゆびわ　　4　てぶくろ

[22] 風邪でせきは（　　）けど、熱はかなりある。
1　入らない　　2　出ない　　3　聞こえない　　4　見えない

23 今日は寒かったので（　　）をかぶって出かけました。

1　マフラー　　　2　ブーツ　　　3　コート　　　4　ぼうし

24 徹夜のせいか、今日はいつもより（　　）しまった。

1　疲れて　　　2　痛んで　　　3　悩んで　　　4　迷って

25 昨日は何もしないで（　　）眠った。

1　ぐっすり　　　2　はっきり　　　3　ぎっしり　　　4　うっかり

실전 공략 | 모의고사 04

問題4 _____ に意味が最も近いものを、1・2・3・4から一つえらびなさい。

26 インターネットで節約方法を調べた。

1　お金をあまり使わない　　　2　お金をためる

3　お金をおろす　　　　　　　4　お金をかりる

27 彼は女性にもてるタイプだね。

1　気をつかる　　2　強い　　3　人気がある　　4　親切な

28 彼はそのペンをこっそり自分のかばんにしまった。

1　見られないように　　　　2　見せるように

3　見えるように　　　　　　4　見ないように

29 今回の講演はくだらなかった。

1　おしかった　　　　　　　2　めずらしかった

3　くわしかった　　　　　　4　つまらなかった

30 彼にはもう付き合っている人がいるといううわさを耳にした。

1　流した　　2　聞いた　　3　立てた　　4　消した

問題5　つぎのことばの使い方として最もよいものを、1・2・3・4から一つえらびなさい。

[31] 得意
1　私はあの小説の内容を得意しました。
2　どうするのが得意なのか悩んでいる。
3　私はサッカーが得意です。
4　彼のほうが得意な立場にいる。

[32] 空く
1　2時から3時まで空いているのでその時間帯に来てください。
2　お腹が空いている。
3　風船がふわふわ空いている。
4　池にコイのえさを空いた。

[33] たとえ
1　たとえどんなに辛くても、最後まで頑張るつもりだ。
2　たとえ絵本に出てくるような風景だね。
3　たとえ彼が来るだろうから、私は飲み会に出席しないつもりだ。
4　たとえもっと頑張れば、必ず成功するはずだ。

[34] 正直
1　正直な髪がきれいだね。
2　彼は正直の場にふさわしい服を着ていた。
3　正直に言って私はあなたの意見に反対だ。
4　正直に欠けた言動はやめてください。

[35] たまに
1　昨日たまに高校の同級生に会った。
2　暇でも、私はたまに映画は見ません。
3　週末はたいてい家にいますが、たまにドライブに行くこともあります。
4　明日、試験だから、今日はたまに勉強しないといけない。

実戦 攻略 | 모의고사 05

問題1 ＿＿＿のことばの読み方として最もよいものを、1・2・3・4から一つえらびなさい。

1 通勤時間はどのくらいかかりますか。
   1　つきん　　　2　つうきん　　　3　とおきん　　　4　とうきん

2 両国は2月に会談することにした。
   1　りょこく　　2　りょくに　　　3　りょうこく　　4　りょうくに

3 いちばん得意な科目は歴史です。
   1　とくい　　　2　どくい　　　　3　とくき　　　　4　とくぎ

4 私は細かいことまで気になる性格です。
   1　こまかい　　2　みじかい　　　3　あたたかい　　4　やわらかい

5 本社はこの会議に2人の代表を送った。
   1　たいひょ　　2　だいひょ　　　3　たいひょう　　4　だいひょう

6 人数を数えてみた。
   1　そえて　　　2　きえて　　　　3　かぞえて　　　4　おしえて

7 常にシートベルトをお締めください。
   1　つねに　　　2　ついに　　　　3　たまに　　　　4　じつに

8 2つ目に交差点を右に曲がってください。
   1　こさてん　　　　　　　　　　2　こうさてん
   3　きょうさてん　　　　　　　　4　きょうしゃてん

問題2 ＿＿＿＿のことばを漢字で書くとき、最もよいものを、1・2・3・4から一つえらびなさい。

⑨ レポートはかならずメールで提出してください。

1　必ず　　　　2　委ず　　　　3　心ず　　　　4　要ず

⑩ けつえき型は何型ですか。

1　皿夜　　　　2　血夜　　　　3　皿液　　　　4　血液

⑪ 旅行での移動しゅだんとしてレンタカーを利用する。

1　手間　　　　2　手担　　　　3　手段　　　　4　手軽

⑫ 彼女はきようになんでもなおしてしまう。

1　整して　　　2　定して　　　3　直して　　　4　正して

⑬ あいてのチームはかなり強かった。

1　相手　　　　2　相方　　　　3　想手　　　　4　想方

⑭ 彼女は主人をおって中国へ行った。

1　求って　　　2　救って　　　3　付って　　　4　追って

問題3 （　　）に入れるのに最もよいものを、1・2・3・4から一つえらびなさい。

[15] タイピングに夢中になってキーボードを（　　）いた。
1　読み続けて　　2　打ち続けて　　3　見続けて　　4　書き続けて

[16] 雨が（　　）、みんなで出かけることにした。
1　おわって　　2　あがって　　3　ふって　　4　やめて

[17] 1時間（　　）でそちらに着きます。
1　後ろ　　2　前　　3　以外　　4　以内

[18] 頭痛が（　　）、勉強に集中できません。
1　ひどくて　　2　おおきくて　　3　たかくて　　4　ふかくて

[19] 高い所が苦手なのに、妹は（　　）ローラーコースターに乗りたがっている。
1　それに　　2　それでも　　3　それで　　4　それから

[20] その計画はどうもうまく行かないような（　　）がします。
1　予定　　2　つもり　　3　感じ　　4　予想

[21] プレゼント（　　）に包んでください。
1　用　　2　製　　3　産　　4　向け

[22] 取引先からのメールを（　　）しました。
1　キャンセル　　2　チャレンジ　　3　チェック　　4　ミーティング

23 最近、パソコンの(　　)が悪いんです。

1　体調　　　2　調節　　　3　調子　　　4　調律

24 (　　)寝ていたので、電話がなるのを聞けませんでした。

1　ぐっすり　　2　はっきり　　3　やっぱり　　4　ばっちり

25 早めにやってしまった方が後で(　　)ですよ。

1　簡単　　　2　明らか　　　3　便利　　　4　楽

問題4 ＿＿＿＿に意味が最も近いものを、1・2・3・4から一つえらびなさい。

26 宿泊施設を確認してもらえますか。
　　1　調べて　　　2　変えて　　　3　記録して　　　4　予約して

27 私たちは、夏休みが明けたら引っ越すつもりです。
　　1　なかったら　2　始まったら　3　取れたら　　　4　終ったら

28 借りたものを返すのは当たり前だ。
　　1　大切だ　　　2　当然だ　　　3　礼儀だ　　　　4　重要だ

29 サンプルを見せてもらえませんか。
　　1　見本　　　　2　見積書　　　3　資料　　　　　4　材料

30 彼は実力のある選手だ。
　　1　有名な　　　2　主な　　　　3　有能な　　　　4　大事な

問題5　つぎのことばの使い方として最もよいものを、1・2・3・4から一つえらびなさい。

[31]　おとなしい

1　仕事がおとしなくて食事するひまもない。
2　車の調子がおとなしくて困っている。
3　うちの犬は人になれていておとなしい。
4　帰りがおとなしくなってごめんなさい。

[32]　中身

1　休みは6月中身から始まります。
2　彼にはよい中身がたくさんいる。
3　その小説は中身がない。
4　先生は運動場の中身に立っていた。

[33]　カタログ

1　好きなアイドルのカタログを机の横に貼った。
2　商品についてはこちらのカタログをお読みください。
3　日めくりはないですね。卓上カタログではだめですか。
4　クラシックコンサートのカタログを予約したよ。

[34]　混雑

1　材料を全部入れて混雑してください。
2　事件の背後には混雑な事情があった。
3　1階のトイレは混雑している。
4　今日もおしゃべり3人娘が混雑に花を咲かせている。

[35]　はかる

1　この机の幅をはかってみてください。
2　たぶんこの仕事は3日ははかるでしょう。
3　旅行で撮った写真を壁にはかってみた。
4　日程を変わったらすぐにはかってください。

PART 2 기출 공략 정답 확인

한자 읽기

Day 1 실전 연습 01~04 ▶ p.26~29

01	1	2	2	1	3	3	4	4
	5	1	6	3	7	2	8	1
02	1	4	2	4	3	3	4	4
	5	3	6	2	7	2	8	1
03	1	3	2	4	3	1	4	1
	5	2	6	3	7	4	8	2
04	1	1	2	3	3	4	4	2
	5	1	6	3	7	2	8	3

한자 표기

Day 2 실전 연습 01~04 ▶ p.36~39

01	1	4	2	1	3	3	4	2
	5	2	6	3	7	1	8	4
02	1	4	2	2	3	2	4	1
	5	3	6	4	7	1	8	1
03	1	3	2	2	3	2	4	3
	5	2	6	4	7	4	8	2
04	1	2	2	1	3	4	4	4
	5	1	6	3	7	2	8	2

문맥 규정

Day 3 실전 연습 01~04 ▶ p.48~51

01	1	4	2	2	3	3	4	4
	5	2	6	3	7	1	8	3
02	1	3	2	2	3	4	4	2
	5	2	6	1	7	1	8	4
03	1	2	2	2	3	2	4	1
	5	2	6	1	7	4	8	3
04	1	3	2	4	3	4	4	2
	5	1	6	3	7	1	8	2

유의어

Day 4 실전 연습 01~04 ▶ p.60~63

01	1	3	2	2	3	4	4	3
	5	1	6	3	7	1	8	3
02	1	2	2	4	3	3	4	2
	5	2	6	3	7	1	8	3
03	1	4	2	2	3	1	4	3
	5	2	6	4	7	3	8	2
04	1	1	2	4	3	4	4	2
	5	1	6	3	7	4	8	2

용법

Day 5 실전 연습 01~04 ▶ p.70~77

01	1	4	2	1	3	3	4	2
	5	4	6	1	7	1	8	3
02	1	2	2	3	3	3	4	4
	5	1	6	3	7	2	8	2
03	1	1	2	2	3	4	4	3
	5	2	6	3	7	3	8	4
04	1	3	2	3	3	3	4	3
	5	1	6	3	7	3	8	3

PART 3 합격 공략 정답 확인

1순위 어휘

Day 6 실전 연습 ▶ p.84~89

問題1	1	3	2	1	3	3	4	2
	5	2	6	3	7	3	8	4
問題2	1	1	2	3	3	4	4	1
	5	2	6	4	7	3	8	2
問題3	1	3	2	4	3	1	4	3
	5	1	6	2	7	4	8	2
問題4	1	1	2	1	3	4	4	3
	5	1	6	2	7	4	8	2
問題5	1	2	2	3	3	4	4	2
	5	3	6	2	7	4	8	3

Day 7 실전 연습 ▶ p.94~99

問題1	1	1	2	3	3	2	4	2
	5	1	6	3	7	3	8	4
問題2	1	1	2	3	3	4	4	3
	5	1	6	3	7	2	8	4
問題3	1	1	2	4	3	3	4	2
	5	4	6	3	7	2	8	4
問題4	1	4	2	3	3	4	4	3
	5	1	6	1	7	2	8	4
問題5	1	2	2	3	3	4	4	1
	5	2	6	2	7	2	8	2

Day 8 실전 연습 ▶ p.104~109

問題1	1	3	2	4	3	4	4	2
	5	3	6	3	7	4	8	3
問題2	1	2	2	4	3	1	4	4
	5	2	6	3	7	2	8	4
問題3	1	2	2	4	3	1	4	3
	5	3	6	4	7	1	8	3
問題4	1	2	2	4	3	3	4	2
	5	3	6	1	7	4	8	3
問題5	1	3	2	1	3	3	4	2
	5	2	6	4	7	3	8	2

Day 9 실전 연습 ▶ p.114~119

問題1	1	1	2	2	3	4	4	3
	5	2	6	3	7	1	8	3
問題2	1	4	2	2	3	4	4	1
	5	3	6	4	7	2	8	2
問題3	1	2	2	3	3	4	4	2
	5	4	6	2	7	1	8	4
問題4	1	3	2	4	3	2	4	1
	5	2	6	4	7	1	8	2
問題5	1	2	2	2	3	2	4	4
	5	3	6	2	7	4	8	2

Day 10 실전 연습 ▶ p.124~129

問題1	1	2	2	4	3	2	4	1
	5	4	6	3	7	1	8	4
問題2	1	3	2	1	3	4	4	2
	5	2	6	4	7	3	8	1
問題3	1	4	2	2	3	3	4	2
	5	1	6	2	7	3	8	2
問題4	1	2	2	2	3	1	4	3
	5	2	6	1	7	4	8	1
問題5	1	2	2	3	3	4	4	2
	5	3	6	1	7	1	8	1

2순위 어휘

Day 11 실전 연습 ▶ p.134~139

問題1	1	4	2	3	3	1	4	2
	5	1	6	4	7	1	8	2
問題2	1	3	2	1	3	1	3	2
	5	4	6	2	7	3	8	1
問題3	1	4	2	2	3	1	3	3
	5	2	6	3	7	1	8	2
問題4	1	2	2	1	3	3	3	3
	5	2	6	1	7	4	8	2
問題5	1	2	2	3	3	3	3	1
	5	1	6	2	7	2	8	3

Day 12 실전 연습 ▶ p.144~149

問題1	1	4	2	2	3	4	4	3
	5	1	6	2	7	4	8	3
問題2	1	3	2	1	3	3	4	1
	5	1	6	1	7	2	8	3
問題3	1	4	2	2	3	3	4	1
	5	2	6	2	7	1	8	2
問題4	1	2	2	4	3	1	4	2
	5	4	6	2	7	1	8	4
問題5	1	2	2	1	3	1	4	2
	5	3	6	3	7	2	8	2

Day 13 실전 연습 ▶ p.154~159

問題1	1	1	2	3	3	4	4	3
	5	1	6	2	7	2	8	1
問題2	1	3	2	1	3	3	4	1
	5	1	6	1	7	4	8	2
問題3	1	4	2	2	3	3	4	1
	5	1	6	2	7	4	8	2
問題4	1	2	2	3	3	1	4	3
	5	1	6	4	7	3	8	2
問題5	1	2	2	1	3	2	4	4
	5	4	6	1	7	4	8	3

Day 14 실전 연습 ▶ p.164~169

問題1	1	2	2	3	3	1	4	3
	5	2	6	4	7	1	8	3
問題2	1	3	2	1	3	4	4	3
	5	1	6	1	7	3	8	3
問題3	1	1	2	2	3	3	4	4
	5	2	6	2	7	3	8	2
問題4	1	1	2	2	3	3	4	2
	5	1	6	3	7	4	8	1
問題5	1	3	2	2	3	2	4	1
	5	3	6	3	7	2	8	1

Day 15 실전 연습 ▶ p.174~179

問題1	1	4	2	1	3	2	4	3
	5	2	6	4	7	3	8	4
問題2	1	3	2	2	3	3	4	2
	5	3	6	1	7	2	8	3
問題3	1	4	2	2	3	4	4	3
	5	2	6	3	7	3	8	1
問題4	1	2	2	4	3	2	4	1
	5	3	6	1	7	4	8	1
問題5	1	4	2	3	3	4	4	2
	5	2	6	2	7	1	8	3

3순위 어휘

Day 16 실전 연습 ▶ p.184~189

問題 1	1 4	2 3	3 1	4 2
	5 1	6 4	7 1	8 3
問題 2	1 3	2 1	3 1	4 2
	5 4	6 1	7 3	8 1
問題 3	1 4	2 2	3 1	4 3
	5 1	6 2	7 3	8 4
問題 4	1 1	2 1	3 2	4 2
	5 2	6 2	7 3	8 3
問題 5	1 1	2 3	3 1	4 3
	5 2	6 2	7 4	8 3

Day 17 실전 연습 ▶ p.194~199

問題 1	1 3	2 2	3 4	4 2
	5 1	6 2	7 2	8 1
問題 2	1 3	2 1	3 3	4 1
	5 4	6 3	7 2	8 3
問題 3	1 4	2 2	3 3	4 4
	5 2	6 1	7 4	8 3
問題 4	1 2	2 3	3 2	4 1
	5 4	6 4	7 1	8 1
問題 5	1 3	2 1	3 4	4 2
	5 3	6 2	7 2	8 4

Day 18 실전 연습 ▶ p.204~209

問題 1	1 1	2 3	3 2	4 3
	5 1	6 4	7 4	8 1
問題 2	1 3	2 1	3 3	4 2
	5 4	6 3	7 1	8 1
問題 3	1 4	2 2	3 3	4 1
	5 3	6 4	7 3	8 1
問題 4	1 2	2 2	3 2	4 2
	5 4	6 1	7 2	8 4
問題 5	1 4	2 2	3 2	4 3
	5 1	6 3	7 4	8 2

Day 19 실전 연습 ▶ p.214~219

問題 1	1 2	2 1	3 4	4 3
	5 2	6 1	7 2	8 2
問題 2	1 3	2 1	3 4	4 3
	5 1	6 3	7 4	8 2
問題 3	1 4	2 2	3 3	4 3
	5 1	6 4	7 2	8 3
問題 4	1 2	2 2	3 3	4 1
	5 3	6 2	7 2	8 2
問題 5	1 2	2 2	3 1	4 4
	5 4	6 3	7 1	8 4

Day 20 실전 연습 ▶ p.224~229

問題 1	1 4	2 3	3 3	4 2
	5 3	6 2	7 3	8 1
問題 2	1 3	2 1	3 3	4 2
	5 3	6 4	7 1	8 2
問題 3	1 4	2 2	3 3	4 2
	5 1	6 4	7 1	8 2
問題 4	1 2	2 4	3 3	4 1
	5 3	6 1	7 1	8 2
問題 5	1 2	2 3	3 1	4 3
	5 4	6 2	7 2	8 2

PART 4 실전 공략 — 정답 확인

실전 공략 모의고사 01 ~ 05 정답

모의고사 01 ▶ p.232

問題 1	1	1	2	4	3	3	4	4	5	1	6	2	7	3	8	1
問題 2	9	3	10	1	11	1	12	3	13	4	14	1				
問題 3	15	4	16	1	17	2	18	4	19	3	20	2	21	4	22	2
	23	4	24	1	25	3										
問題 4	26	1	27	2	28	3	29	2	30	1						
問題 5	31	1	32	1	33	3	34	4	35	3						

모의고사 02 ▶ p.238

問題 1	1	1	2	2	3	4	4	1	5	3	6	2	7	1	8	4
問題 2	9	1	10	3	11	1	12	2	13	1	14	4				
問題 3	15	3	16	2	17	4	18	1	19	2	20	1	21	1	22	2
	23	4	24	2	25	1										
問題 4	26	1	27	4	28	1	29	2	30	1						
問題 5	31	3	32	2	33	4	34	2	35	3						

모의고사 03 ▶ p.244

問題 1	1	4	2	1	3	2	4	3	5	1	6	1	7	4	8	1
問題 2	9	2	10	1	11	1	12	4	13	1	14	4				
問題 3	15	2	16	1	17	4	18	1	19	1	20	2	21	1	22	4
	23	2	24	1	25	3										
問題 4	26	2	27	1	28	3	29	1	30	4						
問題 5	31	1	32	4	33	4	34	3	35	2						

정답 확인

모의고사 04 ▶ p.250

問題 1	[1] 2　[2] 1　[3] 1　[4] 4　[5] 2　[6] 1　[7] 3　[8] 1
問題 2	[9] 1　[10] 3　[11] 4　[12] 2　[13] 3　[14] 1
問題 3	[15] 1　[16] 4　[17] 2　[18] 3　[19] 2　[20] 4　[21] 2　[22] 2 [23] 4　[24] 1　[25] 1
問題 4	[26] 1　[27] 3　[28] 1　[29] 4　[30] 2
問題 5	[31] 3　[32] 1　[33] 1　[34] 3　[35] 3

모의고사 05 ▶ p.256

問題 1	[1] 2　[2] 3　[3] 1　[4] 1　[5] 4　[6] 3　[7] 1　[8] 2
問題 2	[9] 1　[10] 4　[11] 3　[12] 3　[13] 1　[14] 4
問題 3	[15] 2　[16] 2　[17] 4　[18] 1　[19] 2　[20] 3　[21] 1　[22] 3 [23] 3　[24] 1　[25] 4
問題 4	[26] 1　[27] 4　[28] 2　[29] 1　[30] 3
問題 5	[31] 3　[32] 3　[33] 2　[34] 3　[35] 1

N3 문자·어휘 실전 공략 해답 용지

모의고사 01

	問題 1			
1	①	②	③	④
2	①	②	③	④
3	①	②	③	④
4	①	②	③	④
5	①	②	③	④
6	①	②	③	④
7	①	②	③	④
8	①	②	③	④
	問題 2			
9	①	②	③	④
10	①	②	③	④
11	①	②	③	④
12	①	②	③	④
13	①	②	③	④
14	①	②	③	④
	問題 3			
15	①	②	③	④
16	①	②	③	④
17	①	②	③	④
18	①	②	③	④
19	①	②	③	④
20	①	②	③	④
21	①	②	③	④
22	①	②	③	④
23	①	②	③	④
24	①	②	③	④
25	①	②	③	④

	問題 4			
26	①	②	③	④
27	①	②	③	④
28	①	②	③	④
29	①	②	③	④
30	①	②	③	④
	問題 5			
31	①	②	③	④
32	①	②	③	④
33	①	②	③	④
34	①	②	③	④
35	①	②	③	④

모의고사 02

	問題 1			
1	①	②	③	④
2	①	②	③	④
3	①	②	③	④
4	①	②	③	④
5	①	②	③	④
6	①	②	③	④
7	①	②	③	④
8	①	②	③	④
	問題 2			
9	①	②	③	④
10	①	②	③	④
11	①	②	③	④
12	①	②	③	④
13	①	②	③	④
14	①	②	③	④
	問題 3			
15	①	②	③	④
16	①	②	③	④
17	①	②	③	④
18	①	②	③	④
19	①	②	③	④
20	①	②	③	④
21	①	②	③	④
22	①	②	③	④
23	①	②	③	④
24	①	②	③	④
25	①	②	③	④

	問題 4			
26	①	②	③	④
27	①	②	③	④
28	①	②	③	④
29	①	②	③	④
30	①	②	③	④
	問題 5			
31	①	②	③	④
32	①	②	③	④
33	①	②	③	④
34	①	②	③	④
35	①	②	③	④

N3 문자·어휘 실전 공략 해답 용지

모의고사 03

	問題 1			
1	①	②	③	④
2	①	②	③	④
3	①	②	③	④
4	①	②	③	④
5	①	②	③	④
6	①	②	③	④
7	①	②	③	④
8	①	②	③	④
	問題 2			
9	①	②	③	④
10	①	②	③	④
11	①	②	③	④
12	①	②	③	④
13	①	②	③	④
14	①	②	③	④
	問題 3			
15	①	②	③	④
16	①	②	③	④
17	①	②	③	④
18	①	②	③	④
19	①	②	③	④
20	①	②	③	④
21	①	②	③	④
22	①	②	③	④
23	①	②	③	④
24	①	②	③	④
25	①	②	③	④

	問題 4			
26	①	②	③	④
27	①	②	③	④
28	①	②	③	④
29	①	②	③	④
30	①	②	③	④
	問題 5			
31	①	②	③	④
32	①	②	③	④
33	①	②	③	④
34	①	②	③	④
35	①	②	③	④

N3 문자·어휘 실전 공략 해답 용지

모의고사 04

	問題 1			
1	①	②	③	④
2	①	②	③	④
3	①	②	③	④
4	①	②	③	④
5	①	②	③	④
6	①	②	③	④
7	①	②	③	④
8	①	②	③	④
	問題 2			
9	①	②	③	④
10	①	②	③	④
11	①	②	③	④
12	①	②	③	④
13	①	②	③	④
14	①	②	③	④
	問題 3			
15	①	②	③	④
16	①	②	③	④
17	①	②	③	④
18	①	②	③	④
19	①	②	③	④
20	①	②	③	④
21	①	②	③	④
22	①	②	③	④
23	①	②	③	④
24	①	②	③	④
25	①	②	③	④

	問題 4			
26	①	②	③	④
27	①	②	③	④
28	①	②	③	④
29	①	②	③	④
30	①	②	③	④
	問題 5			
31	①	②	③	④
32	①	②	③	④
33	①	②	③	④
34	①	②	③	④
35	①	②	③	④

모의고사 05

	問題 1			
1	①	②	③	④
2	①	②	③	④
3	①	②	③	④
4	①	②	③	④
5	①	②	③	④
6	①	②	③	④
7	①	②	③	④
8	①	②	③	④
	問題 2			
9	①	②	③	④
10	①	②	③	④
11	①	②	③	④
12	①	②	③	④
13	①	②	③	④
14	①	②	③	④
	問題 3			
15	①	②	③	④
16	①	②	③	④
17	①	②	③	④
18	①	②	③	④
19	①	②	③	④
20	①	②	③	④
21	①	②	③	④
22	①	②	③	④
23	①	②	③	④
24	①	②	③	④
25	①	②	③	④

	問題 4			
26	①	②	③	④
27	①	②	③	④
28	①	②	③	④
29	①	②	③	④
30	①	②	③	④
	問題 5			
31	①	②	③	④
32	①	②	③	④
33	①	②	③	④
34	①	②	③	④
35	①	②	③	④

동양북스 채널에서 더 많은 도서 더 많은 이야기를 만나보세요!

외국어 출판 45년의 신뢰
외국어 전문 출판 그룹
동양북스가 만드는 책은 다릅니다.

45년의 쉼 없는 노력과 도전으로 책 만들기에 최선을 다해온
동양북스는 오늘도 미래의 가치에 투자하고 있습니다.
대한민국의 내일을 생각하는 도전 정신과 믿음으로 최선을 다하겠습니다.

동양북스

2026 시대에듀

독학사 1단계 교양과정

— 학위 취득을 위한 가장 빠른 선택! —

왜? 독학사인가?

| 고등학교 졸업 이상이면 **누구나** 도전 가능 | × | 4년제 대학과 비교 시 **효율적** 시간&비용 | × | 1년 만에 **빠른** 학점 취득 | × | 60점 이상이면 합격하는 **높은** 합격률 |

회원가입 이벤트!

시대에듀 독학사 회원가입 수험생을 위한 **3대 특전** 이벤트!

독학사 1단계 국어 / 영어 / 국사

기출문제 & 핵심자료집 & 온라인 모의고사 제공!

※ 경로: www.sdedu.co.kr → 독학사 → 학습자료실 → 강의자료실

※ 일부 PDF 자료는 수강회원에게만 제공될 수 있습니다.

무료특강 이벤트!

시대에듀 내 독학사 페이지 접속 시 **116강**의 무료특강 제공!

| 1단계 키워드 특강 **총 18강** | 1단계 기출문제 특강 **총 48강** | + | 경영 2단계 키워드 특강 **총 15강** | 경영 2단계 기출문제 특강 **총 10강** | + | 심리 2단계 키워드 특강 **총 13강** | 심리 2단계 기출문제 특강 **총 12강** |

※ 경로: www.sdedu.co.kr → 독학사 → 학습자료실 → 무료특강

※ 무료제공 강좌는 변동될 수 있습니다.

시대에듀 홈페이지 **www.sdedu.co.kr** | 상담문의 **1600-3600** 평일 9~18시 / 토요일·공휴일 휴무

시대에듀

끝까지 책임진다! 시대에듀!

QR코드를 통해 도서 출간 이후 발견된 오류나 개정법령, 변경된 시험 정보, 최신기출문제, 도서 업데이트 자료 등이 있는지 확인해 보세요! 시대에듀 합격 스마트 앱을 통해서도 알려 드리고 있으니 구글 플레이나 앱 스토어에서 다운받아 사용하세요.

또한, 파본 도서인 경우에는 구입하신 곳에서 교환해 드립니다.

편집진행 천다솜 · 김다련 | **표지디자인** 박종우 | **본문디자인** 차성미 · 고현준

이 책의 구성과 특징 STRUCTURES

01 필수 암기 키워드

핵심이론 중 반드시 알아야 할 중요 내용을 요약한 '필수 암기 키워드'로 개념을 정리해 보세요.

02 최신기출문제

'2025~2023년 기출복원문제'를 풀어 보면서 출제 경향을 파악해 보세요.

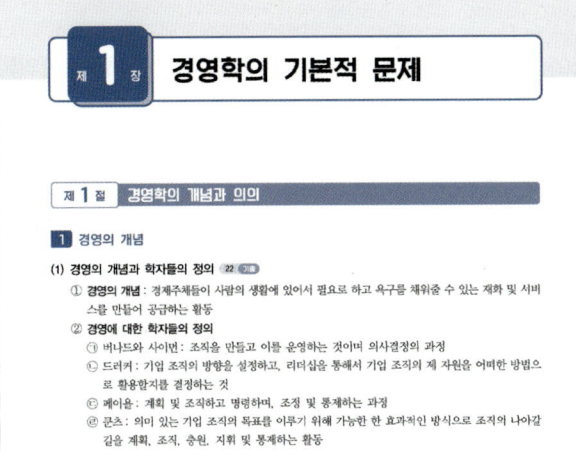

03 핵심포인트

핵심만 간추려 정리한 '핵심포인트'로 주요 내용을 빠르게 학습해 보세요.

04 적중모의고사

학습한 내용을 바탕으로 '적중모의고사'를 풀어 보면서 실전 감각을 길러 보세요.

+ P / L / U / S +

1단계 시험을 핵심자료로 보강하자!

국어 / 영어 / 국사 <핵심자료집 PDF> 제공

1단계 시험을 준비하는 수험생을 위해 교양과정 필수과목인 국어 / 영어 / 국사 핵심자료집을 PDF로 제공하고 있어요. 국어는 고전문학 · 현대문학, 영어는 중요 영단어 · 숙어 · 동의어, 국사는 표 · 사료로 정리했어요.

※ 경로 : www.sdedu.co.kr ➡ 독학사 ➡ 학습자료실 ➡ 강의자료실

독학학위제 소개 INFORMATION

독학학위제란?
「독학에 의한 학위취득에 관한 법률」에 의거하여 국가에서 시행하는 시험에 합격한 사람에게 학사 학위를 수여하는 제도

과정별 응시자격
4개의 과정(교양, 전공기초, 전공심화, 학위취득 종합시험)을 모두 거쳐 합격하면 학사 학위 취득 가능

단계	과정	응시자격	과정(과목) 시험 면제 요건
1	교양	고등학교 졸업 이상 학력 소지자	• 대학(교)에서 각 학년 수료 및 일정 학점 취득 • 학점은행제 일정 학점 인정 • 국가기술자격법에 따른 자격 취득 • 교육부령에 따른 각종 시험 합격 • 면제지정기관 이수 등
2	전공기초		
3	전공심화		
4	학위취득	• 1~3단계 합격 및 면제 • 대학에서 동일 전공으로 3년 이상 수료(3년제의 경우 졸업) 또는 105학점 이상 취득 • 학점은행제 동일 전공 105학점 이상 인정(전공 28학점 포함) • 외국에서 15년 이상의 학교교육과정 수료	없음(반드시 응시)

※ 시험 일정 : 1단계 – 2월 중 / 2단계 – 5월 중 / 3단계 – 8월 중 / 4단계 – 10월 중
※ 접수 방법 : 온라인으로만 가능
※ 자세한 일정 및 제출 서류 등은 독학학위제 홈페이지(bdes.nile.or.kr) 참조

합격 기준

❶ 1~3단계 : 각 과목을 100점 만점으로 하여 전(全) 과목 60점 이상 득점(합격 여부만 결정)
   ▶ 1단계 : 5과목 합격
   ▶ 2~3단계 : 6과목 합격
❷ 4단계 : 총점 합격제 또는 과목별 합격제 선택

구분	합격 기준	유의사항
총점 합격제	• 총점(600점)의 60% 이상 득점(360점) • 과목 낙제 없음	• 6과목 모두 신규 응시 • 기존 합격 과목 불인정
과목별 합격제	• 각 과목 100점 만점으로 하여 전 과목(교양 2, 전공 4) 60점 이상 득점	• 기존 합격 과목 재응시 불가 • 1과목이라도 60점 미만 득점하면 불합격

문항 수 및 배점

❶ 1~2단계 : 일반 과목과 예외 과목 구분 없이 객관식으로 40문항 출제(40문항×2.5점 = 100점)
❷ 3~4단계
   ▶ 일반 과목[총 28문항(100점)] : 객관식(24문항×2.5점 = 60점)＋주관식(4문항×10점 = 40점)
   ▶ 예외 과목[총 20문항(100점)] : 객관식(15문항×4점 = 60점)＋주관식(5문항×8점 = 40점)

※ 시험 범위 : 독학학위제 홈페이지(bdes.nile.or.kr) ➡ 학습정보 ➡ 과목별 평가영역에서 확인

독학학위제 전공 분야 (11개 전공)

※ 간호학 : 4단계만 개설
※ 유아교육학 : 3, 4단계만 개설
※ 정보통신학 : 4단계만 2026년까지 응시 가능하며 이후 전공 폐지
※ 시대에듀는 현재 6개 전공(국어국문학, 영어영문학, 심리학, 경영학, 컴퓨터공학, 간호학) 개설 완료

1단계 시험 과목 및 시간표

교시	시간	시험 과목명
1교시(필수)	09:00~10:40(100분)	국어, 국사
2교시(필수)	11:10~12:00(50분)	외국어 : 영어, 독일어, 프랑스어, 중국어, 일본어 중 택 1과목
중식 12:00~12:50(50분)		
3교시	13:10~14:50(100분)	현대사회와 윤리, 문학개론, 철학의 이해, 문화사, 한문, 법학개론, 경제학개론, 경영학개론, 사회학개론, 심리학개론, 교육학개론, 자연과학의 이해, 일반수학, 기초통계학, 컴퓨터의 이해 중 택 2과목

※ 시험 일정 및 세부사항은 반드시 독학학위제 홈페이지(bdes.nile.or.kr)를 통해 확인
※ 시대에듀에서 개설된 과목은 빨간색으로 표시

2025년 기출 경향 분석 ANALYSIS

▶ 총평

2025년 시험의 전반적인 난이도는 작년 대비 평이한 수준이었으나, 출제 영역에서 변화가 두드러졌습니다. 작년에는 기업의 사회적 책임 및 ESG 경영, 코로나 19라는 특수성으로 인해 조직관리, 인사관리와 노사관계관리 영역의 출제가 많았던 반면, 올해는 위축된 경영환경과 기업 회계 이슈로 인해 전략수립과 전략실행 및 회계학 영역에서 다수 출제되었습니다. 경영학 개론은 기업을 탐색하는 기초 학문이자, 경영환경의 주요 이슈를 인지하고 이에 대한 학문적 이해 수준을 평가하는 과목 입니다. 따라서 수험생은 경영학의 이해와 함께 최신 경영환경 동향을 충분히 파악해야 효율적으로 시험을 대비할 수 있을 것 입니다.

▶ 학습 방법

경영학개론은 기업이 경영환경에서 지속 가능한 경쟁 우위를 창출하는 방법을 다루는 과목입니다. 따라서 경영학개론이 의미하는 바가 무엇인지를 정확히 이해하고 학습하는 것이 중요합니다. 기업의 존재 이유, 구성과 행동, 그리고 이로 파생되는 결과들을 출제 영역별로 충분히 이해하고 암기해야 합니다. 이러한 학습 전략은 경영학개론 학습의 기초 체력이 되어, 경영 트렌드 변화로 인한 출제 영역 및 난이도 변화 등의 변수에도 충분히 합격으로 나아갈 수 있는 역량이 될 것입니다. 결론적으로, 경영학개론의 개념과 목표에 대해 충분히 이해하고, 급변하는 경영환경에 대한 적응성을 키울 때 좋은 결과를 얻을 수 있을 것입니다.

▶ 출제 영역 분석

출제 영역	문항 수		
	2023년	2024년	2025년
경영학의 기본적 문제	3	2	3
경영학의 발전과정	3	2	4
경영환경	1	2	1
기업형태 및 기업집중	3	4	2
기업윤리와 사회적 책임	1	1	3
경영목표와 의사결정	5	1	1
경영관리론	1	2	2
전략수립과 전략실행	3	3	5
조직구조와 조직문화	3	2	1
인사관리와 노사관계관리	2	7	2
생산관리	2	4	2
마케팅	5	4	4
재무관리	2	4	2
경영정보	3	1	3
회계학	3	1	5
합계	40	40	40

합격수기 COMMENT

ma*****
★★★★★

시대에듀의 문을 두드리시는 많은 학습자분들처럼, 저 또한 직장생활과 육아를 병행하며 공부에 대한 열정을 놓지 않았습니다. 학력에 대한 미련이 있었기에 독학사에 자연스레 관심이 생겼고, 시대에듀 교재로 공부를 해서 합격했습니다. 처음 독학학위제 공식 홈페이지에서 평가영역을 봤을 때, 많은 범위들을 보고 막막했습니다. 하지만 시대에듀의 교재는 이를 일목요연하게 정리해주어 방대한 학습량을 쪼개어 이해할 수 있도록 도와주는 길잡이 역할을 해주었습니다. 또한 예상문제 수록으로 회독이 지루하지 않게 도와주었습니다.

ar*****
★★★★★

시대에듀 덕분에 많은 불안감을 뒤로하고 시험에 합격할 수 있었습니다. 제가 시대에듀를 선택한 이유는 무엇보다 교재의 내용이 매우 훌륭했기 때문입니다. 중요한 개념은 보기 좋게 표시되어 있었고, 예상문제도 질적 · 양적으로 모두 만족스러웠습니다. 시험이 임박한 시점에 최종모의고사를 통해 효과적으로 마무리 정리를 할 수 있었던 점이 특히 큰 도움이 되었습니다. 저는 사실 공부란 책 한 권으로 혼자 열심히 이뤄내는 과정이라고 생각했습니다. 하지만 시대에듀를 통해 양질의 책과 강의로 공부하는 것이 효율적이고 중요하다는 것을 깨달았습니다.

ss*****
★★★★★

시대에듀 독학사 패키지를 통해 10개월 만에 학위를 취득한 직장인입니다. 직장생활을 하면서 전문성을 키우고 싶었으나, 정규 대학은 시간도 금액도 부담이 되었습니다. 그러던 중 독학사 제도를 알게 되었고, 시대에듀의 효율적인 온라인 강의에 매력을 느껴 선택하게 되었습니다. 2~3단계를 학습할 때는 배운 내용을 실제 일상과 업무에 적용하며 이해도를 높이려 노력했고, 마지막 학위취득 과정인 4단계에서는 모의고사 등 문제풀이를 통해 학습한 내용을 총정리하였습니다.
일과 학업을 병행하는 과정이 쉽지는 않았습니다. 하지만 목표를 상기하며 꾸준히 노력한 덕에 합격할 수 있었습니다. 이 과정에서 시대에듀가 큰 도움이 되었습니다!

wl*****
★★★★★

타 업체 도서로 먼저 공부하다가 시대에듀 도서를 봤는데, 이론이 체계적으로 한눈에 들어오게 구성되어 있고, 중요 표시도 잘 되어 있어서 좋았습니다. 단원별로 풍부하게 수록된 문제들을 통해 충분한 연습이 가능했고, 해설이 문제 바로 옆에 배치되어 학습 시간을 크게 단축할 수 있어 효율적인 학습에 매우 적합한 교재였습니다. 강의도 들었는데, 이전 업체 강의보다 훨씬 상세하고 쉽게 설명해 주셔서 기대 이상의 큰 도움이 되었으며 그 가치를 충분히 느꼈습니다. 직장생활과 병행하며 공부하는 게 정말 쉽지 않았지만, 자기계발을 위한 시험으로는 독학사만한 게 없다고 생각합니다. 처음부터 시대에듀로 했더라면 더 좋았을 것 같아요.

목차 CONTENTS

부록 | 필수 암기 키워드

기출편 | 최신기출문제

2025년 기출복원문제 · 3
2024년 기출복원문제 · 19
2023년 기출복원문제 · 34

이론편 | 핵심포인트

제1장 경영학의 기본적 문제 · 3
제2장 경영학의 발전과 경영환경 · · · · · · · · · · · · · · · · · 9
제3장 기업형태 및 기업집중 · · · · · · · · · · · · · · · · · · · 16
제4장 기업윤리와 사회적 책임 · · · · · · · · · · · · · · · · · · 23
제5장 경영목표와 의사결정 · · · · · · · · · · · · · · · · · · · 25
제6장 경영관리론 · 28
제7장 전략수립과 전략실행 · · · · · · · · · · · · · · · · · · · 32
제8장 조직구조와 조직문화 · · · · · · · · · · · · · · · · · · · 39
제9장 인사관리와 노사관계관리 · · · · · · · · · · · · · · · · 47
제10장 생산관리 · 55
제11장 마케팅 · 64
제12장 재무관리 · 78
제13장 경영정보 · 86
제14장 회계학 · 94

문제편 적중모의고사

- 제1회 적중모의고사 · 101
- 제2회 적중모의고사 · 108
- 제3회 적중모의고사 · 115
- 제4회 적중모의고사 · 122
- 제5회 적중모의고사 · 129
- 제6회 적중모의고사 · 137
- 제7회 적중모의고사 · 144
- 제8회 적중모의고사 · 151
- 제9회 적중모의고사 · 159
- 제10회 적중모의고사 · 168

해설편 정답 및 해설

- 제1회 적중모의고사 정답 및 해설 · 179
- 제2회 적중모의고사 정답 및 해설 · 184
- 제3회 적중모의고사 정답 및 해설 · 189
- 제4회 적중모의고사 정답 및 해설 · 193
- 제5회 적중모의고사 정답 및 해설 · 198
- 제6회 적중모의고사 정답 및 해설 · 203
- 제7회 적중모의고사 정답 및 해설 · 208
- 제8회 적중모의고사 정답 및 해설 · 212
- 제9회 적중모의고사 정답 및 해설 · 217
- 제10회 적중모의고사 정답 및 해설 · 222

기록의 힘

나만의 학습 플래너

D -

공부 시작일 (YEAR / MONTH / DAY) / /

2026 독학학위제 시험 일정 / /

WEEK 1	WEEK 2	WEEK 3

WEEK 4	WEEK 5	WEEK 6

WEEK 7	WEEK 8	< MEMO >

학습 진행률 확인

	20%	40%	60%	80%	100%

기출복원문제 및 적중모의고사 점수 변화

점수 / 회차

기록의 힘

나만의 키워드 정리

과목

키워드	설명	비고

※ 공부하면서 어려웠거나 헷갈렸던 개념, 중요한 개념 등을 한 번 더 정리해 보세요!

기록의 힘

나만의 키워드 정리

과목

키워드	설명	비고

※ 공부하면서 어려웠거나 헷갈렸던 개념, 중요한 개념 등을 한 번 더 정리해 보세요!

경영학개론

최신기출문제

- **2025년** 기출복원문제
- **2024년** 기출복원문제
- **2023년** 기출복원문제

출/제/유/형/완/벽/파/악/

훌륭한 가정만한 학교가 없고, 덕이 있는 부모만한 스승은 없다.

– 마하트마 간디 –

자격증 · 공무원 · 금융/보험 · 면허증 · 언어/외국어 · 검정고시/독학사 · 기업체/취업
이 시대의 모든 합격! 시대에듀에서 합격하세요!
www.youtube.com → 시대에듀 → 구독

2025년 기출복원문제

출제유형 완벽파악

▶ 온라인(www.sdedu.co.kr)을 통해 기출문제 무료 강의를 만나 보세요.

※ 기출문제를 복원한 것으로 실제 시험과 일부 차이가 있으며, 저작권은 시대에듀에 있습니다.

01 다음 내용에서 괄호 안에 들어갈 용어를 순서대로 고른 것은?

> A와 B는 100점을 목표로 시험을 준비하였다. A는 10시간을 공부해서 90점, B는 3시간을 공부해서 88점을 맞았다. 이때 A는 (㉠)이 높고, B는 (㉡)이 높다.

	㉠	㉡
①	효과성	효율성
②	효율성	효과성
③	생산성	효과성
④	효율성	생산성

01 효율성은 주어진 자원(시간, 노력, 자금 등)을 사용하여 최대한의 결과를 얻는 능력을 일컫는다. 효과성은 목표를 달성하기 위해 올바른 일을 하는 능력을 말한다. 생산성은 일정 기간 동안 얼마나 많은 결과물을 내놓을 수 있는지를 나타내는 지표를 의미한다. 즉, 시험 준비를 위해 투입된 시간과 결과, 투입된 시간대비 결과를 볼 때 A는 효과성이, B는 효율성이 높다 할 수 있다.

02 다음 중 뢰슬리스버거에 대한 설명으로 옳지 <u>않은</u> 것은?

① 조직행동 분야의 개척과 확대에 기여했다.
② 인간관계론 확립에 핵심적인 역할을 했다.
③ 개인은 단순한 기계 부속품이라 주장했다.
④ 사회적 요인과 인간관계가 노동 생산성에 큰 영향을 미친다고 증명했다.

02 뢰슬리스버거는 교수로 재직하며 조직행동 분야를 개척하고 인간관계론 확립에 핵심적인 역할을 했다. 또한 그는 개인은 단순한 기계의 부품이 아니라, 사회적 존재라는 시각 전환을 불러일으켰다.

정답 01 ① 02 ③

03	현대 경영학은 학문적 이론과 실천적 특성의 배타적 관계가 아닌 상호보완적인 관계를 강조한다. ① 경영학은 이론과학(논리와 이론)과 실천과학(결과와 현상)의 조화를 다룬다. ② 경영학은 서구 열강의 회계학, 상업학 등의 인접 학문에 그 근간을 지닌다. ③ 경영이론의 성장과 발전에는 경제학, 사회학, 심리학, 통계학 등의 이론과 조사방법, 접근방법 등이 기여했다.	03	학문적 성격의 경영학에 대한 설명으로 옳지 <u>않은</u> 것은? ① 논리와 이론, 그리고 결과와 현상을 중시하는 학문이다. ② 1800년대의 독일, 프랑스, 영국의 '회계학', '상업학' 등의 인접 학문이 기초가 되었다. ③ 경영학 이론의 발전에는 경제학, 사회학, 심리학, 통계학 등의 접근이 큰 기여를 했다. ④ 현대 경영학은 이론과 실제 현상의 배타적 관계라 주장한다.
04	테일러는 과학적 관리의 아버지로 불리며, 노사갈등 해결을 위한 조건과 원칙, 그리고 차별적 성과급 제도 등을 제시하였다. 반면, 테일러의 과학적 관리론은 조직 속의 인간을 생산의 수단, 즉 기계적 존재로만 인식하여 인간관계에 심각한 문제를 야기했다는 비판을 받기도 한다. 따라서 인간관계를 원활하게 유지시킨다는 설명은 적절하지 않다.	04	테일러의 과학적 관리론에 대한 설명으로 옳지 <u>않은</u> 것은? ① 해당 관점은 조직 속 인간을 기계로 인식하지만, 인간관계를 원활하게 유지시킨다. ② 테일러는 과학적 관리의 아버지로 불린다. ③ 노사 간 갈등 해결을 위해 과업관리를 제시하였다. ④ 차별적 성과급제도의 도입을 주장하였다.
05	페이욜은 관리자의 역할과 기능을 체계적으로 제시하고 관리원칙을 확립했는데, 그의 14가지 관리일반원칙 중 '명령일원화의 원칙'은 존재하나, '명령이원화의 원칙'은 존재하지 않는다. **[페이욜의 관리일반원칙 14가지]** 권한과 책임의 원칙, 규율의 원칙, 분업의 원칙, 지휘통일의 원칙, 명령일원화의 원칙, 공익우선의 원칙, 집권화의 원칙, 보상의 원칙, 계층연쇄의 원칙, 질서의 원칙, 공정성의 원칙, 고용안정의 원칙, 주도력의 원칙, 단합의 원칙	05	페이욜이 제시한 14가지의 관리일반원칙에 해당하지 <u>않는</u> 것은? ① 규율의 원칙 ② 분업의 원칙 ③ 보상의 원칙 ④ 명령이원화의 원칙

정답 03 ④ 04 ① 05 ④

06 허즈버그의 2요인 이론 중 위생요인에 해당하지 <u>않는</u> 것은?

① 승진
② 직업의 안정성
③ 임금
④ 회사 정책

06 위생요인은 임직원이 직무를 수행하는 상황 또는 환경, 그리고 임직원들 간의 관계에 대한 요인을 말하는데, 직무 불만족을 초래하는 요인과 관련 있다. 회사 정책과 행정, 감독, 임금, 대인관계, 작업조건 등이 이에 해당한다. 반면, 승진은 대표적인 동기요인에 속한다.

07 다음 내용에서 괄호 안에 들어갈 말을 순서대로 옳게 고른 것은?

> 기업이 경영활동을 수행하기 위해 필요한 자금을 외부로부터 조달하는 방법에는 크게 (㉠)조달 방식과 (㉡) 조달 방식이 있다. (㉠)조달 방식은 기업이 금융기관을 거치지 않고 자본시장에서 직접 자금을 모집하는 방식으로, 주식 발행이나 회사채 발행 등이 이에 해당한다. 반면, (㉡)조달 방식은 은행 등 금융중개기관을 통해 자금을 빌리는 방식으로, 은행 대출이나 단기차입금 등이 이에 포함된다.

	㉠	㉡
①	간접	직접
②	외부	내부
③	직접	간접
④	장기	단기

07 해당 문제는 기업이 경영활동을 수행할 때 필요한 자금을 조달하는 방식에 대한 내용을 담고 있다. 자금 조달 방식에는 크게 직접조달과 간접조달 방식이 있다. 직접조달 방식은 주식, 회사채 등 자본시장을 통한 조달방식을 말하고, 간접조달 방식은 은행, 금융기관을 통한 대출이나 차입을 의미한다.

정답 06 ① 07 ③

08 다음에서 설명하는 기업조직의 형태는?

> 기능별 부서와 프로젝트팀이 동시에 존재하며, 두 명 이상의 상사에게 동시에 보고하는 형태로 운영된다. 그리하여, 동일 종업원이 개별 부서와 프로젝트 팀에 동시에 소속되어 두 명 이상의 상사를 두는 조직형태이다.

① 사업부제 조직
② 기능식 조직
③ 매트릭스 조직
④ 팀 기반 조직

08 제시문은 매트릭스 조직에 대한 설명으로 기능과 프로젝트(또는 제품)를 동시에 고려해 조직을 구성하는 형태로, 이중보고 체계가 특징이다.
① 사업부제 조직은 제품, 지역, 고객군 등을 기준으로 조직을 나누며 각 부서가 독립적인 사업단위처럼 운영되며, 대기업에 적합하다.
② 기능식 조직은 기능별로 부서를 나눈 구조로 전문화의 특성과 수직적 명령체계와 부서 간의 협업을 통해 운영된다.
④ 팀 기반 조직은 위계적인 구조보다는 수평적인 팀 중심 운영이 강조되며, 유연한 업무 수행과 자율성을 기반으로 한다.

09 다음 중 조직문화 형성에 영향을 끼치는 요인은?

① 창업자의 경영이념과 철학
② 급여 지급일
③ 임직원의 취미활동
④ 생산 공정의 기술적 효용성

09 조직문화는 조직 구성원들이 공유하는 가치, 신념, 행동양식, 의사소통 등의 광범위한 요소들에 의해 영향을 미친다. 대표적으로 창업자의 경영이념과 철학, 조직의 역사, 사회문화 요인, 산업특성 등이 그 것이다. 반면, 급여 지급일, 임직원의 취미활동, 생산 공정의 기술적 효용성(운영성과에 해당)은 조직 문화 형성에 영향을 미치지 않는 요인이다.

10 다음 설명에 해당하는 형태의 회사는?

> 2인 이상이 공동으로 출자하고 회사의 채무에 대해서도 연대무한책임을 지닌다. 개인기업과 비슷하며 소수의 사람들이 인적 신용을 기초로 설립하는 것이 보통이다. 인적기업의 대표적인 기업형태로서 각 사원이 정관을 작성하고 법원에 등기함으로써 설립된다.

① 합명회사
② 합자회사
③ 유한회사
④ 협동조합

10 해당 내용은 합명회사에 대한 설명이다.
② 합자회사는 무한책임을 지는 출자자와 유한책임을 지닌 출자자로 구성된다.
③ 유한회사는 20인 이상 50명 이사의 유한책임사원으로 구성되며 출자자 수에 대한 유한책임을 지닌다.
④ 협동조합은 2명 이상이 상호출자하여 공동사업을 경영할 것을 약정함으로써 효력이 발생하는 기업형태이다.

정답 08 ③ 09 ① 10 ①

11 다음 설명에 해당하는 경영 방식은?

> 환경, 사회, 지배구조를 중시하는 경영 방식으로, 기업의 경제적 가치와 사회적 가치를 동시에 추구한다. 사회에 미칠 장기적인 영향까지 고려해야 한다는 요구를 반영하였다.

① ESG 경영
② 주주 자본주의
③ 차별화 전략
④ 기업전략

11 해당 내용은 환경(Environment), 사회(Social), 지배구조(Governance)의 세 영역에서 지속가능성을 추구하는 ESG 경영에 대한 내용이다.
② 주주 자본주의는 기업 경영의 핵심목표를 주주 가치 극대화로 설정한 것을 말한다.
③ 차별화 전략은 제품 및 서비스에 대한 차별화를 통해 경쟁우위를 확보하는 전략이다.
④ 기업전략은 기업 전체 수준에서 기업 사명의 정의와 하부수준에서 나오는 제안을 검토 및 배분하는 문제들을 다루는 것을 의미한다.

12 기업의 이해관계자에 해당하는 사람이 아닌 것은?

① 종업원
② 고객
③ 주주
④ 경쟁사

12 경쟁사는 기업과의 경쟁관계를 보이지만, 기업의 경영활동에 의해 직접적으로 영향을 받지 않으므로 이해관계자로 보기 힘들다. 기업의 주요 이해관계자는 종업원, 고객, 주주, 지역사회, 협력사 등을 들 수 있다.

13 기업이 정상적인 경영을 했을 때 나타나는 결과로 옳지 않은 것은?

① 이윤을 창출하고 기업의 영속성이 높아진다.
② 시장의 욕구를 충족시키며 사회적 가치(Social Value)를 창출한다.
③ 내부이해관계자(종업원)의 동기 부여와 성장이 촉진된다.
④ 경쟁 기업의 경영활동을 직접 통제함으로써 시장점유율을 높일 수 있다.

13 경쟁 기업의 경영활동을 직접 통제함으로써 시장점유율을 높일 수 있다는 것은 불공정경쟁에 대한 이야기로 옳지 않은 내용이다. 기업이 정상적인 경영을 하는 경우, 이익 창출, 지속가능성장, 고용 유지 및 창출, 사회적 가치 실현, 기업 이미지 및 신뢰 상승, 주주 가치 상승 등과 같은 긍정적인 결과가 도출된다.

정답 11 ① 12 ④ 13 ④

14 기업윤리에 긍정적인 영향을 미치는 요인은 리더의 윤리적 리더십, 조직문화의 윤리적 가치, 기업의 사회적 책임 실천, 그리고 윤리 교육 및 프로그램 마련 등 다양한 요소가 있다. 반면, 대외홍보, 대규모 인사채용은 기업의 가시성 향상만을 도모하는 성격이 있으며, 기업윤리 증대를 위해서는 내·외부이해관계자와의 소통이 중요하다.

15 제시문은 기업 인사관리에서 채용, 배치, 교육, 평가 등의 기초 자료로 활용되는 직무기술서와 직무명세서에 대한 설명이다.
직무기술서는 직무분석의 결과를 토대로 직무수행과 관련된 각종 과업, 책임 등을 기록한 문서이고, 직무명세서는 각 직무수행에 필요한 지식, 행동, 능력 등을 기록한 문서이다. 이 두 문서는 조직 내 인적 자원의 체계적인 관리뿐 아니라 지원자의 직무 이해도를 높여주는 중요한 수단이다. 오답 선지로 제시된 직무분석표는 특정 직무가 수행하는 업무, 역량, 책임 등을 정리한 자료로, 직무기술서와 직무명세서를 작성하는 기초 자료가 된다. 직무설계표는 직무를 어떻게 구성하고 배치할지에 대한 계획이며, 인사평가표는 직무가 아닌 근로자의 성과, 역량 등을 일정한 기준에 따라 평가하는 자료이다. 교육계획서는 기업의 교육훈련 계획을 위한 별도의 문서이다.

16 '채용 → 교육훈련 → 직무배치'의 과정은 인사관리의 일반적인 과업 순서이다. 채용은 인사 프로세스의 출발점이며, 인재를 확보하는 최상위 요인이다. 다음으로 교육훈련은 채용된 인재에게 역량을 부여하는 중간 단계이다. 직무배치는 교육 이후 인력을 적절한 부서 및 직무에 할당하는 실행 단계로, 하위 요인이다.

정답 14 ② 15 ① 16 ②

---

14 다음 중 기업윤리에 긍정적인 영향을 끼치는 요소는?

① 대외홍보
② 기업의 사회적 책임 활동 추진
③ 대규모 인사채용
④ 내부이해관계자와의 소통 초점

15 다음 내용에서 괄호 안에 들어갈 말을 순서대로 고른 것은?

> 근로자들의 직무분석 결과를 토대로 직무수행과 관련된 각종 과업이나 직무행동을 기술한 문서는 (㉠)이고, 각 직무수행에 필요한 근로자들의 행동이나 기능·능력·지식 등을 기술한 문서는 (㉡)이다.

	㉠	㉡
①	직무기술서	직무명세서
②	직무명세서	직무기술서
③	직무분석표	직무설계표
④	인사평가표	교육계획서

16 다음 중 채용 관련 요인을 상위 요인에서 하위 요인 순으로 나열한 것은?

① 교육훈련 → 채용 → 직무배치
② 채용 → 교육훈련 → 직무배치
③ 채용 → 직무배치 → 교육훈련
④ 직무배치 → 교육훈련 → 채용

17 다음 중 경영관리의 순서를 올바르게 나열한 것은?

> ㉠ 수립된 계획의 실행을 위해 필요한 자원을 배분하는 절차를 거친다.
> ㉡ 향후 발생 가능한 문제를 예측하고 해결방안을 계획·수립한다.
> ㉢ 구체적인 업무를 수행하도록 지시하고 진행시킨다.
> ㉣ 과업을 조율하고 수행 결과에 대한 검토과정을 거친다.

① ㉠ → ㉡ → ㉢ → ㉣
② ㉡ → ㉠ → ㉢ → ㉣
③ ㉠ → ㉢ → ㉣ → ㉡
④ ㉢ → ㉠ → ㉡ → ㉣

17 경영관리는 '계획 – 조직화 – 지휘 – 조정 및 통제'의 과정을 거친다. 향후 발생 가능한 문제를 예측하고 해결방안을 수립한 후, 수립 계획의 실행을 위한 자원 배분의 과정을 거치고 지휘의 과정을 통해 구체적인 업무 수행을 진행시킨다. 마지막으로 과업이 중복되거나 부족할 경우 계획대로 진행되는지 조율하고, 수행 후 계획과 차이점을 확인하여 이를 수정한다. 그리고 이를 통해 향후 계획 수립에 참고하도록 통제하는 과정을 갖는다.

18 다음은 의사결정의 순서를 나타낸 설명이다. 괄호 안에 들어갈 말이 순서대로 옳게 연결된 것은?

> 조직은 내부의 다양한 문제를 해결하기 위해 논리적이고 체계적인 의사결정 과정을 따른다. 이 과정에서 가장 먼저 다양한 대안을 수집한 후, 각 대안의 장단점을 비교하고, 마지막으로 최적의 해결책을 고르게 된다.
>
> 문제 해결책 (㉠) → 문제 해결책 (㉡) → 문제 해결책 (㉢)

	㉠	㉡	㉢
①	선택	탐색	평가
②	탐색	평가	선택
③	평가	선택	실행
④	실행	평가	탐색

18 합리적 의사결정과정은 일반적으로 다음의 단계로 진행된다. 이 흐름은 경영학의 기본적인 문제해결 및 전략수립 과정에도 그대로 적용된다.

> 대안 탐색(문제를 해결할 수 있는 다양한 방안을 수집) → 대안 평가(각 대안의 비용, 효과, 실행 가능성 등을 분석) → 대안 선택(평가 결과를 바탕으로 최적의 해결책 결정)

정답 17 ② 18 ②

19 기업이 사업에 대한 전략을 결정할 때 '시장점유율(Market Share)'과 사업의 '성장률(Growth)'을 고려한다고 가정한다. 반면, 현금젖소 사업부는 점유율이 높아서 이윤이나 현금흐름은 양호하지만 향후 성장하기는 어려운 사업이다.

19 보스턴컨설팅그룹(Boston Consulting Group)이 개발한 전략적 사업 관리 도구인 BCG 매트릭스에 대한 설명으로 옳지 않은 것은?

① 별(Star) 사업부는 성장률과 시장점유율이 높아 지속적 투자를 하게 되는 유망 사업이다.
② 현금젖소(Cash Cow) 사업부는 현금흐름이 양호하고 성장성이 높은 사업이다.
③ 물음표(Question) 사업부는 시장점유율을 높이기 위해 많은 투자금이 필요한 사업이다.
④ 개(Dog) 사업부는 향후 성장성이 낮고 현금흐름이 좋지 못한 사업이다.

20 생산자에서 소비자에게 직접 연결되는, 중간 유통업자가 없는 유통경로를 직거래(Direct Channel) 또는 직접 유통경로라고 한다. 대표적으로 농업, 소프트웨어 및 IT 서비스업, 수공예 및 예술품 산업, 공연 및 문화 콘텐츠 산업 등의 상품이 이에 해당된다. 반면, TV, 자동차, 화장품은 간접 유통경로를 지닌 산업의 상품들로, 생산자가 도매상, 소매상, 대리점 등의 중간 유통업자를 거쳐 소비자에게 전달된다.
(단, 최근 실제 유통과정의 변화로 농산물의 간접 유통과 공산품의 직접 유통이 이뤄지는 경우도 있음)

20 생산자에서 바로 최종 소비자로 가는 유통경로를 가진 산업은?

① 쌀
② TV
③ 자동차
④ 화장품

정답 19 ② 20 ①

21 정보가 가져야 할 올바른 특징으로 옳지 않은 것은?

① 정확성
② 적시성
③ 불완전성
④ 검증가능성

21 정보는 의사결정에 필요한 중요한 수단으로써, 다음과 같은 특징을 지닌다.

> 정확성, 적시성, 관련성, 완전성, 이해가능성, 검증(입증)가능성, 경제성, 신뢰성, 단순성, 통합성, 적절성, 누적가치성, 매체의존성, 결과지향성, 형태성 등

여기서 정보의 완전성은 의사결정에 필요한 모든 요소가 빠짐없이 포함되는 것을 의미하며, 정보가 불완전할 경우 판단에 오류가 발생할 수 있다. 그러므로 정보의 불완전성은 정보의 특성으로 적절하지 않다.

22 경영관리의 목표에 대한 설명으로 옳은 것은?

① 경영관리는 재무 이익만을 목표로 한다.
② 조직의 목표를 효율적·효과적으로 달성하기 위한 체계적 활동이다.
③ 생산성의 향상은 투입 대비 산출량의 적정선을 설정하는 것이다.
④ 경영관리 목표 달성을 위해서는 최고경영자의 역할만을 중시한다.

22 경영관리는 조직의 목표를 효율적이고 효과적으로 달성하기 위한 계획적이고 체계적인 활동이다.
① 경영관리는 이윤 추구, 사회적 가치 실현 등 조직의 목적을 달성하는 것을 의미한다.
③ 경영관리는 투입 대비 산출의 비율을 극대화하고 조직 전반의 성과를 개선하는 것을 의미한다.
④ 경영관리 목표 달성은 전사적 차원으로, 조직 내 모든 조직 구성원의 역량 및 개발이 중요하다.

정답 21 ③ 22 ②

23 경영학에서 정보는 의사결정을 할 수 있는 중요한 수단으로 인식된다.
① 경영정보 시스템은 효율성을 개선하여 생산성을 증대시키므로, 효율성과 생산성 모두 중요한 요소이다.
② 경영정보 시스템은 시장(고객)의 반응에 대하여 정보를 수집하기 때문에 상품 및 서비스의 새로운 비즈니스 모델을 창출할 수 있다.
③ 경영정보 시스템은 고객의 요구에 즉각적으로 반응할 수 있고, 잠재적 요구 분석까지도 가능하다.

23 경영정보 시스템에 대한 설명으로 옳은 것은?
① 효율성보다는 생산성에 더 중심을 둔다.
② 과거의 비즈니스 모델에 안주하고 안전한 실행을 가능하게 한다.
③ 고객의 요구에 즉각적으로 반응할 수 있으나 잠재적 요구 분석은 어렵다.
④ 정보 부족으로 야기된 단순 예측이 아닌 합리적인 의사결정이 가능하다.

24 플랫폼 서비스는 양면시장, 네트워크 효과, 중개 기능 등을 핵심으로 하는데, 특히 공급자(생산자)와 수요자(소비자)가 플랫폼이라는 중개 시스템을 통해 자율적으로 상호작용하는 것이 주요한 특징이다. 즉, 생산자와 소비자의 양방향으로 가치가 전달되고, 제조업보다는 중개를 통해 수익이 창출되며, 독립적인 조직 운영과 수평적 통합의 특성을 지닌다.

24 다음 중 플랫폼 서비스의 특징으로 옳은 것은?
① 생산자와 소비자의 명확한 구분과 단일방향성으로 가치가 전달된다.
② 공급자와 수요자 간의 상호작용의 구조를 지닌다.
③ 제조업 중심으로 수익이 창출된다.
④ 독립적인 조직운영을 지양하고, 수직통합의 조직구조를 지닌다.

25 다각화 전략은 기업이 여유자원(Slack Resources) 또는 역량(Capacity)을 활용하여 기업의 번영과 성공적인 전략 수행이 가능하다.
① 다각화 전략은 기업의 대표적인 성장전략이다.
② 기업이 경쟁하는 산업 또는 제품의 수(Number)를 다양하게 하는 특징을 지닌다.
④ 외부의 기회요인과 내부강점을 결합시켜 다양한 산업으로의 진출을 모색하는 것이 다각화 전략이다.

25 다음 중 다각화 전략에 대한 설명으로 옳은 것은?
① 기업들의 전략 개진에 있어서 축소전략의 일환으로 활용된다.
② 기업이 경쟁하는 산업의 제품군을 한정적으로 다루는 전략이다.
③ 다각화 전략은 기업이 여유자원과 역량을 지닐 때 고려되는 전략이다.
④ 기업 내부의 장점만을 가지고 다양한 산업에 진출을 시도한다.

정답 23 ④ 24 ② 25 ③

26 다음 중 아웃소싱 전략에 대한 설명으로 옳은 것은?

① 실패위험을 외부와 분산시켜 위험 축소가 가능하다.
② 기업의 중요 또는 기밀 정보의 유출가능성이 감소한다.
③ 핵심역량의 분산을 통해 기업의 전반적인 역량 상승이 가능하다.
④ 아웃소싱으로 경영상 유연성이 저감된다.

26 현대 경영에서 아웃소싱 전략은 매우 중요한 경영관리 및 전략적 의사결정으로 간주되며, 일부 경영 기능을 외부 파트너와 공유하여 위험(Risk) 부담을 줄일 수 있다. 아웃소싱은 이 외에도 다음과 같은 몇 가지 특징을 더 가진다.
② 아웃소싱은 기업 내부의 중요 정보(기밀)가 외부로 유출될 가능성이 높다는 단점이 있다.
③ 아웃소싱은 핵심역량에 집중하고, 비용 절감과 효율성을 위한 대표적인 경영전략 중 하나이다.
④ 아웃소싱은 경영 유연성 확대가 가능하다는 장점을 지닌다.

27 마케팅 전략 중 포지셔닝에 대한 설명으로 옳은 것은?

① 명확한 포지셔닝의 결과는 소비자의 구매행동으로 연계되지 않는다.
② 제품 또는 서비스가 지니는 속성이나 이미지를 소비자에게 뚜렷하게 자리 잡게 해 주는 것이다.
③ 소비자의 만족도 조사보다는 기업의 특성에 맞는 제품 기획을 뜻한다.
④ 제품 및 서비스의 독창성만 고려한다는 의미이다.

27 포지셔닝 전략은 제품 또는 서비스를 소비자들의 마음속에 어떻게 인식되도록 하는지를 결정하는 마케팅 전략이다.
① 제품 및 서비스에 대한 명확한 포지셔닝은 제품구매를 유도한다.
③ 포지셔닝은 소비자의 인식(시장 동향 등)을 분석하여 소비자의 욕구를 충족시킬 수 있는 제품이나 서비스를 창출하게 하는 중요성을 지닌다.
④ 효과적인 포지셔닝 전략을 위해서는 우월성, 지속성, 수익성 등의 요인을 고려해야 한다.

28 마케터가 목표시장을 선정하는 기준으로 옳은 것은?

① 해당 시장에서 경쟁기업의 인지도가 높은가?
② 해당 시장 내에서 시장의 규모, 성장성, 수익성, 접근성이 고려되는가?
③ 해당 시장에서 품질보다 감성적 매력도를 지닐 수 있는가?
④ 해당 시장에서 기업의 이미지와 유사성을 지니는가?

28 시장의 규모, 성장성, 접근성, 자원과 수익 간의 균형 등은 목표시장 선정의 대표적인 판단 기준이다.
① 경쟁 브랜드의 인지도는 진입 전략 또는 차별화 전략에 영향을 미치기는 하나 시장 선정 기준 그 자체는 아니다.
③ 감성적 매력도는 광고나 포지셔닝 전략에서 중요하지만 시장 선정 기준과는 거리가 있다.
④ 기업 이미지와의 유사성을 고려할 수는 있으나, 이것이 핵심 기준은 아니다.

정답 26 ① 27 ② 28 ②

29 기술 마케팅에서 기술역량이란 기업이 보유한 기술 수준 및 전문성을 뜻하고, 혁신 능력은 새로운 기술이나 제품을 개발할 수 있는 능력을 뜻한다. 마지막으로 기술 브랜딩은 기술 자체를 브랜드 가치로 전화하는 전략이다. 이와 같은 요소들은 기술 마케팅을 설명하는 중요 개념이다.

30 경영관리 차원에서 축소전략은 대표적인 비용 절감의 방법이다.
① 축소전략은 경영실적의 저조할 때, 또는 제품이나 서비스 계열이 축소될 때 적합한 전략이다.
② 기업 외부경영환경이 위협적인 경우와 문제해결에 대한 역량이 부족한 경우에 축소전략은 유용하게 사용될 수 있다.
④ 경영관리 차원에서 비용 절감의 방법으로 나타난다.

31 마케팅 믹스 4P는 Product(제품), Price(가격), Place(유통), Promotion(촉진)으로 구성된다. 촉진은 제품이나 브랜드에 대한 정보를 소비자에게 알리고 구매를 유도하기 위한 방법으로 광고, 판촉, PR, 홍보 등을 의미한다.

---

29 다음 내용에서 괄호 안에 들어갈 말을 옳게 고른 것은?

> 기술 마케팅이란 기업이 보유한 (㉠) 또는 (㉡)을 기반으로 제품 또는 서비스를 차별화하고, 이를 소비자(시장)에 전달함으로써 경쟁우위를 확보하려는 마케팅 전략이다. 주로 전자제품, 자동차, 의료기기 산업, 첨단기술 산업 등 높은 기술 집약도가 필요한 산업에서 활용된다. 또한, 기업이 지닌 기술을 브랜드 자산으로 활용하는 (㉢) 전략도 기술 마케팅의 중요한 요소 중 하나이다.

	㉠	㉡	㉢
①	시장점유율	저가전략	감성 브랜딩
②	기술역량	혁신 능력	기술 브랜딩
③	가격경쟁력	서비스 품질	제품 포지셔닝
④	고객만족도	광고 노출	대중 마케팅

30 다음 중 기업의 축소전략으로 옳은 것은?
① 경영실적이 우수할 때 유용한 전략이다.
② 경영환경이 안정적일 때 신규시장 진입을 위한 전략이다.
③ 경영문제 해결을 위해 경영자가 결정하는 마지막 전략이다.
④ 경영 전반적 관리 차원에서 비용 투입의 방법으로 나타난다.

31 다음 중 마케팅 믹스 요소 중 '촉진(Promotion)'에 해당하는 활동으로 가장 적절한 것은?
① 제품이나 서비스의 품질을 개선하여 기능과 성능을 높이는 활동
② 유통 채널을 재조정하여 소비자(시장) 접근성을 높이는 활동
③ SNS, 광고 등 대외홍보를 통해 소비자에게 정보를 전달하는 활동
④ 제품 가격을 시장 평균보다 낮게 책정하여 시장 점유율을 높이는 활동

정답 29 ② 30 ③ 31 ③

32. 다음 중 재무제표에 대한 설명으로 옳은 것은?

① 손익계산서는 특정 시점의 자산, 부채, 자본을 나타낸다.
② 기업의 재무성과 및 재무상태를 이해관계자들에게 제공하는 것이 목적이다.
③ 현금흐름표는 기업의 재무상태를 자본금 중심으로 분류한 것을 말한다.
④ 재무상태표는 일정 기간 동안의 수익과 비용을 보여준다.

32. 재무제표는 재무성과 및 재무상태에 대한 정보를 이해관계자들에게 제공하는 것을 목적으로 한다.
① 손익계산서는 일정 기간 동안의 기업의 수익과 비용을 나타낸다.
③ 현금흐름표는 기업의 현금유입과 유출에 관한 정보를 영업, 투자, 재무 활동별로 나타낸다. 그렇기 때문에 자본금 중심이라는 설명은 적절하지 않다.
④ 재무상태표는 특정 시점의 자산, 부채, 자본을 보여준다. 수익과 비용을 보여주는 것은 손익계산서이다.

33. 다음 설명에 해당하는 것은 무엇인가?

> 기업이 보유한 자산은 유동자산과 비유동자산으로 구분된다. 그중 비유동자산은 장기간 기업의 경영활동에 사용되며, 쉽게 현금화가 되지 않는 자산을 의미한다. 비유동자산은 기업의 장기적 관점의 안정성과 성장가능성을 보여주는 지표가 된다.

① 매출채권
② 단기예금
③ 상품재고
④ 토지와 건물

33. 토지와 건물은 기업이 장기간에 걸쳐 영업활동에 사용하는 대표적인 비유동자산이다. 비유동자산은 단기간 내에 현금화할 계획이 없고, 기업의 장기적 생산능력과 안정성을 보여준다.
반면, 매출채권, 단기예금, 상품재고는 대부분 1년 이내에 현금으로 전환되거나 사용될 수 있는 자산으로, 유동자산에 해당한다.

정답 32 ② 33 ④

34 재무비율의 특성에 대한 내용을 묻는 문제이다. 총자산회전율은 효율성 지표이다.
① 유동비율은 단기부채상환능력을 보여주며, 높을수록 일반적으로 재무안정성이 높음을 의미한다.
② 자기자본이익률은 자기자본 대비 수익창출 능력을 보여주는 지표로써 비율이 높을수록 효율적임을 뜻한다.
④ 재무비율분석은 재무상태와 경영성과를 평가하는 기본적인 수단이다.

34 다음 설명에 대한 설명으로 옳지 않은 것은?

> 재무비율분석은 기업의 재무상태와 경영성과를 숫자로 비교 분석할 수 있도록 도와주는 기법이다. 유동비율은 기업의 단기채무상환능력을 보여주는 비율로, 일반적으로 '(유동자산 ÷ 유동부채) × 100'으로 계산된다. 자기자본이익률(ROE)은 기업이 자기자본을 얼마나 효율적으로 활용해 수익을 창출했는지를 보여주는 비율로, '(당기순이익 ÷ 자기자본) × 100'으로 계산된다. 한편, 총자산회전율은 기업의 자산이 얼마나 효과적으로 매출로 전환되었는지를 보여주며, '매출액 ÷ 총자산'으로 나타낸다.

① 유동비율은 기업의 단기지급능력을 의미하고, 비율이 높을수록 안정성이 높다.
② 자기자본이익률이 높다는 것은 자기자본의 효과적 활용을 의미한다.
③ 총자산회전율은 기업의 자산 활용 정도를 보여주는 수익성 지표이다.
④ 재무비율은 기업의 재무상태와 성과를 분석하는 데 사용된다.

35 계정과목은 회계에서 자산, 부채, 자본, 수익, 비용을 구분하여 기록하기 위한 항목으로, 성격에 따라 계정과목이 존재한다. 단, 경영전략은 기업의 희소한 자원의 효율적인 배분을 뜻하는 비계량적인 개념으로 회계상의 계정과목에 해당하지 않는다.
① 외상매출금은 물건을 판매한 뒤 나중에 받기로 한 돈으로, 회계장부에 '자산'으로 기록되는 계정과목이다.
② 급여는 종업원에게 줄 월급으로, 회계장부에 '비용'으로 기록되는 계정과목이다.
③ 차입금은 타인으로부터 빌린 돈으로, 회계장부에 '부채'로 기록되는 계정과목이다.

35 다음 중 계정과목에 속하지 않는 것은?
① 외상매출금
② 급여
③ 차입금
④ 경영전략

정답 34 ③ 35 ④

36 다음 중 현금흐름(Cash Flow)에 대한 설명으로 가장 적절한 것은?

① 발생 시점을 기준으로 측정된다.
② 회계상에서 순이익과 동일한 의미를 지니기에 별도로 분석할 필요가 없다.
③ 일정 기간 동안 실제 현금유입과 유출을 뜻한다.
④ 기업의 수익성보다는 시장점유율을 판단하는 데 활용된다.

36 현금흐름이란 일정 기간 동안 기업에 들어온 현금 유출입의 실질적인 흐름으로, 기업의 지급능력(유동성), 생존가능성, 투자적정성 등을 판단하는 데 매우 중요한 지표이다. 현금흐름의 측정 기준은 실제 현금 기준이며, 순이익과 현금흐름은 동일하지 않기에 별도의 분석을 필요로 한다. 마지막으로 현금흐름은 수익성, 재무건전성 등을 판단하는데 사용되는 특성을 지닌다.

37 다음 중 재무관리의 목표에 대한 설명으로 옳지 않은 것은?

① 궁극적인 목표는 주주의 부를 극대화하는 것이다.
② 기업의 가치를 장기적으로 극대화하는 데 있다.
③ 단기 이익을 최우선으로 고려하여 신속한 성과를 추구한다.
④ 투자, 자금조달, 배당의사 결정을 통해 달성될 수 있다.

37 재무관리의 일반적인 목표에 대한 문제이다. 재무관리의 핵심 목표는 단기 이익이 아니라 기업 가치(주주 가치)의 장기적 극대화이다. 또한, 단기적인 이익 추구는 오히려 장기적인 손실을 초래할 수 있으며, 이는 기업의 지속가능성과 주주의 신뢰에 부정적인 영향을 미칠 수 있다. 또한 투자, 자금조달, 배당의사 결정 등은 재무관리의 핵심적인 활동들이며, 이를 통해 목표를 달성할 수 있다.

38 다음 기업의 재무정보를 통해 계산한 자기자본이익률로 옳은 것은?

2024년도 A전자의 재무정보는 다음과 같다.
- 당기순이익 : 90,000,000원
- 자기자본 : 450,000,000원

① 15%
② 18%
③ 20%
④ 25%

38 자기자본이익률(ROE)은 기업이 자기자본을 활용해 어느 정도의 수익(당기순이익)을 냈는지를 나타내는 수익성 지표이다. '자기자본이익률(%) = (당기순이익 ÷ 자기자본) × 100'으로, A전자의 경우 자기자본이익률은 (90,000,000 ÷ 450,000,000) × 100 = 20%가 된다.

정답 36 ③ 37 ③ 38 ③

39 생산운영관리의 합리화 원칙은 일관성, 효율성, 비용 절감, 분업화를 통한 전문화 및 속도 향상 등을 들 수 있다. 반면, 자동화와 기계화는 생산의 정확성과 속도를 높이지만, 품질관리가 불필요해지는 것은 아니다. 오히려 자동화 공정에서도 센서 기반 품질 검사, 통계적 품질관리 등 체계적 품질관리가 병행되어야 한다.

39 다음 중 생산운영관리의 합리화 원칙에 대한 설명으로 옳지 않은 것은?

① 작업의 표준화를 통해 작업의 효율성과 일관성을 높일 수 있다.
② 공정의 단순화는 불필요한 과정을 제거하여 생산성을 향상시킬 수 있다.
③ 작업의 분업화는 직무의 전문성을 높이고 생산 속도를 향상시킬 수 있다.
④ 자동화와 기계화는 인적 요소를 배제하여 품질 관리를 불필요하게 만든다.

40 해당 문제는 이해관계자 자본주의의 특성을 묻는 문제이다. 이해관계자 자본주의는 기업의 다양한 이해관계자(주주, 임직원, 고객, 정부, 지역사회, 협력사 등)에 대한 고려를 중요시한다. 이는 기업이 사회적 책임과 윤리적 기준을 내재화해야 한다는 관점이며, 기업 운영의 장기적인 관점에서 가치 창출과 이해관계자와의 신뢰를 강조하는 특징이 있다.

40 다음 중 이해관계자 자본주의에 대한 설명으로 가장 적절한 것은?

① 기업의 궁극적인 목표는 주주 가치 극대화이며, 다른 이해관계자는 중요하지 않다.
② 이해관계자 자본주의는 정부 규제를 축소하고 시장에 모든 책임을 위임하자는 주장이다.
③ 고객, 임직원, 주주, 정부, 지역사회 등 다양한 집단을 함께 고려하는 경영 방식이다.
④ 단기적 성과를 위해 외부이해관계자의 요구를 최소화하는 것이 특징이다.

정답 39 ④ 40 ③

2024년 기출복원문제

경영학개론

※ 기출문제를 복원한 것으로 실제 시험과 일부 차이가 있으며, 저작권은 시대에듀에 있습니다.

01 다음 중 조직의 특징에 대한 설명으로 옳지 <u>않은</u> 것은?
① 모든 조직은 사람으로 구성되어 있다.
② 조직은 달성하고자 하는 독특한 목표를 가진다.
③ 체계화된 구조와 구성원의 행동에 대한 정의 및 제한의 기능을 지닌다.
④ 인간의 사회집단이지만, 비체계화되어 있기도 하다.

01 경영학에서 조직은 달성하고자 하는 목표를 지니고, 목표 달성을 위한 체계화된 인간의 사회집단으로 정의된다.

02 다음 중 효과성에 대한 설명으로 옳지 <u>않은</u> 것은?
① 올바른 목표의 선택 및 달성과 관련된다.
② 대표적으로 비용의 최소화를 들 수 있다.
③ 목표 달성에 있어 능률성·생산성과 관련이 깊다.
④ 경영성과 측정에서 매우 중요한 개념이다.

02 능률성과 생산성은 효율성에 관한 내용이다. 효과성은 최소한의 투입으로 최대한의 산출을 얻고, 목표 달성을 위한 결과 중심적 개념을 의미한다.

정답 01 ④ 02 ③

03 ② 막스 베버는 조직운영 관리에서 권위와 위계를 강조하는 관료제론을 제시하였다.
③ 테일러는 생산라인 관리, 생산현장의 노동 생산성 향상이라는 과학적 관리론을 주장하였다.
④ 스콧은 조직이론에 대한 개념과 이론의 정리를 통해 조직이론을 가장 체계적으로 정리한 학자이다.

04 일본 경영학은 제2차 세계대전 이후 특수경기를 맞이하면서 급속한 경제성장과 소득증대를 관리하기 위해 미국의 관리적 경영학을 도입하였다.

정답 03 ① 04 ③

---

03 다음 설명에 해당하는 학자는?

> 이 학자는 관리론의 시조라 불리며, 관리일반원칙의 중요성을 강조한다. 분업, 권한, 규율, 명령일원화, 지휘통일화, 전체 이익에 대한 개인의 복종, 보상, 집권화, 계층화의 원칙, 질서, 공정, 안정, 주도권, 단결이라는 14가지 관리 원칙을 제시하였다.

① 페이욜(Fayol)
② 막스 베버(Max Weber)
③ 테일러(Taylor)
④ 스콧(Scott)

04 국가별 경영학에 대한 설명으로 옳지 않은 것은?

① 미국의 경영학은 생산관리 형태로 전개된 경영관리학 중심이다.
② 독일의 경영학은 이론적 특성이 강하다.
③ 일본의 경영학은 제1차 세계대전 이후 경영관리학 중심으로 발전했다.
④ 우리나라는 해방 이전 일본을 통해 경영학이 도입되어 독일과 유사한 경영학 특징을 가진다.

05 다음 중 기업의 이해관계자가 <u>아닌</u> 것은?
   ① 정부
   ② 공급자
   ③ 국민
   ④ 투자자

05 이해관계자(Stakeholder)는 기업과 직·간접적으로 영향을 가지는 관계의 대상을 말한다. 대표적으로 정부, 공급자, 지역사회, 채권자, 임직원, 투자자, 소유자, 고객, 노동조합 등이 이해관계자에 해당한다. 하지만 불특정한 국민의 경우 기업과 관련 있는 이해관계자로 볼 수 없다.

06 보호무역주의를 강화하기 위한 수단으로 옳지 <u>않은</u> 것은?
   ① 관세
   ② 덤핑
   ③ 수입할당제
   ④ 상품 경쟁력

06 보호무역주의의 강화 수단으로 관세, 덤핑, 수입할당제 등이 있다. 반면, 상품 경쟁력(Competitiveness)은 보호무역주의에 대한 대항이 가능하고 이를 극복할 수 있는 경쟁력이 될 수 있다.

07 다음 중 주식회사에 대한 설명으로 옳지 <u>않은</u> 것은?
   ① 주식발행을 통해 자본을 조달받는다.
   ② 세분화된 비율적 단위의 주주가 존재한다.
   ③ 주주는 회사의 채무에 대해 직접적 책임을 가진다.
   ④ 미국의 경우 공개회사(Public Corporation)가 이에 해당한다.

07 주식회사에서 주주는 개별 주식의 인수가액을 한도로 하는 출자의무를 부담하며, 회사의 채무에 대해서 직접적인 책임을 가지지 않는다.

정답 05 ③ 06 ④ 07 ③

08 공기업은 공공성의 원칙을 지니며, 경제적 기반·대규모 시설·독점성 등의 원칙을 지니고 있는 특징이 있다.

08 사기업과 다른 공기업의 특징으로 옳지 <u>않은</u> 것은?

① 공공의 서비스를 제공한다.
② 공공서비스 원칙으로 경제적 기반을 갖추지 않아도 된다.
③ 경제개발 초기 정부의 투자에 의해 촉발된 특징을 지닌다.
④ 국가 외 지방자치단체가 운영 주체이기도 하다.

09 ② 트러스트는 여러 기업의 출자를 결합한 형태를 말한다.
③ 콘체른은 금융결합의 특징으로, 카르텔보다 강력한 지배력과 경제적 독립성 상실의 특징을 지닌다.
④ 지주회사는 타 회사의 주식을 보유하여 경영상으로 지배하는 형태를 말한다.

09 다음 설명에 해당하는 기업결합 형태는?

> 법률적·경제적 독립성을 유지하는 형태를 말하는데, 경쟁의 제한과 완화의 목적을 지닌다. 또한 시장 통제는 기업 간의 협정을 통해 이루어지지만, 구속력은 낮은 특징을 지닌다. 우리나라의 경우 해당 기업결합 형태를 법률로 제한하고 있다.

① 카르텔
② 트러스트
③ 콘체른
④ 지주회사

정답 08 ② 09 ①

10 기업의 글로벌화에 대한 설명으로 옳지 않은 것은?

① 국가 간 이동장벽과 상호의존도가 모두 높아지는 과정을 뜻한다.
② 세계 시장이 단일화되어 가는 현상을 말한다.
③ 하나의 지역, 종교, 문화의 특수성보다는 보편성이 강조된다.
④ 개방화와 자유화를 기초로 한다.

10 글로벌화(국제화)란 국가 간의 자원 이동 장벽이 낮아지는 반면, 국가 간의 상호의존도는 점차 높아지며 지구 전체를 하나로 통합하는 과정을 의미한다.

11 기업윤리에 대한 설명으로 옳지 않은 것은?

① 기업윤리는 윤리적 사고를 사업 행동에 적용하는 것을 말한다.
② 기업윤리와 경제적 이익은 연관성이 없다.
③ 결함가능성이 있는 제품의 리콜(Recall)은 윤리적 행동에 해당한다.
④ 기업의 높은 윤리기준은 조직 구성원 보호의 기능도 지닌다.

11 기업은 사회의 윤리적 기준에 맞게 행동함으로써 사회적인 지지를 받을 수 있고, 기업과 사회는 서로 협조하여 윤리적 원칙을 고수하면서 경제적 이득을 누릴 수 있다.

12 계량적 의사결정에 대한 설명으로 옳지 않은 것은?

① 계량적 분석은 다양한 변수를 고려하기에 누락되는 요소가 존재하지 않는다.
② 수학에 근거한 경영과학을 토대로 한 의사결정이다.
③ 할당법은 생산자원 또는 업무를 할당하는 것을 말한다.
④ 확실한 상황하에서의 의사결정으로는 선형계획법이 있다.

12 계량적 의사결정은 상대적으로 구체적이고 통계적인 근거에 기반하지만, 인간의 의사결정 과정에서 고려되지 못하는 다양한 변수들이 존재한다는 한계를 충분히 고려해야 할 필요가 있다.

정답 10 ① 11 ② 12 ①

13 분업화는 과업 전체의 이해도를 떨어뜨리는 경향이 나타나기에, 때로는 부적합한 의사결정이 내려질 수 있다는 단점이 있다. 또한, 분업화로 인한 전체적인 과업 이해도의 저하는 조직의 외부상황에 대한 적절성과 신속성을 떨어뜨리기도 한다.

13 다음 중 분업에 대한 설명으로 옳지 <u>않은</u> 것은?

① 기업의 과업을 분리 처리하는 것을 말한다.
② 조직화의 첫 번째 단계를 뜻한다.
③ 과업의 전문화 및 숙련도가 상승한다.
④ 변화하는 환경에 신속하게 대처가 가능하다.

14 경쟁전략은 전략 수립에 있어서 기업 외부환경에 초점을 맞추고, 경쟁자에 비해 얼마나 경쟁우위를 확보할 수 있느냐를 통해 그 전략을 전개해야 한다고 주장한다.

14 다음 중 포터의 경쟁전략에 대한 설명으로 옳지 <u>않은</u> 것은?

① 원가우위 전략은 저비용의 경쟁우위와 넓은 경쟁영역이라는 특징을 지닌다.
② 집중화 전략은 특정 집단 또는 지역의 시장만을 목표로 하는 전략이다.
③ 차별화 전략은 차별화를 기반으로 넓은 경쟁영역에서 펼치는 전략을 말한다.
④ 경쟁전략의 가장 중요한 요소는 내부자원이다.

15 경영전략의 수립 절차는 크게 조직규명(미션, 목표 확인), 환경분석(기업의 내부환경 및 외부환경분석), 전략수립(사업부 전략, 기능별 전략 등), 전략실행 및 평가의 과정을 거친다.

15 다음 경영전략 수립 절차를 순서대로 옳게 나열한 것은?

> ㉠ 전략실행 및 결과 평가를 통해 경영전략을 평가하고 개선점을 찾는다.
> ㉡ 기업의 내·외부환경을 분석한다.
> ㉢ 기업의 미션과 목표를 설정·확인한다.
> ㉣ 기업전략, 사업전략, 기능전략 등의 전략을 수립한다.

① ㉠ → ㉡ → ㉢ → ㉣
② ㉢ → ㉡ → ㉣ → ㉠
③ ㉢ → ㉡ → ㉠ → ㉣
④ ㉠ → ㉢ → ㉣ → ㉡

정답 13 ④ 14 ④ 15 ②

16 다음 설명에 해당하는 기업 혁신 방법은?

> 기업 경영환경 속에서 기준이 되는 대상 기업을 설정하고, 그 대상 기업과의 비교 분석 과정을 통해 장점을 파악하고 따라 배우는 행위를 말한다.

① 다운사이징
② 리엔지니어링
③ 벤치마킹
④ 리스트럭처링

16 ① 다운사이징은 조직의 효율성 향상을 위해 의도적으로 인력, 직무, 부서를 축소시키는 기법이다.
② 리엔지니어링은 급진적인 조직의 변화를 위한 재설계를 뜻한다.
④ 리스트럭처링은 미래 변화에 대한 예측으로 사업부의 축소, 철수, 통합 등의 사업구조 개혁을 뜻한다.

17 SWOT 분석 중 '강점을 통해 위협을 최소화'와 관련된 전략은?

① SO 전략
② ST 전략
③ WO 전략
④ WT 전략

17 SWOT 분석은 강점(S ; Strength), 약점(W ; Weakness), 기회(O ; Opportunity), 위협(T ; Treat)의 4가지 기준을 가지고 분석하는 기법이다. 그중 ST 전략은 강점과 위협을 고려하는 전략을 의미한다.
① SO 전략은 강점을 가지고 기회를 살리는 전략을 말한다.
③ WO 전략은 약점은 보완하고 기회는 살리는 전략을 말한다.
④ WT 전략은 약점은 보완하고 위협은 최소화하는 전략을 말한다.

18 다음 중 조직의 규모에 대한 설명으로 옳지 <u>않은</u> 것은?

① 조직규모가 커질수록 조직의 복잡성은 커진다.
② 조직규모가 커질수록 조직의 집권화는 커진다.
③ 조직규모가 커질수록 조직의 공식화는 커진다.
④ 조직규모가 커질수록 조직의 분권화는 커진다.

18 조직구조란 목표 달성을 위해 조직을 기능별·위계별로 세분화하여 이에 대한 관리적 책임과 통제의 범위를 조직화한 것을 말한다. 특히 조직규모의 대표적인 결정요인은 구성원의 수이며, 이로 인해 수직적 분화와 수평적 분화의 결과를 가져온다. 조직규모가 커질수록 복잡성, 공식화, 분권화는 커지지만, 조직의 집권화는 상대적으로 작아지는 특징을 지닌다.

정답 16 ③ 17 ② 18 ②

| 19 | 조직갈등의 결정요인은 다양하다. 대표적인 조직의 갈등 원천으로는 크게 목표의 차이, 지각의 차이, 조직 내 자원의 부족, 커뮤니케이션의 왜곡, 업무 영역의 모호성 등이 있다. |

19 다음 중 조직갈등의 원천에 해당하지 <u>않는</u> 것은?

① 업무의 수평적 분화로 인한 목표 차이
② 가치관·태도·행동기준 등의 차이
③ 업무 영역의 명료성 저하로 인한 모호성 증대
④ 조직 내 풍부한 자원

| 20 | ① 직무특성이론은 직무특성과 개별 종업원의 특성에 따른 업무성과 향상 가능성을 제시한 이론이다.
② 통합균형이론은 조직의 목적을 존속과 발전으로 정하며, 대내적 균형 달성 시 이를 통해 효율성·효과성 유지가 가능하다고 본 이론이다.
③ 직업선택이론은 임금, 책임감, 안정성, 발전가능성, 지리적 위치, 복지 등 직업을 선택할 때의 결정요인을 보여주는 이론이다. |

20 다음 설명에 해당하는 이론은 무엇인가?

> 인간의 요구체계는 동기유발요인(만족요인)과 위생요인(불만요인)의 이원적 구조를 지닌다. 이처럼 인간의 욕구체계는 서로 다른 2개의 욕구군에 의해 구성되어 있다고 가정하며, 불만요인의 충족을 통해 불만요인의 제거(필요조건)와 만족요인의 충족을 통한 만족감의 증대(충분조건)가 동시에 성립될 때 동기유발이 가능하다고 주장한다.

① 직무특성이론
② 통합균형이론
③ 직업선택이론
④ 허즈버그 2요인설

정답 19 ④ 20 ④

21 다음 중 직무평가에 대한 설명으로 옳지 않은 것은?

① 직무평가는 직무 중심으로 평가되며, 구성원의 능력 개발은 고려사항이 아니다.
② 임금수준의 결정과 인력확보 및 배치 등의 목적을 지닌다.
③ 서열법은 직무의 중요도, 난이도, 작업환경 등에 따른 서열을 매기는 방법이다.
④ 직무에 대한 일정 기준을 토대로 직무 간의 상대적 가치를 결정하는 활동을 의미한다.

21 대표적인 직무평가의 목적으로는 다음과 같은 것들이 있다.
- 임금수준의 결정
- 인력의 확보와 배치
- 구성원들의 능력 개발 등

22 인사고과의 궁극적 목표에 대한 설명으로 옳지 않은 것은?

① 임직원의 작업능률 향상과 동기유발 형성이라는 장점을 지닌다.
② 임직원의 직무를 평가하여 그 가치를 측정한다.
③ 조직 구성원의 능력과 업적을 평가하는 데 목적을 둔다.
④ 현대적 인사고과는 목표와 성과를 강조하는 데 초점을 둔다.

22 직무평가를 통한 가치 결정은 직무평가의 목적이며, 인사고과는 조직 내 임직원(인간)을 평가하는 것을 말한다.

23 다음 설명에 해당하는 교육훈련 방법은?

> 실제 근무 환경을 복제한 가상의 환경 속에서 피훈련자가 학습하는 방법을 말한다. 즉, 학습자가 경험하지 못한 것을 집단 또는 개인 수준에서 체험해보도록 함으로써 다양한 교육훈련의 기회를 제공하는 데 그 목적이 있다.

① 프로그램 학습
② 컴퓨터 기반 학습
③ 직업능력습득제도
④ 시뮬레이션 학습

23 ① 프로그램 학습은 사전에 프로그램화된 학습 내용을 단계별로 스스로 배워가는 훈련 방법이다.
② 컴퓨터 기반 학습은 컴퓨터를 통해 미리 정해진 교육계획을 훈련하는 방법이다.
③ 직업능력습득제도는 비즈니스 커리어 제도로써, 특히 사무직종의 체계적인 직무능력 개발에 효과적인 방법이다.

정답 21 ① 22 ② 23 ④

24 승진은 적정성, 공정성, 합리성의 원칙에 입각하여 이루어져야 한다. 승진제도의 유동성은 조직 몰입도, 공정성 저해로 인해 기업의 장기적 성과에도 악영향을 미친다.

24 다음 중 승진제도에 대한 설명으로 옳지 <u>않은</u> 것은?
① 임직원의 직무서열의 상승을 말한다.
② 승진을 통해 지위상승, 보수, 권한, 책임 등의 상승도 수반된다.
③ 승진은 기업 상황에 따라 유동적으로 이루어져야 한다.
④ 승진을 통해 자아실현의 욕구를 충족시킨다.

25 평균임금은 산정일 기준 이전의 3개월간 근로자에게 지급된 임금 총액을 총일수로 나눈 금액이다. 이는 휴업수당, 재해보상금 등에 활용된다.

25 다음 중 임금의 종류에 대한 설명으로 옳지 <u>않은</u> 것은?
① 명목임금은 근로자가 지불받은 임금의 단순 화폐액을 말한다.
② 평균임금은 산정일 기준 6개월간 근로자에게 평균적으로 지급된 금액이다.
③ 통상임금은 정기적·일률적으로 지급하기로 한 급여를 의미한다.
④ 제시임금은 기업이 근로자 고용 시 제시한 임금수준을 말한다.

26 노동조합이란 근로자가 주체가 되어 근로조건 개선, 경제적·사회적 지위 향상을 도모하는 기능을 지닌다. 공제적 기능은 공동기금을 기반으로 상부상조활동으로 그 역할을 한다. 반면 단체교섭 기능은 사용자와 단체교섭을 통한 근무조건의 개선 및 향상 도모, 단체협약 이행 등의 기능을 통칭하며, 대표적인 노동조합 집행 기능에 속한다.

26 노동조합의 공제적 기능에 대한 설명으로 옳지 <u>않은</u> 것은?
① 공제적 기능은 노동조합의 대표적인 경제적 기능에 해당한다.
② 공동기금을 통한 상호부조 활동을 말한다.
③ 기금을 통해 조합원에 대한 질병, 재해, 사망 또는 실업 등을 대비한다.
④ 기업 사용자와의 단체교섭을 통한 근무조건 개선에 도움이 된다.

정답 24 ③ 25 ② 26 ④

27 다음 생산 시스템 설계과정을 순서대로 옳게 나열한 것은?

> ㉠ 입지선정 및 설비배치
> ㉡ 제품/공정 설계
> ㉢ 생산능력 결정
> ㉣ 작업설계 및 측정

① ㉠ → ㉡ → ㉢ → ㉣
② ㉠ → ㉡ → ㉣ → ㉢
③ ㉡ → ㉢ → ㉠ → ㉣
④ ㉡ → ㉠ → ㉢ → ㉣

28 다음 중 포드의 3S에 대한 설명으로 옳지 않은 것은?

① 대량생산을 위한 일반원칙이다.
② 고객이 원하는 제품을 저렴하게 제공할 수 있게 되었다.
③ 작업자의 인간성이 존중되며, 고객의 만족도도 상승하였다.
④ 생산 시스템의 유연성이 떨어진다.

29 다음 중 통제기법에 대한 설명으로 옳지 않은 것은?

① 생산통제란 제품 생산 전에 문제점을 파악하고 개선하는 행위이다.
② 품질통제란 불량 원인을 발견하고, 그것을 제거하여 품질 유지와 향상을 도모하는 것이다.
③ 재고통제는 상품의 판매상황과 재고량을 파악하는 기법이다.
④ 통제기법 활용 목적은 계획 수립의 효과성이다.

---

27 ㉡ 제품/공정 설계 : 무엇을 어떻게 생산할 것인가를 결정
㉢ 생산능력 결정 : 일정기간 동안 조직이 생산 가능한 최대 생산량 결정
㉠ 입지선정 및 설비배치 : 생산투입 요소 및 비용 고려, 환경요인 검토 과정 및 제품 생산을 위한 자재 흐름과 서비스 제공을 위한 시설 배치
㉣ 작업설계 및 측정 : 공정상 작업방법 결정 및 생산시간 측정 과정

28 대량생산을 위한 작업속도의 강제성으로 인해 과업 참여자가 시스템의 일부로 인식되며, 인간에 대한 존엄과 인간성이 무시되는 부정적인 결과를 초래하였다.

29 생산통제란 계획에 맞춰 제품이 생산되고, 생산진행상황을 확인하며, 사전계획과 실제 추진사항에 차이가 발생하면 이를 수정하고 대책을 실시하는 활동을 말한다.

정답 27 ③ 28 ③ 29 ①

30 생산계획은 재화나 서비스의 생산을 위한 효율적인 방안을 계획하는 것을 의미하며, 생산을 위해 투입되는 인적·물적 생산요소를 어떻게 활용할 것인가에 대한 의사결정이다.

30 다음 중 생산계획에 대한 설명으로 옳지 않은 것은?
① 예측된 수요를 충족하기 위해 장·단기계획을 수립하는 것을 말한다.
② 생산계획은 물적 자원만 고려대상이다.
③ 2년에서 10년 사이 기간의 경우 장기계획으로 구분된다.
④ 자재소요계획의 경우 정해진 기일에 완제품을 납기하기 위한 단기계획에 해당한다.

31 마케팅 믹스는 제품(Product), 가격(Price), 유통(Place), 판촉(Promotion)의 4P를 효과적·효율적으로 구성 및 조성하는 방법으로, 소비자와 구매자의 관점을 이해하는 데 필요하다. 즉, 4P는 어느 하나가 더 중요하거나 덜 중요하다기보다는 마케팅 전략 수립에 도움을 주는 종합적인 요소라고 할 수 있다.

31 다음 중 마케팅 믹스에 대한 설명으로 옳지 않은 것은?
① 제품, 가격, 유통, 판촉의 4P로 구성되어 있다.
② 제품(Product)은 디자인, 브랜드, 포장, A/S와 관련이 있다.
③ 유통(Place)은 4P 중에서 가장 중요성이 덜하다.
④ 판촉(Promotion)의 대표적 방법은 홍보, 광고 등이 있다.

32 제품믹스의 폭(Width)은 해당 회사가 취급하는 제품계열의 수를 의미한다. 즉, 로션과 스킨이 이에 해당한다고 볼 수 있다.

32 다음 설명을 바탕으로 계산했을 때, A 회사 제품믹스의 폭은?

A 회사에서는 로션과 스킨을 생산한다. 스킨은 지성용·중성용·건성용이 있고, 로션은 지성용·건성용이 있다.

① 1
② 2
③ 3
④ 4

정답 30 ② 31 ③ 32 ②

33 다음 중 제품의 수명주기에 대한 설명으로 옳지 <u>않은</u> 것은?

① 성장기에는 가격전략, 유통전략, 촉진전략이 효과적이다.
② 쇠퇴기에서 제품개선과 시장개발 전략은 유효한 전략이다.
③ 성장기에는 유사한 기능을 가진 제품에 대한 경쟁이 치열하다.
④ 제품수명주기 파악을 통해 합리적 의사결정이 가능하다.

33 시장의 포화, 신기술 및 대체재의 출현, 고객의 욕구 변화 등으로 제품은 쇠퇴기에 접어들고, 이 때 유지전략, 수확전략, 철수전략 등의 실행을 고려해 볼 수 있다. 제품개선 및 시장개발 전략은 성숙기에 적합한 전략이다.

34 다음 중 심리적 가격결정에 대한 설명으로 옳지 <u>않은</u> 것은?

① 가격결정에 있어서 판매자의 지각을 반영하는 것이다.
② 성수기에는 비싸게, 비수기에는 저렴하게 판매하는 전략이 이에 해당한다.
③ 준거가격이란 소비자들이 상품가격의 고저를 평가할 때 비교기준으로 사용하는 가격을 말한다.
④ 가격이 높을수록 품질의 우수성이나 높은 지위를 상징하는 경우의 가격결정법을 명성가격이라 한다.

34 심리적 가격결정은 기본적으로 가격결정에 있어서 소비자의 지각을 반영하는 것을 의미한다. 대표적으로 계절에 따라 수요에 차이가 있는 제품이나 서비스에서 사용되기도 하며, 명성가격, 관습가격, 준거가격, 유보가격, 최저수용가격, 단수가격 등이 이에 해당한다.

35 다음 중 배당과 유보이익에 대한 설명으로 옳지 <u>않은</u> 것은?

① 배당은 현금으로만 지급된다.
② 배당이란 이익의 일부를 주주에게 나누어 주는 것을 말한다.
③ 유보이익이 높을수록 재무구조가 건전하다는 것을 의미한다.
④ 유보이익은 자기자본을 형성하고, 언제든 배당자원으로 활용할 수 있는 유동적 자본이다.

35 배당의 종류는 대표적으로 현금배당, 주식배당 및 현물배당 등이 있다. 또한 배당을 시기적으로 구분했을 때는 영업연도 중간에 이루어지는 중간배당, 분기말 지급되는 분기배당, 결산기말 기준으로 배당되는 결산배당이 있다.

정답 33 ② 34 ① 35 ①

36 현대 재무관리의 궁극적 목표는 기업가치의 극대화, 주주의 부의 극대화, 주가의 극대화 등이다.
① 기업의 사회적 책임은 이해관계자에 대한 윤리적 책임을 의미한다.
③ 소비자 만족은 기업의 일반적인 목표로 볼 수 있다.
④ 원가 및 비용 절감은 경쟁 우위 창출과 운영 효율성을 위한 목표로 볼 수 있다.

36 다음 중 현대 재무관리 관점의 목표로 가장 적절한 것은?
① 기업의 사회적 책임
② 주주의 부의 극대화
③ 소비자 만족
④ 원가 및 비용 절감

37 현재가치는 미래 현금흐름의 현재가치를 나타내고, 미래가치는 미래 특정 시점에서의 투자가치 또는 현금흐름을 의미한다.

37 화폐의 시간가치에 대한 설명으로 옳지 <u>않은</u> 것은?
① 돈의 가치가 시간이 지남에 따라 달라진다는 의미를 말한다.
② 금융 및 투자에서 고려되어야 하는 기본 원칙이다.
③ 미래가치는 미래 현금흐름의 현재가치를 나타낸다.
④ 복리와 할인, 이자율, 현금흐름이 화폐의 시간가치의 주요 원칙이다.

38 재무비율(Financial Ratio)은 재무제표상에 표기된 항목의 수치를 다른 항목의 수치로 나눈 것으로, 기업의 재무상태나 경영성과를 파악할 때 사용되는 비율을 말한다.

38 다음 중 재무비율에 대한 설명으로 옳지 <u>않은</u> 것은?
① 수익성비율에는 총자산이익률, 자기자본이익률, 매출액이익률이 있다.
② 재무제표상 표기된 항목의 절대적 수치로, 기업 경영성과 파악에 용이하다.
③ 생산성비율은 생산활동에 사용하고 있는 인적・물적 자원의 능률을 측정하고 평가하는 데 적용되는 비율이다.
④ 안정성비율에 해당하는 것으로는 유동비율, 당좌비율, 부채비율 등이 있다.

정답 36 ② 37 ③ 38 ②

39 다음 중 경영정보 시스템에 대한 설명으로 옳지 않은 것은?
① 이익창출을 위한 하위 시스템들의 효율적 작용을 위한 시스템이다.
② 정보 제공자를 위한 맞춤형 시스템이다.
③ 기업 경영의 의사결정 유효성을 높여준다.
④ 정보 수집·전달·처리·저장 등에 용이하다.

39 경영정보 시스템은 기업의 계획 운영 및 통제를 위한 정보를 적절한 시기에 구성원들에게 제공함으로써 기업의 목표를 효율적이고 효과적으로 달성할 수 있도록 하는 시스템을 말한다. 이러한 경영정보 시스템은 정보 사용자에게 편의를 제공한다.

40 회계학의 재무제표에 대한 설명으로 옳지 않은 것은?
① 기업의 재무상태에 대해 정보를 전달하는 역할을 한다.
② 외부이해관계자의 합리적 의사결정에 유용한 정보를 제공한다.
③ 대표적인 재무제표의 종류로는 재무상태표, 손익계산서, 현금흐름표 등이 있다.
④ 재무제표는 정량적 지표로, 기업 신뢰도와 연관성은 낮다.

40 재무제표는 정보이용자들에게 기업의 정확한 재무적인 요소 등 기업의 정보를 제공하는 기능을 한다. 기업 투자 결정시 재무상태표, 손익계산서, 현금흐름표 등을 통해 의사결정이 반영된다. 또한 재무제표는 투자자와 신용기관, 그리고 다양한 이해관계자에 대한 기업의 신뢰도·정확성 등을 보여준다.

정답 39 ② 40 ④

2023년 기출복원문제

경영학개론

※ 기출문제를 복원한 것으로 실제 시험과 일부 차이가 있으며, 저작권은 시대에듀에 있습니다.

01 경영자의 유형에 대한 설명으로 옳지 <u>않은</u> 것은?

① 수직적 위계에 따라 최고경영자, 중간경영자, 하위경영자로 구분된다.
② 전문경영자는 소유권을 가진 경영자를 의미한다.
③ 전반경영자는 다수의 조직과 기능을 총괄·감독하는 역할을 담당한다.
④ 중간경영자는 최고경영진의 철학을 회사 전체에 전달하는 역할을 한다.

02 경영학의 학문적 특성에 대한 설명으로 옳지 <u>않은</u> 것은?

① 자본주의 관점에서 자유기업제도를 바탕으로 시작된 학문이다.
② 이론과 실천과학과 기술측면을 모두 지닌 종합 학문이다.
③ 기업에서 나타나는 다양한 문제점을 과학적 접근으로 다룬다.
④ 기업의 과거에 초점을 지니며 현상을 살핀다.

03 다음 중 경영학적 사고방식의 핵심요소가 <u>아닌</u> 것은?

① 고객중심
② 경쟁우위
③ 가치극대화
④ 도덕적 해이

---

01 전문경영자의 경우 소유권은 없으나, 경영권을 지닌 경영자를 말한다.
① 최고·중간·하위경영자는 수직적 위계에 따른 분류유형이다.
③ 수평적 차원의 경영자 분류에 해당하는 전반경영자는 특정 기능에만 치중하는 것이 아닌 회사 전체의 전략방향과 다수 조직 및 기능을 총괄한다.
④ 중간경영자는 기업 의사결정 사항을 회사 전체에 전달하는 역할을 수행한다.

02 경영학은 자본주의 체제하에서 자유기업을 다루고, 전문적인 과학과 기술의 학문으로 실천과학의 성격을 모두 갖추었다. 또한 기업에서 나타나는 다양한 문제점을 과학적 접근의 맥락에서 다루며, 기업의 과거, 현재, 그리고 미래지향적인 관점의 학문이다.

03 경영학적 사고방식의 핵심요소는 고객중심의 사고와 경쟁우위 창출, 그리고 주주에 대한 가치극대화의 3요소로 구성된다. 단, 도덕적 해이는 개인의 근무태도와 같은 작은 행동에서부터 기업이 주주나 소비자에게 왜곡된 정보를 전달하는 것 같은 큰 행동까지를 포괄하는 개념이다.

정답 01 ② 02 ④ 03 ④

04 테일러의 과학관리론에 대한 설명으로 옳지 <u>않은</u> 것은?

① 전문성과 개인의 역량이 요구되는 일에 적합하다.
② 시간 및 동작연구를 기초로 노동의 표준량을 산정한다.
③ 노동 생산력 향상 및 조직태업을 방지하는 데 목적이 있다.
④ 최적화, 표준화 및 통제, 그리고 동기부여의 3가지로 구분된다.

04 테일러의 과학적 관리론은 조직에 있어 과학적 경영활동 기반의 조직적 협력으로 생산성 향상과 높은 임금 실현의 의미를 지닌다. 또한 과학적 관리론은 3가지 분류체계(최적화, 표준화 및 통제, 동기부여)를 지니며, 전문성과 개인의 역량에 대한 고려보다는 대량생산 경영활동에 대한 주요 내용이다.

05 다음 중 매슬로우의 욕구 단계를 순서대로 옳게 나열한 것은?

① 생리적 욕구 – 안전 욕구 – 사회적 욕구 – 존경 욕구 – 자아실현 욕구
② 안전 욕구 – 생리적 욕구 – 사회적 욕구 – 존경 욕구 – 자아실현 욕구
③ 생리적 욕구 – 안전 욕구 – 사회적 욕구 – 자아실현 욕구 – 존경 욕구
④ 사회적 욕구 – 생리적 욕구 – 안전 욕구 – 존경 욕구 – 자아실현 욕구

05 미국의 심리학자 매슬로우는 인간의 동기 욕구를 5가지 단계로 제시하였으며, '생리적 욕구 – 안전 욕구 – 사회적 욕구 – 존경 욕구 – 자아실현 욕구'의 순으로 동기부여 단계가 나타난다고 주장하였다.

06 다음 중 드러커에 대한 설명으로 옳지 <u>않은</u> 것은?

① 현대 경영학을 창시하고 체계적으로 수립한 경영학자로 평가받는다.
② 산업혁명 이후 조직을 정의하였다.
③ 기업의 영리성과 경제성만을 강조하였다.
④ 경영 분야를 학문으로 새롭게 확립하였다.

06 현대 경영학의 아버지라 불리는 드러커(Drucker)는 경영학을 체계적으로 수립하였고, 산업혁명 이후 조직의 정의 및 구성 요소 등을 개념화하였다. 뿐만 아니라, 경영(Management)이라는 분야를 학문적으로 확립하였다. 또한 기업은 영리를 추구하는 경제조직인 동시에 사회적 공동체적 조직으로 역할을 한다고 주장하였다. 그러므로 기업이 영리성과 경제성만을 강조한다는 것은 오답이다.

정답 04 ① 05 ① 06 ③

07 소비자 유형은 인구통계학적·사회경제적 요인, 구매행동, 시대적 배경, 관여 수준에 따라 구분되는 것으로, 연령으로만 분류되지는 않는다.
① 관여의 측면에서 능동적 소비자는 구매 전 제품·브랜드에 대한 평가를 하는 특성을 지닌다.
②·④ 연령에 따른 소비자의 분류는 아동(7~12세), 청소년(13~18세), 성인(19~64세), 노인(65세 이상) 소비자로 구분된다.

07 다음 중 소비자 유형에 대한 설명으로 옳지 않은 것은?
① 능동적 소비자는 구매 전 브랜드를 평가한다.
② 아동 소비자는 7~12세의 연령을 지칭한다.
③ 소비자 유형은 연령으로만 분류가 가능하다.
④ 65세 이상부터는 노인 소비자에 해당한다.

08 외부환경요인은 기업경영 전반에 영향력을 미치며 기업의 대응수준에 따라 성과에 영향을 미친다. 대표적인 외부환경요인으로는 시장요인, 경기 및 금융요인, 정치 및 국제요인, 지역 및 환경요인, 노동요인이 있다. 인적자원요인은 기업의 내부환경 측면의 요인이다.

08 다음 중 기업 외부환경의 요인이 아닌 것은?
① 시장요인
② 경기 및 금융요인
③ 정치 및 국제요인
④ 인적자원요인

09 ② 합자회사는 회사채권자에 대해 직접·연대·무한책임을 지는 1인 이상의 무한책임사원과, 직접·유한책임을 지는 1인 이상 유한책임사원으로 구성된다.
③ 유한책임회사는 합명회사와 유한회사의 결합체를 의미한다.
④ 합명회사는 회사의 채무에 관해 직접·연대·무한책임을 지는 2인 이상의 사원으로 구성된다.

09 다음 설명에 해당하는 기업형태는 무엇인가?

- 소규모 회사로, 정보의 비공개와 폐쇄적인 특징을 지닌다.
- 주식회사를 간소화한 것으로 설립절차나 구성이 간단하다.
- 사원을 공모하지 않는다는 특징을 갖는다.

① 유한회사
② 합자회사
③ 유한책임회사
④ 합명회사

정답 07 ③ 08 ④ 09 ①

10 다음 중 기업집중형태에 대한 설명으로 옳지 <u>않은</u> 것은?

① 신디케이트
② 포이즌 필
③ 카르텔
④ 트러스트

10 기업집중형태란 몇 개의 기업보다 큰 경쟁단위로의 결합을 의미하며, 개별 기업 간의 불필요한 경쟁을 제거하고 독점적·경제적 이익 획득을 위한 복합적인 기업의 결합을 의미한다. 기업집중형태로는 카르텔, 신디케이트, 트러스트, 콘체른 등이 있다. 반면, 포이즌 필은 적대적 인수합병의 방어수단을 의미한다.

11 다음 중 기업결합형태에 대한 설명으로 옳지 <u>않은</u> 것은?

① 기업결합형태에는 카르텔, 트러스트, 콘체른이 있다.
② 콤비나트는 생산단계에서 시간적·공간적 낭비가 없는 특징이 있다.
③ 카르텔은 수직적 결합형태이다.
④ 지주회사는 지배대상기업의 주식을 지배에 필요한 비율만큼 소유하는 구조이다.

11 카르텔은 수평적 결합형태를 띤다. 또한 법적·경제적으로 독립된 형태이며, 수평적 결합 외에도 기업 상호 간의 경쟁 제한 등의 특징을 지닌다.

12 다음 중 캐롤의 사회적 피라미드에서 최고 단계는?

① 윤리적 책임
② 자선적 책임
③ 법적 책임
④ 경제적 책임

12 캐롤이 주장하는 기업의 사회적 책임은 기업이 사회에서 공존하기 위해서는 그 책임을 다해야 한다는 것으로, 기업의 사회적 책임을 '경제적 책임 – 법적 책임 – 윤리적 책임 – 자선적 책임' 순으로 정립하였다.

정답 10 ② 11 ③ 12 ②

13 해당 제시문은 집단사고 의사결정의 특징에 대한 설명이다. 브레인스토밍, 델파이법, 명목집단법은 대표적인 효과적 의사결정 기법에 해당한다.

13 다음 설명에 해당하는 단점을 가진 의사결정 기법은?

> 응집력이 높은 집단에서 구성원들 간의 합의에 대한 요구가 지나치게 커 다른 대안 탐색을 저해하고, 자기억압에 의해 만장일치가 되기 쉬운 의사결정 기법을 말한다.

① 집단사고
② 브레인스토밍
③ 델파이법
④ 명목집단법

14 기업은 기업 외부경영환경과 내부자원(내부환경)의 효율적인 배치와 의사결정의 상황에 놓인다. 합리적이고 효율적인 의사결정을 위해 '문제 정의 – 개발 및 평가 – 선택 – 실행 – 결과 평가'와 같은 다섯 단계의 의사결정 구조를 지닌다.

14 다음 중 의사결정과정을 순서대로 옳게 나열한 것은?

① 문제 정의 – 선택 – 실행 – 개발 및 평가 – 결과 평가
② 문제 정의 – 개발 및 평가 – 선택 – 실행 – 결과 평가
③ 문제 정의 – 선택 – 실행 – 결과 평가 – 개발 및 평가
④ 개발 및 평가 – 선택 – 실행 – 문제 정의 – 결과 평가

15 전략적 의사결정은 최고경영층의 의사결정으로써 조직 내부보다는 외부 환경의 대응에 대한 의사결정을 말한다. 중간관리자에 의한 의사결정은 관리적 의사결정이라 한다.

15 의사결정의 유형에 대한 설명으로 옳지 <u>않은</u> 것은?

① 정형적 의사결정 – 일상적인 의사결정으로 일관성이 부여
② 비정형적 의사결정 – 불특정한 의사결정으로 개인의 직관 판단 등에 영향
③ 전략적 의사결정 – 중간관리자의 의사결정을 의미
④ 업무적 의사결정 – 하위관리자에 의한 의사결정을 의미

정답 13 ① 14 ② 15 ③

16 다음 중 의사결정의 기법이 <u>아닌</u> 것은?

① 명목집단법
② 델파이법
③ 브레인스토밍
④ SWOT 분석법

16 조직의 합리적인 의사결정을 위한 기법에는 크게 명목집단법, 델파이법, 브레인스토밍 기법이 있다. SWOT 분석은 경영전략의 분석방법론이다.
① 명목집단법은 구성원들이 공식적으로 모여서 문제나 이슈를 식별하고 의사결정을 내리는 기법이다.
② 델파이법은 전문가의 경험을 중시하고, 그들의 의견을 통해 미래를 예측하는 방법이다.
③ 브레인스토밍은 구성원들의 무작위 아이디어 중 가장 좋은 아이디어를 채택하는 방법이다.

17 다음 중 개인 의사결정의 장애요인이 <u>아닌</u> 것은?

① 구성 오류
② 단순화 경향
③ 몰입의 에스컬레이션
④ 많은 시간과 자원의 소비

17 개인 의사결정의 장애요인으로는 부정적 어휘 사용, 단순화된 주먹구구식 의사결정으로 야기되는 인지적 오류(구성 오류, 단순화 경향), 실패할 것이 뻔한 행동을 지속시키기 위해 인적·물적 지원을 지속적으로 제공하는 몰입의 에스컬레이션이 있다. 반면, 많은 시간과 자원의 소비는 집단 의사결정의 단점이다.

18 다음 중 계획 및 통제 주기를 순서대로 옳게 나열한 것은?

① 계획 – 조직화 – 지휘 – 통제
② 계획 – 지휘 – 조직화 – 통제
③ 계획 – 조직화 – 통제 – 지휘
④ 조직화 – 계획 – 지휘 – 통제

18 경영과정에서 계획 및 통제활동은 의사결정 주체인 경영자에 의해 '계획 – 조직화 – 지휘 – 통제'의 순서로 진행된다. 방침, 예산, 절차 등의 계획화(Planning)와 목표 달성을 위한 조직화(Organizing), 경영과정을 이끌어가는 것(Directing), 마지막으로 관찰과 통제(Controlling)를 한다.

정답 16 ④ 17 ④ 18 ①

19 저비용 전략은 타사보다도 낮은 원가수준을 달성하는 것에 중점을 두고, 효율적인 규모의 생산설비 도입과 경쟁 기업보다 많은 경험효과(학습효과라고도 불리며, 경쟁기업보다 과업에 대한 익숙함으로 상대적 우위를 보이는 것을 의미)에 대한 축적, 경쟁자 대비 저렴한 원재료 조달 능력 및 간접비 삭감을 위한 노력을 말하는 전략이다. 범위의 경제는 다양한 재화나 서비스를 함께 생산할 때 발생되는 비용이 별도의 기업이 생산 시 발생하는 총비용보다 작아지는 것을 의미하며 차별화 전략 중 하나이다.

20 ② 사업전략은 해당 사업부서의 전략을 말한다.
③ 기능별 전략은 인사, 연구개발, 재무관리, 마케팅 등의 기능별 조직에서의 세부적인 전략을 의미한다.
④ 차별화 전략은 제품이나 서비스의 차별화를 추구하는 경쟁우위 확보전략 중의 하나이다.

21 조직화의 설계 원칙 3요소는 분업화, 분권화, 통합화이고, 조직화의 원칙은 책임권한의 균형, 명령의 일원화, 계층화, 통제의 범위 설정이 기본적이다. 책임권한의 회피는 조직화 원칙에 해당하지 않는다.

정답 19 ② 20 ① 21 ②

19 다음 중 저비용 전략에 대한 설명으로 옳지 <u>않은</u> 것은?

① 타사보다 낮은 원가 수준을 달성
② 범위의 경제
③ 효율적인 규모의 생산설비 도입
④ 경험의 효과

20 다음 설명에 해당하는 경영전략으로 옳은 것은?

> 기업의 사명을 기반으로 사업부·기능별 수준의 고려사항 및 제안을 검토하며, 유관 사업 단위들간의 연계성과 시너지 창출을 위해 전략적 우선순위에 의한 자원배분과 관련한 의사결정을 추진하는 전략이다.

① 기업전략
② 사업전략
③ 기능별 전략
④ 차별화 전략

21 조직화의 원칙에 대한 설명으로 옳지 <u>않은</u> 것은?

① 계층화
② 책임권한 회피
③ 명령 일원화
④ 통제 범위 설정

22. 다음 설명에 해당하는 조직형태로 옳은 것은?

> 조직목표를 직접 수행하는 역할자와 보조자의 역할로 구분된다. 역할자는 상사로부터 지휘, 감독, 명령을 받고 상사에게 보고하며, 반대로 보조자는 조직의 목표를 효과적으로 달성하기 위해 역할자를 도와주는 역할을 하는 조직형태이다.

① 라인-스태프 조직
② 사업부 조직
③ 매트릭스 조직
④ 프로젝트 조직

22 해당 제시문은 전문적인 지식 기술을 가진 라인-스태프의 조직체계를 말한다.
② 사업부 조직은 시장·제품의 복잡성에 의해 부문화를 기반으로 구성된 조직형태이다.
③ 매트릭스 조직은 전통적인 기능별 혹은 업무별 부문과 프로젝트별 또는 지역별 부문으로 구성된 조직을 말한다.
④ 프로젝트 조직은 특정 계획 및 과업을 수행하는 조직을 의미한다.

23. 다음 중 조직문화에 존재하는 세 가지 조건에 해당하지 <u>않는</u> 것은?

① 인공물(Artifacts)
② 표방하는 가치(Espoused Values)
③ 암묵적 가정(Underlying Assumptions)
④ 사회문화(Social Culture)

23 에드거 샤인에 의해 구성된 조직문화에 대한 세 가지 조건은 조직문화를 인식할 수 있는 일차 수준인 인공물, 가시적 수준의 인위적 형성을 지배하는 역할을 하는 동시에 행동지침을 설정하는 가치, 그리고 조직 구성원이 자연스럽게 받아들이는 가정으로 구성되어 있다. 사회문화는 호프스테드의 연구에서 등장하는 국가적 문화를 말한다.

24. 다음 중 인사관리상 개념으로 옳지 <u>않은</u> 것은?

① 기업 내 인간을 다루는 철학과 그것을 실현하는 제도 및 기법의 체계이다.
② 인사관리의 주체는 인간이다.
③ 인사관리는 기업이 인간을 다루는 일방적인 관계이다.
④ 기업 목적에 합리적인 제도를 만들고 운영해 나가는 것에 목적이 있다.

24 인사관리의 주체는 인간으로, 인간을 다루는 철학과 실현을 위한 제도 및 기법 체계를 기반으로 한다. 또한 기업 내 인사관리를 통해 합리적인 제도를 만들고 운영하는 데 그 목적이 있으며, 이러한 인사관리는 상호작용의 관계라고 볼 수 있다.

정답 22 ① 23 ④ 24 ③

25 클로즈드 숍은 기업이 고용에 있어 근로자를 조합원 중에 고용하지 않으면 안 되는 방식을 말한다. 또한 소수가 아닌 조직 전체가 노동조합에 가입함으로써 조합원의 단결력이 강한 특징을 지닌다.
① 오픈 숍은 종업원의 고용에 있어 노동조합의 가입과 무관하게 채용할 수 있는 방식이다.
③ 유니온 숍은 고용된 근로자가 일정기간 내 조합의 자격을 취득해야 한다.
④ 프레퍼렌셜 숍은 비조합원의 고용도 가능하나 고용에 있어서 조합원에 대하여 차별적 우대를 해주는 제도를 말한다.

26 생산 시스템은 어떠한 환경에서 주어진 목적을 달성하기 위해 서로 관련성을 가진 식별 가능한 여러 요소의 집합으로, 기본적으로 집합성, 상호관련성, 목적추구성, 환경적응성으로 구성된다. 그러므로 분산성은 생산 시스템의 기본 요소에 해당하지 않는다.

27 해당 제시문은 포드 시스템에 대한 내용이다.
① 테일러 시스템은 개별 생산과 공장관리 기술의 합리화를 중점사항으로 두는 과학적 경영관리법이다.
③ 모듈러 시스템은 대량생산 시스템의 생산효율성 및 경쟁력 향상을 위해 소량 부품으로 다수의 제품을 생산하는 방식을 말한다.
④ 유연생산 시스템은 높은 생산성을 기반으로 다양한 제품을 유연하게 제조하는 목적을 지닌 시스템을 말한다.

정답 25 ② 26 ① 27 ②

25 다음 중 숍제도의 종류와 그 설명이 옳게 연결된 것은?
① 오픈 숍 – 노조의 입장에서 가장 유리
② 클로즈드 숍 – 조합원의 단결력을 효과적으로 강화 가능
③ 유니온 숍 – 근로자의 조합원 가입은 자율
④ 프레퍼렌셜 숍 – 비조합원의 고용은 불가

26 다음 중 생산 시스템 기본 요소가 아닌 것은?
① 분산성
② 상호관련성
③ 목적추구성
④ 환경적응성

27 다음 설명에 해당하는 생산형태는 무엇인가?

이동조립법과 생산 표준화(단순화, 규격화, 전문화)를 통한 대량생산이 가능하다.

① 테일러 시스템
② 포드 시스템
③ 모듈러 시스템
④ 유연생산 시스템

28. 다음 설명에 해당하는 마케팅 관리 종류는?

> 자사 제품의 큰 경쟁우위를 찾아 이를 선정된 목표시장의 소비자들의 마음속에 자사의 상품을 자리 잡게 하는 것이다. 즉, 소비자들에게 경쟁제품과 비교하여 자사 제품에 대한 차별화된 이미지를 심어주기 위한 계획적인 전략접근법이다.

① 포지셔닝
② 표적시장
③ 시장세분화
④ 상황분석

28
② 표적시장은 세분시장이 확인되고 난 후, 기업이 어떤 세분시장을 얼마나 표적으로 할 것인가를 결정하는 것을 말한다.
③ 시장세분화는 가격·제품에 대한 반응에 따라 전체시장을 몇 개의 공통된 특성을 가지는 세분시장으로 나누어 마케팅을 차별화하는 것을 말한다.
④ 상황분석은 마케팅 과정에서 당면한 환경 및 상황을 명확히 분석하는 것을 말한다.

29. 마케팅 프로세스를 순서대로 옳게 나열한 것은?

① 조사 – 시장세분화 – 실행 – 관리 – 마케팅 믹스
② 시장세분화 – 조사 – 마케팅 믹스 – 실행 – 관리
③ 조사 – 시장세분화 – 마케팅 믹스 – 실행 – 관리
④ 마케팅 믹스 – 조사 – 시장세분화 – 실행 – 관리

29 마케팅 프로세스는 영문 이니셜에 따라 'R-STP-MM(4P)-I-C 프로세스'라고도 불린다. 마케팅 프로세스는 '조사 – 포지셔닝(시장세분화 및 타겟팅) – 마케팅 믹스 – 실행 – 관리'의 순으로 구성된다.

30. SWOT 전략에 대한 설명으로 옳지 않은 것은?

① 강점, 약점, 기회, 위협을 고려한 경영전략이다.
② SO 전략은 글로벌 신규시장 공략에 적합하다.
③ WT 전략은 수익 중심의 구조 개편에 적합하다.
④ SWOT 분석은 외부환경만을 고려한 전략이다.

30 SWOT 분석은 산업분석(외부환경, 내부역량)을 통한 전략도출로 강점, 약점, 기회, 위협을 고려하며, 신규 시장 진입 시 또는 수익구조 개편에 사용되는 전략이다. 그러므로 외부환경만을 고려했다는 설명은 SWOT 분석에 대한 설명으로 옳지 않다.

정답 28 ① 29 ③ 30 ④

31 ① 인바운드 마케팅은 광고에 의존하기보다는 고객접근을 통한 마케팅 기법으로, 잠재적 고객의 공감을 유발하며 비즈니스를 확장하는 마케팅 기법이다.
② 디지털 마케팅은 디지털 미디어, 웹사이트, SNS, 이메일, 모바일 등을 통한 마케팅 기법이다.
④ 콘텐츠 마케팅이란 잠재고객들에게 콘텐츠를 제작 및 배포함으로써 잠재고객을 유치하는 마케팅 기법이다.

31 다음 설명에 해당하는 마케팅 기법은?

> 입소문에 의한 마케팅으로, 투입 비용에 비해 그 효과가 크다. 마케팅의 주체가 콘텐츠를 만들어 내놓은 후 입소문을 타기 시작하면 빠르게 퍼지는데, 입소문의 특성상 그 효과가 기하급수적으로 커질 수 있다.

① 인바운드 마케팅
② 디지털 마케팅
③ 바이럴 마케팅
④ 콘텐츠 마케팅

32 ② 가치중심 가격전략은 소비자가 지각하는 제품의 가치를 기준으로 가격을 결정한다.
③ 종속제품 가격전략은 주제품보다는 종속제품의 판매를 주목적으로 하는 방식이다.
④ 원가중심 가격전략은 제품의 원가에 마진을 더하거나 목표 판매량과 목표 이익을 정하는 방식이다.

32 다음 설명에 해당하는 가격결정방법은 무엇인가?

> 단기간에 시장에 침투하려는 목적 및 시장점유율을 달성하고자 할 목적을 지닌 가격결정 방법이다. 초반에는 낮은 가격으로 시장점유율을 높이다가 점유율 확보 후에는 점차 가격을 높인다.

① 시장침투 가격전략
② 가치중심 가격전략
③ 종속제품 가격전략
④ 원가중심 가격전략

정답 31 ③ 32 ①

33 재무분석을 위한 재무비율의 식으로 옳지 <u>않은</u> 것은?

① 유동비율(%) = (유동자산 ÷ 유동부채) × 100
② 당좌비율(%) = {(비유동자산 − 재고자산) ÷ 유동부채} × 100
③ 부채비율(%) = (부채 ÷ 자기자본) × 100
④ 이자보상비율(배) = (영업이익 ÷ 이자비용)

33 유동비율, 당좌비율, 부채비율, 이자보상비율은 안전성을 나타내는 대표적인 재무비율이다.
당좌비율은 당좌자산(유동자산 − 재고자산)을 유동부채로 나누어 계산하는 비율이며, 이는 당좌자산을 유동자산에서 재고자산을 제외한 것으로 해석된다.

34 다음 설명에 해당하는 개념으로 옳은 것은?

> 미래의 정해진 일정 시점에 주식을 현재 합의된 가격으로 매수 또는 매도하기로 약속하는 계약을 말한다.

① 선물
② 주식
③ 옵션
④ 로스컷

34 ② 주식이란 주식회사의 자본을 구성하는 단위를 말한다.
③ 옵션은 해당 주식 혹은 주가지수 등의 기초 자산을 미래 일정 시점에 지정된 가격으로 사거나 팔 수 있는 권리를 말한다.
④ 로스컷은 현재 보유하고 있는 주식의 현 시세가 매입 당시 가격보다 낮고 향후 가격 상승이 어렵다고 판단될 경우 손해를 감수하고 주식을 내다파는 것을 말한다.

35 다음 설명에 해당하는 경영정보 시스템으로 옳은 것은?

> 정보의 기술적 측면에서 최신 정보기술을 접목 및 수용하며, 과업의 수행 측면에서는 모범사례(Best Practice) 내장을 통해 전사적 정보처리 및 관리의 업무 프로세스 혁신을 지원하는 시스템을 말한다.

① ERP
② 인터넷
③ 인트라넷
④ 자료처리 시스템

35 ② 인터넷은 많은 컴퓨터 네트워크를 연결시키는 네트워크를 말한다.
③ 인트라넷은 기업이 내부인력 간 보안 통신을 생성하고 공동작업을 형성하며 정보를 저장하는데 사용하는 사설 네트워크이다.
④ 자료처리 시스템은 컴퓨터 그 자체 또는 초기 컴퓨터 형태를 의미한다.

정답 33 ② 34 ① 35 ①

36 ① EDI(Electronic Data Interchange)는 기업 사이에 컴퓨터를 통해 표준화된 양식의 문서를 전자적으로 교환하는 것이다.
② 전자우편은 전 세계를 대상으로 편지를 보낼 수 있는 서비스를 의미한다.
④ 화상회의는 지역적·물리적 차이가 발생했을 때 유용한 회의 시스템이다.

36 다음 설명에 해당하는 정보통신기술로 옳은 것은?

> 데이터 처리 응용 소프트웨어(Data-Processing Application Software)를 의미하며, 자료의 수집, 저장, 분석, 처리가 어려울 정도로 많은 양의 데이터이다. 다양한 종류의 대용량 자료에 대한 수집, 생성, 분석, 표현 등의 기술 발전은 다각화된 현대 사회를 더욱 정확한 예측과 자료의 효율적인 이용으로 작동하게 한다.

① EDI
② 전자우편
③ 빅데이터
④ 화상회의

37 대표적인 전자상거래 유형은 문제 하단의 표와 같이 정리할 수 있다.
[문제 하단의 표 참고]

37 전자상거래의 유형에 대한 설명으로 옳지 않은 것은?

① B2C : 기업과 소비자 간의 거래
② B2G : 소비자와 정부 간의 거래
③ B2B : 기업들 간의 거래
④ B2E : 기업 내에서의 전자상거래

[전자상거래의 유형]

B2C	기업과 소비자 간의 거래
B2G	기업과 정부 간의 거래
B2B	기업들 간의 거래
B2E	기업 내에서의 전자상거래
G2C	정부와 소비자 간의 거래
G2B	정부와 기업 간의 전자상거래
C2C	소비자와 소비자 간의 거래

정답 36 ③ 37 ②

38. 다음 설명에 해당하는 회계의 종류는?

> 회계란 기본적으로 기업의 가치에 대한 정보 생성을 위해 이해관계에 대한 정보의 전달과 투자자의 합리적인 투자판단 자료를 위한 공시 목적의 성격을 지닌다. 외부정보이용자들의 경제적 의사결정에 유용한 정보를 제공하는 데 목적을 지니고 주요 정보이용자로는 투자자, 채권자 등이 있다.

① 재무회계
② 세무회계
③ 관리회계
④ 원가회계

[회계의 종류]

재무회계	외부정보이용자들의 경제적 의사결정에 유용한 정보를 제공
원가회계	제품의 원가를 계산하기 위함
관리회계	경영자의 의사결정을 도와줌
세무회계	국세청에서 세금을 징수하기 위함

38 회계는 일반적으로 문제 하단의 표와 같이 구분된다.
[문제 하단의 표 참고]

39. 다음 중 재무상태표의 대변에 등장하는 과목이 아닌 것은?

① 비유동부채
② 장기차입금
③ 유형자산
④ 납입자본

39 재무상태표의 대변에는 자산의 감소와 수익·부채·자본의 증가가 기록되고, 차변에는 자산의 증가, 비용의 발생, 부채와 자본의 감소를 기록한다. 유형자산은 대표적인 자산으로 자산의 증가에 해당한다.
① 비유동부채는 기업이 지고 있는 빚을 의미하며 대변에 위치한다.
② 장기차입금은 비유동부채로 취급되며 1년 후 상환되는 차입금을 말한다.
④ 납입자본은 자본의 증가에 해당하며 주주들로부터 출자받은 금액을 말한다.

정답 38 ① 39 ③

40　유형자산의 감가상각은 간접법에 의해 회계처리를 진행한다.
① 감가상각은 취득원가, 잔존가치, 내용연수가 기본 구성요소이다.
③ 감가상각비 계산 중 정액법은 '연간 감가상각비 = (취득원가 − 잔존가치) ÷ 내용연수'를 의미한다.
④ 회계처리 방법 중 직접법은 기간 경과 후에는 취득원가 파악이 어렵다는 단점을 가진다.

40　다음 중 감가상각에 대한 설명으로 옳지 않은 것은?

① 기본 요소는 취득원가, 잔존가치 그리고 내용연수이다.
② 유형자산의 경우 직접법에 의해 회계처리한다.
③ 정액법은 대상금액을 내용연수에 걸쳐 균등하게 배분하는 방법이다.
④ 직접법의 단점은 기간 경과 시 취득원가를 알 수 없다는 것이다.

정답　40 ②

합격으로 가는 가장 똑똑한 선택 시대에듀!

제1편

핵심포인트

제1장	경영학의 기본적 문제
제2장	경영학의 발전과 경영환경
제3장	기업형태 및 기업집중
제4장	기업윤리와 사회적 책임
제5장	경영목표와 의사결정
제6장	경영관리론
제7장	전략수립과 전략실행
제8장	조직구조와 조직문화
제9장	인사관리와 노사관계관리
제10장	생산관리
제11장	마케팅
제12장	재무관리
제13장	경영정보
제14장	회계학

교육이란 사람이 학교에서 배운 것을 잊어버린 후에 남은 것을 말한다.

– 알버트 아인슈타인 –

자격증 · 공무원 · 금융/보험 · 면허증 · 언어/외국어 · 검정고시/독학사 · 기업체/취업
이 시대의 모든 합격! 시대에듀에서 합격하세요!
www.youtube.com → 시대에듀 → 구독

제1장 경영학의 기본적 문제

제1절 경영학의 개념과 의의

1 경영의 개념

(1) 경영의 개념과 학자들의 정의 22 기출
① **경영의 개념**: 경제주체들이 사람의 생활에 있어서 필요로 하고 욕구를 채워줄 수 있는 재화 및 서비스를 만들어 공급하는 활동
② **경영에 대한 학자들의 정의**
  ㉠ 버나드와 사이먼: 조직을 만들고 이를 운영하는 것이며 의사결정의 과정
  ㉡ 드러커: 기업 조직의 방향을 설정하고, 리더십을 통해서 기업 조직의 제 자원을 어떠한 방법으로 활용할지를 결정하는 것
  ㉢ 페이욜: 계획 및 조직하고 명령하며, 조정 및 통제하는 과정
  ㉣ 쿤츠: 의미 있는 기업 조직의 목표를 이루기 위해 가능한 한 효과적인 방식으로 조직의 나아갈 길을 계획, 조직, 충원, 지휘 및 통제하는 활동

> **연습 문제**
>
> 다음 중 기업 경영자에게 요구되는 자질이 <u>아닌</u> 것은?
> ① 분산화 기술   ② 개념 통합 기술
> ③ 스킬믹스   ④ 전문적 기술
>
> **해설** 기업 경영자에게 요구되는 자질로는 인간관계 기술, 스킬믹스, 전문적 기술, 개념 통합 기술이 있다.
> **정답** ①

(2) 경영활동
① **경영기능**
  ㉠ 재무관리: 기업 조직이 목적을 이루기 위해 기업이 자본의 조달 및 운용을 실시하는 것
  ㉡ 마케팅관리: 전체 마케팅 활동을 계획하고 이를 실시하기 위한 조직을 설정, 관리, 통제하는 것
  ㉢ 회계: 특정 유용한 재무적 정보를 제공하기 위한 일련의 과정 또는 체계

- ㉣ 인사관리 : 인적 자원의 잠재적인 능력을 최대로 발휘하게 해서 구성원들이 스스로 최대 성과를 달성하도록 만족을 얻게 하려는 일련의 체계적인 관리활동
- ㉤ 생산관리 : 경영 생산력을 최고로 발휘하기 위하여 공정 계획, 일정 계획에서부터 공장 내자재가 입고 후 작업이 완료되어 제품으로 반출되기까지의 통제 관리
- ㉥ 경영정보시스템 : 경영조직의 의사결정의 유효성 향상을 위해 관련 정보 등을 필요에 따라 수집, 전달, 처리, 저장, 활용할 수 있도록 만든 인간과 컴퓨터와의 결합 시스템

② 관리과정
- ㉠ 계획 : 기업 조직의 경영목표를 설정하고 이를 달성하기 위해 가장 효과적인 방법을 찾는 활동
- ㉡ 조직화 : 기업의 조직형태 구성을 결정하고, 이에 필요한 자본과 인적·물적 자원, 지식, 정보 등을 분배 및 조정하는 것
- ㉢ 지휘 : 기업 조직의 목표 달성을 위해 필요한 업무를 효율적으로 수행할 수 있도록 구성원들을 지휘하면서 동기유발을 하는 활동
- ㉣ 통제 : 기업 조직 구성원들의 행동이 기업이 의도하는 목표와 일치하는지 수준을 평가하고 필요한 경우에는 수정하는 활동

2 학문의 개념과 경영학

(1) 학문의 개념과 성격
① **학문의 개념** : 관심을 지니고 있는 영역 또는 지적 호기심에 대해 기존의 연구 및 정리된 지식의 체계를 습득해서 답을 찾아가는 것
② **학문의 일반적인 성격**
- ㉠ 모든 학문은 연구 대상을 지님
- ㉡ 학문은 과학적인 방법에 의해 진행되어야 함
- ㉢ 주제 및 현상 등에 일정한 규칙성 또는 패턴이 존재한다는 것을 전제로 함

(2) 경영학
① **개념** : 기업 조직이라는 실체를 대상으로 해서 기업과 관련되는 각종 현상을 과학적인 방법으로 연구하여 이에 대한 지식을 취득하고 체계화한 학문
② **각 나라의 연구 특성**
- ㉠ 독일의 경영경제학은 기업 조직을 미시적인 수준과 거시적인 수준에서 중간 정도의 수준인 조직체로 파악
- ㉡ 영국과 미국의 기업경제학은 기업 조직을 자본소유자인 개인 기업가의 연장형태로서 파악

제 2 절 경영학의 연구 대상과 지도 원리

1 경영학의 연구 대상

(1) 경영학의 연구 대상의 특성
① 개별경제는 국민경제에 상응하는 개념으로 국민경제를 구성하는 단위
② 경영학의 연구 대상은 개별 경제주체들의 경제적 활동

(2) 개별경제의 형태

구분	내용	예
기업경영	각 사업체로 영리적인 단위 경제	기업, 공장, 회사, 상점
재정경영	국가, 지방자치단체의 단위 경제	세무서, 중앙청, 법원
가정경영	가정이 중심이 되는 단위 경제	가계
기타경영	기업, 재정, 가정을 제외한 기타의 각 개별경제	교회, 학교, 공회당

2 경영학의 지도 원리

(1) 수익성
① **개념**: 통상적으로 자본에 대한 이익의 관계를 나타냄
② **공식**: 수익성 = $\dfrac{이익}{자본}$, 수익률 = $\dfrac{이익}{자본} \times 100$
③ **수익성 증대 방안**
  ㉠ 매출액을 증대시켜야 함
  ㉡ 매출액에서 차지하는 이익의 비율이 높아져야 함
  ㉢ 매출수량이 일정하다고 가정했을 시에 매출단위당 가격을 극대화함
  ㉣ 지출되는 비용을 최소화함

(2) 생산성
① **개념**: 투입물에 대한 산출물의 비율
② **공식**: 생산성 = $\dfrac{산출(산출물의 수량, 부가가치, 시장가치 등)}{투입(노동, 자본, 원자재 등)}$
③ **특성**: 비영리 경제주체에서도 적용이 가능하나 계량화가 가능한 활동이나 성과에만 적용
④ **생산성의 종류**: 가치 생산성, 물적 생산성, 부가가치 생산성

(3) 조직균형

① **개념**: 버나드가 주장한 내용으로 기업 조직이 존속하기 위해서 외부적으로는 기업 조직의 환경요소가, 내부적으로는 기업 조직과 구성원들 간에 균형이 존재해야 한다는 것
② **장점**: 기업의 사회적 책임과 연결되고 영리조직 및 비영리조직에도 적용이 가능하다는 점
③ **버나드가 주장한 기업 조직의 존속여건**: 공통목적, 공헌의욕, 의사소통

제 3 절 경영학의 학문적 특성과 연구 방법

1 경영학의 학문적 특성 22 기출

(1) 이론 경영학과 실천 경영학

이론 경영학	실천 경영학
• 이론을 추구하는 이론적 경영학 • 경영의 경험적 사실을 분석해서 경영의 새로운 법칙을 추구하고 발견하여 구축해 나가는 것을 사명으로 함 • 경영의 경험적 사실을 설명하여 예측 가능한 경영 이론의 구축에 학문적 편향성이 있음	• 인간의 행동에 있어서의 실천 및 지침을 연구하는 경영학 • 경영목적을 실천적으로 달성할 수 있는 여러 경영 기술 또는 관리 방법을 모색하는 것을 사명으로 함 • 이론을 기반으로 한 구체적인 실천 방법에 학문적인 편향성이 있음

(2) 과학론과 기술론

과학론	기술론
고유의 연구 대상을 지녔다는 점에서 과학으로 보며, 이론적·과학적 원리의 습득에 학문적 편향성이 있음	실천적 이론과학의 성격상 기술면에 많은 관심을 지니며 이론을 기반으로 한 적용범위 내에서의 기술론에 학문적 편향성이 있음

(3) 실증 경영학과 규범 경영학

실증 경영학	규범 경영학
• 현실사회에 존재하는 경영 원리의 해명을 목적으로 하는 실증이론 • 사실 그대로 기술하고 분석한 결과로 얻은 일련의 체계적인 지식 • 특정의 윤리적·규범적 판단과는 상관없이 경영현상에서 발생되는 어떠한 변화가 가져오는 결과를 정확히 예측하려고 할 때 필요한 일반적인 원리를 도출하려는 것	• 어떤 경영 현상이나 경영 정책의 결과가 바람직한지에 대한 문제를 다루는 것 • 여러 경영 현상을 비교해서 어느 것이 사회적 견지에서 바람직한지를 평가하며, 이에 대한 판단 기준 설정과 관련된 이론 • 마땅히 있어야 할 경영 상태가 무엇인지 어떤 경영 현상이 바람직한지에 대한 판단을 내리는 데 필요한 이론
현대에는 실증 및 규범과학으로서의 이중적인 성격을 지닌 것으로 파악되고 있음	

2 경영학의 연구 방법

(1) 일반적인 연구 방법

귀납법	• 특수하거나 개별적인 사실로부터 일반적인 결론을 이끌어 내는 추론 방법 • 도출된 결론의 참됨을 완벽하게 보증하기 어려움
연역법	• 일반적인 이론이나 법칙을 전제로 하고 논리적 추론에 의해 구체적인 현상에 이를 적용해서 일정한 원리 및 결론을 도출해내는 추론 방법 • 어떠한 가설 또는 전제로부터 당위적 결론을 유도하므로 규범적 이론이 되는 경우가 흔함

(2) 특수한 연구 방법

통계적 방법	관찰을 통해 취득한 자료를 활용하고 다루면서 이로부터 객관적인 결론에 도달할 수 있도록 하는 연구 방법
실험적 방법	변수들 사이의 함수 관계를 발견하기 위해 통제된 상황에서 독립변수를 인위적으로 조작 또는 변화시켰을 때 그것이 종속변수에 끼치는 효과를 객관적인 방식으로 측정 및 관찰하여 파악하는 실증적 연구 방법(호손실험, 테일러 시스템)
사례적 방법	각각의 실제적 사례로부터 객관적인 일반 원칙을 도출하려는 연구 방법
모형적 방법	어떤 사건을 설명하거나 표현하기 위해 설계된 모델을 활용하는 연구 방법

3 경영학의 접근 방법

(1) 쿤츠와 세토의 분류

① 쿤츠의 분류
  ㉠ 쿤츠는 1961년에 '경영이론의 밀림'이라는 논문에서 6가지 접근 방법 제시
  ㉡ 1980년에 6가지 접근 방법 대폭 수정하여 11가지의 접근 방법으로 분류
② 세토의 분류
  ㉠ 쿤츠의 접근 방법이 지니고 있는 한계점 보완
  ㉡ 고전적 접근 방법, 행동적 접근 방법, 경영과학적 접근 방법, 시스템 접근 방법으로 분류

> **연습 문제**
>
> 다음 중 쿤츠의 '경영이론의 밀림' 논문에서 구분한 6개 학파에 속하지 <u>않는</u> 것은?
> ① 경험학파   ② 관리과정학파
> ③ 인간행동학파   ④ 선진경제학파
>
> **해설** 6개의 학파로는 경험학파, 관리과정학파, 사회시스템학파, 인간행동학파, 의사결정학파, 수리학파가 있다.
> **정답** ④

(2) 경영학의 체제
① **독일 경영학의 체제**
  ㉠ 니클리슈는 1907년에 경영학 사상 최초로 경영경제학의 체계화를 시도
  ㉡ 니클리슈는 경영경제학을 거래론과 경영론으로 분류
  ㉢ 경영경제학의 연구 영역은 인간론, 구조론, 과정론, 상품론, 거래제도론으로 구분됨
② **미국 경영학의 체제**
  ㉠ 기업 조직에서 발생하는 문제해결을 위해 그에 따른 합리적인 도입과 활용 여부에 대한 실천적이면서 기술적인 문제를 중심으로 발전
  ㉡ 경영관리학 또는 경영자 경영학으로서 경영학총론과 경영학각론으로 분류
  ㉢ 경영학각론에서는 생산관리, 마케팅, 인사관리, 재무관리 등 경영의 각 기능에 대해서 다룸

제 2 장 경영학의 발전과 경영환경

제 1 절 경영학의 발전

1 우리나라의 경영학

(1) 우리나라의 경영학 24 기출

① 일제 강점기의 경영학
㉠ 독일의 경영학이 직수입되었던 시기
㉡ 이 시기의 교과목은 상업학개론, 부기, 경영자본론, 경영학방법론, 은행경영론, 교통론, 보험론 등

② 광복 후의 경영학
㉠ 독일식의 경제경영학이 미국식의 경영학으로 변화하던 시기
㉡ 전공자의 부족 및 교육시설 등의 미흡으로 인해 연구가 거의 없었음

(2) 경영학과 설치 및 경영학의 진전

① 경영학과의 설치
㉠ 1955년에 고려대학교에서 국내 최초의 경영학과를 설치, 상과대학을 독립시킴
㉡ 1958년에 고려대학교와 워싱턴대학교가 교수 교환 계약을 체결 → 미국 경영학 도입

② 경영학의 진전
㉠ 한국적인 특성을 찾기 위해 노력 중이지만 정확하게 반영하지 못하고 있음
㉡ 한국적인 경영이론의 개발에 대해서 각계의 목소리가 높아지고 있음

2 외국의 경영학사

(1) 고전학파

① 테일러(F. W. Taylor)의 과학적 관리론 23, 20 기출
㉠ 개요
• 시간연구, 동작연구, 작업연구를 통해서 하루의 표준작업량을 설정
• 할당된 과업을 초과달성한 근로자에게는 높은 임금률을 적용하고 그렇지 못한 근로자에게는 낮은 임금률을 적용함으로써 생산의 능률을 꾀함

② 과학적 관리론의 내용

시간연구	모든 작업에 시간연구를 적용하여 표준작업시간 설정
성과급제	임금은 생산량에 비례, 임금률은 시간연구에서 얻은 표준에 따라 결정
계획과 작업의 분리	계획은 경영자가, 작업은 근로자가 담당, 계획은 시간 및 동작연구를 통한 과학적 자료에 근거함
과학적 작업	경영자는 작업 방법을 연구하여 최선의 방법을 정해 작업자를 교육하고 훈련함
경영통제	예외원칙, 과학적 표준과의 비교를 통해서 경영통제
직능적 관리	직능별 조직에 따른 관리의 전문화

③ 포드(H. Ford) 시스템 23 기출
  ㉠ 개요 : 유동작업을 기반으로 하는 새로운 생산관리 방식
  ㉡ 포드의 3S : 부품의 표준화(Standardization), 제품의 단순화(Simplification), 작업의 전문화(Specialization)
  ㉢ 테일러와 포드 시스템의 비교

테일러(F. W. Taylor)	포드(H. Ford)
• 시간연구와 동작연구를 통한 과업관리 • 차별성과급 도입 : 객관적·과학적 방법에 따른 임금률 • 표류관리를 대체하는 과학적 관리 방법을 도입, 표준화시킴 • 작업의 과학화와 개별생산관리 • 인간노동의 기계화 시대	• 동시관리 : 작업조직의 철저한 합리화로 작업의 동시적 진행을 기계적으로 실현하고 관리를 자동적으로 전개 • 컨베이어 시스템, 대량생산 • 공장 전체로 확대 • 인간에게 기계의 보조역할 요구

④ 페이욜(H. Fayol)의 관리 원칙 22 기출
  ㉠ 페이욜의 관리 5요소 : 계획, 조직, 명령, 조정, 통제
  ㉡ 페이욜이 말하는 6가지 경영의 기능

기술적 활동	생산, 제조, 가공
재무적 활동	자본의 조달 및 운용
상업적 활동	구매, 판매, 교환
회계적 활동	대차대조표, 원가, 통계, 재산목록
보전적 활동	재산 및 종업원의 보호
관리적 활동	계획, 조직, 명령, 조정, 통제

  ㉢ 페이욜의 관리 일반 원칙 24 기출
    • 관리활동 수행 시 일반적 규칙·기준으로 14가지를 제시
    • 분업, 권한과 책임, 규율, 명령의 일원화, 지휘의 일원화, 전체의 이익을 위한 개인의 복종, 종업원의 보수, 집권화, 계층의 연쇄, 질서, 공정성, 직장의 안정성, 주도권, 종업원의 단결심

⑤ 막스 베버(M. Weber)의 관료제
  ㉠ 관료제 특성
    • 작업의 분화와 전문화
    • 조직 내의 모든 지위가 권한과 책임의 정도에 따라 서열화
    • 문서로 정해진 규칙과 절차에 따라 업무 파악 및 작업 수행
    • 공개경쟁을 통한 지위 획득
    • 구성원의 업무 수행경험과 훈련 중시 및 신분 보장
  ㉡ 지배 유형에 따른 관료제의 종류

전통적 지배	지배의 정당성의 근거가 옛날로부터 내려온 전통이나 지배자의 권력의 신성성에 대한 신념에 입각하여 이루어지는 지배 유형
카리스마적 지배	일상적인 것을 초월한 지도자의 비범한 자질이나 능력에 대한 외경심이 복종의 근거가 되는 지배 유형
합법적 지배	지배의 정당성이 법규화된 질서에 입각하고 있는 지배 유형

  ㉢ 관료제의 장・단점
    • 장점 : 효율성, 신속성, 안정성
    • 단점 : 목적 전치 현상, 인간소외 현상, 개인의 창의성 상실, 무사안일주의

(2) 인간관계학파
  ① 메이요(G. E. Mayo)의 인간관계론 – 호손실험 22 기출
    ㉠ 개요 : 하버드 대학의 심리학 교수였던 메이요 교수가 중심이 되어 1924년부터 1932년까지 미국의 시카고에 있는 호손공장에서 진행된 실험
    ㉡ 특징
      • 1차 실험(조명도 실험), 2차 실험(계전기조립 실험), 3차 실험, 4차 실험으로 이루어짐
      • 민주적 리더십과 비공식조직 강조
      • 종업원 만족의 증가가 성과로서 연결됨
      • 인간의 사회적・심리적 조건 등을 중요시 함
      • 의사소통의 경로개발이 중요시되며, 참여가 제시됨
    ㉢ 호손실험이 경영학적인 사고에 끼친 영향
      • 인간에 대한 관심을 높이게 되는 계기가 됨
      • 호손실험으로 인해 인간의 감정, 배경, 욕구, 태도, 사회적인 관계 등이 효과적인 경영에 상당히 중요하다는 사실 인지
      • 구성원들 상호 간 관계에서 이루어지는 사회적인 관계인 비공식조직이 공식조직만큼이나 생산성에 영향을 미친다는 사실 인지

② 뢰슬리스버거(F. J. Roethlisberger)의 사회체계론
  ㉠ 개요 : 기업을 기술적 조직과 인간적 조직으로 나누고, 인간적 조직을 개인과 사회적 조직으로 구분하였으며, 사회적 조직 내에는 공식조직과 비공식조직이 존재한다면서 비공식조직에서는 감정의 논리가, 공식조직에서는 비용·능률의 논리가 적용되어야 한다고 주장
  ㉡ 뢰슬리스버거가 구분한 3가지 측면의 인간행동
    • 논리적 행동 : 객관적인 지식에 의한 논리적인 이해에 따른 행동
    • 비논리적 행동 : 환경에 의해 좌우되는 사회적 감정에 따른 행동
    • 비합리적 행동 : 사회적인 감정에 따른 비합리적인 행동
③ 매슬로우(A. H. Maslow)의 욕구 단계 이론 23, 22 기출
  ㉠ 개요
    • 인간은 결코 만족할 수 없는 욕구를 지니고 있으므로 인간의 행동은 해당 시점에서 만족하지 못한 욕구를 채우는 것을 목표로 한다고 가정
    • 인간은 하위 단계의 기본적인 욕구가 충족되면 상위 단계의 욕구를 채우려 함
  ㉡ 매슬로우의 욕구 단계 이론
    • 생리적 욕구, 안전의 욕구, 사회적 소속의 욕구, 존경의 욕구, 자아실현의 욕구
    • 인간의 욕구 단계를 이용하여 상위 욕구를 충족시키기 위한 동기를 부여함으로써 더 좋은 경영 성과를 도출해 내도록 하는 것이 가능하다는 입장
④ 맥그리거(D. M. McGregor)의 X-Y이론 21 기출
  ㉠ 개요 : 작업장에서 사회적 소속의 욕구 및 자아실현 욕구에 더 많은 관심을 가져야 한다는 입장
  ㉡ X이론과 Y이론

X이론	인간은 작업을 통해 본질적인 만족을 느낄 수 없고 야망이나 독창성이 거의 없다면서 기업은 목표 달성을 위해서 과업을 부과하고 적극적인 성과 통제가 필요하다는 입장
Y이론	인간은 일을 즐기며 책임감을 갖고 문제해결을 위해 적극적으로 노력한다면서 기업은 외부 압력에 의한 통제보다는 협력적인 분위기 조성을 통해 개인의 창조성을 발휘하여 성과 창출이 가능하도록 독려해야 한다는 입장

⑤ 허즈버그(F. Herzberg)의 2요인이론 24, 20 기출
  ㉠ 1950년대 200명의 기술자와 회계사를 대상으로 실시한 연구를 통해 사람들에게 만족을 주는 직무요인과 불만족을 주는 직무요인은 별개라는 것을 알아냄
  ㉡ 만족을 주는 요인인 동기요인과 불만족을 주는 요인인 위생요인을 구분한 동기-위생요인이론(2요인이론) 제시

(3) 조직론의 발전
  ① 버나드(C. I. Barnard)의 이론
    ㉠ 개요 : 경영자의 기능에서 기업 조직을 협동체계로 파악, 대외적·전체적·동태적 관점에서 새롭게 접근하였으며, 비교적 균형 잡힌 이론 제시

ⓒ 조직이론 체계(조직존속의 3요소)

공헌의욕	조직의 활동에 공헌하고자 하는 구성원들의 의욕으로서 구성원 개개인들이 느끼는 만족 및 불만의 결과
공통목적	공헌의욕은 협동하려는 목적이 없다면 발휘될 수 없으며, 여러 힘의 결합을 위해서는 기업 조직에 공통의 목적이 있어야 함
의사소통	공헌의욕이 고취되고 공통목적을 이루려면 기업 조직의 각 구성원이 그 목적을 인지할 수 있는 의사소통이 필요함

ⓒ 개인적 의사결정과 조직적 의사결정

개인적 의사결정	개인이 기업 조직에 대해 기여할 것인가의 여부, 즉 기업 조직에 공헌하는 사람이 될 것인가의 여부를 결정하는 의사결정
조직적 의사결정	기업 조직의 목적과 관련되는 직위를 기반으로 한 비개인적인 의사결정

② **사이먼(H. A. Simon)의 이론**
　㉠ '관리행동'에서 조직 내 전문화, 커뮤니케이션, 의사결정 등에 중점을 두고 논의를 전개
　ⓒ 기업 조직은 경제학에서 가정하고 있는 객관적 또는 초합리적인 의사결정을 할 수 없고, 현실적인 제약 아래 제한된 의사결정을 하게 됨

③ **사이어트와 마치의 이론**
　㉠ '기업의 행동이론'에서 경제학과 조직이론의 관점에서 기업이 현실적으로 어떻게 행동하는가를 설명하고 새로운 기업이론을 구축하기 위한 3가지 하위이론 제시
　ⓒ 3가지 하위이론 : 조직목표이론, 조직기대이론, 조직선택이론

(4) 경영학 이론의 통합화 시도

폐쇄-합리적 조직이론	• 1900~1930년대의 이론으로 조직을 외부환경과 관계없는 폐쇄체계로 파악하면서 인간도 합리적으로 사고하며 행동한다고 파악 • 테일러, 베버, 페이욜, 귤릭, 어윅 등이 대표적 학자
폐쇄-사회적 조직이론	• 1930~1960년대의 이론으로 조직을 폐쇄체계로 파악하였지만 조직 구성원들의 인간적인 측면을 수용하고 있는 관점 • 메이요, 뢰슬리스버거와 딕슨 등이 대표적 학자 • 조직 구성원들의 사기를 생산성과 연결 • 외부환경에 대해 소홀하다는 비판을 받음 • 오늘날 행동과학 분야 및 인적자원관리의 발전을 위한 기틀을 제공
개방-합리적 조직이론	• 1960~1970년대의 이론으로 조직을 외부환경에 대해서 개방체계로 파악하였지만 조직 구성원들의 합리적 전제로 돌아감을 강조 • 번스와 스토커, 챈들러, 우드워드, 로렌스와 로쉬, 톰슨 등이 대표적 학자 • 유기체의 생존 원천에 대한 관점을 조직 내에서 조직 외부환경으로 옮김
개방-사회적 조직이론	• 1970년대의 이후의 이론으로 조직이 환경에 대해서 개방적이고 구성원들이 지닌 비합리성, 비공식성 등이 수용됨 • 기업 조직의 목적 및 수단 등을 분류하지 못하는 비합리성을 반영함 • 웨익, 힉슨, 마치와 올슨, 페퍼와 샐런시크 등이 대표적 학자

> **연습 문제**
>
> 경영이론의 학자와 주장 내용의 연결이 바르지 <u>않은</u> 것은?
> ① 테일러(Taylor) - 차별적 성과급제
> ② 메이요(Mayo) - 비공식조직의 중시
> ③ 페이욜(Fayol) - 권한과 책임의 원칙
> ④ 포드(Ford) - 고임금 고가격의 원칙
>
> [해설] 포드는 고임금 저가격의 원칙을 주장하였다.
> [정답] ④

제 2 절 경영환경

1 경영환경에의 접근

(1) 일반환경

경제적 환경	• 기업은 국민경제의 일부를 구성하는 단위로 국민경제 구성요소들의 영향을 받음 • GNP 성장률, 물가수준의 변화, 산업구조의 변화, 환율변동, 국제자본이동, 무역구조, 외국의 생산구조 등 다양한 경제조건의 변화에 많은 영향을 받음
정치적 환경	기업은 한 사회 내에서 합법성과 정당성을 인정받아야 하므로 사회를 다스리기 위해 존재하는 갖가지 법률 또는 규칙 등을 따라야 함
사회문화적 환경 22, 20 기출	• 기업은 사회문화적 환경의 특성을 잘 파악해야 구성원들의 욕구를 충족시켜 줄 수 있음 • 인구특성(성별, 연령, 직업, 결혼 등)과 문화구조(국민성, 민족성, 종교, 가치관), 소득 수준, 소비구조, 가계지출, 저축, 통신이나 운수 등의 인프라와 관련됨
자원환경	• 기업은 외부 자원을 활용하여 내부에서 기업 활동을 수행 • 인적 자원(노동 자원, 대학, 직업훈련원), 재무 자원(주식시장, 금융기관), 물적 자원(부동산, 원자재, 부자재, 기계) 등의 형태의 자원이 있음
기술적 환경 21 기출	기술은 급속하게 변해가고 있으므로 기업에서는 기초연구기술, 응용연구기술, 실용화연구기술 등의 각 분야에서 자신의 사업영역에 맞는 부분을 개발하고, 습득하려는 노력을 지속해야 함

(2) 과업환경

① 개념
  ㉠ 특정 경영체가 목표설정 및 목표를 달성하기 위한 의사결정을 내리는 데에 직접적으로 영향을 미치는 환경으로 각 경영체에 따라 다름

ⓒ 기업의 행동에 직접적인 영향을 미치며, 그 범위가 일반 환경에 비해 작고 기업 조직이 일정 수준 통제할 수 있음

② 환경의 2가지 차원(변화의 정도 및 복잡성의 정도)

구분		환경의 복잡성	
		단순	복잡
환경의 동태성	안정적	단순 + 안정적 = 낮은 불확실성 예) 컨테이너 제조업, 음료병 제조업	복잡 + 안정적 = 다소 낮은 불확실성 예) 대학, 병원
	동태적	단순 + 동태적 = 다소 높은 불확실성 예) 유행의류 제조업, 장난감 제조업	복잡 + 동태적 = 높은 불확실성 예) 전자산업, 석유회사

1 환경의 분석

(1) 외부환경의 분석

① 외부환경의 분석을 위해서는 환경의 구성요소인 경제적·정치적·사회적·기술적인 측면에 대해 분석이 있어야 함
② 사업의 기회 및 외형요인과 제약요인들을 분석하고 그것을 바탕으로 기업 조직의 활동영역 결정
③ 기업에 직·간접적 영향을 주는 정태적·동태적 상황 의미

(2) 내부환경의 분석

① 기업 조직의 외부환경 분석을 통해 기업 조직의 활동영역이 정해지면 구체적인 경영활동을 실행하기 위해 내부환경 분석이 필요함
② 인적 자원, 물적 자원, 재무 자원에 대한 자세한 분석이 요구됨
③ 기업 조직의 내부능력 및 역량 등이 필요하며 기업 조직의 자원과도 관련됨

연습 문제

다음 중 유행의류나 장난감 제조업이 속한 환경의 특징으로 가장 적절한 것은?

① 단순-안정적 환경
② 복잡-안정적 환경
③ 단순-동태적 환경
④ 복잡-동태적 환경

해설 유행의류나 장난감 제조업은 다소 높은 불확실성을 띠므로 '단순-동태적 환경'에 속한다.
정답 ③

제3장 기업형태 및 기업집중

제1절 경영제도의 역사적 발전과정

1 자본주의 기업의 성장

(1) 성장 과정

원시공동체 사회 – 사유제로의 이행 – 개인기업의 등장 – 공동출자사업 형태로의 발전(코멘다, 소키에타스) – 초기의 주식회사 등장(16세기)

(2) 개인기업의 등장

사회적 분업의 진전과 사유제의 가속화로 사유제의 확대가 촉진되어 소유자는 축적된 자본을 기반으로 기업 조직을 자신의 지배하에 두는 개인기업 등장

(3) 공동기업의 등장

개인기업의 자체적 한계로 복수의 출자자로 구성된 공동기업 또는 공동출자사업으로서 자본적인 협동에 의존하는 기업의 형태가 형성

체크 포인트

공동출자사업 형태

코멘다 (Commenda)	• 10세기 유럽 남부의 해상무역과정에서 발전된 공동출자사업 • 판매위탁으로 화주인 콤멘데이터가 해상기업가인 트랙터에게 제품의 수송과 타 도시에서의 판매를 위임하는 형식 • 현대 합자회사의 기원
소키에타스 (Societas)	• 13~14세기 유럽 내부 상업도시에 구성된 공동출자사업의 형태 • 중세의 혈연공동체나 가족공동체 같은 강력한 상호신뢰관계를 바탕으로 형성 • 발전된 형태가 현대의 민법상의 조합 및 합명회사

2 자본주의 기업과 사회주의 기업

구분	자본주의 기업	사회주의 기업
개념	이윤을 목표로 재화와 그에 따르는 서비스를 생산·공급하는 단위	사회적인 조직체 및 사회적 제품생산을 위한 조직체
장점	• 시장 기구에 의한 불균형의 자동 해소 • 효율적인 자원의 배분과 생산성의 극대화 • 개인의 선택자유 보장 및 정치적인 민주주의와 병행 • 기술혁신의 촉진, 노동의욕의 제고	• 전략산업의 육성이 용이 • 평등한 소득분배 • 사익 및 공익의 일치 • 경제안정 및 환경보존
단점	• 인간소외 • 공익과 사익의 괴리 • 경제 불안정과 소득분배의 불균형 • 과도한 이윤추구로 인한 자연환경의 파괴	• 독재정권의 출현 • 개인 선택자유의 제약 • 비효율적인 자원 배분 • 계획의 비신축성으로 인한 오류의 자동적 수정의 불가능

제 2 절 경영제도의 유형

1 회사기업

(1) 합명회사

① 2인 이상의 사원이 공동으로 출자해서 회사의 경영에 대해 무한책임을 지며, 직접 경영에 참여하는 방식
② 무한책임 형태로 구성되어 있어서 출자자를 폭넓게 모집할 수 없음
③ 가족 내에서 친척 간 또는 이해관계가 깊은 사람의 회사 설립이 많음
④ 지분 양도 시에는 사원총회의 승인을 받아야 함

(2) 합자회사 21 기출

① 중세 코멘다에서 유래되었고, 무한책임사원 및 유한책임사원으로 이루어짐
② 합자회사의 업무 진행은 기본적으로 무한책임사원만이 맡음
③ 합명회사의 단점을 보완한 형태의 회사
④ 지분 양도 시에는 무한책임사원 전원의 동의를 필요로 함
⑤ 무한책임사원의 경우에는 회사의 경영 및 채무에 대해서 무한책임을 지고, 유한책임사원의 경우에는 출자한 금액에 대해서만 책임을 지며 경영에 있어서는 참여하지 않음

(3) 유한회사 23 기출
① 전출자자가 유한책임사원으로 구성되어 있지만 출자자를 공모할 수는 없음
② 자본결합이 상당히 폐쇄적인 관계로 중소규모의 기업형태에 알맞음
③ 기관으로는 이사, 사원총회, 감사 등이 있지만 감사의 경우에는 의무기관이 아님
④ 유한회사는 인적 회사 및 물적 회사의 중간 형태를 지니는 회사임
⑤ 사원의 수가 제한되어 있으며, 지분의 증권화가 불가능함

(4) 주식회사 22, 20 기출
① 주식회사는 주주라는 불특정 전문경영자에 의한 운영이 가능함
② 대규모 경영에 대한 양산체제임
③ 다수인으로부터 거액의 자본조달이 가능

> **체크 포인트**
>
> **주식회사의 기관**
> - 주주총회 : 주식회사의 최고의사결정기관으로 주주로 이루어짐
> - 감사 : 이사의 업무집행을 감시하는 필요적 상설기관으로 주주총회에서 선임
> - 이사회 22 기출
>   - 이사 전원으로 구성되는 합의체로 회사의 업무진행상의 의사결정기관임
>   - 이사는 주주총회에서 선임되고, 3명 이상이어야 하며 임기는 3년을 초과하면 안 됨
>
> **주식회사의 설립 과정**
> 발기인을 구성 – 회사상호와 사업목적을 정함 – 정관 작성 – 주식발행사항을 결정 – 발기설립 또는 모집설립의 과정 – 법인설립등기, 법인설립신고 및 사업자등록

2 회사기업의 장·단점

구분	장점	단점
개인기업 (Sole Proprietorship)	• 전이익이 소유권자에게 귀속 • 개인적 참여 • 기업의 단순성 • 소유권자 과세 • 단독의사결정자 • 해산의 용이성	• 비영속성 • 무한자본조달책임 • 소유자의 전관리부담 • 확장자금조달의 곤란성

합명회사 또는 합자회사 (Partnership)	• 개인적 참여 • 기업에 대한 약간의 제한 • 소유권자 과세 • 파트너의 자금과 재능의 풀링(Pooling) • 합자회사가 합명회사보다 자금력 및 전문화 기회가 큼	• 비교적 영속성 • 개인적 불화 잠재 • 극한적 투자 • 무한과 공동자본조달책임
주식회사 (Corporation)	• 장기수명 • 자본조달능력의 증대 • 소유권 이전의 용이성 • 소유권자의 유한자본조달책임 • 분리와 법적 독립체(Entity)	• 설립의 복잡성과 비용성 • 특수와 이중적 과세 • 업무활동에 있어 비밀의 결여 • 정부규제와 보고요구

> **연습 문제**
>
> 다음 중 주식회사에 관한 특징으로 옳지 <u>않은</u> 것은?
> ① 주주의 유한책임
> ② 소유와 경영의 분리 가능
> ③ 소유권 이전의 어려움
> ④ 자본의 증권화
>
> **해설** 주식회사는 현대사회에서 가장 대표적인 기업형태로 전원 유한책임사원으로 구성되는 자본적 공동기업으로 소유권 이전이 용이하다는 장점이 있다.
>
> **정답** ③

3 기업의 경제형태

(1) 리프만의 기업 경제형태론
① 기업이 산업의 발달과 더불어 생업, 가업으로부터 발전되어 왔다고 보며 기업의 소유와 지휘, 운영의 분리가 불완전한 인적 회사와 분리가 이루어져 있는 자본회사로 구분
② **핀다이젠의 비판** : 리프만의 이론은 자본소유라는 기업의 외적 계기만을 대상으로 하고, 기업의 내적 측면이 취급되지 않았다면서 경영학적인 기업형태론이 아니라고 비판

(2) 점부(店部)의 기업 경제형태론
① **개인기업** : 개인이 출자하고 동시에 경영하는 기업으로, 사업의 위험 부담을 개인이 짐
    예 소매점, 서비스업 등의 영세기업

② **인적 집단기업** : 소유 및 경영의 합일체로 기업가의 인적 결합을 중요시 예 합명회사
③ **자본적 기업집단** : 소유와 경영을 분리하여 3권 분립형인 최고경영기관의 체제 예 주식회사

(3) 모리슨의 공기업 경제형태론
① 공기업을 국가 또는 공공단체가 소유하고 지배하는 기업적인 요소를 지니는 사업체
② 공공소유, 공공목적, 기업적 요소를 갖춘 형태로 규정
③ 행정 및 경영의 분리를 주장함으로써 독립채산제를 준수할 것을 주장
④ 공기업체를 자립적인 조직체이며 기능적 조직체로 봄

제 3 절 기업의 결합

1 기업의 결합의 다양한 방법

(1) 기업제휴

법적으로 독립적인 복수의 기업이 결합해서 자본적, 인적, 기술적으로 밀접한 관계를 가진 통일적인 집단을 형성하는 것

(2) 기업합병
① 법률적으로 독립적인 복수의 기업이 단일조직이 되는 형태
② 피합병기업은 완전히 독립성을 상실함
③ 어떠한 하나의 회사기업이 타 회사기업을 흡수하는 흡수합병과 합병을 당하는 회사기업이 모두 해산・소멸함과 더불어 신회사기업이 설립되는 신설합병으로 구분

(3) 기업계열화
① 대기업과 중소기업 간 밀접한 거래관계가 형성되고 있는 기업 간 결합
② 기술혁명 또는 판매경쟁의 격화에 대응하기 위해 대기업이 기술 및 판매 등에서 중소기업을 육성・강화하면서 이를 하청화하는 형태

2 기업결합의 형태 23, 20 기출

카르텔 (Cartel) 24 기출	• 동종 또는 유사기업 간 협정, 카르텔 협정 등에 의해 성립되며, 해당 기업은 일부 활동에 제약을 받지만 경제적·법률적인 독립성은 잃지 않음 • 보통 가맹기업의 자유의사에 의해 결성되지만, 국가에 의해 강제적으로 결성되는 경우도 있음 • 국민경제발전을 저해하고 경제의 비효율화 등에 미치는 폐해가 크므로 각국에서는 이를 금지 및 규제
신디케이트 (Syndicate)	• 동일한 시장 내 여러 기업이 출자해서 공동판매회사를 설립하여 일원적으로 판매하는 조직 • 참가기업의 경우 생산 면에서 독립성을 유지하지만 공동판매회사를 통해 판매
트러스트 (Trust)	• 카르텔보다 강한 기업집중의 형태 • 시장독점을 위해 각 기업체가 개개의 독립성을 상실하고 결합하는 것을 의미
콤비나트 (Kombinat)	일정 수의 유사한 규모의 기업들이 원재료 및 신기술의 활용을 목적으로 사실상의 제휴를 위해 근접 지역에서 대등한 관계로 결성하는 수평적인 기업집단
컨글로머릿 (Conglomerate)	• 생산 공정이나 판매과정 등에서 상호 관련이 없는 다양한 이종 기업을 합병 또는 매수해서 거대한 하나의 기업체를 형성하는 형태 • 구성 목적은 경영의 다각화, 경기변동에 따른 위험분산, 이윤 증대, 외형상의 성장, 조직의 개선 등이 있음
콘체른 (Concern)	• 법률적으로 독립성을 유지하면서 경제적으로는 대등하지 않은 관계의 서로 관련된 복수 기업들의 기업결합 형태 • 본래 거대독점자본인 금융기관의 존재형태 및 기업소유형태와 관련이 깊었으나 국내 및 일본에서는 동족적 집단이라는 의미에서 재벌이라고 함

제 4 절 기업의 국제화

1 기업의 국제화

(1) 기업의 국제화 과정

① **상품의 수출입 단계**: 간접수출입 단계 및 직접수출입 단계
② **자본의 수출입 단계**: 자본대여 및 자본투자
③ **기술정보의 수출입 단계**: 기술제휴에 의한 특정 기술, 상품 또는 관리상의 노하우 거래 및 사용료의 지불
④ **인적자원의 교환 단계**: 노동력 및 경영 인력의 교류
⑤ **현지 사업 단계**: 플랜트 수출입
⑥ **현지 진출 단계**: 현지 자회사의 법인화

(2) 다국적 기업

① **개념** : 통상적으로 2개국 또는 그 이상의 국가에서 직접적으로 기업 활동을 전개하는 모든 기업체로, 특정 국가의 이익을 초월하여 범세계적인 시야에서 경영활동을 수행

② **다국적 기업의 특징**
   ㉠ 경영활동의 세계지향성
   ㉡ 기업 조직구조의 분권화
   ㉢ 기업소유권의 다국적성
   ㉣ 인적 구성의 다국적성
   ㉤ 국제협력체제의 실행
   ㉥ 이윤의 현지 기업에 대한 재투자성

③ **다국적 기업의 문제점**
   ㉠ 산업정책의 효과 감소
   ㉡ 세계적인 독과점체제의 파급
   ㉢ 투자국 국내고용의 감퇴에 대한 영향
   ㉣ 연구개발 및 기술독점 등의 본국집중(독점)에 의한 수입국 기술진보의 저해
   ㉤ 각 국의 세제 차이를 활용한 과세의 회피
   ㉥ 국제투자를 위한 수입국과 투자국과의 마찰 문제

> **체크 포인트**
>
> **시장의 유형**
> - **완전경쟁시장** : 시장에서 다수의 소비자와 판매자가 특정 제품을 거래함에 있어서 어느 누구도 현재 시장가격에 영향을 미칠 수 없는 시장
> - **독점적 경쟁시장** : 완전경쟁과 독점적 성격을 나누어 가지는 시장으로, 재화의 공급자는 다수이나 제품의 다양성에 의해 어느 정도 독점력이 존재함
> - **과점시장** : 소수의 대기업에 의해 지배되는 성격의 시장
> - **독점시장** : 어느 한 재화나 서비스의 공급이 하나의 기업에 의해 이루어지는 시장

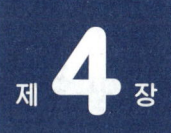# 제 4 장 기업윤리와 사회적 책임

제1절 기업윤리

(1) **기업윤리헌장의 제정과 의의** `24` `기출`
   ① 기업윤리는 기업경영이라는 상황 하에서 발생하는 행동 또는 태도에 대한 옳고 그름을 체계적으로 구분하는 판단기준
   ② 기업윤리헌장은 기업인의 윤리적인 행동 규준을 공포한 것으로, 개별 기업인의 기본적 정책 결정 및 이의 계획적인 집행 등을 포괄적으로 관리하는 지도 원리

(2) **개인 및 조직을 위한 윤리원칙**
   ① 블랜차드와 필은 개인 및 조직을 위한 원칙을 5P로 분류
   ② 5P : 자긍심(Pride), 목적(Purpose), 일관성(Persistence), 인내(Patience), 전망(Perspective)

(3) **기업윤리의 구분**
   ① **기업의 행동적 측면** : 기업행동의 실천적 의사결정에 필요한 도덕적 원리, 즉 공정성의 지표가 됨
   ② **이념적 측면** : 실천적 행동의 기초가 되는 이념, 즉 도덕적 비판을 필요로 하는 신념체계가 됨

> **연습 문제**
>
> 다음 중 거대기업에 대한 사회적 비판의 내용으로 적절하지 <u>않은</u> 것은?
> ① 거대기업은 막강한 경제력 및 정치력을 행사한다.
> ② 거대기업은 관리자의 인간성을 박탈한다.
> ③ 거대기업은 환경 및 생활의 질을 파괴한다.
> ④ 거대기업은 자기 보존적이고 무책임한 권력엘리트에 의해 지배된다.
>
> **해설** 거대기업은 근로자 및 소비자를 착취하고 인간성을 박탈한다. 근본적으로 근로자들의 상대적인 빈곤과 더불어 산업화에 따른 노동소외에 기반하고 있다.
>
> **정답** ②

제 2 절 기업의 사회적 책임

(1) 사회적 책임에 대한 찬반론

① **사회적 책임의 찬반론 입장**
  ㉠ 찬성론 : 기업은 적극적이면서 자발적으로 이해관계자들의 요청을 받아들여서 이에 대응하는 것이 기업 자체의 존속 및 성장에 있어서 필요하다는 견해
  ㉡ 반대론 : 기업은 경제활동에 한정하고 그 이상의 과업이나 요청은 정부나 기타의 제도에 맡겨야 한다는 견해

② **사회적 책임에 대한 데이비스의 긍정론과 부정론**

긍정론의 주요 논거 12가지	부정론의 주요 논거 9가지
• 기업에 대한 공공기대의 변화 • 보다 좋은 기업환경 • 공공의 이미지 • 정부에 의한 규제의 회피 • 사회문화규범 • 책임과 권력의 균형 • 사회관심을 구하는 시스템의 상호의존성 • 주주의 관심 • 기업에 맡기는 것이 효율적 • 기업은 자원을 보유하고 있다는 점 • 사회문제는 이윤이 될 수 있다는 점 • 예방은 치료보다 효과적인 점	• 이윤극대화 • 사회관여의 기업비용 • 사회적 책임의 사회비용 • 사회기술의 결여 • 기업의 주요목적에 대한 위협 • 국제수지의 악화 • 기업은 충분한 사회 권력을 보유 • 변명의무의 결여 • 광범위한 지지의 결여

> **체크 포인트**
> **사회적 책임의 긍정론 및 부정론의 공통점**
> • 두 가지 이론이 모두 자유기업체제 사회에 사회적인 문제가 존재한다는 것을 소극적 및 적극적으로 인정하고 있음
> • 기업 및 정부는 다원사회에 있어서 영향력이 있는 사회제도로 인식되고 있음

(2) 사회적 책임윤리의 정립

① 현대 기업 조직의 주요 과제는 사회적인 책임윤리의 정립으로, 이는 기업윤리 위기를 극복하는 데 있음
② 기업윤리에 있어 괴리의 원인은 사회적 경제 질서의 변화에 이념적으로 적응하지 못함으로 인해 발생
③ 현대적인 기업경영에 있어서 이념적인 갈등은 사회적 책임주의와 영리주의가 충돌하여 야기되므로 양자의 경영 정책적 조화가 기업윤리 위기의 극복책이 됨

제 5 장 경영목표와 의사결정

제 1 절 경영목표

1 경영목표와 경영이념

(1) 경영목표
① 기업이 경영활동을 통하여 실현하고자 하는 상태
② **경영목표 형성의 3가지 차원**: 경영목표의 내용, 경영목표의 범위, 경영목표의 실현기간

(2) 경영이념
① 경영신조, 경영신념, 경영이상 등으로 표현되며, 경영철학의 규범적인 가치체계임
② 경영의 목표형성 및 경영활동 등에 영향을 미치지만 기업제도가 발전함에 따라 변화되어 옴
③ 경영목표는 기업 조직의 규모, 형태, 조직의 차이에 의해 달라질 수 있지만 근본적으로는 경영활동 영역의 한계 및 특성 등을 명시하게 됨

2 목표차원과 목표시스템

(1) 목표차원
① **목표의 내용**: 혼선이 빚어지지 않도록 명확해야 하고, 동시에 목표의 내용은 가치 있는 활동상황 및 환경과 연관되는 상황 등을 포함하도록 해야 함
② **목표의 추구 정도**: 의사결정이론에 의해 극대화 원리와 만족(최적)화 원리 2가지 가능성으로 제시
③ **시간적 관련성**: 목표의 시점과 기간을 결정해야 함

(2) 목표시스템
① 여러 가지 목표의 개념이 규정되면 이를 기반으로 목표시스템이 형성
② 목표시스템은 복합적이므로 이에 대한 연구는 기업 조직이 동시에 여러 가지의 복수목표를 추구하는 경우에 우선순위를 정하는 데 있어 중요한 의미를 지님

3 단일 목표 체계로서의 이익 추구

(1) 이윤극대화의 가정
① 이윤은 기업 조직 활동의 결과로 나타나고 기업 조직의 생존과 발전을 유지할 수 있는 기본적 원동력
② 기업 조직은 완전경쟁 하에서 이윤극대화의 목적을 위해 한계수입과 한계비용이 일치하는 부분에서 생산량과 가격을 결정한다고 가정

(2) 이윤극대화 비판의 이유
① 이윤극대화 가설이 언제나 합리적으로 행동하는 경제인을 전제로 함
② 기업 조직의 제도적·역사적 변화를 무시하고 있음
③ 이윤극대화 가설은 정태적인 가설이며, 동시에 장·단기의 구별이 불가능함

제 2 절 의사결정

1 의사결정의 기본적 특징

(1) 의사결정
① **개념** : 기업 조직 경영에 있어 기업의 목적을 효과적으로 달성하기 위해서 둘 이상의 대체 가능한 방법들 가운데 한 가지 방향을 과학적, 조직적 및 효과적으로 결정하는 것
② **의사결정의 주요 요소**
  ㉠ 의사 담당자 : 의사결정의 주체로서, 개인, 집단, 조직 또는 사회
  ㉡ 환경 : 확실성, 위험, 불확실성 상황으로 구분
  ㉢ 대상 : 의사결정사항을 말하며, 그 영역은 생산, 마케팅, 재무 영역으로 구분

(2) 불확실성·확실성·위험 하에서의 의사결정
① **불확실성 하에서의 의사결정** : 의사결정의 결과에 대해 높은 불확실성이 존재하는 의사결정으로 대체로 최고관리자들에 의해 이루어짐
② **확실성 하에서의 의사결정** : 의사결정의 결과를 확실하게 예측할 수 있는 상황에서의 의사결정
③ **위험 하에서의 의사결정** : 불확실성 및 확실성의 중간으로 결과에 대해 확률이 주어질 수 있는 상황 하에서의 의사결정

2 의사결정 모형

(1) 사이먼(H. Simon)의 의사결정 모형 23 기출

구분	정형적 의사결정	비정형적 의사결정
문제의 성격	보편적, 일상적인 상황	비일상적, 특수적 상황
문제해결 방안의 구체화방식	문제해결안이 조직의 정책 또는 절차 등에 의해 미리 상세하게 명시됨	해결안은 문제가 정의된 다음에 창의적으로 결정
의사결정의 계층	주로 하위층	주로 고위층
의사결정의 수준	업무적·관리적 의사결정	전략적 의사결정
적용조직의 형태	시장 및 기술이 안정되고, 일상적이며 구조화된 문제해결이 많은 조직	구조화가 되어 있지 않으며, 결정사항이 비일상적이면서 복잡한 조직
전통적 기법	업무절차, 관습 등	직관, 판단, 경험법칙, 창조성 등
현대적 기법	EDPS, OR 등	휴리스틱 기법

> **체크 포인트**
>
> **사이먼의 의사결정 과정**
> - 정보활동 : 결정을 필요로 하는 갖가지 조건에 관련된 환경의 탐색(의사결정 기회의 발견)
> - 설계활동 : 가능한 대체적인 활동방안의 개발 분석(여러 가지 대안의 탐구)
> - 선택활동 : 특정 대체안의 선정 및 복수 대체안의 평가(대체안의 선택)
> - 검토활동 : 과거의 선택에 대한 평가(사후적인 평가)

(2) 앤소프(H. I. Ansoff)의 의사결정 모형 23 기출

전략적 의사결정(최고경영층)	전체 자원을 해당 시장의 각 기회에 할당하는 것
관리적 의사결정(중간관리층)	자원에 대한 조직화, 조달 및 개발
업무적 의사결정(하위관리층)	각 부분에 대한 자원의 할당 및 일정 계획의 수립

> **연습 문제**
>
> 사이먼의 의사결정 과정 중에서 여러 대체안의 탐구와 관계 깊은 것은?
> ① 정보활동　　　　　　② 설계활동
> ③ 검토활동　　　　　　④ 선택활동
>
> **해설** 설계활동은 가능한 대체적인 활동방안의 개발 분석을 하는 활동을 말한다.
> **정답** ②

제 6 장 경영관리론

제 1 절 학문적 의의와 본질

1 경영관리론의 학문적 의의

(1) 독일 경영학과 미국 경영학 24 기출
　① **독일 경영학(경영경제학)** : 상업학으로부터 시작해서 이론적인 측면이 강한 학문
　② **미국 경영학(경영관리학)** : 실제 경영에서 나타나는 문제의 해결에 관심을 가지고 시작한 실천적 측면이 강한 학문

(2) 매니지먼트에 대한 관점
　① **사회학자들의 매니지먼트에 대한 개념** : '계급 및 지위 시스템'으로 간주하면서 경영관리자들이 두뇌 및 교육엘리트가 되고자 하는 현상을 '경영자 혁명'이라 하는 학자들도 있음
　② **경제학자들의 매니지먼트에 대한 개념** : 토지, 노동, 자본 등과 같이 생산요소의 하나로 간주하면서 사회학자, 경제학자, 경영 및 조직전문가들은 매니지먼트에 대해 서로 다른 관심을 가지지만 경영자는 이들만이 매니지먼트에 대한 전부가 아니라는 점을 인지해야 함

2 매니지먼트에 대한 정의

(1) 매니지먼트를 관리(일반)로 보는 관점
　① 매니지먼트의 본질을 관리과정이나 관리기능에서 찾고, 계획과 조직, 통제와 같은 기능을 연구 핵심으로 보는 관점
　② 쿤츠(H. Koontz)와 오도넬(C. O'Donnell)은 매니지먼트를 '타인으로 하여금 목표를 달성하게 하는 기능'이라 정의

(2) 매니지먼트를 경영관리로 보는 관점
　① 타인들로 하여금 목표를 달성하게 하는 과정이나 기능은 물론 변화하는 환경에 대응하기 위한 전략적 관리를 그 연구 대상에 포함하여야 한다는 관점
　② 페이욜은 모든 조직의 산업활동을 기술적 활동, 영업적 활동, 재무적 활동, 보전적 활동, 회계적 활동, 관리적 활동의 6가지로 구분하고, 그 중 관리적 활동을 중요시함

제 2 절 경영계획과 경영통제

1 경영계획

(1) 경영계획의 의의
- ① 경영계획의 개념
  - ㉠ 경영자가 수행하는 최초의 경영관리 과정이면서 더불어 경영관리의 최종적 과정인 경영통제의 전제조건이 됨
  - ㉡ 기업 조직의 장래 관리활동코스에 대한 의사결정 및 그 과정
  - ㉢ 관리활동의 출발점으로 기업 조직이 지향해야 할 목표 제시
- ② 경영계획의 분류
  - ㉠ 광의의 경영계획 개념 : 목표 및 전략을 모두 포함
  - ㉡ 협의의 경영계획 개념 : 방침, 절차, 프로그램, 규정, 예산만을 경영계획에 포함시킴

(2) 경영계획의 필요성
- ① 미래의 불확실성 및 변화에 대처
- ② 경영자가 경영목표에 주의 및 관심 집중
- ③ 비생산적이거나 비경제적인 노력을 배제하여 경제성 및 효율성 향상
- ④ 통제에 있어서 필수 불가결

(3) 계획의 체계
- ① **스케줄** : 기업 조직의 목표달성을 위해 어떤 일을, 어떤 순서대로 연속적으로 수행해야 하는지에 대한 시간적인 순서
- ② **프로그램** : 목표달성을 위해 필요하고 연결되어 있는 제반 활동이나 연속되는 행동 시스템
- ③ **예산** : 계획 기능 중의 하나인 통제를 위한 불가결한 수단임과 동시에 예산 편성은 기업 조직의 제반 계획을 통합하기 위한 중요 수단
- ④ **절차** : 미래 시점에서 발생하는 활동의 관습적인 처리 방법을 설정하는 것으로, 업무수행에 있어서 기본이 되는 계획이면서 표준화를 달성하는 주요 수단

(4) 경영계획의 종류
- ① 계획주체, 계획의 대상, 시한의 기준에 따라서 분류가 가능
- ② **계획주체** : 전반계획 또는 종합계획(전반관리층), 부문계획(중간관리층), 실행계획(하부관리층)
- ③ **계획의 대상** : 기본계획(전체계획, 종합계획), 실시계획(부문계획)
- ④ **시한**
  - ㉠ 계획달성까지의 기간의 장단을 기준 : 단기계획, 중기계획, 장기계획
  - ㉡ 계획달성까지의 기간의 일정 주기를 기준 : 개별계획, 기간계획

(5) 경영계획의 원칙(쿤츠에 의한 분류)
① **합목적성(합리성)의 원칙** : 모든 계획의 기본적 목적은 기업 조직의 목표를 쉽게 달성하도록 공헌하는 데 있음
② **계획우선의 원칙** : 계획은 목표를 달성하기 위한 활동코스를 제시한다는 점에서 모든 관리활동에 선행되어야 함
③ **보편성의 원칙** : 계획은 전 계층에서 수행되어야 하는 관리활동
④ **효율성의 원칙** : 계획은 주어진 비용으로 최대의 산출을 발생시킬 수 있어야 함

(6) 계획의 단계
문제의 인식 – 목표의 설정 – 계획의 전제 수립 – 대안의 모색 및 검토 – 대안의 평가 – 대안의 선택 – 파생계획의 수립 – 예산에 의한 계획의 수량화

연습 문제

다음 중 경영계획에서 분류의 기준이 <u>다른</u> 것은?
① 종합계획
② 부분계획
③ 실행계획
④ 단기계획

해설 단기계획은 시한에 따라서 분류한 것으로 1년 이내의 계획을 의미한다.
정답 ④

---

2 경영통제

(1) 경영통제 과정
① **표준의 설정**
  ㉠ 개념 : 표준은 실제적인 성과의 측정을 위한 기반
  ㉡ 표준은 제품의 양, 작업시간 및 속도, 서비스의 단위, 불합격품의 수량 등 물리적이면서 양적인 것으로 표현되거나 수입, 비용, 투자액 등과 같은 금전적인 화폐단위로도 표현됨
  ㉢ 표준의 종류 : 물리적 표준, 자본적 표준, 추상적 표준
② **실제 성과의 측정** : 성과 측정의 단계는 통제의 중심부를 차지하는 단계로, 기업 조직의 규모가 클수록 복잡해짐
③ **편차의 수정** : 표준 및 성과의 편차를 수정하는 단계

(2) 경영통제를 위한 기법

① **통제수단**: 통제의 기능이 활발히 수행되도록 적절한 정보를 제공해 주는 하나의 절차 내지 기법

② **예산제도에 의한 통제**: 예산제도는 오래되었으면서도 통상적으로 보급된 통제의 수단으로, 크게 이익계획을 기초로 한 형태와 적립식 형태로 나뉨

③ **합리적인 예산통제를 위한 조건**
  ㉠ 예산통제제도에 대해 충분하게 이해함과 동시에 지원해야 함
  ㉡ 예산통제를 위한 조직 확립
  ㉢ 예산통제 관리규정 정비
  ㉣ 적절한 회계조직 확립
  ㉤ 예산기간의 경우 회계연도와 동일하게 설정

④ **손익분기점 분석에 의한 방법**

  ㉠ 손익분기점에서의 수량 = $\dfrac{\text{총 고정비}}{\text{단위당 판매가격} - \text{단위당 변동비}}$

  ㉡ 손익분기점에서의 금액 = $\dfrac{\text{총 고정비}}{1 - \dfrac{\text{단위당 변동비}}{\text{단위당 판매가격}}}$

⑤ **기타 방법**: 통계적 자료에 의한 방법, 특수한 보고서 및 그 분석에 의한 방법, 개인적 관찰에 의한 방법, 내부감사에 의한 방법 등

제 7 장 전략수립과 전략실행

제 1 절 경영전략과 전략개발

1 경영전략의 의의와 구성요소

(1) 의의 20 기출
① 변화하는 기업 환경 하에서 기업 조직의 존속 및 성장의 도모를 위해 환경의 변화에 대해 기업 조직의 활동을 전체적이면서 계획적으로 적응해 가는 전략
② 최고경영층에서의 경영능력과 경영환경의 변화에서 파생된 기회 및 위협을 효율적으로 연결시키는 주요 도구의 하나임

(2) 구성요소
① **앤소프 전략의 구성요소** : 제품·시장분야, 성장벡터, 경쟁 상의 이점, 시너지
② **호퍼와 센델의 전략 구성요소** : 영역, 자원전개, 경쟁우위성, 시너지

2 전략계획과 전략개발

(1) 관리문제 영역의 혁신과 전략계획(앤소프의 5단계 분류)

사회적(정치적) 관리	• 기업의 최상단에는 사회적·정치적 관리가 위치함 • 사회에서 기업 조직의 정당성, 합법성 및 존재이유를 판단하고 결정
기업가적 관리	• 기업을 위한 이익잠재력을 창출해냄 • 기업의 유지·발전의 기회를 포착하며 실현시키고, 위협을 인지하고 회피하는 것
경쟁적 관리	잠재적인 이익을 현실이익으로 전환하는 것과 관련됨
경영적 관리	사회적·기업가적·경쟁적 관리활동이 요구하는 능력을 제공하는 것으로, 기능·가치·구조·시스템 등을 지원하는 관리
로지스틱스 과정	비관리적인 성격을 지니고, 병참적 활동이나 생산적 활동이라 불리며 자원의 조달·변환·유통 등의 복잡한 단계를 포함

(2) 전략계획의 특징(G. A. Steiner)
① 전략계획은 과정임
② 전략계획은 하나의 철학임
③ 전략계획은 의사결정의 미래성을 다룸
④ 총괄적인 전사적 계획은 계획의 구조로 정의되기도 함

(3) 전략개발과 전략유형
① 전략개발의 방법

갭 분석	검토하려는 목표나 단순하게 연장된 성과의 차이로 설정된 목표가 달성될 것인지의 여부를 분석하기 위한 방법(차이 분석)
ETOP 분석	환경의 위협 및 기회에 대해 배경조사, 각 지표에 대한 과거행위의 측정, 중요지표의 선택, 각 지표의 예측, 잠재적인 미래 상황의 식별, 시나리오의 작성 등과 같은 프로파일을 통해 새로운 전략개발을 모색하기 위한 방법
SWOT 분석 24, 23, 22 기출	기업의 내부환경과 외부환경을 분석하여 마케팅 전략을 수립하는 것으로, 기업을 Strength(강점), Weakness(약점), Opportunities(기회), Threats(위협)의 4가지 상황별·요인별로 분석하여 마케팅 전략을 세우는 방법
이슈 분석	환경의 변화에 대한 미세 신호를 포착하고 위험을 극복하며 기회를 파악해야 하며 충격적인 놀라움의 원인 및 반응 등을 전략적으로 분석해서 사전에 대비를 철저히 하는 방법

② 경영전략의 유형

스타이너(Steiner)와 마이너(Miner)의 분류	조직계층별 분류	분권화된 기업 조직에서 본사수준 전략 및 사업부수준 전략으로 구분
	영역에 기초를 둔 분류	기본전략 및 프로그램 전략으로 구분
	목적 또는 기능에 의한 분류	성장 및 생존목적을 위한 전략과 제품-시장전략의 구분
	물질적·비물질적 자원별 분류	통상적으로 전략은 물리적인 자원을 대상으로 하지만 경영자의 스타일이나 사고패턴, 철학과 관련됨
	경영자의 개인적 선택에 의한 분류	개인적 지위 및 가치관의 차이에 따른 분류
외형적인 전략출현 중심의 분류	생산지향 전략	외부환경을 보완적인 요인으로 보고 내부환경의 전략적 요인을 추구하는 전략으로, 생산 시스템의 혁신 및 제품 표준화 또는 제품개발에 의한 생산의 효율화를 목적으로 함
	시장지향 전략	시장 환경에서 전략적인 요인을 찾는 전략으로, 제품-시장전략이 중심이 됨
	산업지향 전략	산업계의 경쟁관계에서 전략적인 요인을 찾는 전략으로, 전사적 전략이 중심이 됨

3 제품의 표준화 전략과 다각화 전략

(1) 제품의 표준화 전략

① **포드 시스템 전략** 24, 20 기출
  ㉠ 개념 : 제품의 표준화, 부품 등의 호환성 제고, 이를 가능하게 하는 부품의 집중생산 및 컨베이어 시스템을 활용한 흐름작업화로 확대전략(Expansion Strategy)의 특징을 지님
  ㉡ 포드가 주장한 3S : 표준화(Standardization), 단순화(Simplification), 전문화(Specialization)

② **확대전략**
  ㉠ 제품의 개발 : 기존제품을 대신할 신제품 개발을 위해 제품 수명주기를 고려해야 함
  ㉡ 계열화 : 포드에 의해 시작된 것으로 주로 수직적인 계열화이고 각기 다른 생산공정 단계 및 생산영역을 하나의 경영시스템 하에 둔 것
  ㉢ 확대 : 통상적으로 확대전략은 기존제품의 시장지위를 높이는 전략

③ **생산성 전략**
  ㉠ 제조전략의 기반이 되며 국제 간 무역 전략의 주요 지표가 됨
  ㉡ 제조공정의 원가절감 및 작업자 만족, 제품의 품질향상이라는 상호배타적 측면이 있음
  ㉢ 최적화에 다다르는 과정이 쉽지 않음

> **체크 포인트**
>
> **버파(Buffa)가 제시한 제조전략의 6가지 기초**
> 생산 시스템의 포지셔닝, 능력과 입지결정, 작업력과 작업설계, 공급자의 수직적 계열화, 제품과 공정기술, 오퍼레이션 결정의 전략적 보완

(2) 제품의 다각화 전략

① **다각화 전략의 성장벡터 유형**
  ㉠ 다각화 전략의 개념
    • 제품의 생산지향적 전략에서 시장지향적 전략으로의 과정에서 필연적으로 나타나는 제품전략임
    • 앤소프는 제품개발, 시장침투, 시장개발 등의 전략을 확대전략으로 파악하고 이와 대비되는 전략을 다각화 전략으로 봄
  ㉡ 앤소프(H. I. Ansoff)의 성장벡터

구분	기존제품	신제품
기존시장	확대화(시장침투) →	(제품개발)
신시장	↓ (시장개발)	다각화

  • 시장개발, 시장침투, 제품개발은 제품의 생산기술과 마케팅의 어느 한 쪽 또는 쌍방과 공통의 관련성을 지닌다는 부분에서 공통점을 보이며, 이를 확대화라 함

- 다각화의 경우 생산과 시장의 양면에서 기존 것과 다른 분야에 진출을 하는 것이고, 이는 엄격히 말하면 신규제품과 시장에 진출하는 것을 가리킴

② 다각화의 종류
  ㉠ 수직적 다각화 : 기업이 자신의 분야에 포함된 분야로 사업영역을 확장하는 것
  ㉡ 수평적 다각화 : 자신의 분야와 동등한 수준의 분야로 다각화하는 것
  ㉢ 집중적 다각화 : 핵심기술 한 가지에 집중해서 판매하는 것
  ㉣ 복합적 다각화 : 해당 사업이 연계한 동종업종의 것일 수도 있으나 대체로 전혀 자신들의 업종과는 다른 양상의 분야로 확장해서 운영하는 것

4 기업의 산업경쟁 전략과 포트폴리오 전략

(1) 마이클 포터(M. E. Porter)의 경쟁전략 24 기출
  ① **개념** : 기업의 경쟁력을 결정하는 5가지 요인(잠재적 진입자, 산업 내 경쟁자, 공급자, 구매자, 대체품)이 기업을 위협하는 환경에서 경쟁우위에 서기 위해 취할 수 있는 전략

  > **체크 포인트**
  >
  > **마이클 포터의 가치사슬 모형**
  > - 본원적 활동(주활동) : 물류투입, 제조, 생산, 물류산출, 마케팅, 고객서비스
  > - 지원적 활동(지원활동) : 기업하부구조, 인적자원, 기술개발, 조달

  ② 경쟁전략의 형태 22 기출

	저원가	차별화
넓은 영역	원가우위 전략 (Cost Leadership)	차별화 전략 (Differentiation)
좁은 영역	원가 집중화 (Cost Focus)	차별적 집중화 (Differentiation Focus)

(세로축: 경쟁영역, 가로축 상단: 경쟁우위)

원가우위 전략 (코스트 리더십 전략)	비용요소를 철저하게 통제하고 기업 조직의 가치사슬을 최대한 효율적으로 구사하는 전략
차별화 전략	자사제품이나 서비스를 차별화해서 산업계에서 무엇인가 특이한 것을 창조하고자 하는 전략
집중화 전략	특정 구매자 집단이라든가, 특정 제품종류 및 지역시장에 맞추어 기업의 자원을 집중시키는 전략

③ **마이클 포터의 5대 경쟁 요인** 22 기출
  ㉠ 신규(잠재적)진입자의 위협
  ㉡ 대체품의 위협
  ㉢ 공급자의 교섭력
  ㉣ 구매자의 교섭력
  ㉤ 기존 기업 조직들과의 경쟁관계

> **연습 문제**
>
> **포터(M. Porter)의 경쟁전략 형태로 옳은 것은?**
> ① 차별화(Differentiation) 전략
> ② 블루오션(Blue ocean) 전략
> ③ 방어자(Defender) 전략
> ④ 반응자(Reactor) 전략
>
> **해설** 포터(M. Porter)의 경쟁전략 유형에는 원가우위 전략, 차별화 전략, 원가 집중화 전략, 차별적 집중화 전략이 있다.
>
> **정답** ①

(2) **성장-점유 매트릭스(BCG 매트릭스)** 22 기출
  ① 최초의 표준화된 포트폴리오 모형
  ② 각 SBU의 수익과 현금흐름이 실질적으로 판매량과 밀접한 관계에 있다는 가정 하에 작성된 모형
  ③ 수익의 주요 지표로서 현금흐름에 초점을 두고, 상대적 시장점유율과 시장성장률이라는 2가지 변수를 고려하여 사업 포트폴리오를 구성
  ④ BCG 매트릭스에서는 세로축을 시장성장률, 가로축을 상대적 시장점유율로 두어 2×2 매트릭스를 형성

⑤ 사업부별 특성

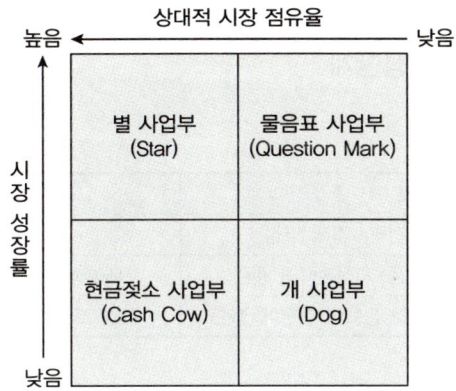

구분	특성
별(Star) 사업부	• 시장성장률도 높고 상대적 시장점유율도 높은 경우에 해당하는 사업 • 제품 수명주기 상에서 성장기에 속하는 사업
현금젖소 (Cash Cow) 사업부	• 시장성장률은 낮지만 높은 상대적 시장점유율을 유지하는 사업 • 제품 수명주기 상에서 성숙기에 속하는 사업 • 이에 속한 사업은 시장으로부터 많은 이익을 창출해냄
물음표(Question Mark) 사업부	• 시장성장률은 높으나 상대적 시장점유율이 낮은 사업 • 제품 수명주기 상에서 도입기에 속하는 사업
개(Dog) 사업부	• 시장성장률도 낮고 시장점유율도 낮은 사업부 • 제품 수명주기 상에서 쇠퇴기에 속하는 사업

> **체크 포인트**
>
> BCG(Boston Consulting Group)가 말하는 경험곡선의 요인
> • 작업방법 및 절차·공정의 개선
> • 노무자의 작업숙련(숙련효과)
> • 규모의 효과
> • 용구·설비의 개선을 위한 투자
> • 기술의 진보

제 2 절 전략경영

1 전략경영의 특징과 형성단계

(1) 전략경영의 특징

전략계획	전략경영
문제해결과정으로서의 전략수립에 역점	실행 및 통제의 문제를 포함
기업의 외적 관계성, 즉 제품-시장전략과 관련	내부배열, 즉 조직시스템 및 조직변화와 관련
전략 결정 시 기술적·경제적·정보적 측면에 집중	기업 조직 내외의 사회적·정치적 요소에도 주목

(2) 호퍼와 센델의 전략경영 형성 단계

전략의 식별 - 환경의 분석 - 자원의 분석 - 갭의 분석 - 전략적 대체안 - 전략의 평가 - 전략의 선택

2 전략과 조직의 구조와 과정

(1) 전략과 구조의 맥락

① **과거**: 기업 조직이 환경변화에 적응하기 위해서 전략목적을 설정하면 이를 이루기 위해 그에 맞는 적정한 조직구조가 자동으로 설계된다는 가정이 지배적임
② **현대**: 기업의 조직구조가 전략적인 선택에 의해 형성되는 명제로 수정·보완

(2) 마일스와 스노의 전략 유형

전략	목표	조직구조의 특성
방어형 전략	안정 및 능률	• 광범위한 분업 및 공식화의 정도가 높은 기능별 조직구조를 취하는 경향 • 집권화된 통제 및 복잡한 수직적 정보시스템 • 단순한 조정메커니즘과 계층 경로를 통한 갈등 해결
탐사형 전략	유연성	• 분업의 정도가 낮으며 공식화의 정도가 낮은 제품별 조직구조를 취하는 경향 • 분권화된 통제 및 단순한 수평적 정보시스템 • 복잡한 조정메커니즘과 조정자에 의한 갈등 해결
분석형 전략	안정 및 유연성	• 기능별 구조 및 제품별 구조를 결합한 느슨한 조직구조를 취하는 경향 • 중간 정도로 집권화된 통제 • 극도로 복잡하면서 고비용의 조정메커니즘: 어떠한 갈등은 제품관리자에 의해 해결되고 어떠한 갈등은 계층경로를 통해 해결됨

제 8 장 조직구조와 조직문화

제 1 절 조직구조

1 조직구조의 구성

(1) 로빈스(S. P. Robbins)의 조직구조의 구성요소 [20 기출]
   ① **복잡성**: 수직 및 수평적 분화 중심
   ② **공식화**: 업무 및 절차 등의 표준화 중심
   ③ **집권화**: 의사결정 권한의 체계 중심

(2) 조직구조 분석을 위한 구성요소
   ① **분화**: 서로 다른 부문 또는 인간에게 여러 가지 활동 혹은 과업을 할당하는 것
   ② **통합**: 분할된 활동 혹은 과업을 조정하는 방법
   ③ **권한 시스템**: 조직 내부에서 권력, 권위, 계층의 관계
   ④ **관리 시스템**: 조직에서 인간의 활동과 관계를 지도하는 계획적이고 공식화된 시책, 절차, 통제

(3) 공식조직과 비공식조직

구분	공식조직(Formal Organization)	비공식조직(Informal Organization)
개념	계획적·의도적으로 구성요소 간 합리적 관계 패턴을 공식적으로 확립시키기 위해 만든 조직	자연발생적으로 생겨난 조직으로 소집단의 성질을 띠며, 조직 구성원은 밀접한 관계 형성
특징	• 조직 구성에서 기능(과제) 분화 및 지위 형성 • 직위에 대한 권한 및 책임 한계를 명시적으로 규정화하는 것 등이 문제가 됨	• 구성원이 감정적 관계를 가지고 개인적 접촉성을 띰 • 구성원이 집단접촉 과정에서 나름의 역할 담당 • 비공식적인 가치관·규범·기대·목표가 있으며, 조직의 목표달성에 큰 영향을 미침

(4) 관료제
   ① **관료제의 개념**: 베버(M. Weber)는 조직의 규모가 커져감에 따라 발전된 합리적 구조를 관료제라고 하였으며 근대적이고 합법적인 지배를 기반으로 함

② 관료제의 특징
   ㉠ 계층적인 권한체계
   ㉡ 문서에 의한 직무집행 및 기록
   ㉢ 명확하게 규정된 권한 및 책임의 범위
   ㉣ 직무활동을 수행하기 위한 전문적인 훈련
   ㉤ 규정에 의한 담당자의 역할이 결정되는 지속적인 조직체
③ 관료제의 역기능
   ㉠ 단위들 사이의 커뮤니케이션을 저해
   ㉡ 규정에 얽매여 목표 및 수단의 전도현상 발생
   ㉢ 전문화된 단위 사이의 갈등을 유발해서 전체목표 달성 저해
   ㉣ 계층의 구조가 하향식이므로 개인의 창의성 및 참여 봉쇄
   ㉤ 수평적인 커뮤니케이션을 공식적으로 인정하지 않으므로 공식적 계층을 따르다 보면 시간 및 에너지가 낭비됨

(5) 사이먼(H. A. Simon)이 주장하는 권한의 기능
   ① **책임이행의 강요**: 책임이 이행되지 않았을 시 구체적 제재의 권한이 발동되는 것
   ② **의사결정의 전문성 확보**: 권한의 행사로서 의사결정의 전문성을 높이는 것
   ③ **활동 간 조정**: 전체 집단구성원으로 하여금 특정한 정책의 결정에 따르도록 유도하는 것

(6) 커뮤니케이션의 구조
   ① **의사소통구조**: 조직에서의 의사소통관계
   ② **조직을 구성하는 기본 조건(버나드)**: 의사소통, 공통목적, 공헌의욕
   ③ **준수 원칙**: 명료성, 일관성, 자기적시성, 분포성, 타당성, 적응성, 관심과 수용의 원칙
   ④ **품의제도**: 의사소통 수단의 하나이며, 집권화 체제에서 주로 활용됨
   ⑤ **의사소통 과정**: 의사전달자 – 부호화 – 메시지 – 채널 – 해독화 – 수신자

> **체크 포인트**
>
> **품의제도**
> - 경영관리상 중요 문제를 하위자가 상위자에게 상신해서 결재를 받는 것과 직능적으로 관련 있는 타직위에 회의하는 것
> - 문서 형식으로 절차에 의해 양식화되고 확인, 기록, 보존하는 것
> - 상신, 결재, 회의, 양식화하는 공식적인 커뮤니케이션 수단

(7) 조직시스템의 형상[민츠버그(H. Mintzberg)가 분류한 조직형상의 구성요소]
① **업무핵심층(Operating Core)** : 제품 및 서비스 생산과 직접 관련된 기본적인 업무 수행
② **전략상층부(Strategic Apex)** : 기업 조직에 대한 전반적인 책임과 함께 조직의 방향 설정과 전략개발 등 담당
③ **중간라인(Middle Line)** : 업무핵심층과 전략상층부를 연결해 주는 역할 수행
④ **기술구조(Technostructure)** : 업무의 흐름을 설계하고 수정하며, 종업원들을 훈련시키는 등 전문적인 기술지원을 하지만 직접적인 작업을 수행하지는 않음
⑤ **지원스태프(Support Staff)** : 작업흐름과 분리되어서 작업을 수행하는 다른 부문을 전체적인 차원에서 지원해 주는 전문화된 단위로서 역할 수행

2 경영 조직구조의 형태와 유형

(1) 민츠버그의 분류

단순구조	• 전략상층부와 업무핵심층으로만 구성되어 있는 조직 • 사업의 초기단계에서 많이 나타나는 형태 • 가장 단순하며 의사소통이 원활함
기계적 관료제	• 기업 규모가 대규모화되면서 점차 그 기능에 따라 조직을 구성 • 기술구조와 지원스태프가 구분되어 업무핵심층에 대한 정보와 조언, 지원을 담당하는 형태
전문적 관료제	• 기능에 따라 조직이 형성되지만 업무핵심층이 주로 전문직이라는 것이 특징 • 업무가 전문화되므로 이를 지원하기 위한 지원스태프 조직이 큼 • 병원, 대학 등의 의사나 교수 등이 업무핵심층 담당
사업부제	• 기능조직이 점차 대규모화함에 따라 제품이나 지역, 고객 등을 대상으로 해서 조직을 분할하고 이를 독립채산제로 운영하는 방법 • 기능조직과 같은 형태를 취하고 있으며, 회사 내 회사라고 볼 수 있음
애드호크라시	• 임시조직 또는 특별조직 • 평상시에는 조직이 일정한 형태로 운영되다가 특별한 일이나 사건이 발생하면 그것을 담당할 수 있도록 조직을 재빨리 구성하여 업무 처리가 이루어지는 형태 • 업무처리가 완성되면 다시 원래의 형태로 되돌아가는 조직으로, 변화에 대한 적응성이 높은 것이 특징 예 재해대책본부

(2) 일반적 분류

라인 조직 (기능별 조직)	단일 라인 조직	• 군대처럼 한 사람의 의사 및 명령이 하부에 직선적으로 전달되는 형태의 조직 • 모든 조직의 기본 형태로 지휘명령권이 명확 • 의사결정이 신속, 하급자의 훈련 용이 • 업무의 과다 집중으로 인한 비효율성 발생
	복수 라인 조직	• 명령권자 및 수령라인이 복수인 조직형태로, 테일러에 의해 제시됨 • 감독의 전문화가 이루어짐 • 명령의 이원화에 따른 문제발생의 소지가 있음
	스태프 라인 조직 23 기출	• 복수 기능식 라인조직의 결함을 보완하고, 단일 라인조직의 장점을 살릴 수 있는 혼합형 조직형태 • 라인 및 스태프의 분화에 의한 전문화의 이점을 살릴 수 있음 • 라인 및 스태프 간 갈등 발생 우려
사업부제 조직 22 기출		• 기능조직이 대규모화되면서 제품이나 지역, 고객 등을 대상으로 해서 조직을 분할하고 독립채산제로 운영하는 방법 • 사업부는 기능조직과 같은 형태이며 회사 내의 회사로 봄 • 제품별 사업부제, 지역별 사업부제, 고객별 사업부제의 형태 등이 있음
매트릭스 조직 21, 20 기출		• 관계된 조직의 단위로부터 대표자를 선정해 새로운 조직체를 형성하는 조직 형태 • 통상적으로 추진한 사업이 종료되면 해산하지만 문제가 반복성을 띠게 되면 계속 존속됨 • 신축성 및 균형적 의사결정권을 동시에 부여함으로써 경영을 동태화시키나 조직의 복잡성 증대 • 매트릭스 조직이 필요한 경우는 2가지 이상의 전략부문에 대한 동시적·혁신적인 목표가 존재할 시, 경영체의 인적·재무적 자원 제약 시, 환경변화에 대한 고도의 정보처리가 불확실할 시임

체크 포인트

기능별 조직과 사업부제 조직의 장단점

구분	기능별 조직	사업부제 조직
장점	• 기능별로 최적의 방법(품질관리, 생산관리, 마케팅 등)의 통일적인 적용 • 전문화에 의한 지식경험의 축적 및 규모의 경제성 • 인원·신제품·신시장의 추가 및 삭감이 신속하고 신축적임 • 자원(사람 및 설비)의 공통 이용	• 부문 간 조정이 용이 • 제품별 명확한 업적평가, 자원의 배분 및 통제가 용이 • 사업부별 신축성 및 창의성을 확보하면서 집권적인 스태프와 서비스에 의한 규모의 이익도 추구 • 사업부장의 총체적 시각에서의 의사결정
단점	• 과도한 권한의 집중 및 의사결정의 지연 • 기능별 시각에 따른 모든 제품 및 서비스 경시 • 다각화 시에 제품별 조건적합적 관리 불가능 • 각 부문의 업적평가 곤란	• 단기적인 성과를 중시 • 스태프, 기타 자원의 중복에 의한 조직슬랙의 증대 • 분권화에 의한 새로운 부문이기주의의 발생 및 사업부 이익의 부분 극대화 • 전문직 상호 간 커뮤니케이션의 저해

> **연습 문제**
>
> 한 사람의 업무담당자가 기능부문과 제품부문의 관리자로부터 동시에 통제를 받도록 이중권한 구조를 형성하는 조직구조는?
> ① 기능별 조직
> ② 사업부제 조직
> ③ 매트릭스 조직
> ④ 프로젝트 조직
>
> **해설** 매트릭스 조직은 조직의 구성원이 원래 속해 있던 종적계열과 함께 횡적계열이나 프로젝트 팀의 일원으로 속해 동시에 임무를 수행하는 조직형태로, 결국 한 구성원이 동시에 두 개의 팀에 속하게 된다.
>
> **정답** ③

제 2 절 조직문화

1 조직문화의 개념

(1) 조직문화에 대한 정의

① **페티그루(A. M. Pettigrew)** : 기업문화를 언어, 상징, 이념, 전통 등 조직체 개념의 총체적 원천으로 설명
② **새드(V. Sathe)** : 조직 구성원들이 보편적으로 공유하는 중요한 가정
③ **딜과 케네디(T. Deal & A. Kennedy)** : 현재 활용되고 있는 행동양식
④ **오라일리(O'Reilly)** : 강력하고 공유된 핵심가치
⑤ **홉스테드(G. Hofstede)** : 사람에게 공유되고 있는 집합적인 심리적 프로그래밍
⑥ **베이트(Bate)** : 조직자극에 대해 합의된 지각
⑦ **오우치(W. Ouchi)** : 조직구성원에게 조직의 가치 및 신념 등을 전달하는 의식, 상징 등의 집합
⑧ **피터스와 워터먼(Peters & Waterman)** : 신화, 전설, 스토리, 우화 등과 같이 상징 수단에 의해 전달되고 지배적이면서 일관된 공유가치의 집합

(2) 조직문화에 대한 주요 측면
① 작업 집단 내 형성되는 규범
② 사람이 상호작용할 시 관찰되는 행동의 규칙성(사용하는 언어, 의식 등)
③ 소비자 및 종업원에 대한 정책결정의 지침이 되는 경영철학
④ '최상의 품질', '저렴한 가격' 등과 같이 조직에 의해 강조되는 지배적인 가치관
⑤ 조직 구성원들이 소비자나 외부 사람들과의 접촉하는 방식과 사무실 내 물질적인 배치 등에서 느끼는 분위기 또는 느낌

2 조직문화의 수준과 중요성

(1) 샤인(E. Schein)의 조직문화의 수준 23 기출

잠재적 수준	당연하다고 생각하는 가장 기본적인 믿음으로 외부에서 관찰이 불가능하며 의식하지 못하는 상태에서 작용
인식적 수준	기본적인 믿음이 표출되어 인식의 수준으로 나타난 것으로 옳고 그름이 결정될 수 있는 가치관
가시적 수준	인간이 창출한 인공물, 기술이나 예술, 행동양식들로 가치관이 표출되어 나타난 것으로 관찰 가능한 것

연습 문제

다음 중 샤인의 조직문화에 대한 3가지 수준에 포함되지 <u>않는</u> 것은?
① 가치관
② 기본가정
③ 교육수준
④ 인공물 및 창조물

해설 샤인의 조직문화에 대한 3가지 수준은 잠재적 수준(기본가정), 인식적 수준(가치관), 가시적 수준(인공물 및 창조물)이다.

정답 ③

(2) 조직문화의 중요성
① 전략수행에 영향
② 합병, 매수 및 다각화 등에 영향
③ 신기술의 통합에 영향
④ 집단 간 갈등
⑤ 화합 및 의사소통에 영향
⑥ 사회화에 영향
⑦ 생산성에 영향

3 조직문화의 형성

(1) 가글리아드의 조직문화 형성과정의 4단계

1단계	• 기업 조직이 형성되는 단계 • 리더가 지니는 비전이 조직의 목적 및 구성원들에게 과업을 분배하는 데 있어 평가 및 준거의 기준으로 활용
2단계	• 리더의 기본적인 신념에 의해 이루어짐 • 행동이 바람직한 결과를 가져왔을 때 이러한 신념은 경험에 의해 확인되고 조직의 각 구성원들에 의해 공유되어 비로소 행동의 준거로 활용
3단계	• 바람직한 결과가 연속적으로 달성됨으로 인해 조직의 구성원들은 이러한 가치를 당연한 것으로 받아들임 • 그러한 효과에서 벗어나 원인을 규명하는 데 집중하게 됨
4단계	• 전 구성원들에 의해 의문 없이 가치 수용 • 더이상 의식적으로 그것을 인식하려 하지 않는 단계

(2) 슐츠(Schultz) 조직문화와 조직설계

환경적 차원에 따른 조직문화 (제1유형)	• 기업과 환경과의 관계를 다루는 방법의 결과에 관한 것 • 강인하고 억센 문화, 열심히 일하고 잘 노는 문화, 회사의 운명을 거는 문화, 과정을 중시하는 문화 등으로 분류
내부적 차원에 따른 조직문화 (제2유형)	• 기업의 문제해결태도와 관련된 내부적 상황에 관한 것 • 생산적 문화, 관료적 문화, 전문적 문화 등으로 분류
진화적 차원에 따른 조직문화 (제3유형)	• 기업의 성장단계에 따라서 나타나는 문화적 특성에 관한 것 • 안정적 문화, 반응적 문화, 예측적 문화, 탐험적 문화, 창조적 문화 등으로 분류

4 조직문화의 변화

(1) 조직문화의 변화방법

1차적 방법	2차적 방법
• 경영자가 어떠한 관점에 관심을 두는지에 관심 • 중요한 사건 또는 조직의 위기에 대한 경영자의 대응방식 • 모범을 보이고 지도하기 • 보상 및 승진에 대한 결정기준이 무엇인가 • 모집, 선발, 퇴직의 기준은 무엇인가	• 새로운 조직문화에 적합한 조직구조 설계 • 조직시스템과 절차 확립 • 물리적인 환경 조성 • 중요사건 또는 영웅적인 인물에 대한 일화의 전파 • 조직의 철학·신념에 대한 공식적 언급 등

(2) 르윈(Lewin)의 조직변화의 단계

해빙단계	• 조직을 현재 상태나 현재 수준으로 유지하고자 하는 힘을 감소시키는 단계, 즉 조직 내부 구성원들과 이해관계자들에게 현상 유지를 벗어나 변화가 필요하다는 사실을 인식시키고, 변화에 대한 공감대를 형성하는 단계 • 구성원들이 원하는 상황과 현재 상황 간의 차이를 보여주는 정보를 제공함으로써 협조를 유도함
변화단계	• 조직을 바람직한 상태로 변화시키기 위한 활동들을 시작하는 단계, 즉 기존의 태도, 가치, 행동 등을 새로운 것들로 대체하기 위한 단계 • 교육훈련의 시행, 새로운 작업 도입, 각종 시스템상의 조치 등을 수반함
재동결단계	• 조직을 새로운 변화상태에서 안정화시키는 단계 • 조직의 새로운 가치, 행동, 정책 등을 공식화하고 변화에 부합하는 직원들을 보상하는 등 새로운 변화를 유지하기 위한 각종 노력이 투입됨

제 9 장 인사관리와 노사관계관리

제 1 절 인사관리

1 인사관리의 개념 23 기출

(1) 인사관리
① **의의**: 기업 조직에 필요한 인력을 획득, 이를 조달하고 유지 및 개발하며, 유입된 인력을 효율적으로 관리·활용하는 체제
② **기능**: 직무의 분석 및 설계, 모집 및 선발, 훈련 및 개발, 보상 및 후생복지, 노조와의 관계 등
③ **목표**: 인사관리의 목표는 생산성의 향상 및 근로생활의 질(QWL) 2가지를 동시에 만족시키는 것

(2) 인사관리의 환경
① **내부환경**: 노동력 구성비의 변화, 조직규모의 확대, 가치관의 변화 등
② **외부환경**: 경제여건의 변화, 정부개입의 증대, 정보기술의 발전, 노동조합의 발전 등

2 직무분석과 직무평가

(1) 직무분석 21 기출
① **의의**: 직무의 성격·내용에 연관되는 각종 정보를 수집, 분석, 종합하는 활동으로 기업 조직이 요구하는 일의 내용들을 정리·분석하는 과정
② **직무분석 방법** 24 기출

관찰법	• 직무분석자가 직무수행을 하는 근로자의 행동을 관찰한 것을 토대로 직무를 판단하는 것 • 간단하게 실시할 수 있으나 정신적 집중을 필요로 하는 업무 다수 어려움 • 피관찰자의 관찰을 의식한 직무수행 왜곡으로 신뢰도의 문제점이 생길 수 있음
면접법	• 해당 직무를 수행하는 근로자와 직무분석자가 서로 대면해서 직무정보를 취득하는 방법 • 적용직무에 대한 제한은 없으나 면접자의 노련미가 요구되며 피면접자가 정보제공을 기피할 수 있다는 문제점이 생길 수 있음
질문지법	• 질문지를 통해 근로자에 대한 직무정보를 취득하는 방법 • 적용 제한이 없고 시간 및 비용 절감 효과, 질문지 작성이 어렵고 근로자들이 무성의한 답변을 할 여지가 있음

중요사건법	• 직무행동 중 중요하면서도 가치가 있는 것에 대한 정보를 수집하는 방법 • 대부분이 감독자에 의해 실행되고 중요사건을 정한 후에 전체로서의 직무에 대한 난이도, 중요성, 빈도 또는 기여도 평가
워크샘플링법	• 관찰법의 방식을 세련되게 만든 것으로 근로자의 직무성과가 외형적일 때 잘 적용될 수 있는 방법 • 근로자의 전체 작업과정이 진행되는 동안에 무작위로 많은 관찰을 함으로써 직무행동에 대한 정보를 취득함

(2) 직무기술서
① **개념** : 종업원의 직무분석 결과를 토대로 직무수행과 관련된 각종 과업 및 직무행동 등을 일정한 양식에 따라 기술한 문서
② **직무기술서에 포함되는 내용**
　㉠ 직무에 대한 명칭
　㉡ 직무에 따른 활동과 절차
　㉢ 실제 수행되는 과업 및 사용에 필요한 각종 원재료 및 기계
　㉣ 타 작업자들과의 공식적인 상호작용
　㉤ 감독의 범위와 성격
　㉥ 근로자들의 작업조건 및 소음도
　㉦ 조명, 작업 장소
　㉧ 위험한 조건과 물리적인 위치 등
　㉨ 근로자들의 고용조건, 작업시간과 임금구조 및 그들의 임금 형태와 부가적인 급부, 공식적인 기업 조직에서의 직무 위치, 승진이나 이동의 기회 등

(3) 직무명세서
① 직무분석 결과를 토대로 특정한 목적의 관리절차를 구체화하는 데 편리하도록 정리하는 것
② 각 직무수행에 필요한 근로자들의 행동이나 기능, 능력, 지식 등을 일정한 양식에 기록한 문서로 특히 인적요건에 초점을 둠

(4) 직무평가
① **개념** : 기업 조직에서 각 직무의 숙련, 노련, 책임, 작업조건 등을 분석 및 평가하여 다른 직무와 비교한 직무의 상대적 가치를 정하는 체계적인 방법

② 직무평가의 방법

정성적 방법	서열법 (Ranking Method)	직무평가의 방법 중 가장 간편한 방법
	분류법 (Job Classification Method)	등급법이라고도 하며 서열법을 발전시킨 방법
정량적 방법	점수법 (Point Rating Method)	해당 직무에 대한 전체 점수를 산출해서 평가하는 방법
	요소비교법 (Factor Comparison Method)	기업 조직 내에서 가장 기준이 되는 기준직무를 선정하고, 그 다음으로 평가자가 평가하고자 하는 직무에 대한 평가요소를 기준직무의 평가요소와 비교해서 그 직무의 상대적 가치를 결정하는 방법

3 인사관리의 주요활동

(1) 인사관리의 순서

'인적자원에 대한 확보 – 개발 – 활용 – 보상 – 유지 활동'이 체계적으로 이루어져 가는 것

(2) 인적자원의 확보

① 기업 조직의 목표 달성을 위해 필요한 인력을 조직이 확보해가는 과정
② 주로 인적자원의 (충원) 계획에 따른 모집이나 선발 및 배치관리가 이루어짐

(3) 인적자원의 개발

인력개발, 개인개발, 경력개발, 조직개발

(4) 인적자원의 활용

① 조직의 특성 및 직무특성 등의 재설계 또는 건전한 조직풍토 및 기업문화의 정립이 요구됨
② MBO, 소집단 활동, 프로젝트 팀 등의 활동을 통해 활성화되어야 함

> **체크 포인트**
>
> **목표관리(MBO : Management By Objectives)** 20 기출
> 효율적인 경영관리체제를 실현하기 위한 경영관리의 기본 수법으로 조직의 목표와 개인의 목표를 명확하게 설정하고 조직의 목표달성을 위한 실행전략을 수립하여 구체적으로 추진하는 일련의 과정

4 임금관리

(1) 임금의 개념
① 근로자가 노동의 대가로 사용자에게 받은 보수
② 근로기준법에는 사용자가 근로의 대가로 근로자에게 지급하는 임금, 봉급 기타 여하의 명칭으로든지 지급하는 일체의 금품

(2) 임금관리의 3요소

3요소	핵심사항	분류(고려대상)
임금수준	적정성	생계비 수준, 기업의 지불 능력, 사회 일반적 임금수준, 동종업계 임금수준 감안
임금체계	공정성	연공급, 직능급, 성과급, 직무급
임금형태	합리성	시간급제, 일급제, 월급제, 연봉제

체크 포인트

연봉제의 장단점

장점	단점
• 임금결정의 공정화 및 인건비 절감 • 상급관리자의 경영의식강화 및 동기부여 • 중도채용자의 처우개선과 노동력의 유연화	• 임금제도의 제한성과 신뢰감의 상실 • 협동체제의 확보 곤란 • 장기적인 경영 유지의 저해

(3) 최저임금제 20 기출
① **개념** : 국가가 노·사간의 임금결정과정에 개입하여 임금의 최저수준을 정하고, 사용자에게 그 수준 이상의 임금을 지급하도록 법적으로 강제하여 저임금 근로자를 보호하는 제도
② **우리나라 최저임금제도**
  ㉠ 우리나라 최저임금을 정하는 방식은 임금심의회 방식을 채택하고 있음
  ㉡ 최저임금은 근로자의 생계비, 유사 근로자의 임금, 노동생산성 및 소득분배율을 고려해서 사업의 종류별로 정하도록 되어 있음

(4) 순응임률제(Sliding Scale Wage Plan)
기업의 임금산정에 있어서 물가변동과 같은 경제적 조건의 변화나 기업의 사정에 순응하여 임금률을 자동적으로 변동·조정하여 지급하는 임금의 지급형태

제 2 절 노사관계관리

1 노사관계관리의 개념

(1) 노사관계 개요와 발전과정
① **노사관계 개요** : 노동시장에서 노동력을 제공해서 임금을 지급받는 노동자(근로자)와 노동력수요자로서의 사용자 및 정부가 서로 간에 형성하는 관계
② **발전과정** : 노사관계는 그 발전과정에 있어 크게 전제적 노사관계, 온정적 노사관계, 근대적 노사관계, 민주적 노사관계의 4가지로 구분되어 발전

(2) 노사관계의 기본 목표
① 노사관계의 공익성을 바탕으로 한 노사관계의 산업평화적 이념의 정립
② 생산성 향상과 공정한 성과배분의 실현, 노사관계의 안정

2 노동조합

(1) 노동조합의 기능 21 기출
① **기본기능(조직기능)** : 비조합원인 근로자들을 조직하는 제1차적 기능인 근로자 기능과 조직된 해당 노동조합을 유지하는 제2차적 기능인 노동조합 기능으로 나뉨
② **집행기능** : 단체교섭 기능, 경제활동 기능, 정치활동 기능
③ **참모기능** : 기본기능과 집행기능을 보조하거나 참모하는 역할을 수행하는 기능

(2) 노동조합의 조직형태

직업별 노동조합 (Craft Union)	기계적인 생산방법이 도입되지 못하던 수공업 단계에서 산업이나 기계에 상관없이 서로 동일한 직능에 종사하는 숙련노동자들이 자신들의 직업적인 안정과 경제적인 부분의 이익 확보를 위해 만든 배타적인 노동조합
산업별 노동조합 (Industrial Union)	노동시장에 대한 공급통제를 목적으로 숙련 또는 비숙련 노동자들을 불문하고 동종 산업의 모든 노동자들을 하나로 조직하는 노동조합
기업별 노동조합 (Company Labor Union)	동일 기업 노동자들이 해당 직종이나 직능에 대한 차이 및 숙련도를 무시하고 조직하는 노동조합으로, 개별 기업을 존립의 기반으로 삼음
일반 노동조합 (General Labor Union)	기업이나 직업, 산업에 상관없이 여러 산업에 걸쳐서 각기 흩어져 있는 일정 지역 내의 노동자들을 규합하는 노동조합

(3) 숍 제도

① **개념** : 노동조합이 사용주와 체결하는 노동협약에 있어 종업원의 자격 및 조합원 자격의 관계를 규정한 조항을 삽입하여 노동조합의 유지 및 발전을 도모하려는 제도

② **종류** 23 기출
  ㉠ 오픈 숍(Open Shop) : 사용자가 노동조합에 가입한 조합원뿐만 아니라 비조합원도 자유롭게 채용할 수 있도록 하는 제도
  ㉡ 클로즈드 숍(Closed Shop) : 기업의 결원에 대한 보충이나 신규채용 등에 있어 사용자가 조합원 중에서 채용을 하지 않으면 안 되는 제도
  ㉢ 유니언 숍(Union Shop) : 사용자의 노동자에 대한 채용은 자유롭지만, 일단 채용이 되면 노동자는 노동협약에 따라 반드시 노동조합에 가입해야만 하는 제도

3 단체교섭과 단체협약

(1) 단체교섭 20 기출

① **개념** : 노동조합이 사용자 또는 사용자단체와 임금이나 근로시간, 기타 근로조건에 대한 협약 체결을 위해서 단결력을 배경으로 하는 교섭

② **단체교섭 방식**

기업별 교섭	기업 단위노조와 사용자 간 단체교섭 방식으로, 각 사업장의 특수성을 반영할 수 있으나 노동시장에 대한 지배력이 없고 기업별, 사업장별 교섭 등에서 오는 제약이 따름
집단교섭	여러 개 단위노조와 사용자가 집단으로 연합전선을 구축해서 교섭하는 방식으로, 기업별 교섭과 산업별 통일교섭의 절충형태
통일교섭	전국에 걸친 산업별 노조 또는 하부 단위노조로부터 교섭권을 위임받은 연합체 노조와 산업별 또는 지역별 사용자단체 간의 단체교섭으로, 기업별 특수성을 반영하기 어려움
대각선 교섭	단위노조가 소속된 상부단체와 각 단위노조에 대응하는 개별 기업의 사용자 간에 행해지는 교섭하는 방식
공동교섭	기업별 노동조합 또는 지역-기업 단위지부가 상부단위의 노조와 공동으로 참가해서 기업별 사용자 측과 교섭하는 방식

(2) 단체협약

노동자들이 사용자에 대해서 평화적인 교섭 또는 쟁의행위를 거쳐서 쟁취한 유리한 근로조건을 협약이라는 형태로 서면화한 것

4 부당노동행위

(1) 우리나라의 경우 개별 근로자를 대상으로 한 부당노동행위와 노동조합을 대상으로 하는 부당노동행위로 구별하여 5가지 종류의 부당노동행위를 규정해서 이를 금지하고 있음

(2) 부당노동행위
① 노동조합의 조직·가입·활동 등에 관한 불이익 대우
② 황견계약의 체결
③ 단체교섭의 거부
④ 노동조합의 조직·운영에 대한 지배·개입과 경비원조
⑤ 단체행동에의 참가·기타 노동위원회와의 관계에 있어 행위에 관한 보복적 불이익 대우

5 쟁의행위와 쟁의조정

(1) 쟁의행위의 유형

구분	유형	내용
노동자 측면의 쟁의행위	파업	노동조합 안에서의 통일적 의사결정에 따라 근로계약상 노동자가 사용자에게 제공해야 할 의무가 있는 근로의 제공을 거부하는 쟁의수단
	태업·사보타지	• 태업 : 노동조합이 형식적으로는 노동력을 제공하지만 의도적으로 불성실하게 노동력을 제공하여 작업능률을 저하시키는 행위 • 사보타지(Sabotage) : 태업에서 더 나아가 능동적으로 생산 및 사무를 방해하거나 원자재 또는 생산시설 등을 파괴하는 행위
	생산관리	노동조합이 직접적으로 사업장이나 공장 등을 점거하여 직접 나서서 기업경영을 하는 행위
	준법투쟁	노동조합이 법령·단체협약, 취업규칙 등의 내용을 정확하게 이행한다는 명분 하에 업무의 능률 및 실적을 떨어뜨려 자신의 주장을 받아들이도록 사용자에게 압력을 가하는 집단행동 예 일제휴가, 집단사표, 연장근무의 거부 등
노동자 측면의 (부수적) 쟁의행위	불매동맹 (Boycott)	노동조합이 사용자나 사용자와 거래 관계에 있는 제3자의 제품구입 또는 시설 등에 대한 이용 거절, 근로계약 체결 거부 등을 하는 행위
	피켓팅 (Picketing)	노조의 쟁의행위를 효과적으로 수행하기 위한 것으로 비조합원들의 사업장 출입을 저지하여 파업에 동조하도록 호소하면서 사용자에게 타격을 주기 위해 활용되는 것
사용자 측면의 쟁의행위	직장폐쇄 (Lock Out)	노동조합과 사용자 간 근로조건에 대한 주장이 일치하지 않는 경우 사용자 측이 자기의 주장을 관철하기 위해서 노동자의 노동력 제공을 거부하고, 노동자에게 경제적 타격을 입힘으로써 압력을 가하는 실력행위

(2) 노동쟁의의 조정
　① **조정**: 노동위원회가 관계 당사자 일방의 신청으로 관계 당사자의 의견을 들어 조정안을 만들면 노사의 수락을 권고하는 형태(노동위원회에서 구성한 조정위원회에서 담당)
　② **중재**: 조정과 다르게 노사의 자주적인 해결의 원칙과 거리가 먼 형태로, 중재절차가 개시되면 냉각기간이 경과해도 그 날로부터 15일간 쟁의행위를 할 수 없고, 중재재정의 내용은 단체협약과 동일한 효력을 지님
　③ **긴급조정**: 쟁의행위가 국민경제 및 국민의 일상생활을 위태롭게 할 경우 당사자에게 의견을 묻지 않고 고용노동부장관의 직권으로 결정하는 것(이는 쟁의권에 대한 중대한 제약)

> **연습 문제**
>
> 다음 중 최저임금제의 필요성으로 옳지 <u>않은</u> 것은?
> ① 계약자유 원칙의 한계 보완
> ② 저임금 노동자 보호
> ③ 임금인하 경쟁 방지
> ④ 소비자 부담 완화
>
> **해설** 최저임금제의 필요성에는 계약자유 원칙의 한계 보완, 사회적 약자 보호, 시장실패 보완, 유효수요 증대 등이 있다.
>
> **정답** ④

제10장 생산관리

제1절 생산 시스템

1 생산 시스템의 개요와 유형

(1) 생산 시스템의 개요
① 생산 시스템은 일정한 개체들의 집합으로, 각 개체들은 각기 투입, 과정, 산출 등의 기능을 담당
② 타 개체와의 관련을 통해 전체의 목적에 기여할 수 있음

(2) 생산 시스템의 유형
① 주문생산 시스템 및 예측생산 시스템
② 다품종 소량생산 시스템과 소품종 다량생산 시스템
③ 연속생산 시스템과 단속생산 시스템

연속생산 시스템	중단 없이 지속적으로 가동 생산되는 방식으로, 화학·정유·시멘트 산업 등과 같은 화학적인 공정을 필요로 하는 산업들이 대표적
단속생산 시스템	주문된 제품의 수량 및 납기 등에 맞추어 생산하는 방식

2 진보적 생산 시스템 [20] [기출]

(1) JIT(Just In Time) 시스템(적시생산 시스템)

개념	필요한 시기에 필요한 양만큼의 단위를 생산해 내는 것
종류	• 푸시(Push) 시스템 : 고객의 주문 이전에 생산을 개시하고, 수요변화를 재고로 흡수하여 생산라인의 안정을 추구 • 풀(Pull) 시스템 : 주문을 받아 필요한 시기에, 필요로 하는 양만큼을 생산하여 유연성을 추구

효과	• 납기의 100% 달성 • 고설계 적합성 • 생산 리드타임의 단축 • 수요변화의 신속한 대응 • 낮은 수준의 재고를 통한 작업의 효율성 • 작업 공간 사용의 개선 • 분권화를 통한 관리의 증대 • 재공품 재고변동의 최소화 • 각 단계 간 수요변동의 증폭전달 방지 • 불량 감소와 유연성

(2) 셀 제조 시스템(CMS)

개념	다품종 소량생산에서 부품설계, 작업준비 및 가공 등을 체계적으로 하고 유사한 가공물을 집단으로 가공함으로써 생산효율을 높이는 기법
효과	• 작업 공간의 절감 • 유연성의 개선 • 도구사용의 감소 • 작업 준비시간의 단축 • 로트 크기의 감소 • 재공품 재고 감소

(3) 유연생산 시스템(FMS)과 컴퓨터통합생산 시스템(CIM)

유연생산 시스템	특정 작업 계획으로 여러 부품들을 생산하기 위해 컴퓨터에 의해 제어 및 조절되며 자재 취급시스템에 의해 연결되는 작업장들의 조합
컴퓨터통합생산 시스템	제조활동을 중심으로 해서 기업의 전체 기능을 관리 및 통제하는 기술 등을 통합시킨 것

제 2 절 제조전략

1 제조전략의 의의와 접근

(1) 제조전략의 의의
① 원가, 품질, 신속성 및 신축성 등을 달성하기 위해 수립하는 것
② 기업 조직의 경쟁력 향상에 중요한 구성요소이며 생산성 향상, 품질향상, 원가절감, 소비자 욕구에 대한 신속하면서도 신축적인 대응 등의 결과를 기대할 수 있음

(2) 제조전략의 접근

① **제조전략의 접근**: 기업 조직의 목표를 중심으로 해서 타 부문과의 협조를 통해 수립되어야 함
② **제조전략의 구성변수**
  ㉠ 제조전략의 기본변수: 학자들은 제조전략에서의 원가, 품질, 신속성, 신축성 등의 4가지 변수를 중요하게 여기며 이들 변수에 대한 성과를 높이는 것을 강조함
  ㉡ 제조전략에서의 내용변수 및 하위변수
   • 원가: 범위의 경제, 제품설계, 재고정책, 학습, 제조가능성, JIT
   • 품질: 전사적 품질관리, 훈련, 기술, 자재, JIT
   • 신축성: 범위의 경제, 기술, 생산 준비시간, 정보시스템, JIT
   • 신속성: 계획시스템, 재고통제, 일정 계획 및 통제시스템, 능력계획, 하청회사관리

2 제조전략의 전략방향

(1) 제조전략의 수립 및 발전방향

① 통상적으로 경영전략에서 소외되거나 타 전략의 일부로서 수동적으로 수립됨
② 마케팅 및 재무 부문과 상호 관련되어 수립되어야 함
③ 마케팅 및 재무 부문에 고정되어 있는 비용구조를 제조, 배분, 공급 등과 동일한 분야에서 경쟁력을 갖추도록 개선해야 함
④ 사업정책 또는 기업정책의 수립 시 제조전략을 기반으로 삼아야 함
⑤ 제조활동의 핵심 및 활동관점에 대해 재인식하며 경쟁국들의 상대적 성공에 관심을 가져야 함
⑥ 제조전략의 전개를 위한 기업 조직의 재편성에 노력해야 함

(2) 제조전략 수립 시의 주의사항

① 단순하면서도 추진이 가능해야 하고 추후 전망이 있어야 함
② 커뮤니케이션이 용이해야 함
③ 디자인, 마케팅, 구매, 엔지니어링, 인사, 재무, 통상품질 등과 같은 부분과 상호 관련되어야 함

> **체크 포인트**
>
> **전통적 제조과정과 시간 중심 제조과정의 비교**
>
> | 구분 | 전통적 제조과정 | 시간 중심 제조과정 |
> |---|---|---|
> | 생산시간 | 최대화 노력 | 최소화 노력 |
> | 생산설비배치 | 하나의 공정 후 다음 단계로 수행되어 시간낭비 | 제품 중심으로 각 부문의 움직임을 최소화해서 시간 절약 |
> | 일정 계획 | 중앙집권적인 일정 계획 | 국부적인 일정 계획 |

제 3 절　생산계획·운영 및 통제

1　생산예측의 방법

(1) 정성적 방법

개념	• 시장에 신제품이 처음으로 출시될 때처럼 새로운 제품에 대한 수요예측의 자료가 충분하지 못할 경우에 주로 활용 • 논리적이고 선입견 없는 체계적인 방식으로 정보를 수집
종류	델파이법, 위원회에 의한 예측법, 시장조사법, 과거자료유추법 등

> **체크 포인트**
>
> **델파이법**
> • 가능성 있는 미래기술개발 방향과 시기 등에 대한 정보를 취득하기 위한 방식
> • 회합 시에 발생하기 쉬운 심리적 편기의 배제가 가능함
> • 회답자들에 따른 가중치를 부여하기 어렵다는 문제점이 있음

(2) 정량적 방법

인과적 방법	• 개념 : 과거 자료의 수집이 쉽고 예측하려는 요소 및 그 외의 사회경제적 요소와의 관련성을 비교적 명백하게 밝힐 수 있을 때 활용 • 자료 작성 등에 있어 많은 기간의 준비가 필요하지만 미래 전환기를 예언하는 최선의 방식 • 예측방법 중 가장 정교한 방식으로 종류에는 투입산출모형, 선형회귀분석, 경기지표법, 계량경제모형, 제품수명주기 분석법, 소비자 구매경향 조사법 등이 있음
시계열분석 방법	• 개념 : 제품 및 제품계열에 대한 수년간의 자료 등을 수집하기 용이하며, 변화하는 경향이 비교적 분명하며 안정적일 경우에 활용 • 추세변동, 계절변동, 순환변동, 불규칙변동이 있음 　- 추세변동(경향변동) : 상승·하락적인 장기적 추세 및 방향을 나타내는 변동 　- 계절변동 : 주기가 1년 이내인 계절의 변화와 연관되어 발생하는 경제통계 상의 변동 　- 순환변동 : 일정 주기를 가지고 반복되는 변동으로 경향선 상의 장기적 진동을 의미 　- 불규칙변동 : 우연한 사건의 결과로 발생되는 변동

2 총괄생산계획 24 기출

(1) 생산계획의 구분

장기계획	• 통상적으로 1년 이상의 계획기간을 대상으로 매년 작성 • 기업에서의 전략계획, 판매 및 시장계획, 재무계획, 사업계획, 자본·설비투자계획 등
중기계획	• 대체로 6~8개월의 기간에서 분기별 또는 월별로 계획 작성 • 계획기간 동안에 발생하는 총 생산비용을 최소로 줄이기 위해 월별 재고수준, 노동력 규모 및 생산율 등을 결정하는 수요예측, 총괄생산계획, 대일정계획, 대일정계획에 의한 개괄적인 설비능력계획 등
단기계획	대체로 주별로 작성되며, 1일 내지 수주 간의 기간을 대상으로 함

(2) 총괄생산계획의 결정변수

① 생산율의 조정
② 하도급
③ 노동인력의 조정
④ 재고수준

(3) 총괄생산계획에서의 비용요소

① 기본 생산비
② 생산율 변동비용
③ 재고비용(재고유지비, 기회손실비)
④ 재고부족비용

3 재고관리 및 통제

(1) 재고의 기능과 목적

재고의 기능	재고의 목적
• 고객에 대한 서비스 • 생산의 안정화 • 부문 간 완충 • 취급수량의 경제성 • 재고보유를 통한 판매 촉진 • 투자·투기의 목적으로 보유하기도 함	• 노동관계 향상 • 생산 활동의 평준화와 고용 안정 • 투입물 보유로 경제적 생산력을 보장해 줌으로써 연속적인 생산촉진 가능 • 경제적 로트의 크기 및 수량할인을 얻을 수 있도록 도움

(2) 재고관리 시스템

구분	정기발주 시스템	정량발주 시스템
개념	• 발주 간격을 정해서 정기적으로 발주하는 방식 • 단가가 높은 상품에 적용 • 발주할 때마다 발주량이 변하는 것이 특징이며, 발주량이 문제가 됨	• 재고가 일정 수준의 주문점에 다다르면 정해진 주문량을 주문하는 시스템 • 매회 주문량을 일정하게 하고, 다만 소비의 변동에 따라 발주시기를 변동함 • 조달 기간 동안의 실제 수요량이 달라지나 주문량은 언제나 동일하므로 주문 사이의 기간이 매번 다르고, 최대 재고 수준도 조달 기간의 수요량에 따라 달라짐
특징	• 일정 기간별 발주 및 발주량 변동 • 운용자금의 절약 • 재고량의 발주 빈도 감소 • 고가품, 수요변동, 준비기간 장기 • 사무처리 수요 증가 • 수요예측제도의 향상 • 품목별 관리	• 일정량 발주, 발주 시기는 비정기적 • 저렴한 발주 비용 • 계산이 편리해서 사무관리가 용이 • 저가품, 수요안정, 준비기간 단기 • 재고량의 증가 우려 • 정기적인 재고량 점검

(3) 재고 관련 비용 20 기출

재고유지비 (Holding Cost)	재고 보유로 인해서 부담하게 되는 자본비용(금리), 위험비용(도난·파손·진부화), 저장비용(저장·설비·세금·보험·자재취급) 등
품절비(Stock out Cost)	재고보다 수요가 많아 마이너스 재고가 될 때 발생하는 비용으로 납기지연에 따른 배상, 이익의 기회손실, 기업신용의 피해, 긴급주문 및 특별수송 비용
발주비(Ordering Cost)	제품 주문에 필요한 비용으로 통신, 사무 및 서류처리, 수송, 수입검사 등의 비용 및 공장에서의 새로운 주문으로 인한 작업준비의 비용 포함
구매비(Purchase Cost)	재고품의 장부가액 또는 시장가액

4 자재관리계획

(1) 자재소요계획(MRP : Material Requirement Planning)

① **개념** : 소요량에 의해 최초의 주문을 계획하는데, 자재소요의 양적·시간적인 변화에 맞춰 기주문을 재계획하여 정확한 자재의 수요를 계산해 나가는 방법

② 특징 및 전제조건

MRP 특징	MRP 전제조건
• 설비가동능률의 증진 • 적시 최소비용으로 공급 • 소비자에 대한 서비스의 개선 • 의사결정의 자동화에 기여 • 생산계획의 효과적인 도구	• 전체 재고품목들을 확인·구별할 수 있어야 함 • 재고기록서에 기록된 자료들의 높은 정확성 및 유용성 • 원자재, 가공조립품, 구입품 등을 표시할 수 있는 자재명세서 준비 • 어떤 제품이 얼마나 필요한지 나타내는 정확한 생산종합계획의 수립

③ 효율적 적용을 위한 가정
  ㉠ 제조공정이 독립적이어야 함
  ㉡ 전체 자료의 조달기간 파악이 가능해야 함
  ㉢ 재고기록서의 자료 및 자재명세서의 자료가 일치해야 함
  ㉣ 전체 조립 구성품들은 조립착수 시점에서 활용이 가능해야 함
  ㉤ 전체 품목들은 저장이 가능해야 하며, 매출행위가 있어야 함

연습 문제

최종품목 또는 완제품의 주생산일정계획(Master Production Schedule)을 기반으로 제품생산에 필요한 각종 원자재, 부품, 중간조립품의 주문량과 주문시기를 결정하는 재고관리방법은?

① 자재소요계획(MRP)   ② 적시(JIT) 생산 시스템
③ 린(Lean) 생산   ④ 공급사슬관리(SCM)

해설 ② 필요한 때에 맞추어 물건을 생산·공급하는 것으로 제조업체가 부품업체로부터 부품을 필요한 시기에 필요한 수량만큼만 공급받아 재고가 없도록 해주는 재고관리시스템
③ 작업 공정 혁신을 통해 비용은 줄이고 생산성은 높이는 것으로, 숙련된 기술자의 편성과 자동화 기계의 사용으로 적정량의 제품을 생산하는 방식
④ 어떤 제품을 판매하는 경우 자재 조달, 제품 생산, 유통, 판매 등의 흐름을 적절히 관리하여 공급망 체인을 최적화함으로써 조달 시간 단축, 재고 비용이나 유통 비용 삭감, 고객 문의에 대한 빠른 대응을 실현하는 것

정답 ①

(2) MRP Ⅱ
① **개념** : 고전적 MRP 시스템에 생산계획 및 생산일정 등과 같은 계획기능, 구매활동 등과 같은 실행기능이 덧붙여진 시스템
② **MRP Ⅱ 시스템 구축**
  ㉠ 프로젝트 팀을 지정하고 높은 수준을 지닌 전문가를 선정해야 함
  ㉡ 프로젝트 팀에 모든 문제를 위임함
  ㉢ 필요로 하는 자원을 제공하고, 충분한 사내교육을 실시함
  ㉣ 실제 운영 이전의 예비수행계획을 준비함
  ㉤ 각 부서로 하여금 리더십을 지니도록 함

5 품질관리

(1) 개념
소비자들의 요구에 부흥하는 품질의 제품 및 서비스를 경제적으로 생산 가능하도록 기업 조직 내 여러 부문이 제품에 대한 품질을 유지·개선하는 관리적 활동의 체계

(2) 품질관리의 구체적 목표
① 품질을 제품시장에 일치시킴으로써 소비자들의 요구를 충족시킴
② 다음 공정의 작업을 원활하게 함
③ 불량, 오작동의 재발을 방지함
④ 요구품질의 수준과 비교함으로써 공정을 관리함
⑤ 현 공정능력에 따른 제품의 적정품질수준을 검토해서 설계, 시방의 지침으로 함
⑥ 불량품 및 부적격 업무를 감소시킴

(3) 품질관리의 실시효과
① 불량품이 감소되어 제품품질의 균일화를 가져옴
② 제품원가가 감소되어 제품가격이 저렴하게 됨
③ 생산량의 증가와 합리적 생산계획을 수립함
④ 기술부문과 제조현장 및 검사부문의 밀접한 협력관계가 이루어짐
⑤ 작업자들의 제품품질에 대한 책임감 및 관심 등이 높아짐
⑥ 통계적 수법의 활용으로 검사비용이 줄어듦

(4) 종합적 품질경영(TQM : Total Quality Management)
① **개요**
㉠ 기업 활동의 전반적인 부분의 품질을 높여 고객 만족을 달성하기 위한 경영 방식
㉡ 제품 및 서비스의 품질을 향상시켜 장기적인 경쟁우위를 확보하기 위하여 조직 내의 모든 사람이 집단적 노력을 하는 것

② **원리**
㉠ 소비자부터 시작
㉡ 제품품질을 측정하고 자료를 정리
㉢ 문제발생 시, 즉시 발생 근원에서 해결
㉣ 표준화는 올바른 처리방식을 유지시키고, 동일한 문제의 재발을 방지
㉤ 사전에 에러를 방지할 수 있도록 작업 및 작업환경 설계

제11장 마케팅

제1절 마케팅의 본질 및 관리체계

1 마케팅의 본질

(1) 마케팅의 정의
① **미국 마케팅 학회의 정의**: 마케팅은 개인과 조직의 목표 달성을 위해 아이디어, 제품, 서비스에 관하여 제품화, 가격, 촉진, 유통을 계획하고 집행하는 과정
② **코틀러(P. Kotler)의 정의**: 마케팅은 개인과 집단이 제품과 가치를 창출하고 교환함으로써 필요와 욕구를 충족시키는 사회적·관리적 과정

(2) 마케팅의 특징
① 모든 기업 조직의 활동들(예 생산, 재무, 판매 등)을 고객의 욕구에 부응하도록 통합
② 고객의 욕구를 충족시켜 금전적·사회적·개인적인 모든 목표 달성이 가능함을 강조
③ 고객의 욕구에 부응하는 데 있어서 나타나는 사회적 결과에 관심을 가짐
④ 제품, 서비스, 아이디어를 창출하여 가격을 결정하고 이들에 관한 정보를 제공하며 이들을 배포하여 개인 및 조직체의 목표를 만족시키는 교환을 성립하게 하는 일련의 인간 활동
⑤ 단순히 영리를 목적으로 하는 기업뿐만 아니라 비영리조직까지 적용
⑥ 단순한 판매나 영업의 범위를 벗어난 고객을 위한 인간 활동이며, 눈에 보이는 유형의 상품뿐만 아니라 무형의 서비스까지도 마케팅 대상에 해당됨
⑦ 계획, 실시, 통제라는 경영관리의 성격을 지님
⑧ 마케팅의 4요소는 제품(Product), 가격(Price), 유통(Place), 판매촉진(Promotion)임

(3) 마케팅 믹스 4P's → 4C's로의 전환 24, 21 기출
① 4P's 모델은 기업 중심의 사고를 말하며, 4C's는 소비자 중심의 모델임
② Product → Consumer : 제품이 아니라 소비자가 원하는 것
③ Price → Cost : 소비자들이 지불하는 노력 및 시간, 금전적인 부담, 심리적인 부담 등의 모든 비용
④ Place → Convenience : 소비자들에게 구매의 편리성을 제공
⑤ Promotion → Communication : 일방적인 전달이 아닌 양방향적 커뮤니케이션

> **체크 포인트**
>
> **마케팅의 기본요소**
> 필요(Needs), 욕구(Wants), 교환(Exchange), 시장(Market), 제품(Product)

> **연습 문제**
>
> 다음 중 마케팅 믹스 4P's가 <u>아닌</u> 것은?
> ① Picture ② Place
> ③ Price ④ Promotion
>
> **해설** 마케팅 믹스 4P's에는 Place(유통), Price(가격), Product(제품), Promotion(판매촉진)이 있다.
> **정답** ①

(4) 마케팅개념의 발전단계

생산개념	• 저렴한 제품을 선호한다는 가정에서 출발 • 기업의 목적은 대량생산과 유통을 통해 낮은 제품원가를 실현하는 것 • 고객의 주된 관심이 '지불할 수 있는 가격으로 그 제품을 구매하는 것'일 때 나타남
제품개념	소비자들이 가장 우수한 품질이나 효용을 제공하는 제품을 선호한다는 개념
판매개념	기업은 경쟁회사 제품보다 자사제품을 더 많이 구매하도록 설득하기 위하여 이용 가능한 모든 효과적인 판매활동과 촉진도구를 활용하여야 한다고 보는 개념
마케팅개념	고객중심적인 마케팅 관리이념으로서, 고객욕구를 파악하고 이에 부합되는 제품을 생산하여 고객욕구를 충족시키는 데 초점을 둠
사회지향적 마케팅개념	고객만족, 기업의 이익에 더불어서 사회 전체의 복지를 요구하는 개념

> **체크 포인트**
>
> **현대 마케팅의 특징**
> • 소비자 지향성
> • 기업목적 지향성
> • 사회적 책임 지향성
> • 통합적 마케팅 지향성

2 마케팅 관리체계 23 기출

상황분석	마케팅 계획 수립 전 시장 환경, 거시적 환경, 경쟁 환경, 구매자 환경 및 자사의 환경 등에 대한 분석이 필요
목표시장 선정 전략의 수립	시장세분화(고객세분화 : Segmentation) – 표적시장(목표고객결정 : Targeting) – 포지셔닝(Positioning)
마케팅 믹스 전략의 수립	기업 조직이 표적시장에서 자사의 마케팅 목표를 이루기 위해 기업이 통제 가능한 요소인 제품, 가격, 유통, 판매촉진을 효율적으로 혼합하는 것을 의미함
마케팅 활동의 조정과 통제	기업 조직에서 마케팅 활동의 조정 및 통제를 하기 위해서는 해당 마케팅 계획을 실행할 수 있는 조직의 구축과 이러한 마케팅 수행결과를 평가할 수 있는 통제 시스템의 구축 필요
마케팅 조사 과정	문제 정의 – 조사 설계 – 자료의 수집 – 자료의 분석 및 해석 – 보고서 작성

연습 문제

목표시장 선정 전략 수립을 위한 과정을 순서대로 바르게 나열한 것은?

① 표적시장(Targeting) – 포지셔닝(Positioning) – 시장세분화(Segmentation)
② 시장세분화(Segmentation) – 포지셔닝(Positioning) – 표적시장(Targeting)
③ 시장세분화(Segmentation) – 표적시장(Targeting) – 포지셔닝(Positioning)
④ 포지셔닝(Positioning) – 시장세분화(Segmentation) – 표적시장(Targeting)

해설 시장세분화(고객세분화 : Segmentation) – 표적시장(목표고객결정 : Targeting) – 포지셔닝(Positioning)
정답 ③

제 2 절 마케팅 환경 및 목표시장 선정

1 마케팅 환경(상황 분석)

거시적 환경 (외부 환경)	• 특정 개별 기업의 마케팅 활동에 직접적으로 영향을 미치지 않고, 간접적이며 단기적으로는 잘 변하지 않는 환경요인 • 구성요소: 인구통계적, 경제적, 기술적, 법적·정치적, 사회·문화적 환경요소
내부 환경	기업 조직의 마케팅 활동에 있어 조직 내부에 영향을 미치는 최고경영층 및 각 기능부서들
과업 환경	• 기업 조직의 마케팅 활동에 도움을 주는 역할을 실행하는 것 • 구성요소: 원료공급자, 중개업자, 소비자
제약 환경	기업 조직의 마케팅 활동을 제약하는 것으로, 경쟁업자, 공중 등이 있음
소비자 환경	• 소비자 행동모델 및 영향요소: 사회적 요인, 문화적 요인, 개인적 요인, 마케팅 자극, 심리적 요인 • 소비자 구매의사결정과정(소비자 구매 5단계): 문제의 인식 – 정보의 탐색 – 대안의 평가 – 구매 – 구매 후 행동 20 기출

2 목표시장 선정

(1) 목표시장 선정의 전략 수립 과정

시장세분화	
1. 시장세분화를 위한 세분화 기준 변수 파악	2. 각 세분시장의 프로파일 개발

↓

표적시장 선정	
3. 세분시장 매력도 평가를 위한 측정변수 개발	4. 표적시장 선정

↓

제품 포지셔닝	
5. 각 표적시장별 포지셔닝을 위한 위치 파악	6. 각 표적시장별 마케팅 믹스 개발

(2) 시장세분화의 요건 21, 20 기출

구분	개념
측정 가능성	마케팅 관리자가 각 세분시장의 규모나 구매력 등을 측정할 수 있어야 함
유지 가능성	세분시장이 충분한 규모이거나 이익을 낼 수 있는 정도의 크기가 되어야 함
접근 가능성	마케터는 각 세분시장에 기업이 별도의 상이한 제품이나 서비스를 효과적으로 집중시킬 수 있도록 노력해야 함
실행 가능성	마케터는 각 세분시장에 적합한 마케팅 믹스를 실제로 개발할 수 있는 능력과 자원을 가지고 있어야 함
내부적 동질성과 외부적 이질성	특정한 마케팅 믹스에 대한 반응이나 세분화 근거에 있어서 같은 세분시장의 구성원은 동질성을 보여야 하고, 다른 세분시장의 구성원과는 이질성을 보여야 함

(3) 시장세분화 변수

① **인구통계적 기준** : 고객의 연령, 성별, 가족 수에 따른 세분화
② **지리적 세분화** : 고객이 살고 있는 거주 지역을 기준으로 시장 세분화
③ **심리행태의 세분화** : 사회계층이나 개인의 욕구, 동기, 태도, 생각 등을 총망라한 결합체인 라이프스타일에 따른 세분화
④ **인지 및 행동적 세분화** : 소비자들이 제품을 사용하면서 얻고자 하는 가치(편익)와 소비자들이 제품을 사용하는 상황이나 경험, 제품 사용량, 브랜드 충성도에 따른 시장세분화

(4) 목표시장 선정전략

무차별적 마케팅 전략	• 개념 : 수요의 동질성이 높은 제품에 대해 전체시장을 하나의 동일한 시장으로 간주하고, 하나의 제품을 제공하는 전략 • 장점 : 규모의 경제, 즉 비용을 줄일 수 있음 • 단점 : 모든 계층의 소비자를 만족시킬 수 없으므로 경쟁사가 틈새시장을 찾기 쉬움
차별적 마케팅 전략	• 개념 : 제품 특성에 차이가 나거나 시장이 이질적인 경우 전체시장을 세분시장으로 나누고 모두 목표시장으로 삼아 각 세분시장의 상이한 욕구에 부응할 수 있는 마케팅 믹스를 개발·적용하여 기업의 목표를 달성하고자 하는 것 • 장점 : 전체시장의 매출 증가 • 단점 : 각 세분시장에 차별화된 제품과 광고 판촉을 제공하기 위해 비용도 늘어남
집중적 마케팅 전략	• 개념 : 기업의 자원이 한정적이고 제약적인 경우 전체 세분시장 중에서 특정 세분시장을 목표시장으로 삼아 집중 공략하는 전략, 주로 자원이 한정된 중소기업이 사용 • 장점 : 해당 시장의 소비자 욕구를 보다 정확히 이해하고 적합한 제품과 서비스를 제공하여 전문화의 명성을 얻을 수 있으며, 생산·판매 및 촉진활동의 전문화로 비용 절감 가능 • 단점 : 대상으로 하는 세분시장 규모의 축소되거나 해당 시장에 경쟁자가 뛰어들 경우 위험 부담이 큼

(5) 제품 포지셔닝 23, 21, 20 기출

① **개념**: 소비자들에게 경쟁제품과 비교하여 자사제품에 대한 차별화된 이미지를 심어주기 위한 계획적인 전략접근법

② **포지셔닝 전략유형**

제품속성에 의한 포지셔닝	자사제품의 속성이 경쟁제품에 비해 차별적 속성을 지니고 있어서 그에 대한 혜택을 제공한다는 것을 소비자에게 인식시키는 전략으로, 가장 널리 사용되는 포지셔닝 전략
이미지 포지셔닝	제품이 지니고 있는 추상적인 편익을 강조하는 전략
경쟁제품에 의한 포지셔닝	소비자가 인식하고 있는 기존의 경쟁제품과 비교함으로써 자사제품의 편익을 강조하는 전략
사용상황에 의한 포지셔닝	자사제품의 적절한 사용상황을 설정함으로써 타사제품과 사용상황에 따라 차별적으로 다르다는 것을 소비자에게 인식시키는 전략
제품사용자에 의한 포지셔닝	특정 사용자 계층에 적합한 제품이라는 것을 강조하는 전략

📝 연습 문제

특정 기업이 자사제품을 경쟁제품과 비교하여 유리하고 독특한 위치를 차지하도록 하는 마케팅 전략으로 가장 알맞은 것은?

① 관계 마케팅
② 포지셔닝
③ 표적시장 선정
④ 일대일 마케팅

해설
① 관계 마케팅: 거래의 당사자인 고객과 기업 간 관계를 형성하고 유지・강화하며 동시에 장기적인 상호작용을 통해 상호간 이익을 극대화할 수 있는 다양한 마케팅
③ 표적시장 선정: 시장세분화를 통해 포지셔닝을 하기 전에 포지셔닝을 할 대상을 결정하는 단계
④ 일대일 마케팅: 기업과 개별 고객 간 직접적인 의사소통을 통한 마케팅

정답 ②

제 3 절 제품관리

1 제품의 구성 및 분류

(1) 제품차원의 구성

핵심제품	• 제품의 핵심적인 측면을 나타내는 것으로 제품이 본질적으로 수행하는 기능 • 소비자의 욕구충족이나 문제해결의 차원을 의미
유형제품	• 제품의 유형적 측면을 나타내는 것 • 소비자가 제품으로부터 추구하는 혜택을 구체적·물리적인 속성들의 집합으로 유형화시킨 것
확장제품	• 전통적 제품의 개념이 고객서비스로 확대된 것 • 유형제품에 부가로 제공되는 서비스, 혜택을 포함한 개념 • 유형제품의 효용가치를 증가시키는 부가서비스 차원의 상품을 의미

(2) 구매관습에 따른 소비재 분류

소비재	개념	구매자가 일반적으로 개인이 최종적으로 사용하거나 소비하는 것을 목적으로 구매하는 제품
	종류	• 편의품 : 구매빈도가 높은 저가의 제품인 동시에 최소한의 노력과 습관적으로 구매하는 경향이 있는 제품 예 치약, 비누, 세제, 껌, 신문, 잡지 등 • 선매품 : 소비자가 가격, 품질, 스타일이나 색상 면에서 경쟁제품을 비교한 후에 구매하는 제품 예 패션의류, 승용차, 가구 등 • 전문품 : 소비자는 자신이 찾는 품목에 대해서 너무나 잘 알고 있으며, 그것을 구입하기 위해서 특별한 노력을 기울이는 제품 예 최고급 시계, 보석 등
산업재	개념	구매자가 개인이 아니라 기업 등의 조직이고, 최종 소비가 목적이 아니라 다른 제품을 만들기 위하여 또는 제3자에게 판매할 목적으로 구매하는 제품
	종류	• 원자재 : 제품의 제작에 필요한 모든 자연생산물 • 자본재 : 제품의 일부분을 구성하지는 않지만 제품생산을 원활히 하기 위해 투입되는 것 • 소모품 : 완제품 생산에 전혀 관여하지 않고 공장이나 회사의 운영을 위해 사용되는 제품

(3) 제품의 구성요소

① **제품의 기능** : 제품전략 설정 시에 가장 중요한 사안이 되는 제품의 특징, 품질 및 스타일로 구성
② **상표** : 사업자가 자기가 취급하는 상품을 타사의 상품과 식별하기 위하여 상품에 사용하는 표지
③ **포장**
  ㉠ 물품을 수송·보관 시 가치나 상태를 보호하기 위한 목적과 상표에 대해 소비자로 하여금 바로 인지하게 하는 역할
  ㉡ 포장의 목적 : 제품의 보호성, 제품의 경제성, 제품의 편리성, 제품의 촉진성, 제품의 환경보호성
  ㉢ 고객서비스 : 소비자들이 중요하다고 여기는 요소의 중요도에 따라 충족시켜 주어야 함

2 제품전략

(1) **제품수명주기(Product Life Cycle)** 24, 21, 20 기출

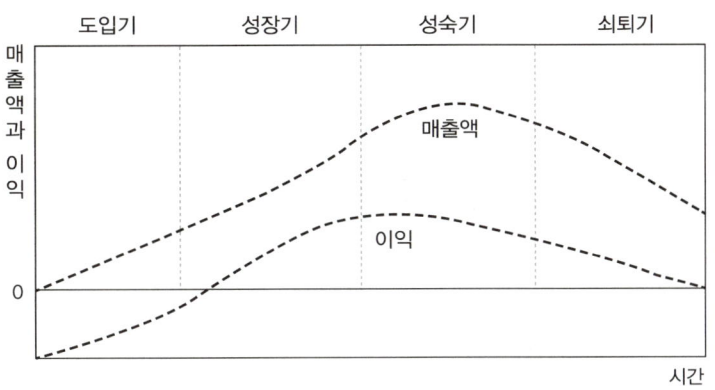

도입기	• 제품이 시장에 처음 소개된 시기, 즉 제품이 처음 출시되는 단계로 제품에 대한 인지도나 수용도가 낮고, 판매성장률 또한 매우 낮음 • 시장 진입 초기로 과다한 유통·촉진비용이 투입되고 이익이 전혀 없거나 마이너스이며, 있다 해도 이익수준이 극히 낮음. 경쟁자가 없거나 또는 소수에 불과함 • 제품수정이 이루어지지 않은 기본형 제품을 생산하며 기업은 구매가능성이 가장 높은 고객에게 판매의 초점을 맞추고, 일반적으로 가격은 높게 책정되는 경향이 있음
성장기	• 제품이 시장에 수용되어 정착되는 단계로 실질적인 이익이 창출되는 단계 • 제품의 판매량이 빠르게 증가하며 이윤도 증가하지만 유사품, 대체품을 생산하는 경쟁자도 증가하므로 가격은 기존 수준을 유지하거나 수요가 급격히 증가함에 따라 가격이 약간 떨어지기도 함
성숙기	• 경쟁제품 등장 후 시장에 정착하여 대부분의 잠재소비자가 신제품을 사용하게 되어 판매 성장률이 둔화되기 시작함 • 경쟁이 심화되어 많은 경쟁자들을 이기기 위해서 제품에 대한 마진을 줄이고, 가격을 평균생산비 수준까지 인하하게 됨 • 기존보다 제품 개선 및 주변제품개발을 위한 R&D 예산이 늘고 강진약퇴 현상 발생
쇠퇴기	• 제품이 개량품에 의해 대체되거나 제품라인으로부터 삭제되는 시기 • 거의 모든 제품들의 판매가 감소하면서 이익의 잠식이 초래

(2) **제품믹스 전략**

① **제품믹스** : 일반적으로 기업이 다수의 소비자에게 제공하는 모든 형태의 제품 계열과 제품품목을 통합한 것을 의미함
② **제품계열** : 제품믹스 중 물리적·기술적 특징이나 용도가 비슷하거나 동일한 고객집단에 의해 구매되는 제품의 집단, 즉 특성이나 용도가 비슷한 제품들로 이루어진 집단을 의미함
③ **제품믹스의 폭** : 기업이 가지고 있는 제품계열의 수 24 기출
④ **제품믹스의 깊이** : 각 제품계열 안에 있는 품목 수
⑤ **제품믹스의 길이** : 제품믹스 내의 모든 제품품목의 수

(3) 신제품 개발 과정

아이디어 창출 – 아이디어 선별(평가) – 제품개념개발 및 테스트 – 마케팅 전략개발 – 사업성 분석 – 제품개발 – 시험마케팅 – 상업화

제 4 절 가격관리 및 유통관리

1 가격관리

(1) 가격결정의 요인 및 가격산정방법

① 가격결정의 요인

내부요인	마케팅 목표, 마케팅 믹스 전략, 원가
외부요인	시장과 수요, 경쟁자, 기타 환경요인(중간상의 이윤, 기업 활동에 대한 정부의 규제 및 인플레이션, 이자율 등)

② 가격산정 방법

원가 가산법	• 제품의 원가에 적정한 이윤을 가산해서 가격을 결정하는 기본적인 가격산정 방법 • 가격 = 제품단위원가 + 표준이익 = $\dfrac{단위원가}{1 - 예상판매수익률}$
목표수익률 가산법	• 기업 조직이 투자에 대한 목표수익률을 정하고 이를 달성할 수 있도록 가격을 산정하는 방법 • 가격 = 단위원가 + $\dfrac{투자액 \times 목표수익률}{예상판매량}$
경쟁자 중심 가격결정	선도기업의 가격을 기준으로 해서 자사의 제품 가격을 결정하는 후발업체 및 중소기업 등이 주로 활용하는 방식으로, 경쟁자들이 정하는 가격이 가격결정 기준이 됨
소비자 기대수준 가격산정법	소비자들의 지각수준을 파악하기 위한 마케팅 조사가 우선적으로 이루어져야 함

(2) 최종가격 선정 전략

① **제품믹스 가격전략**
  ㉠ 가격계열화(Product Line Pricing) : 하나의 제품에 대해서 단일가격을 설정하는 것이 아닌, 제품의 품질이나 디자인의 차이에 따라 제품의 가격대를 설정하고, 그러한 가격대 안에서 개별 제품에 대한 구체적인 가격을 결정하는 가격정책
  ㉡ 2부제 가격 또는 이중요율(Two-Part Pricing) : 제품의 가격체계를 기본가격과 사용가격으로 구분하여 2부제로 부과하는 가격정책
    예 전기, 전화(기본요금 + 사용요금), 수도 등의 공공요금 및 택시요금, 놀이공원(입장료 + 시설 이용료) 등
  ㉢ 종속제품 가격결정(Captive Product Pricing) : 주제품과 함께 사용되어야 하는 종속제품을 높은 가격으로 책정하는 방식
    예 즉석카메라-필름(폴라로이드), 설치비용-시청료(케이블, 인터넷)
  ㉣ 묶음가격(Bundling Pricing) : 두 가지 또는 그 이상의 제품 및 서비스 등을 결합해서 하나의 특별한 가격으로 판매하는 방식으로서 제품이나 서비스의 마케팅 등에서 종종 활용하는 기법

② **심리적 가격결정 방법** 24 기출
  ㉠ 단수가격(Odd Pricing) : 시장에서 경쟁이 치열할 때 소비자들에게 심리적으로 값싸다는 느낌을 주어 판매량을 늘리려는 가격결정 방법
  ㉡ 관습가격(Customary Pricing) : 일용품의 경우처럼 장기간에 걸친 소비자의 수요로 인해 관습적으로 형성되는 가격결정 방법
  ㉢ 명성가격(Prestige Pricing) : 자신의 명성이나 위신을 나타내는 제품의 경우에 일시적으로 가격이 높아짐에 따라 수요가 증가되는 경향을 보이기도 하는데, 이를 이용하여 고가격으로 가격을 설정하는 가격결정 방법
  ㉣ 준거가격(Reference Pricing) : 구매자는 어떤 제품에 대해서 자기 나름대로의 기준이 되는 준거가격이 있어 제품 구매 시 그것과 비교해보는 가격결정 방법 20 기출

③ **지리적 가격조정**
  ㉠ 균일운송가격(Uniform Delivered Pricing) : 지역에 상관없이 모든 고객에게 운임을 포함한 동일한 가격을 부과하는 방법으로, 운송비가 가격에서 차지하는 비율이 낮은 경우에 용이함
  ㉡ FOB가격(Free On Board Pricing) : 균일운송가격과 반대로 제품의 생산지에서부터 소비자가 있는 곳까지의 운송비를 소비자가 부담하도록 하는 방법
  ㉢ 구역가격(Zone Pricing) : 하나의 전체시장을 몇몇의 지대로 구분하고, 각각의 지대에서는 소비자들에게 동일한 수송비를 부과하는 방법 (FOB가격과 균일운송가격의 중간 형태)
  ㉣ 기점가격(Basing-Point Pricing) : 공급자가 특정한 도시나 지역을 하나의 기준점으로 하여 제품이 운송되는 지역과 상관없이 모든 고객에게 동일한 운송비를 부과하는 방법
  ㉤ 운송비 흡수가격(Freight Absorption Pricing) : 특정 지역이나 고객을 대상으로 공급업자가 운송비를 흡수하는 방법으로, 사업 확장, 시장침투, 경쟁이 심한 시장에서 주로 사용

> **연습 문제**
>
> A사가 프린터를 저렴하게 판매한 후, 그 프린터의 토너를 비싼 가격으로 판매하기로 한 경우 이와 가장 관계 깊은 가격결정 방법은?
>
> ① 종속제품 가격결정(Captive Product Pricing)
> ② 묶음가격결정(Bundle Pricing)
> ③ 단수가격결정(Odd Pricing)
> ④ 관습가격결정(Customary Pricing)
>
> **해설** 종속제품 가격결정이란 주제품과 함께 사용되어야 하는 종속제품을 높은 가격으로 책정하여 마진을 보장하는 전략을 의미한다.
>
> **정답** ①

2 유통관리

(1) 유통경로의 중요성과 전략

① **유통경로의 중요성**
  ㉠ 제품, 가격, 지불조건 및 구입단위 등을 표준화시켜 상호 간 거래를 용이하게 함
  ㉡ 총 거래수를 최소화시키고, 상호 간 거래를 촉진함으로써 교환과정을 촉진
  ㉢ 소품종 대량생산의 생산자와 다품종 소량소비의 소비자 간 제품 구색 차이를 연결시킴
  ㉣ 판매자에게 소비자 정보 및 잠재 소비자의 도달 가능성을 높여주고, 소비자들에게는 탐색비용을 낮춰줌으로써 생산자와 소비자를 연결시켜 줌
  ㉤ 용이하게 변화시킬 수 없는 비탄력성을 지니며 각 특성에 따른 고유 유통경로가 존재하는 유통경로의 특수성으로 인해 중요 전략적 위치를 차지함

② **유통경로 전략**
  ㉠ 유통경로 전략의 의의 : 소비자들의 서비스에 대한 기대수준 및 유통경로의 목표 등을 고려해서 결정됨

ⓛ 경로 커버리지 결정

집약적 유통	• 가능한 한 많은 소매상들에게 자사제품을 취급하도록 해서 포함되는 시장 범위를 확대시키려는 전략 • 대체로 편의품이 속함
전속적 유통 (집약적 유통의 반대)	• 각 판매지역별로 하나 또는 극소수의 중간상들에게 자사제품의 유통에 대한 독점권을 부여하는 전략 • 전문품에 적절한 전략
선택적 유통	• 판매지역별로 자사제품의 취급을 원하는 중간상들 중에서 일정 자격을 갖춘 하나 이상 또는 소수의 중간상들에게 판매를 허가하는 전략 • 선매품에 적절한 전략

(2) 유통기구

소매상	• 개인용으로 사용하려는 최종 소비자에게 직접 제품과 서비스를 제공하여 소매활동을 하는 유통기관 • 전문점, 편의점, 슈퍼마켓, 백화점, 할인점, 양판점, 회원제 도매클럽 등
도매상	• 제품을 재판매하거나 산업용 또는 업무용으로 구입하려는 재판매업자나 기관구매자에게 제품이나 서비스를 제공하는 상인 또는 유통기구 • 상인 도매상, 제조업자 도매상, 대리인 및 브로커 등

제 5 절 마케팅 커뮤니케이션 (촉진)관리

1 촉진믹스와 인적판매

(1) 촉진믹스
   ① **촉진믹스의 구성요소** : 광고활동, 인적판매활동, 판매촉진활동, 홍보활동
   ② **촉진믹스의 결정요인** : 제품·시장 유형, 촉진전략의 방향(푸시전략과 풀전략으로 구분), 제품수명주기단계, 구매의사결정단계

> **체크 포인트**
>
> **푸시(Push)전략과 풀(Pull)전략**
> • 푸시전략 : 제조업자가 소비자를 향해 제품을 밀어낸다는 의미로, 제조업자는 도매상에게, 도매상은 소매상에게, 소매상은 소비자에게 제품을 판매하게 만드는 전략
> • 풀전략 : 제조업자 쪽으로 당긴다는 의미로, 소비자를 상대로 적극적인 프로모션 활동을 하여 소비자가 원하는 제품을 취급하게 하는 전략

③ **촉진관리 과정**: 표적청중의 확인 - 목표의 설정 - 메시지의 결정 - 매체의 선정 - 촉진예산 설정 - 촉진믹스 결정 - 촉진효과의 측정

(2) 인적판매
   ① 특징

장점	단점
• 타 촉진수단에 비해서 개인적이며, 직접적인 접촉을 통한 많은 양의 정보제공 가능 • 각 소비자들의 니즈와 구매시점에서 반응이나 판매상황에 따라 상이한 제안 가능 • 판매낭비를 최소화하고 실제 판매를 발생시킴 • 쌍방향 커뮤니케이션으로 즉각적인 피드백 가능	• 많은 비용 발생 • 능력 있는 판매원 확보의 어려움 • 판매원에 대한 부정적 이미지

   ② 인적판매의 과정
   준비단계(고객예측, 사전준비) - 설득단계(접근, 제품소개, 의견조정, 구매권유) - 고객관리 단계(사후관리)

2 PR과 광고

(1) PR(Public Relations)
   ① 사람이 아닌 다른 매체를 통해 제품이나 기업 자체를 뉴스나 논설의 형식으로 널리 알리는 방식
   ② 출판물, 뉴스, 이벤트, 연설, 사회 봉사활동, 기업 아이덴티티

(2) 광고(Advertising)
   ① 광고주가 비용을 지불하고 사람이 아닌 각종 매체를 통하여 자사의 제품을 널리 알리는 촉진활동
   ② 특정 광고주가 아이디어, 상품 또는 서비스를 촉진하기 위해서 유료의 형태로 제시하는 비인적인 매체를 통한 촉진방법

> **체크 포인트**
>
> **광고와 PR의 차이점**
>
> | 광고 | PR |
> | --- | --- |
> | 매체에 대한 비용을 지불 | 매체에 대한 비용을 지불하지 않음 |
> | 상대적으로 낮은 신뢰도 | 상대적으로 높은 신뢰도 |
> | 광고 내용, 위치, 일정 등의 통제 가능 | 통제 불가능 |
> | 신문광고, TV와 라디오 광고, 온라인 광고 등 | 출판물이나 이벤트, 연설 등 |

연습 문제

다음 중 촉진믹스(Promotion Mix) 활동이 아닌 것은?
① 옥외광고　　　　　　　　② 방문판매
③ 홍보　　　　　　　　　　④ 개방적 유통

해설 촉진믹스(Promotion Mix) 활동에는 광고, 인적판매, 판매촉진, PR(Public Relation), 직접마케팅, 간접마케팅 등이 있다.

정답 ④

제12장 재무관리

제1절 재무관리와 자금조달

1 재무관리 22 기출

(1) 재무관리의 정의
기업 조직이 필요로 하는 자금을 합리적으로 조달하고, 이렇게 조달된 자금을 효율적으로 운용하는 것

(2) 재무관리의 기능
① 자본조달결정기능
② 투자결정기능
③ 배당결정기능
④ 유동성관리기능
⑤ 재무분석 및 계획기능

(3) 재무관리의 목표 24, 20 기출
① 기업 가치를 극대화시키는 것
② 통상적으로 기업의 이익의 극대화를 추구하는 것이지만, 재무관리에서의 이익은 단순한 회계적 이익이 아닌 경제적인 이익을 의미

2 자금의 조달

(1) 사채

개념	발행기관이 계약에 의해 일정한 이자를 지급하면서 만기 시 원금을 상환하기로 한 일종의 증서
종류	• 이자지급 유무에 따른 분류 : 할인사채, 쿠폰부사채 • 담보유무에 따른 분류 : 담보부사채, 무담보사채 • 제3자의 보증유무에 따른 분류 : 무보증사채, 보증사채 • 상환시기, 방법 등에 따른 분류 : 정시분할사채, 만기전액상환사채, 감채기금부사채, 수의상환사채, 연속상환사채 등

장점	• 비교적 저렴한 자본비용으로 기업지배권의 변동 없이 자금 조달 가능 • 일정 기간마다 확정이자소득이 가능한 안전 투자대상 • 투자자의 입장으로서 유통시장에서 자유로운 사채 매매가 가능
단점	• 주주와 달리 의결권 행사 불가능 • 일반적으로 인플레이션 발생 시 실질가치 하락

(2) 발행시장
① **개념**: 처음 증권이 발행되는 1차 시장, 투자자들이 자금수용자에게 자금을 이전시킴
② **발행 형태**: 자금수요자 및 자금공급자 간 증권회사와 같은 발행기관들의 개입 여부에 따라 직접발행과 간접발행으로 분류

(3) 유통시장
① **개념**: 발행된 증권이 공정한 가격으로 매매되는 시장
② **역할**: 유가증권의 공정한 가격의 형성, 유휴자금의 산업자금화, 새로운 증권 가격결정시의 지표, 기업 경영평가 기준의 제공 등
③ **종류**: 장외시장, 거래소 시장

(4) 기업공개
① **개념**: 일정 조건의 기업 조직이 새로운 주식을 발행해서 일반투자자에게 균등한 조건으로 공모하거나 또는 이미 발행되어 소수의 대주주가 소유하고 있는 주식을 일부 매각해서 다수의 주주에게 주식이 널리 분산하도록 하는 것
② **특징**
  ③ 기업 공신력의 제고와 독점 및 소유 집중 현상의 개선이 가능
  ⓒ 주주들로부터 직접금융방식에 의해 대규모의 장기자본을 용이하게 조달할 수 있음
  ⓒ 투자자들에게 재산운용수단이 제공되고, 공개기업 종업원의 사기를 진작시킬 수 있음
  ② 공개 후 증권거래소 상장 시에 경영활동 결과를 공시하고 이를 평가받아 경영합리화를 기할 수 있으며, 소유 및 경영의 분리가 가능

(5) 종업원 지주제도 22 기출
① **개념**: 기업의 종업원들에게 우리사주조합을 결성하도록 해서 자사주를 취득하게 하는 제도
② **효과**
  ③ 종업원들의 재산형성 촉진 및 장기안정 주주 확보로 주가의 안정성 유지에 기여
  ⓒ 노사협조, 생산성의 향상, 경영권 안정 및 종업원들의 이직방지 가능

> **연습 문제**
>
> 다음 중 사채에 대한 설명으로 옳지 않은 것은?
> ① 주주와 동일하게 의결권의 행사가 가능하다.
> ② 저렴한 자본비용으로 기업지배권의 변동없이 자금 조달이 가능하다.
> ③ 투자자의 입장으로서는 유통시장에서 자유롭게 사채의 매매가 가능하다.
> ④ 일정 기간마다 확정이자소득이 가능한 안전한 투자대상이다.
>
> [해설] 주주와는 달리 의결권의 행사가 불가능하다.
>
> [정답] ①

제 2 절 자본구조와 투자안 평가

1 자본구조와 재무구조의 약화

(1) 자본구조이론과 명제

① 자본구조이론

MM의 자본구조이론	• 1958년 모딜리아니와 밀러가 자본구조 무관계론을 발표하면서 본격적으로 발전 • 기업 조직의 가치는 사업의 수익성 및 위험도에 의해 결정될 뿐 투자에 필요한 자금을 어떠한 방식으로 조달하였는가와는 무관하다는 이론
MM의 수정이론	부채에 대한 이자는 비용처리가 되어 세금에 대한 절약효과가 발생하는 반면에 자기자본에 대한 배당은 비용처리가 되지 않아 부채를 많이 사용할수록 기업의 가치가 증가한다는 이론

② MM의 3가지 명제
  ㉠ 기업 가치는 자본구조와는 무관함
  ㉡ 투자안 평가는 자본조달과는 관련이 없고 가중평균자본비용에 의함
  ㉢ 부채의 증가에 의해 재무위험이 증가하며, 재무위험의 증가는 기업 주인인 주주들이 부담하게 되므로 자기자본비용의 상승을 초래함

(2) 국내 기업 재무구조의 약화 원인 및 개선방안

① 국내 기업 재무구조의 약화 원인

환경적인 요인	• 세제상 요인: 지상배당제, 이자비용의 손비인정, 자산재평가세, 이자소득의 분리과세 • 거시경제 요인: 성장위주의 경제정책, 만성적인 인플레이션 • 금융 및 정책상 요인: 담보위주 대출관행, 자본시장 취약성, 경직된 금리정책 및 정책금융, 주식의 액면가 발행제도 등
기업 내적 요인	기업 조직의 방만한 투자정책, 계열사 간 주식의 상호보유, 부채의 레버리지 효과, 기업윤리의식의 부재, 무분별한 기업의 확장 등

② 기업 조직의 재무구조 개선방안
   ㉠ 자기자본조달을 우대하는 방법
   ㉡ 기업 조직의 체질개선 및 경영합리화
   ㉢ 금융의 자율화와 특혜금융 및 정책금융의 폐지

2 투자안 평가

(1) 현금흐름의 추정

① 현금흐름의 분류

현금유입	제품의 판매로 인한 수익, 잔존가치, 투자세액공제에 따른 혜택 등
현금유출	경상운영비, 최초 투자지출액, 운전자본의 증가 등

② 현금흐름 추정 시 고려사항
   ㉠ 인플레이션과 증분현금흐름 반영
   ㉡ 세금효과를 고려하며 그 중 감가상각 등의 비현금지출비용 등에 각별히 유의함
   ㉢ 그 외에도 매몰원가, 기회비용 등에 대한 명확한 조정 필요

(2) 투자안의 경제성 분석

회수기간법	• 기업에서 투자액을 회수하는 데 소요되는 기간인 회수기간을 이용하는 방법 • 불확실성이 많은 상황에 적용되며 회수기간이 짧을수록 유리하다고 판단
회계적 이익률법	• 연평균순이익을 연평균투자액으로 나눈 회계적 이익률을 이용하는 방법 • 회계적 이익률이 높을수록 양호하다고 판단
내부수익률	• 현금 유입 및 유출의 현가를 동일하게 해 주는 할인율, 즉 순현재가치가 0이 되는 할인율인 내부수익률을 이용하는 방법 • 내부수익률이 자본비용보다 큰 경우 투자안을 선택함
순현재가치법 21 기출	• 투자안의 위험도에 상응하는 적정할인율을 활용해서 계산한 현금유입 현가에서 현금유출 현가를 제한 값인 순현재가치를 이용하는 방법 • 순현재가치가 0보다 크면 투자안을 선택함
현재가치지수 또는 수익성 지수법	• 현금유입 현가를 현금유출 현가로 나눈 값인 현재가치지수로 투자안의 효율성 표시 • 현재가치지수는 다른 말로 수익성 지수라고도 하는데 이 값이 1보다 크면 투자안을 선택함

연습 문제

다음 중 투자안의 순현가를 0으로 만드는 수익률(할인율)로 옳은 것은?

① 초과수익률　　　　　　　　② 실질수익률
③ 경상수익률　　　　　　　　④ 내부수익률

해설 ① 초과수익률 : 자본자산가격결정모형에서 개별자산 또는 포트폴리오의 수익률이 무위험 이자율을 초과하는 부분
② 실질수익률 : 인플레이션율이 고려되어 조정된 투자수익률
③ 경상수익률 : 채권수익률의 일종으로 채권매입가격 대비 표면이자의 비율

정답 ④

제 3 절   포트폴리오 이론 및 재무관리의 특수 문제들

1 포트폴리오 이론

(1) 포트폴리오(Portfolio)의 개념
① 포트폴리오는 둘 이상의 투자자산의 배합을 말함
② 구성 목적은 분산투자를 통해 투자에 따르는 리스크를 최소화시키는 데 있음

(2) 포트폴리오 이론
① **개념**: 마코위츠에 의해 포트폴리오 이론이 처음으로 정립되었으며, 증권투자에서 리스크를 최소화하면서 기대수익률을 높이는 문제를 평균 및 분산기준에 의해 확립
② **자본시장선(CML : Capital Market Line)**
  ㉠ 무위험자산을 시장포트폴리오와 결합한 자본배분선
  ㉡ 개인투자자들이 리스크가 포함되어 있는 주식뿐만 아니라 정기예금 또는 국공채 등과 같은 무위험자산도 투자대상에 포함시킬 때, 균형상태의 자본시장에서 효율적 포트폴리오의 기대수익과 리스크의 선형관계를 표현하는 것을 자본시장선이라고 함
③ **자본자산가격결정모형**
  ㉠ 자본시장선은 자본시장의 균형을 표현하기에는 다소 부족함
  ㉡ 자산의 균형수익률은 체계적 위험과 선형관계가 있음을 증권시장선으로 나타냄

2 옵션과 선물거래

(1) 옵션
① **개념**: 약정기간 동안 미리 정해진 가격으로 약정된 상품 및 증권을 사고 팔 수 있는 권리
② **종류**
  ㉠ 콜 옵션(Call Option): 특정 증권 또는 상품 등을 살 수 있는 권리
  ㉡ 풋 옵션(Put Option): 특정 증권 또는 상품 등을 팔 수 있는 권리

(2) 선물거래 23 기출
① **개념**: 매매쌍방 간 미래의 일정 시점에 약정된 제품을 기존에 정한 가격에 일정 수량을 매매하기로 계약을 하고, 계약의 만기 이전에 반대매매를 수행하거나 만기일에 현물을 실제로 인수 및 인도함으로써 계약을 수행하는 것

② 특징
- ㉠ 선물이 거래되는 공인 상설시장을 선물시장 또는 상품거래소라고 함
- ㉡ 선물계약을 매도하는 것은 해당 상품을 인도할 의무를 지는 것이 됨
- ㉢ 반대급부로 선물을 매입하게 되는 것은 해당 상품을 인수할 의무를 지게 되는 것을 말함

제 4 절 재무분석

1 재무분석

(1) 개요
① 경영분석 또는 재무분석(비율분석)이란 자본운영 및 자본조달이 효과적인지 기업 조직의 상태를 인지하고 해당 문제점을 분석하는 것
② 표준비율은 같은 산업에 속하는 기업 조직들의 평균비율을 활용하거나 또는 분석 대상기업의 기존 평균비율을 활용하기도 함

(2) 재무비율의 종류 24, 20 기출

레버리지 비율	기업이 조달한 자본이 어느 정도 타인의 자본에 의존하고 있는지 나타내는 비율로 부채의 원리금 상환능력을 측정한 것
유동성 비율 22 기출	유동자산항목과 유동부채항목을 비율로 만들어 기업의 단기채무지급능력을 평가하는 비율
수익성 비율	기업이 투자한 자본으로 얼마만큼의 이익을 달성했는지를 측정하는 비율
활동성 비율	기업이 자산을 얼마나 효율적으로 활용하고 있는가를 나타내는 비율
시장가치 비율	투자자가 기업의 과거성과와 미래전망에 대해 어떻게 평가하고 있는지를 알 수 있게 하는 지표

(3) 재무비율분석의 특징
① 비교적 용이하게 특정 기업의 경영성과 및 재무 상태를 살펴볼 수 있음
② 기존의 회계정보에 의존하고 있음
③ 회계처리방법이 다른 타 기업들 간의 비교가 어려움
④ 비교기준이 되는 표준비율에 대한 선정이 까다롭고 종합적 분석이 어려움
⑤ 재무비율분석의 단점보완 방법으로는 기업 간 비교, 추세분석, 지수분석 등이 있음

연습 문제

다음 중 투자자가 기업의 과거성과와 미래전망에 대해 어떻게 평가하고 있는지를 알 수 있게 하는 지표가 되는 재무비율은?

① 유동성 비율
② 수익성 비율
③ 활동성 비율
④ 시장가치 비율

해설
① 유동성 비율 : 유동자산항목과 유동부채항목을 비율로 만들어 기업의 단기채무지급능력을 평가하는 비율
② 수익성 비율 : 기업이 투자한 자본으로 얼마만큼의 이익을 달성했는지를 측정하는 비율
③ 활동성 비율 : 기업이 자산을 얼마나 효율적으로 활용하고 있는가를 나타내는 비율

정답 ④

제13장 경영정보

제1절 경영정보시스템

1 경영정보시스템의 일반 개념

(1) 경영정보시스템(MIS : Management Information System)의 정의
   ① 기업 조직의 목표달성을 위해 정보, 업무, 조직원 및 정보기술 등이 조직적으로 결합된 것
   ② 킨(P. Keen)은 '기업 조직의 정보시스템을 효율적으로 설계하고 설치 및 활용하는 것'이라고 정의함

(2) 조직에서 정보시스템의 역할

계획	• 어떠한 작업(일)을 할 것이며, 언제 어떠한 결과가 산출되는가를 결정하는 과정 • 목표 및 수단을 필요로 함
통제	• 업무가 계획했던 대로 순차적으로 진행되어 수립된 목표대로 달성 가능하도록 실제 업무에서 발생했던 정보를 활용하는 과정 • 구성요소 : 목표 및 표준이 존재해야 함. 업무에 대한 측정치 또는 관찰치가 존재해야 함. 문제 발생 시 즉각적으로 이를 수정할 수 있는 해결책이 존재해야 함
조직	계획 수립 후 해당 계획을 효과적으로 실행하기 위해 업무를 분화해서 각각의 분화된 업무가 목표달성이 가능하도록 조직화하는 과정

(3) 조직 수준의 정보시스템
   ① **사이먼의 구조화된 경영활동의 분류** : 구조화된 활동, 반구조화된 활동, 비구조화된 활동의 3가지 활동으로 분류
   ② **앤소니에 의한 경영활동의 분류** : 운영통제, 관리통제, 전략계획

(4) 정보시스템의 구성 요소
   ① 소프트웨어(프로그램)와 하드웨어
   ② 절차, 자료, 사람 등

(5) 정보

① **자료**

개념	• 어떤 현상이 일어난 사건, 사실 등을 있는 그대로 기록한 것 • 주로 기호, 숫자, 음성, 문자, 그림, 비디오 등의 형태로 표현
종류	• 1차 자료 : 조사목적을 달성하기 위해 조사자가 직접 수집한 자료 • 2차 자료 : 조사목적에 도움을 줄 수 있는 기존의 모든 자료

② **정보** : 개인 또는 조직이 효과적인 의사결정을 하는 데 의미가 있으면서 유용한 형태로 처리된 자료들

③ **정보의 특징**
    ㉠ 정확성(Accuracy) : 실수 및 오류가 개입되지 않은 정보여야 한다는 것으로 데이터의 의미를 명확히 하고, 정확하게 편견의 개입이나 왜곡 없이 전달해야 함
    ㉡ 완전성(Completion) : 중요한 정보가 충분히 내포되어 있을 때 비로소 완전한 정보임
    ㉢ 경제성(Economical) : 필요한 정보를 산출하기 위해서는 경제성이 있어야 함
    ㉣ 신뢰성(Reliability) : 신뢰할 수 있는 정보는 그 원천자료 및 수집방법과 관련이 있음
    ㉤ 관련성(Relevancy) : 양질의 정보를 취사선택하는 최적의 기준으로, 관련성 있는 정보는 의사결정자에게 매우 중요
    ㉥ 단순성(Simplicity) : 정보는 단순해야 하고 지나치게 복잡해서는 안 됨
    ㉦ 적시성(Timeliness) : 양질의 정보라도 필요한 때 사용자에게 전달되지 않으면 가치를 상실
    ㉧ 입증가능성(Verifiability) : 정보는 검증이 가능해야 함
    ㉨ 통합성(Combination) : 개별적인 정보는 관련 정보들과 통합되어 재생산되는 등의 상승효과를 가져옴
    ㉩ 적절성(Felicity) : 정보는 적절하게 사용되어야 유용한 정보로서의 가치를 가짐
    ㉾ 누적가치성 : 정보는 여러 다른 정보와 합쳐지고 축적되는 과정에서 그 가치가 증대됨
    ㉿ 매체의존성 : 정보의 전달을 위해서는 전달매체(신문, 방송, 컴퓨터 등)가 필요함
    ㊆ 결과지향성 : 정보는 결과를 지향함
    ㊀ 형태성 : 의사결정자의 요구에 정보가 얼마나 부합하는 형태로 제공되는지에 대한 정도

📝 연습 문제

다음 중 정보의 특징이 아닌 것은?

① 정확성   ② 누적가치성
③ 입증가능성   ④ 과정지향성

해설 정보는 결과를 지향하는 결과지향성을 갖는다.
정답 ④

(6) 시스템

① **개념**
   ㉠ 조직, 체계, 제도 등 요소들의 집합 또는 요소와 요소 간의 유기적인 집합
   ㉡ 지정된 정보 처리 기능을 수행하기 위해 조직화되고 규칙적으로 상호 작용하는 방법 및 절차
   ㉢ 경우에 따라 인간도 포함하는 구성 요소들의 집합
② **구성요소**: 입력(Input), 처리(Process), 출력(Output)
③ **특징**
   ㉠ 통제되어야 함
   ㉡ 상승효과를 동반함
   ㉢ 계층적 구조의 성격을 지님
   ㉣ 개개요소가 아닌 하나의 전체로 인지되어야 함
   ㉤ 투입물을 입력받아서 처리과정을 거친 후 그로 인한 출력물을 밖으로 내보냄

2 경영정보시스템의 기본 형태

(1) 거래처리시스템의 개념 및 특징

① **개념**: 기업 조직에서 일상적이면서 반복적으로 수행되는 거래를 쉽게 기록하고 처리하는 정보시스템으로 기업 활동의 가장 기본적인 역할을 지원함
② **특징**
   ㉠ 온라인 처리방식(On-line Processing) 또는 일괄처리방식(Batch Processing)에 의해 거래데이터를 처리함
   ㉡ 다량의 데이터를 신속하고도 정확하게 처리하는 것이 주목적임

(2) 거래처리시스템의 종류

경영정보시스템 (MIS : Management Information System) 24 기출	기업 조직에서 활용하는 효율적인 정보시스템의 개발 및 사용을 의미, 즉 정규적으로 구조화되어 있으며 요약된 보고서를 관리자에게 제공하는 정보시스템
의사결정지원시스템 (DSS : Decision Support System)	의사결정지원시스템은 반구조적 또는 비구조적 의사결정을 지원하기 위해 의사결정자가 데이터와 모델을 활용할 수 있게 해 주는 대화식 시스템
사무자동화시스템	기업 조직 내 일상의 업무소통 및 정보처리 업무 등을 지원하는 시스템
최고경영자 정보시스템	조직의 최고경영층에게 주요 성공요인과 관련된 내·외부 정보를 손쉽게 접할 수 있도록 해 주는 컴퓨터 기반의 시스템

> **연습 문제**
>
> 다음 중 반구조적 또는 비구조적 의사결정을 지원하기 위해 의사결정자가 데이터와 모델을 활용할 수 있게 해 주는 대화식 시스템은?
>
> ① 사무자동화시스템 ② 최고경영자 정보시스템
> ③ 경영정보시스템   ④ 의사결정지원시스템
>
> **해설** 의사결정지원시스템(DSS : Decision Support System)에 대한 설명이다.
>
> **정답** ④

제 2 절 컴퓨터와 컴퓨터 시스템

1 하드웨어와 소프트웨어

(1) 하드웨어

① **중앙처리장치**
  ㉠ 컴퓨터 시스템을 통제하고 프로그램의 연산을 실행하는 가장 핵심적인 조작 장치
  ㉡ 제어장치, 연산 및 논리장치, 주기억장치

② **입력장치**
  ㉠ 컴퓨터 시스템에 데이터 입력을 위해 사용되는 장치
  ㉡ 마우스(Mouse), 키보드(Keyboard), 스캐너(Scanner), 터치스크린(Touch Screen), 라이트 펜(Light Pen) 등

③ **출력장치**
  ㉠ 컴퓨터에서 정보를 처리한 후에 해당 결과를 기계로부터 인간이 인지할 수 있는 언어로 변환하는 장치
  ㉡ 모니터(Monitor), 스피커(Speaker), 프린터(Printer) 등

(2) 소프트웨어

① **응용 소프트웨어**
  ㉠ 개요 : 개인 및 조직의 일에 대한 컴퓨터 활용 수단으로 특정 분야의 응용을 목적으로 개발되는 프로그램

ⓒ 응용패키지 프로그램 : 통상적으로 마이크로 컴퓨터에서 광범위하게 사용되며, 개인의 생산성을 높이는 도구로 사용됨
  예 스프레드시트, 워드프로세서, 데이터베이스 관리 소프트웨어, 그래픽 소프트웨어, 개인 정보 관리 소프트웨어, 압축 소프트웨어 등

② 시스템 소프트웨어
  ㉠ 운영체제(OS : Operating System) : 사용자가 컴퓨터 자원을 효율적으로 관리할 수 있도록 편의를 제공하는 프로그램으로 사용자와 컴퓨터의 중간자적인 역할 담당
  ㉡ 종류 : 컴파일러(Compiler), 인터프리터(Interpreter), 유틸리티 프로그램(Utility Program)

2 컴퓨터의 유형

슈퍼 컴퓨터	가장 빠르고 크며, 주로 거래처리 및 보고서 작성보다도 긴 연산 등에 활용되는 것으로 가격 면에서 가장 고가임
메인 프레임	다량의 DB와 갖가지 주변 기기들의 지원이 가능하고, 많은 유저들의 요구사항을 한 번에 처리할 수 있으므로 특히 대기업이 자료처리의 중심으로 많이 활용하고 있는 추세임
미니 컴퓨터	초창기에는 상당한 시장발전 가능성을 보였지만 마이크로 컴퓨터의 등장으로 인해 현대의 컴퓨터 시장에서는 시장위치의 확보에 있어 상당한 어려움을 겪고 있음
마이크로 컴퓨터	수요가 증가하고 있는 기종으로 소프트웨어의 개발 및 판매에도 수요가 상당히 상승되고 있으며, 유저들이 용이하게 운반하도록 점점 더 소형화되고 있는 추세임

3 시스템 개발 과정

(1) 정보요구사항의 결정과정

프로젝트팀 구성 – 문제 정의 – 구체적인 정보요구사항의 결정 – 타당성의 조사 – 경영자의 승인 획득

(2) 선택안 평가

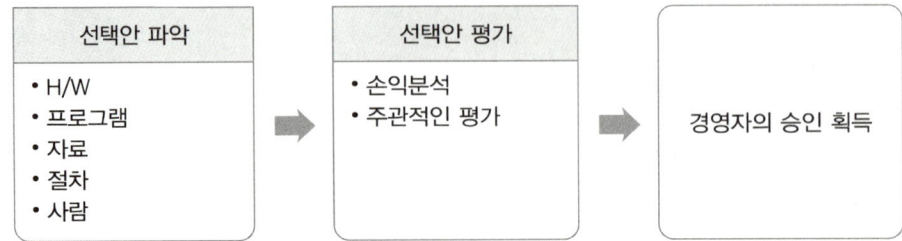

(3) 설계
① 설계는 시스템 개발단계 중 세 번째에 속하는 단계
② 시스템 설계 시 H/W에 대한 구체적 사항, 프로그램 구체적 명시, 자료의 형태, 사용자 및 운영 절차, 사람(직무기술, 조직구조, 교육과정), 경영자의 승인 획득 등을 고려해야 함

(4) 구현

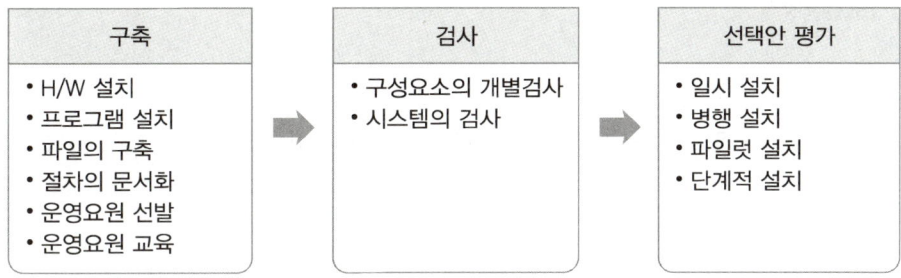

연습 문제

정보요구사항의 결정단계를 차례대로 바르게 나열한 것은?

① 프로젝트팀 구성 – 문제 정의 – 구체적인 정보요구사항의 결정 – 타당성의 조사 – 경영자의 승인 획득
② 타당성의 조사 – 경영자의 승인 획득 – 프로젝트팀 구성 – 문제 정의 – 구체적인 정보요구사항의 결정
③ 경영자의 승인 획득 – 프로젝트팀 구성 – 문제 정의 – 구체적인 정보요구사항의 결정 – 타당성의 조사
④ 문제 정의 – 구체적인 정보요구사항의 결정 – 프로젝트팀 구성 – 타당성의 조사 – 경영자의 승인 획득

해설 정보요구사항 결정단계는 '프로젝트팀 구성 – 문제 정의 – 구체적인 정보요구사항의 결정 – 타당성의 조사 – 경영자의 승인 획득'에 따라 진행된다.

정답 ①

제 3 절 정보시스템의 활용

1 통신

(1) EDI(Electronic Data Interchange)
전자문서교환이라고도 하며 기업 사이에 컴퓨터를 통해서 표준화된 양식의 문서를 전자적으로 교환하는 정보전달방식

(2) 전자우편
PC통신의 전자우편과 비슷한 개념으로 전 세계를 대상으로 편지를 보낼 수 있는 서비스

(3) 화상회의
지역적으로 거리가 먼 임원들이 서로 한 자리에 모여 회의를 해야 할 필요가 없기 때문에 비용 절감 가능

2 의사결정

(1) 기업 조직이 해결해야 할 문제의 구조화 등에 따라 의사결정의 질을 높이는 데 있어 정보시스템의 역할이 달라짐

(2) 최종 사용자 S/W 또는 정보통신네트워크 등은 의사결정의 질을 높이는 데 있어서 상당히 중요한 역할을 수행함

3 전문가 시스템의 활용

(1) 전문가 시스템의 개념
능력진단과 같은 운영업무를 위해 전문가의 조언을 제공하거나 관리적인 의사결정을 위한 전문가의 조언을 제공하는 시스템

(2) 전문가 시스템의 특성
연역적인 추론방식, 실용성, 전문가의 지식으로 이루어진 지식베이스의 사용

(3) 전문가 시스템의 주요 구성 요소
지식베이스, 추론기관, 설명기관, 사용자 인터페이스, 블랙보드 등

4 기업 활동

(1) 경쟁우위 달성을 위한 정보시스템의 활용
핵심역량의 강화, 네트워크 기반전략 구축

(2) 품질과 디자인의 경쟁에 정보시스템 활용
생산과정의 단순화, 고객의 요구를 반영한 제품과 서비스 개선, 컴퓨터를 이용한 생산과정의 자동화로 상품의 정밀성 개선

제14장 회계학

제1절 회계정보의 기초 개념

1 회계의 의의와 구성 가정

(1) 회계의 의의
① 경제적 실체에 대한 유용한 재무적인 정보를 제공하는 일련의 서비스 활동
② 경영자를 포함해서 채권자, 주주 등 기업 전반에 이해관계를 지닌 사람들에게 기업 조직의 경제적인 활동에 대한 정보를 제공해야 함

(2) 회계의 구성 가정
① **계속기업의 가정** : 해당 기업 조직은 현재 실행 중인 활동 및 계획 등이 마무리될 때까지는 존속할 것이라는 가정
② **경제실체의 가정** : 하나의 경제단위로 경영활동이 하나의 회계시스템에서 기록되고 보고되는 단위
③ **화폐적 측정 가정** : 기업 조직에서 나타나는 경제적 사건을 추정하기 위해 갖가지 기준이 필요함을 의미
④ **기간성 가정** : 지속되는 기업 조직의 성과 또는 수탁책임 등을 기업 조직이 청산된 이후에 보고할 경우 계속기업의 가정에 의해 영원히 보고되지 않을 수 있음

2 재무회계의 이론적 구조

(1) 재무회계와 관리회계의 비교 23 기출

구분	재무회계	관리회계
의의	외부보고 목적, 기업의 재무상태 및 경영성과, 현금흐름에 대한 정보 제공	내부보고 목적 및 경영의사결정을 위한 정보 제공
목적	정보이용자의 경제적 의사결정에 유용한 정보제공(투자 및 신용결정)	경영자의 의사결정에 적합한 정보 제공(경영계획 및 통제)
보고대상	불특정다수인 외부 이해관계자	경영자 외 내부 이해관계자
정보성격	과거에 대한 정보가 많음	미래에 대한 예측정보가 많음

보고양식	재무제표	일정한 양식이 없음
법적규제	일반적으로 인정된 회계원칙(GAAP, 기업회계 기준, 외부감사 등)	없음

(2) 발생주의와 현금주의의 비교

구분	발생주의	현금주의
거래의 인식	자산과 부채에 영향을 미치는 사건을 기준으로 하여 거래를 인식	현금을 출납한 시점을 기준으로 하여 거래를 인식
회계처리	회계원리에 대한 이해가 필요하며, 실제 회수·지급할 금액으로 자산과 부채를 표시	단순 예산회계처리로 실무자의 이해가 용이하며 형식적 자산과 부채를 표시
선급비용 선급수익	자산과 부채로 인식	수익과 비용으로 인식
상환이자 지급액	기간별 인식	지급시기에 비용으로 인식
정보활용원	통합 자료 우선	개별 자료 우선
적용 예	기업, 일부 비영리부문 등	가계부, 비영리 공공부문 등

(3) 재무제표 24 기출

① **개념**: 일정 기간 동안 기업의 경영 성적 및 재정 상태 등을 이해관계자에게 보고하기 위해 정기적으로 작성하는 회계 보고서
② **재무제표의 질적 특성**: 신뢰성, 중요성, 목적 적합성, 이해 가능성, 비교 가능성 등
③ **구성요소**: 자산, 자본, 부채, 비용, 수익 등

체크 포인트

재무제표와 관련된 용어 23 기출

대차대조표 (재무상태표)	일정 시점에 있어서 기업의 재무상태를 나타내는 정태보고서
손익계산서	일정 기간의 기업의 경영성과를 나타내는 동태보고서
현금흐름표	한 회계기간 중의 현금의 유입과 유출에 관한 정보를 제공하는 재무보고서
자본변동표	자본의 크기와 그 변동에 관한 정보를 제공하는 재무보고서
이익잉여금 처분계산서	기업의 이익잉여금의 처분사항을 명확히 보고하기 위한 이월 이익잉여금의 총 변동사항을 표시한 재무제표

제 2 절 계정과목과 회계순환과정

1 계정과목

(1) 자산

① **개념**: 기업 조직이 소유하고 있는 자신의 경제활동에 대해 유용한 경제적인 자원 및 미래 경제적인 효익 혹은 용역잠재력을 의미함

② **종류**

유동자산 22, 20 기출	개념	재무상태표로부터 1년 내 현금화되는 자산
	종류	• 당좌자산: 단기금융상품, 현금 및 현금성 자산, 매출채권, 유가증권 등 • 재고자산: 기업이 소유한 상품, 반제품, 원재료, 재공품, 저장품 등 • 기타 유동자산: 선급비용, 선급금 등
비유동자산 21 기출	개념	현금화되는 기간이 1년 이상인 것으로 경제 활동에 활용할 목적으로 오랜 기간 동안 보유하는 자산
	종류	• 투자자산: 투자유가증권, 장기금융상품, 장기대여금, 투자부동산 등 • 유형자산: 건물, 토지, 차량운반구, 기계장치 등 • 무형자산: 저작권, 영업권, 개발비, 산업재산권, 라이선스 및 프랜차이즈 등 • 기타 비유동자산: 장기미수금, 장기매출채권, 임차보증금 등

(2) 부채 20 기출

① **개념**: 기업 조직이 타인에게 현금의 지급 또는 각종 재화 및 서비스의 지급을 제공해야 하는 의무

② **종류**

유동부채	• 1년 내 상환할 부채 • 매입채무, 단기금융부채, 단기차입금, 미지급금 등
비유동부채	• 1년 이후에 상환하는 부채 • 장기성 매입채무, 장기금융부채, 이연법인세대 등

(3) 자본 20 기출

① **개념**: 기업 조직의 자산 중 소유주의 몫인 금액으로 소유주 지분
② **종류**: 납입자본, 기타 자본요소 및 이익잉여금 등으로 구분

> **연습 문제**
>
> 다음 중 재무상태표에서 비유동자산에 포함되는 것은?
> ① 영업권　　　　　　　　② 매입채무
> ③ 매출채권　　　　　　　④ 자기주식
>
> **해설** 비유동자산이란 재무상태표 작성일을 기준으로 1년 이내에 현금화할 수 없는 자산으로 크게 투자자산, 유형자산, 무형자산으로 구분할 수 있다. '투자자산'은 기업의 본래 영업활동이 아닌 투자목적으로 보유하는 자산을 의미하고, '유형자산'은 토지, 건물 등 부동산 자산과 기계장치, 설비 등을 말한다. 그 외 영업권, 산업재산권 등을 '무형자산'이라고 한다.
>
> **정답** ①

2 회계순환과정

(1) 회계순환과정

회계순환과정은 기업 조직이 재무보고를 위해 선택하고 있는 일련의 회계처리과정으로 '회계상 거래 → 분개 → 전기 → 시산표 → 결산조정분개와 전기 → 재무제표의 작성'의 순서로 진행됨

(2) 결산수정분개

① 계정잔액 중에서 일부의 금액이나 기간 중에 나타난 일부의 거래가 반영되어 있지 않은 경우가 있음
② 기업 조직에서는 보고기간 말에 거래들을 모두 파악해서 수정분개를 해야 함
③ 보고기간의 자산 및 부채 측정과 손익계산 등이 적절하게 이루어지는 것을 의미함
④ 기말시점에서 수정분개를 하는 이유는 당해 기간의 수익 및 비용, 기말시점의 자산, 부채 및 자본의 크기를 마지막으로 확인해서 보고기간의 재무성과 및 회계기말의 재무상태 등을 명확하게 파악하는 데 있음

(3) 재무제표의 작성

포괄손익계산서 20 기출	일정 기간의 기업의 경영성과를 나타내는 동태보고서로, 손익계정을 기반으로 만들어짐
대차대조표 (재무상태표)	일정 시점에서의 기업의 재무상태를 나타내는 정태보고서로, 이월시산표를 기반으로 만들어짐
현금흐름표	기업 조직이 일정 기간 현금흐름의 변동을 알기 위해 만드는 동태보고서
자본변동표	자본의 크기 및 자본을 구성하는 전체 항목의 변동 등에 대한 정보를 제공해 주는 재무보고서
주석	유의적 회계정책 상의 요약 및 그 외의 내용으로 구성

연습 문제

다음 중 회계순환과정을 순서대로 바르게 나열한 것은?

① 회계상 거래 – 시산표 – 결산조정분개와 전기 – 분개 – 전기 – 재무제표의 작성
② 분개 – 전기 – 시산표 – 결산조정분개와 전기 – 회계상 거래 – 재무제표의 작성
③ 전기 – 시산표 – 결산조정분개와 전기 – 회계상 거래 – 분개 – 재무제표의 작성
④ 회계상 거래 – 분개 – 전기 – 시산표 – 결산조정분개와 전기 – 재무제표의 작성

해설 회계순환과정은 기업 조직이 재무보고를 위해 선택하고 있는 일련의 회계처리과정으로 '회계상 거래 – 분개 – 전기 – 시산표 – 결산조정분개와 전기 – 재무제표의 작성'의 순서로 진행된다.

정답 ④

제 2 편

적중모의고사

적중모의고사　제1회
적중모의고사　제2회
적중모의고사　제3회
적중모의고사　제4회
적중모의고사　제5회
적중모의고사　제6회
적중모의고사　제7회
적중모의고사　제8회
적중모의고사　제9회
적중모의고사　제10회

우리 인생의 가장 큰 영광은 결코 넘어지지 않는 데 있는 것이 아니라
넘어질 때마다 일어서는 데 있다.

– 넬슨 만델라 –

자격증 · 공무원 · 금융/보험 · 면허증 · 언어/외국어 · 검정고시/독학사 · 기업체/취업
이 시대의 모든 합격! 시대에듀에서 합격하세요!
www.youtube.com ➔ 시대에듀 ➔ 구독

제1회 적중모의고사 | 경영학개론

독학사 1단계 교양과정

제한시간: 50분 | 시작 ___시 ___분 – 종료 ___시 ___분

정답 및 해설 179p

01 경영에 대해 다음과 같이 정의한 학자는?

> 경영이란 의미 있는 기업 조직의 목표를 이루기 위해 가능한 한 효과적인 방식으로 조직의 나아갈 길을 계획, 조직, 충원, 지휘 및 통제하는 활동이다.

① 쿤츠
② 페이욜
③ 드러커
④ 버나드와 사이먼

02 다음 중 경영학에 대한 설명으로 가장 적절한 것은?

① 사람들의 욕구 등을 채워줌으로써 인간의 삶의 질을 높이는 것을 목적으로 한다.
② 일반적으로 각 경제주체들이 경제생활을 함에 있어 필요로 하는 재화 및 서비스를 만들어 공급하는 활동이다.
③ 경영의 생산활동을 능률화하고 생산력을 최고로 발휘시키기 위한 것이다.
④ 기업 조직이라는 실체를 대상으로 기업에 관련된 각종 현상을 과학적 방법으로 연구하고 이에 관한 지식을 체득하고 체계화한 학문이다.

03 우리나라의 경영학에 대한 설명으로 옳지 않은 것은?

① 일제 강점기에 독일의 경영학이 직수입되었다.
② 일제 강점기 교과목은 상업학개론, 부기, 경영자본론, 경영학방법론, 은행경영론, 교통론, 보험론 등이었다.
③ 광복 후에 독일식의 경제경영학이 미국식의 경영학으로 변화하게 되었다.
④ 1965년에 고려대학교에서 국내 최초의 경영학과를 설치하여 상과대학이 독립된 후 본격적 연구가 시작되었다.

04 과학적 관리론의 내용에 대한 설명으로 옳지 않은 것은?

① 모든 작업에 시간연구를 적용하여 표준 작업 시간을 설정하였다.
② 임금은 생산량에 비례, 임금률은 시간연구에서 얻은 표준에 따라 결정하였다.
③ 계획과 작업은 근로자가 담당하였으며 시간연구를 통한 과학적 자료에 근거하여 계획을 수립하였다.
④ 경영자는 작업 방법을 연구하여 최선의 방법을 정해 작업자를 교육하고 훈련하였다.

05 경영이론에 대한 설명으로 옳지 않은 것은?

① 페이욜(H. Fayol)은 경영의 본질적 기능으로 기술적 활동, 상업적 활동, 재무적 활동, 보전적 활동, 회계적 활동, 관리적 활동의 6가지를 제시하였다.
② 사이먼(H. A. Simon)은 합리적 경제인 가설 대신에 관리인 가설을 바탕으로 하여 인간행동을 분석하였다.
③ 버나드(C. I. Barnard)는 조직의 의사결정은 제약된 합리성에 기초하게 된다고 주장하였다.
④ 상황이론(Contingency Theory)은 여러 가지 환경변화에 효율적으로 대응하기 위하여 조직이 어떠한 특성을 갖추어야 하는지를 규명하고자 하는 이론이다.

06 빈칸 ㉠, ㉡에 들어갈 말로 알맞은 것은?

기업의 경영환경에는 기업 마케팅 활동에 도움을 주는 ㉠ 환경과 기업 조직의 마케팅 활동을 제약하는 ㉡ 환경이 있다. ㉠ 환경에는 원료공급자, 중개업자, 소비자가 포함되고 ㉡ 환경에는 경쟁업자가 포함된다.

	㉠	㉡
①	과업	제약
②	일반	과업
③	산업	통제
④	통제	산업

07 다음 중 경영환경에 대한 설명으로 옳지 않은 것은?

① 기업의 경영환경 중 외부환경은 통제 불가능한 요인이다.
② 경영학에서는 경영의 외부요인을 일반적 환경이라고 한다.
③ 인적 자원, 물적 자원, 재무 자원의 외부환경에 대한 자세한 분석이 요구된다.
④ 경영환경은 시대의 변화에 따라 점점 더 확대되어 가고 있다.

08 다음 중 자본주의 기업의 단점이 아닌 것은?

① 경제 불안정
② 인간소외
③ 공익과 사익의 괴리
④ 개인 선택자유의 제약

09 무한책임사원과 유한책임사원으로 구성되는 기업형태인 것은?

① 합명회사
② 합자회사
③ 유한회사
④ 주식회사

10 다음 중 동종 또는 유사업종의 기업 간 독립성을 유지하면서 상호경쟁을 배제하는 기업결합의 유형은?

① 카르텔(Cartel)
② 인수합병(M&A)
③ 트러스트(Trust)
④ 오픈 숍(Open shop)

11 빈칸에 공통적으로 들어갈 말로 알맞은 것은?

> • _____은(는) 기업경영이라는 상황 하에서 발생하는 행동 또는 태도에 대한 옳고 그름을 체계적으로 구분하는 판단기준이다.
> • _____헌장은 개별기업인의 기본적 정책결정 및 계획적인 집행 등을 포괄적으로 관리하는 지도 원리이다.

① 경영목표
② 경영이념
③ 사회적 책임
④ 기업윤리

12 다음 중 경영목표 형성의 3가지 차원에 포함되지 않는 것은?

① 경영목표의 내용
② 경영목표의 범위
③ 경영목표의 실현기간
④ 경영목표의 측정범위

13 다음 중 경영이념에 대한 설명으로 옳지 않은 것은?

① 경영신조, 경영신념, 경영이상 등으로 표현된다.
② 경영철학의 규범적인 가치체계이다.
③ 기업제도가 발전하여도 경영이념은 바뀌지 않는다.
④ 경영활동, 경영의 목표형성 등에 영향을 미친다.

14 독일 경영학에 대한 설명으로 옳은 것은?

① 독일 경영학은 실천적 측면이 강한 형태를 보이고 미국 경영학은 이론적 측면이 강하다.
② 독일 경영학은 경영경제학의 명칭에서 알 수 있듯이 경제학으로부터 독립해서 상업학으로 출발하였다.
③ 독일 경영학은 실제적으로 경영으로부터 나타나는 각종 문제의 해결을 위해 합리적 방안을 모색하는 과정을 통해 발전하였다.
④ 독일 경영학은 실천적이면서 동시에 기술적인 문제를 추구하는 것이 특징이라 할 수 있다.

15 매니지먼트를 관리(일반)로 보는 관점이 아닌 것은?

① 조직화된 집단 내에 활동하는 사람들을 통하거나 더불어 일을 이룩하게 하는 과정이라고 본다.
② 타인들로 하여금 목표를 달성하게 하는 과정이나 기능은 물론 변화하는 환경에 대응하기 위한 전략적 관리를 그 연구 대상에 포함하여야 한다는 입장이다.
③ 쿤츠와 오도넬은 타인으로 하여금 목표를 달성하게 하는 기능이라 정의하였다.
④ 테리(G. R. Terry)는 매니지먼트는 타인의 노력을 통해 일정한 목적을 달성하는 관리 기능을 한다고 보았다.

16 다음 중 앤소프 전략의 구성요소가 아닌 것은?

① 시너지
② 성작벡터
③ 자원전개
④ 경쟁상의 이점

17 전략계획에 대한 설명으로 옳지 않은 것은?

① 전략계획은 관리문제 영역의 혁신으로부터 나타난 계획형태의 하나다.
② 공식화된 계획설정 과정에서 전략 개념을 도입한 계획설정을 말한다.
③ 변화하는 환경에 대응하고 경영의 잠재적 수익능력을 종합적으로 개발하기 위한 미래지향적 의사결정시스템이다.
④ 관리활동의 출발점으로 기업 조직이 지향해야 할 목표를 제시한다.

18 앤소프의 5단계 분류에서 비관리적 성격을 지니고, 병참적 활동이나 생산적 활동이라 불리며, 자원의 조달 · 변환 · 유통 등의 복잡한 단계를 포함하는 관리 영역은?

① 사회적 관리
② 기업가적 관리
③ 경쟁적 관리
④ 로지스틱스 과정

19 다음 중 조직구조 분석을 위한 구성요소가 아닌 것은?

① 분화   ② 통합
③ 표준화   ④ 관리 시스템

20 비공식조직의 특징으로 옳지 않은 것은?

① 조직의 구성원은 감정적 관계를 가지고 개인적 접촉성을 띤다.
② 조직의 구성원은 집단접촉의 과정에서 저마다 나름대로의 역할을 담당한다.
③ 자연발생적으로 생겨난 조직으로 소집단의 성질을 띠며, 조직 구성원은 밀접한 관계를 형성한다.
④ 기능(과제)의 분화 및 지위의 형성, 직위에 대한 권한 및 책임의 한계를 명시적으로 규정화하는 것 등이 문제가 된다.

21 분업구조와 분권화에 대한 설명으로 옳지 않은 것은?

① 분업은 전문화에 의한 업무의 분화이지만, 이는 통합을 전제로 하는 것이다.
② 대표적인 분권화는 베버가 제시하는 관료제 특성에서 찾아볼 수 있다.
③ 수평적 분화는 계층의 형성을 의미하며, 수직적 분화는 부문화의 형성을 의미한다.
④ 분업구조는 조직의 목표를 세분화한 것으로 조직단위의 연결 또는 네트워크로 생각할 수 있다.

22 전통적 인사관리와 비교할 때 현대적 인사관리의 특징으로 옳지 않은 것은?

① 직무중심의 인사관리
② 조직목표와 개인목표의 조화
③ 노사간 상호협동에 의한 목적달성
④ 인력을 육성, 개발하는 장기적 안목

23 다음 중 인사관리의 목표가 바르게 짝지어진 것은?
① 인력의 육성·개발 – 인력 활용
② 생산성의 향상 – 근로생활의 질
③ 조직규모의 확대 – 가치관의 변화
④ 경제여건의 변화 – 정부개입의 증대

24 다음 중 인사관리의 환경에서 외부환경이 아닌 것은?
① 정보기술의 발전
② 경제여건의 변화
③ 조직규모의 확대
④ 정부개입의 증대

25 다음에서 설명하는 직무분석 방법은?

> 근로자의 전체 작업과정이 진행되는 동안에 무작위로 많은 관찰을 함으로써 직무행동에 대한 정보를 취득하는 방법으로, 근로자의 직무성과가 외형적일 때 잘 적용될 수 있다.

① 관찰법
② 면접법
③ 중요사건법
④ 워크샘플링법

26 생산관리의 기능 중에서 장기적인 문제와 연관되어 주로 전략적인 의사결정이 이루어지는 것은?
① 계획기능   ② 설계기능
③ 통제기능   ④ 조정기능

27 생산 시스템에 대한 설명으로 옳지 않은 것은?
① 생산 시스템은 일정한 개체들의 집합이다.
② 생산 시스템의 각 개체들은 각기 투입, 과정, 산출 등의 기능을 담당한다.
③ 단순하게 개체들을 모아놓은 것이므로 어떠한 목적을 달성하는 데 기여하기 어렵다.
④ 생산 시스템의 경계 외부에는 환경이 존재한다.

28 생산 시스템의 유형 중에서 주문된 제품의 수량 및 납기 등에 맞추어 생산하는 방식인 시스템은?
① 연속생산 시스템
② 반복생산 시스템
③ 단속생산 시스템
④ 소품종 다량생산 시스템

29 JIT(Just In Time) 시스템의 효과로 적절하지 않은 것은?
① 고설계 적합성
② 생산 리드타임의 단축
③ 작업 공간 사용의 개선
④ 재공품 재고변동의 최대화

30 다음 중 마케팅 믹스의 구성요인인 4P's에 포함되지 않는 것은?
① 제품(Product) : 제품 및 서비스, 아이디어 창출
② 가격(Price) : 가격을 결정
③ 과정(Process) : 배포
④ 판매촉진(Promotion) : 정보제공

31 마케팅의 본질에 대한 설명으로 옳지 <u>않은</u> 것은?

① 마케팅 활동은 단지 영리를 추구하는 기업 조직만 실행하는 것이다.
② 일련의 인간 활동이라는 것이다.
③ 개인 및 조직의 목표를 만족시키는 것이다.
④ 기업 조직은 소비자들에게 제품 및 서비스, 정보 등을 제공하며, 소비자들은 그에 대한 대가로 노력, 시간, 돈 등을 기업 조직에 제공함으로써 서로 간의 교환이 이루어진다.

32 마케팅의 기본요소에 속하는 것을 〈보기〉에서 모두 고른 것은?

보기
ㄱ. 필요   ㄴ. 욕구
ㄷ. 교환   ㄹ. 영업
ㅁ. 계획   ㅂ. 제품

① ㄱ, ㄴ, ㄷ, ㄹ
② ㄱ, ㄴ, ㄷ, ㅂ
③ ㄴ, ㄷ, ㄹ, ㅁ
④ ㄴ, ㄹ, ㅁ, ㅂ

33 마케팅개념의 발전단계를 순서대로 바르게 나열한 것은?

① 생산개념 – 제품개념 – 판매개념 – 마케팅개념 – 사회지향적 마케팅개념
② 제품개념 – 생산개념 – 판매개념 – 마케팅개념 – 사회지향적 마케팅개념
③ 판매개념 – 생산개념 – 제품개념 – 마케팅개념 – 사회지향적 마케팅개념
④ 마케팅개념 – 생산개념 – 제품개념 – 판매개념 – 사회지향적 마케팅개념

34 다음 중 현대 마케팅의 특징이 <u>아닌</u> 것은?

① 소비자 지향성
② 기업목적 지향성
③ 사회적 책임 지향성
④ 세분화 마케팅 지향성

35 다음 중 재무관리의 기능이 <u>아닌</u> 것은?

① 투자결정기능
② 유동성관리기능
③ 가격조정기능
④ 자본조달결정기능

36 재무관리의 영역 중에서 잉여금 또는 주식 발행 등을 통한 자금조달과 관계 깊은 것은?

① 자본비용
② 자기자본
③ 타인자본
④ 투자대상

37 투자안의 경제성 평가방법에 관한 설명으로 옳은 것은?

① 회계적 이익률법은 화폐의 시간적 가치를 고려한다.
② 회수기간법은 순현재가치가 0이 되는 할인율을 찾는다.
③ 내부수익률법은 연평균 순이익을 연평균 투자액으로 나눈 것이다.
④ 순현재가치법에서는 가치의 가산원리가 적용된다.

38 앤소니에 의한 경영활동의 분류 중에서 전략계획에 대한 설명으로 옳은 것은?

① 세부적인 업무 등이 실행되도록 관리하는 과정이다.
② 관리자가 경영자원을 획득해서 이를 효율적으로 활용하도록 관리하는 과정이다.
③ 기업 조직의 목표설정 및 변경, 이러한 목표를 변경하기 위해 활용하는 경영자원의 획득과 연관된 의사결정을 하는 과정이다.
④ 계획 수립 후 해당 계획을 효과적으로 실행하기 위해 업무를 분화해서 각각의 분화된 업무가 목표달성이 가능하도록 조직화하는 과정이다.

39 다음 중 재무회계의 특징으로 옳지 않은 것은?

① 보고에 일정한 양식이 없다.
② 보고 대상이 불특정다수인과 외부 이해관계자이다.
③ 정보이용자의 경제적 의사결정에 유용한 정보를 제공한다.
④ 기업 조직의 재무상태 및 경영성과, 현금흐름 등에 대한 정보제공을 한다.

40 회계의 구성 가정 중에서 기업 조직에서 나타나는 경제적 사건을 추정하기 위해 갖가지 기준이 필요함을 의미하는 것은?

① 기간성 가정
② 화폐적 측정 가정
③ 계속기업의 가정
④ 경제실체의 가정

제2회 적중모의고사 | 경영학개론

독학사 1단계 교양과정

제한시간: 50분 | 시작 ___시 ___분 - 종료 ___시 ___분

정답 및 해설 184p

01 다음에서 설명하는 경영기능으로 알맞은 것은?

> 특정 경제적 실체에 대해 이해관계를 가진 사람들에게 합리적인 경제적 의사결정을 하는 데 유용한 재무적 정보를 제공하기 위한 일련의 과정 또는 체계

① 회계
② 생산관리
③ 인사관리
④ 경영정보시스템

02 관리과정 중에서 기업 조직의 목표를 이루기 위해 필요로 하는 업무를 효율적으로 수행할 수 있도록 구성원들을 지휘하며 동기유발을 할 수 있도록 하는 활동에 해당하는 것은?

① 계획
② 조직화
③ 지휘
④ 통제

03 다음 중 페이욜의 관리 5요소가 아닌 것은?

① 계획
② 조직
③ 명령
④ 성과

04 막스 베버의 관료제와 관련하여 다음에서 설명하고 있는 지배 유형은?

> 일상적인 것을 초월한 지도자의 비범한 자질이나 능력에 대한 외경심이 복종의 근거가 되는 지배 유형

① 전통적 지배
② 합법적 지배
③ 환경적 지배
④ 카리스마적 지배

05 다음에서 설명하는 실험과 관계 깊은 것은?

> 하버드 대학의 심리학 교수였던 메이요(Elton Mayo) 교수가 중심이 되어 1924년부터 1932년에 걸쳐 미국의 시카고에 있는 호손공장에서 이루어졌다.

① 욕구이론
② 인간관계론
③ 사회체계론
④ 과학적 관리론

06 다음 중 기업의 경영환경에서 내부환경에 포함되지 <u>않는</u> 것은?
① 기업의 역량
② 기업의 연혁
③ 조직문화
④ 고객과 경쟁자

07 다음 중 경영환경의 성격이 <u>다른</u> 하나는?
① 산업구조의 변화
② 물가수준의 변화
③ 국제자본이동
④ 소득수준 및 소비구조

08 다음 중 사회주의 기업의 단점이 <u>아닌</u> 것은?
① 독재정권의 출현
② 공익과 사익의 괴리
③ 비효율적인 자원 배분
④ 계획의 비신축성으로 인한 자동적 수정의 불가능

09 공동출자사업 형태에서 코멘다에 대한 설명으로 옳은 것은?
① 현대에 들어 합자회사의 기원이 되었다.
② 13~14세기 유럽 내부 상업도시에 구성된 공동출자사업의 형태이다.
③ 중세의 혈연공동체 또는 가족공동체와 같은 강력한 상호신뢰관계를 바탕으로 형성되었다.
④ 독일에서는 1951년 공동결정법 및 1952년 경영제도법, 1976년 공동결정법의 특별법에 의해 노동자의 기업참가를 인정하게 되었다.

10 다음에서 공통적으로 설명하는 기업의 형태로 알맞은 것은?

> • 자본은 있지만 경영능력이 없는 경우, 경영능력은 있지만 자본이 없는 경우, 신분관계상 영업 등에 참가할 수 없는 경우, 익명으로 기업에 참가하는 경우 등에 활용된다.
> • 중세 코멘다에서 비롯된 것으로 합자회사와 비슷하며 사회적인 신용 등을 취득할 수 있는 능력이 약하다.

① 개인기업
② 익명조합
③ 민법상 조합
④ 유한 책임 회사

11 블랜차드와 필이 개인 및 조직을 위한 원칙을 5P로 분류하였는데, 5P에 포함되지 <u>않는</u> 것은?
① 자긍심(Pride)
② 목적(Purpose)
③ 촉진(Promotion)
④ 전망(Perspective)

12 빈칸에 들어갈 내용으로 알맞지 <u>않은</u> 것은?

> 목표차원은 추구하는 목표의 개념을 규정하기 위해서 사용되는 3가지의 방향을 말하는 것으로, _____이(가) 있다.

① 목표의 내용
② 목표의 추구 정도
③ 시간적 관련성
④ 장소적 관련성

13 목표의 추구 정도와 관련하여 의사결정이론에 의해 제시되는 2가지 가능성에서 완전 합리성을 기반으로 하는 것은?

① 극대화 원리
② 만족화 원리
③ 명확화 원리
④ 규범화 원리

14 매니지먼트에 대해 다음과 같은 주장을 한 학자는?

> 매니지먼트는 기능이며, 이는 기업 조직의 목적을 달성시키기 위해 타인의 활동을 계획 및 조직하고 통제하는 것이다.

① 테리(G. R. Terry)
② 데이비스(R. C. Davis)
③ 브레크(E. F. L. Brech)
④ 쿤츠와 오도넬(H. Koontz & C. O'Donnell)

15 경영계획의 필요성에 대한 설명으로 옳지 않은 것은?

① 통제에 있어서 필수 불가결하다.
② 미래의 확실성에 대비하기 위해 필요하다.
③ 경영자가 경영목표에 주의 및 관심을 집중하도록 한다.
④ 비생산적이거나 비경제적인 노력을 배제함으로써 경제성 및 효율성을 높일 수 있다.

16 스타이너(G. A. Steiner)가 주장한 전략계획의 특징에 대한 설명으로 옳지 않은 것은?

① 전략계획은 과정이다.
② 전략계획은 하나의 철학이다.
③ 전략계획은 의사결정의 현재성을 다룬다.
④ 총괄적인 전사적 계획은 계획의 구조로 정의되기도 한다.

17 환경의 기회 및 위협 등을 파악하고, 기업 조직의 강점 및 약점을 인지하여 여러 형태의 전략적인 반응을 유도하고자 하는 전략개발의 방법은?

① ETOP 분석
② SWOT 분석
③ 갭 분석
④ 이슈 분석

18 스타이너(Steiner)와 마이너(Miner)의 경영전략의 유형 분류로 옳지 않은 것은?

① 조직계층별 분류
② 물질적·비물질적 자원별 분류
③ 영역에 기초를 둔 분류
④ 생산지향 전략

19 베버(M. Weber)가 주장한 관료제에 대한 설명으로 옳지 않은 것은?

① 직위의 계층적인 배열
② 조직의 규모가 커져감에 따라 발전된 합리적 구조
③ 인격적 관계와 구체적인 규칙시스템
④ 근대적인 합법적 지배 기반

20 다음 중 사이먼(H. A. Simon)이 주장하는 권한의 기능이 아닌 것은?

① 책임이행의 강요
② 활동 간 조정
③ 추상적인 규칙시스템의 확보
④ 의사결정에 있어서 전문성의 확보

21 의사소통의 과정을 순서대로 바르게 나열한 것은?

① 부호화 – 메시지 – 채널 – 해독화 – 의사전달자 – 수신자
② 의사전달자 – 부호화 – 메시지 – 채널 – 해독화 – 수신자
③ 부호화 – 메시지 – 채널 – 해독화 – 수신자 – 의사전달자
④ 의사전달자 – 수신자 – 부호화 – 메시지 – 채널 – 해독화

22 직무기술서에 포함되는 내용으로 적절하지 않은 것은?

① 직무에 대한 명칭
② 감독의 범위와 성격
③ 직무수행에 필요한 근로자들의 인적요건
④ 실제 수행되는 과업 및 사용에 필요한 각종 원재료 및 기계

23 빈칸 ㉠, ㉡에 들어갈 말로 알맞은 것은?

> ㉠ 는 수행되어야 할 과업에 초점을 두며, 직무분석의 결과를 토대로 직무수행과 관련된 과업, 직무 행동을 일정한 양식에 기술한 문서를 의미한다. 이에 비해 ㉡ 는 인적요건에 초점을 두고 직무분석의 결과를 토대로 직무수행에 필요로 하는 작업자들의 적성이나 기능 또는 지식·능력 등을 일정한 양식에 기록한 문서를 의미한다.

	㉠	㉡
①	직무기술서	직무명세서
②	직무명세서	직무기술서
③	직무평가서	직무명세서
④	직무명세서	직무평가서

24 직무평가에 대한 설명으로 옳지 않은 것은?

① 직무평가는 '동일노동 동일임금'을 기본원리로 하는 직무급 제도의 기초가 된다.
② 직무평가의 방법 중 정성적 방법에는 서열법, 점수법, 요소비교법이 있다.
③ 직무평가의 방법 중 서열법(Ranking Method)은 각 직무의 상대적 가치들을 전체적이면서 포괄적으로 파악한 후에, 순위를 정하는 방법이다.
④ 직무평가란 기업 조직에서 각 직무의 숙련·노력·책임·작업조건 등을 분석 및 평가하여 다른 직무와 비교한 직무의 상대적 가치를 정하는 체계적인 방법을 의미한다.

25 인적자원의 개발과 관련하여 기업 조직이 미래 사업에 배치할 인력개발을 목표로 미래 직무에 필요로 하는 기술을 개발하기 위해 개개인의 관심, 적성, 가치관, 활동 및 업무 등을 파악하는 개발과정은?

① 인력개발
② 개인개발
③ 경력개발
④ 조직개발

26 다품종 소량생산에서 부품설계, 작업준비 및 가공 등을 체계적으로 하고 유사한 가공물을 집단으로 가공함으로써 생산효율을 높이는 기법은?

① JIT(Just In Time) 시스템
② 셀 제조 시스템(CMS)
③ 유연생산 시스템(FMS)
④ 컴퓨터통합생산 시스템(CIM)

27 제조전략에 대한 설명으로 옳지 않은 것은?

① 원가, 품질, 신속성 및 신축성 등을 달성하기 위해 수립하는 것이다.
② 제조활동 성과를 높이기 위한 제조전략의 개발은 기업 조직의 경쟁력 향상에 중요한 구성요소이다.
③ 제조전략이 수행될 때 생산성 향상, 품질 향상, 원가절감, 소비자 욕구에 대해 신속하면서도 신축적인 대응 등의 결과를 기대할 수 있다.
④ SA(System Approach), OR(Operation Research), 컴퓨터 과학(Computer Science) 등 현대 과학기술의 발전으로 팽창되었다.

28 세계시장을 석권 중인 제조회사의 특징으로 적절하지 않은 것은?

① 단기간 동안 다량의 새로운 모델을 개발한다.
② 단기속성계획으로 신제품 개발 및 제조가 이루어진다.
③ 하나의 공정 후에 다음 단계로 수행되는 생산설비가 갖춰져 있다.
④ 전략적 요인상 시간은 자본, 생산성, 품질, 나아가 기술혁신과도 비슷한 개념으로 볼 수 있다.

29 생산예측의 방법 중에서 정성적 방법과 거리가 먼 것은?

① 델파이법
② 시장조사법
③ 과거자료유추법
④ 선형회귀분석

30 다음에서 설명하는 마케팅개념의 발전단계로 알맞은 것은?

> 기업경영상 추구하는 이념적 지향성으로서 기업의 중요한 과업이란 표적시장의 욕구, 필요, 가치 등을 확인하고 경쟁기업보다 효과적이며 효율적으로 소비자의 욕구를 충족시키기 위하여 조직이 최적 적응하여야 한다는 지침 또는 행동방향이다.

① 생산개념
② 제품개념
③ 판매개념
④ 마케팅개념

31 마케팅 관리체계에서 목표시장 선정 전략의 3단계로 옳은 것은?

① 시장세분화 – 표적시장 – 포지셔닝
② 목표고객 결정 – 포지셔닝 – 고객세분화
③ 상황분석 – 마케팅믹스 전략의 수립 – 마케팅활동의 조정
④ 상황분석 – 마케팅믹스 전략의 수립 – 마케팅활동의 통제

32 다음에서 설명하는 마케팅 조사의 절차과정으로 알맞은 것은?

> 연구에 대한 구체적인 목적을 공식화하여, 조사를 수행하기 위한 순서와 책임을 구체화시켜야하는 단계로 보통 연구조사의 주체, 대상, 시점, 장소 및 방법 등을 결정한다.

① 보고서 작성
② 마케팅 조사의 설계
③ 자료의 수집과 분석 및 해석
④ 조사문제의 정의와 조사목적의 결정

33 마케팅 환경 중에서 외부환경(거시적 환경)이 아닌 것은?

① 최고경영층 및 각 기능부서
② 인구통계적 환경요소
③ 법적·정치적 환경요소
④ 사회·문화적 환경요소

34 다음 중 기업 마케팅 활동에 도움을 주는 역할을 하는 과업환경이 아닌 것은?

① 소비자
② 중개업자
③ 최고경영층
④ 원료공급자

35 다음에서 설명하고 있는 상황으로 알맞은 것은?

> 주주들의 경우에는 경영자가 자신들의 이익을 위해서라도 최선을 다할 것으로 생각하지만, 경영자의 입장에서는 자신의 이익을 추구하려 하므로 주주와 경영자 사이에 이해상충문제가 발생하게 된다.

① 소유·경영의 분리
② 대리인 문제
③ 자금의 조달 문제
④ 주주 및 채권자 간 대리인 문제

36 사채의 장점에 대한 내용으로 적절하지 않은 것은?

① 일정 기간마다 확정이자소득이 가능한 안전 투자대상이다.
② 투자자의 입장으로서는 유통시장에서 자유롭게 사채의 매매가 가능하다.
③ 비교적 저렴한 자본비용으로 기업지배권의 변동 없이 자금 조달이 가능하다.
④ 주주들로부터 직접금융방식에 의해 대규모의 장기자본을 용이하게 조달할 수 있다.

37 조직에서 정보시스템의 역할과 관련하여 통제의 구성요소에 대한 설명으로 옳지 않은 것은?

① 목표 및 표준이 존재해야 한다.
② 업무에 대한 측정치 또는 관찰치가 존재해야 한다.
③ 문제 발생 시 즉각적으로 이를 수정할 수 있는 해결책이 존재해야 한다.
④ 판단 및 통찰력 등이 불필요하며, 대다수의 경우 의사결정과정이 자동화되어 있는 활동을 의미한다.

38 다음 중 정보시스템의 구성요소가 아닌 것은?

① 기업
② 자료
③ 하드웨어
④ 소프트웨어(프로그램)

39 다음 중 재무제표의 질적 특성이 아닌 것은?

① 신뢰성
② 목적 적합성
③ 이해 가능성
④ 결과 지향성

40 복식부기제도에서 거래를 파악하며 이를 각각의 계정과목별로 분류하는 작업은?

① 수익거래
② 분개
③ 기장
④ 회계상 거래

제3회 적중모의고사 | 경영학개론

독학사 1단계 교양과정

제한시간: 50분 | 시작 ___시 ___분 - 종료 ___시 ___분

정답 및 해설 189p

01. 경영학에 대한 설명으로 옳지 <u>않은</u> 것은?
   ① 경영학은 형식과학과 경험과학 중에서 경험과학에 해당한다.
   ② 경영학은 자연과학과 사회과학 중에서 자연과학에 해당한다.
   ③ 독일의 경영경제학은 기업 조직을 미시적인 수준과 거시적인 수준에서 중간 정도의 수준인 조직체로 파악한다.
   ④ 영국과 미국의 기업경제학은 기업 조직을 자본소유자인 개인 기업가의 연장형태로 파악한다.

02. 세무서, 법원 등을 포함하는 개별경제주체의 형태는?
   ① 기업경영
   ② 재정경영
   ③ 가정경영
   ④ 기타경영

03. 다음 중 포드 시스템과 거리가 <u>먼</u> 것은?
   ① 컨베이어 시스템, 대량생산
   ② 차별성과급 도입
   ③ 인간에게 기계의 보조역할 요구
   ④ 동시관리

04. 다음 중 페이욜이 제시한 관리일반원칙이 <u>아닌</u> 것은?
   ① 명령의 일원화
   ② 지휘의 일원화
   ③ 분권화
   ④ 종업원의 단결심

05. 뢰슬리스버거가 구분한 3가지 측면의 인간행동으로 옳지 <u>않은</u> 것은?
   ① 논리적 행동
   ② 합리적 행동
   ③ 비논리적 행동
   ④ 비합리적 행동

06 내부환경의 분석에 대한 설명으로 적절하지 않은 것은?
① 인적 자원, 물적 자원, 재무 자원에 대한 자세한 분석이 요구된다.
② 구체적인 활동에는 기업 조직의 내부능력 및 역량 등이 필요하며 이러한 능력은 기업 조직의 자원과도 관련되어 있다.
③ 경제적, 정치적, 사회적, 기술적인 측면에 대해 분석을 해야 하며 이것을 기반으로 사업의 기회 및 외형요인, 제약요인들을 분석해야 한다.
④ 기업 조직의 활동영역이 정해지면 구체적인 경영활동을 실행하기 위해 내부환경을 분석해야 한다.

07 다음에서 설명하는 경영환경의 유형으로 알맞은 것은?

> 특정 경영체가 목표설정 및 목표를 달성하기 위한 의사결정을 내리는 데에 직접적으로 영향을 미치는 환경을 의미하는 것으로 각 경영체에 따라 다르게 나타난다.

① 과업환경
② 일반환경
③ 내부환경
④ 국제환경

08 주식회사에 대한 설명으로 옳지 않은 것은?
① 현대 산업사회의 전형적인 기업형태로 자본과 경영을 분리하였다.
② 주주라는 불특정 전문경영자에 의한 운영이 가능하다.
③ 다수인으로부터 거액의 자본조달이 가능하다.
④ 인적 회사의 성격이 가미되어 소규모의 폐쇄적이고 비공개적인 회사이다.

09 완전경쟁시장에 대한 설명으로 옳은 것은?
① 소수의 대기업에 의해 지배되는 성격의 시장
② 어느 한 재화나 서비스의 공급이 하나의 기업에 의해 이루어지는 시장
③ 시장에서 다수의 소비자와 판매자가 특정 제품을 거래함에 있어서 어느 누구도 현재 시장가격에 영향을 미칠 수 없는 시장
④ 재화의 공급자는 다수이나 제품의 다양성에 의해 어느 정도 독점력이 존재하는 시장

10 기업의 국제화 과정 중에서 플랜트 수출입이 이루어지는 단계는?
① 현지 사업 단계
② 현지 진출 단계
③ 상품의 수출입 단계
④ 자본의 수출입 단계

11 거대기업에 대한 사회적 비판의 내용으로 옳지 <u>않은</u> 것은?

① 막강한 경제력 및 정치력을 행사한다.
② 환경 및 생활의 질을 파괴한다.
③ 근로자 및 소비자를 착취하고 인간성을 박탈한다.
④ 사회적 책임을 갖춘 권력엘리트에 의해 지배되지만 자기 보존적이다.

12 빈칸에 공통적으로 들어갈 말로 알맞은 것은?

> 여러 가지 목표의 개념이 규정되면 이를 기반으로 □□□□이(가) 형성되는데 이는 복합적이다. □□□□에 대한 연구는 기업 조직이 동시에 여러 가지의 복수목표를 추구하는 경우에 우선순위를 정하는 데 있어 중요한 의미를 지닌다.

① 경영목표
② 경영이념
③ 목표차원
④ 목표시스템

13 다음 중 수정된 대표적 기업모형과 학자의 연결이 바르지 <u>않은</u> 것은?

① 쿠퍼 - 유동성 모형
② 매리스 - 수익범위 모형
③ 보몰 - 판매수입극대화 모형
④ 윌리엄슨 - 경영자재량극대화 모형

14 다음에서 공통적으로 설명하고 있는 학자는?

> • 관리과정학파의 대표적 학자로서 관리과정을 계획, 조직화, 충원, 지휘 및 통제로 구분하였다.
> • 조직화 및 충원, 지휘 등의 활동 중 주로 사람의 활동과 연관되는 과정 또는 기능 등을 강조한 것이라 할 수 있다.

① 페이욜(H. Fayol)
② 테리(G. R. Terry)
③ 메이요(G. E. Mayo)
④ 쿤츠와 오도넬(H. Koontz & C. O'Donnell)

15 계획의 종류 중에서 최고경영층 또는 전반 관리층 등이 책임을 지는 것은?

① 종합계획
② 단기계획
③ 개별계획
④ 부문계획

16 다음 중 포드의 생산전략과 거리가 <u>먼</u> 것은?

① 제품의 표준화
② 시장지향전략
③ 부품 등의 호환성 제고
④ 확대전략(Expansion Strategy)

17 제품의 다각화 전략 중에서 기업이 자신의 분야에 포함된 분야로 사업영역을 확장하는 것은 무엇인가?

① 수직적 다각화
② 수평적 다각화
③ 집중적 다각화
④ 복합적 다각화

18 마이클 포터의 경쟁전략과 관련하여 가치사슬 모형에서 본원적 활동에 포함되지 않는 것은?

① 물류투입
② 기술개발
③ 제조·생산
④ 영업마케팅

19 경영관리상 중요 문제를 하위자가 상위자에게 상신해서 결재를 받는 것 또는 직능적으로 관련 있는 타 직위에 회의(回議)하는 것은?

① 품의제도
② 의사소통구조
③ 커뮤니케이션
④ 계층구조

20 민츠버그(H. Mintzberg)가 분류한 조직형상의 구성요소 중에서 ㉠에 대한 설명으로 옳은 것은?

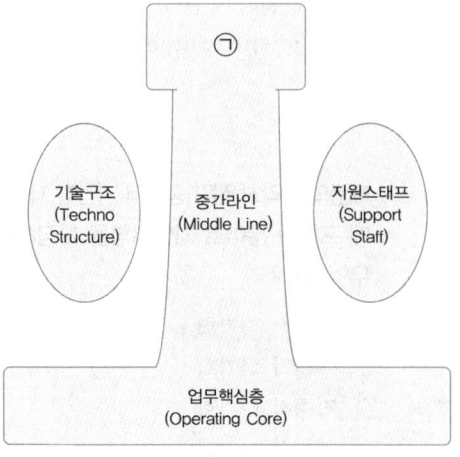

① 제품 및 서비스 생산과 직접 관련된 기본적인 업무를 수행한다.
② 업무의 흐름을 설계하고 수정하며, 종업원들을 훈련시키는 등 전문적인 기술지원을 한다.
③ 기업 조직에 대한 전반적인 책임과 함께 조직의 방향 설정과 전략개발 등을 담당한다.
④ 작업흐름과 분리되어서 작업을 수행하는 다른 부문을 전체적인 차원에서 지원해주는 전문화된 단위로서 그 역할을 수행한다.

21 다음에서 설명하는 조직의 유형으로 알맞은 것은?

> 임시조직 또는 특별조직이라고 할 수 있으며, 평상시에는 조직이 일정한 형태로 움직이다가 특별한 일이나 사건이 발생하면 그것을 담당할 수 있도록 재빨리 조직을 구성하여 업무처리가 이루어지는 형태이다.

① 기계적 관료제(Machine Bureaucracy)
② 전문적 관료제(Professional Bureaucracy)
③ 사업부제(Divisionalized Form)
④ 애드호크라시(Adhocracy)

22 인적자원의 활용과 관련된 개념으로, 다음에서 설명하고 있는 것은?

> 효율적인 경영관리체제를 실현하기 위한 경영관리의 기본 수법으로, 조직의 목표와 개인의 목표를 명확하게 설정하고 조직의 목표달성을 위한 실행전략을 수립하여 구체적으로 추진하는 일련의 과정

① 목표관리
② 성과관리
③ 프로젝트 팀
④ 소집단 활동

23 다음 중 임금관리의 3요소가 아닌 것은?

① 임금수준
② 임금체계
③ 임금형태
④ 임금인상률

24 임금의 결정요소에 대한 설명으로 옳지 않은 것은?

① 생계비 수준은 임금수준의 하한선에서 조정되는 것을 말한다.
② 기업의 지불능력은 임금수준의 하한선에서 조정이 된다.
③ 생계비는 생활수준의 중요한 지표로 임금 산정의 기초자료의 의미가 있다.
④ 사회 일반적 임금수준은 임금수준의 가운데에서 조정이 된다.

25 다음 중 최저임금제의 사회정책적 목적으로 옳은 것은?

① 저임금 의존적 경쟁 지양
② 생산성 향상을 통한 공정한 경쟁의 유도
③ 소득재분배
④ 노동쟁의 예방

26 JIT(Just In Time) 시스템 중에서 푸시 시스템에 대한 설명으로 옳은 것은?

① 고객의 주문 이전에 생산을 개시한다.
② 수요변동에 의한 영향을 감소시킨다.
③ 분권화에 의해 작업관리의 수준을 높인다.
④ 필요한 시기에 필요로 하는 양만큼을 생산해 내는 시스템이다.

27 전통적 제조과정과 비교하였을 때 시간 중심 제조과정의 특징으로 옳지 않은 것은?

① 생산시간 최소화 노력
② 국부적인 일정계획
③ 생산설비가 하나의 공정 후에 다음 단계로 수행
④ 제품 중심으로 각 부문의 움직임을 최소화

28 생산예측의 정량적 방법 중에서 인과적 방법과 거리가 먼 것은?

① 투입산출모형
② 과거자료유추법
③ 계량경제모형
④ 제품수명주기분석법

29 신 시스템 도입 시 고려사항으로 옳지 <u>않은</u> 것은?

① 장기 및 단기계획의 범주를 분류해야 한다.
② 현재 자신의 회사에서 만들어지는 제품 및 서비스에 대해 철저하게 파악해야 한다.
③ 시간 중심 제조전략이므로 프로젝트의 추진에 있어 적정한 H/W 및 S/W의 선택보다는 시스템 분화라는 관점과 조직적 관점을 우선시해야 한다.
④ 자동화 같은 제조기술을 도입하고 운영하는 계획은 하나의 프로젝트이므로 프로젝트 관리상의 도구, 개념 및 절차 등이 필요하다.

30 다음에서 설명하고 있는 과업환경으로 알맞은 것은?

> 기업과 시장 사이에서 제품과 서비스의 흐름을 직접적으로 지원하는 독립된 역할을 수행하는 사람으로 자금의 조달, 수송, 보관을 수행하는 조직으로 분류할 수 있다.

① 생산자
② 소비자
③ 중개업자
④ 원료공급자

31 다음 중 소비자 구매의사결정과정을 순서대로 바르게 나열한 것은?

① 문제의 인식 – 정보의 탐색 – 대안의 평가 – 구매 – 구매 후 행동
② 문제의 인식 – 대안의 평가 – 정보의 탐색 – 구매 – 구매 후 행동
③ 구매 – 구매 후 행동 – 문제의 인식 – 정보의 탐색 – 대안의 평가
④ 구매 – 구매 후 행동 – 정보의 탐색 – 대안의 평가 – 문제의 인식

32 목표시장 선정 전략의 과정에서 표적시장 선정에서 이루어지는 활동으로 옳은 것은?

① 각 표적시장별 마케팅 믹스 개발
② 각 세분시장의 프로파일 개발
③ 시장세분화를 위한 세분화 기준 변수 파악
④ 세분시장 매력도 평가를 위한 측정변수 개발

33 시장세분화의 이점으로 옳지 <u>않은</u> 것은?

① 마케팅 믹스를 정밀하게 조정한다.
② 새로운 마케팅 기회를 효과적으로 포착한다.
③ 각 세분시장의 반응특성에 따라 자원을 효율적으로 할당한다.
④ 모든 소비자들이 원하는 바의 차이를 고려하지 않고 하나의 마케팅 믹스를 제공한다.

34. 다음 사례와 관계 깊은 시장 세분화의 요건으로 알맞은 것은?

> 장애인들은 버튼조작만으로 운전할 수 있는 승용차를 원하고 있지만, 그러한 시장의 규모가 경제성을 보증하지 못한다면 세분시장의 가치가 적은 것이다.

① 측정 가능성(Measurability)
② 유지 가능성(Sustainability)
③ 접근 가능성(Accessibility)
④ 실행 가능성(Actionability)

35. 사채를 다음과 같이 분류할 경우의 기준으로 알맞은 것은?

> 할인사채   쿠폰부사채

① 담보유무
② 이자지급 유무
③ 제3자의 보증유무
④ 상환시기와 방법

36. 다음 중 설명하고 있는 것이 다른 하나는?

① 이미 발행된 증권이 공정한 가격으로 매매되는 시장을 말한다.
② 유가증권의 공정한 가격의 형성, 유휴자금의 산업자금화 등이 가능하다.
③ 새로운 증권 가격결정 시의 지표, 기업 경영평가 기준의 제공 등이 이루어진다.
④ 처음으로 증권이 발행되는 1차 시장으로 투자자들로부터 자금수용자에게로 자금을 이전시킨다.

37. 정보의 특징 중에서 양질의 정보를 취사선택하는 최적의 기준인 것은?

① 관련성(Relevancy)
② 정확성(Accuracy)
③ 완전성(Completion)
④ 경제성(Economical)

38. 다음 중 시스템의 구성요소가 아닌 것은?

① 입력(Input)
② 처리(Process)
③ 출력(Output)
④ 설계(Design)

39. 다음 중 재무제표의 구성요소가 아닌 것은?

① 자산
② 수익
③ 분개
④ 부채

40. 다음 중 유동자산으로 옳은 것은?

① 당좌자산
② 투자자산
③ 유형자산
④ 무형자산

제4회 적중모의고사 | 경영학개론

독학사 1단계 교양과정

제한시간: 50분 | 시작 ___시 ___분 – 종료 ___시 ___분

정답 및 해설 193p

01 경영학의 지도 원리에서 수익성에 대한 설명으로 옳지 <u>않은</u> 것은?

① 투입물에 대한 산출물의 비율을 의미한다.
② 기업이 시장에서 이윤을 획득할 수 있는 잠재적 능력을 나타내는 지표이다.
③ 수익성 = $\frac{이익}{자본}$, 수익률 = $\frac{이익}{자본} \times 100$
④ 수익성 증대를 위해서는 매출액에서 차지하는 이익의 비율이 높아져야 한다.

02 다음 중 실증 경영학에 대한 설명으로 옳은 것은?

① 어떤 경영현상이나 경영정책의 결과가 바람직한지에 대한 문제를 다루는 것이다.
② 사실 그대로 기술하고 분석한 결과로 얻은 일련의 체계적인 지식이다.
③ 여러 경영현상을 비교해서 어느 것이 사회적 견지에서 바람직한지를 평가하며, 이의 판단기준 설정에 관한 이론이다.
④ 마땅히 있어야 할 경영상태가 무엇인가, 어떤 경영현상이 바람직 하느냐에 대한 판단을 내리는 데 필요한 이론이다.

03 빈칸 ㉠, ㉡에 들어갈 말로 알맞은 것은?

> 결과에 대한 지식이 완전하다고 하더라도 평가체제가 변화할 수 있고 평가에 있어서의 정확성과 일관성을 유지할 수 없다. 이처럼 현실적인 의미에서의 합리성은 제한된 합리성에 불과하며, 이러한 제한된 합리성 밖에 달성할 수 없는 현실의 인간을 '㉠'이라 하고, 객관적인 합리성을 달성할 수 있는 '㉡'과 구별하였다.

	㉠	㉡
①	구성원	종업원
②	경제인	관리인
③	관리인	경제인
④	종업원	구성원

04 인간은 결코 만족할 수 없는 욕구를 지니고 있으므로 인간의 행동은 해당 시점에서 만족하지 못한 욕구를 채우는 것을 목표로 하고, 하위 단계의 기본적인 욕구가 충족되면 상위 단계의 욕구를 채우려 한다고 주장한 학자는?

① 맥그리거
② 매슬로우
③ 허츠버그
④ 뢰슬리버거

05 미국의 경영학과 관련하여 학자와 이론이 바르게 연결된 것은?

① 테일러 – 인간관계론
② 뢰슬리스버거 – 조직론
③ 메이요 – 사회체계론
④ 허즈버그 – 2요인이론

06 테일러(F. Taylor)의 과학적 관리론에 대한 설명으로 옳지 <u>않은</u> 것은?

① 시간연구와 동작연구
② 공정한 작업량 설정
③ 작업에 적합하도록 작업자 교육
④ 임금은 일한 시간에 비례하여 책정

07 경영환경을 변화의 정도 및 복잡성의 정도에 따라 분류할 때 환경의 복잡성에 있어서는 단순하고, 환경의 동태성에 있어서는 동태적인 업종에 해당하는 것은?

① 장난감 제조업
② 음료병 제조업
③ 전자산업
④ 석유회사

08 다음과 같은 특징을 갖는 주식회사의 기관으로 알맞은 것은?

- 이사의 업무집행을 감시하는 필요 상설기관이다.
- 주주총회에서 선임되는데 이러한 선임결의는 보통 결의의 방법에 따른다.

① 주주   ② 감사
③ 대표이사   ④ 이사회

09 협동조합에 대한 설명으로 옳지 <u>않은</u> 것은?

① 조합의 영리보다도 각각의 조합원들의 상호부조를 목적으로 한다.
② 출자액에 관계없이 평등하게 1인 1표의 의결권이 부여되는 민주적인 조합이다.
③ 조합은 이용주의에 따라 조합원의 이용과 편익제공을 목적으로 운영된다.
④ 비교적 소수의 사원과 소액의 자본으로 운영되므로 중소기업경영에 적합한 기업의 형태이다.

10 다음 중 기업결합의 형태가 <u>아닌</u> 것은?

① 콘체른   ② 콤비나트
③ 기업합병   ④ 트러스트

11 다음 중 기업윤리를 강화하기 위한 방법으로 옳지 <u>않은</u> 것은?

① 과정의 측정
② 순응 메커니즘의 수립
③ 최고경영자가 윤리경영에 대한 몰입 강조
④ 기업윤리에 대한 강령의 작성 및 발표

12 이윤극대화 비판의 이유에 대한 설명으로 옳지 <u>않은</u> 것은?

① 이윤극대화 가설은 언제나 합리적으로 행동하는 경제인(Economic Man)을 전제로 하고 있다.
② 기업 조직의 제도적·역사적 변화를 무시하고 있다.
③ 이윤극대화 가설은 동태적인 가설이다.
④ 이윤극대화 가설은 장·단기의 구별이 불가능하다.

13 이윤극대화 추구와 관련하여 다음과 같은 주장을 한 학자는?

> 대다수의 기업 조직은 이윤의 추구뿐만 아니라 더불어서 안정성도 추구하게 된다. 하지만 경우에 따라서 이윤의 추구와 안정의 추구가 서로 상충되기도 한다. 다시 말해 이익이 많아지면 안전성이 작아지고, 이익이 적으면 안전성이 커지게 된다는 것이다.

① 딘(J. Deen)
② 보몰(W. Baumol)
③ 쿠퍼(W. Cooper)
④ 윌리엄슨(O. E. Williamson)

14 관리기능과 관련하여 페이욜이 주장한 내용으로 옳지 않은 것은?

① 기업에 있어 매니지먼트의 핵심이 되는 관리기능(과정)을 처음으로 제시하였다.
② 관리가 계획, 조직, 명령, 조정, 통제의 과정으로 이루어지며 매니지먼트 교육의 필요성을 느끼고, 관리론에 대한 이론의 체계화를 추구하였다.
③ 기업 조직에 존재하는 산업활동을 기술적 활동, 상업적 활동, 재무적 활동, 보전적 활동, 회계적 활동, 관리적 활동의 6가지로 구분하였다.
④ 관리과정을 계획, 조직화, 충원, 지휘 및 통제로 구분하였다.

15 다음에서 설명하는 계획의 체계로 알맞은 것은?

> 미래 시점에서 발생하는 활동의 관습적인 처리방법을 설정하는 것이며 이는 업무수행에 있어서 기본이 되는 계획이다.

① 예산(Budget)
② 절차(Procedure)
③ 스케줄(Schedule)
④ 프로그램(Program)

16 메인 시장과는 다른 특성을 지니는 틈새시장을 대상으로 해서 소비자들의 니즈를 원가우위 또는 차별화 전략을 통해 충족시키는 전략은?

① 차별화 전략
② 다각화 전략
③ 집중화 전략
④ 코스트 리더십 전략

17 마이클 포터가 제시한 기업의 경쟁력을 결정하는 5가지 요인에 포함되지 않는 것은?

① 구매자의 교섭력
② 기업 내부자원의 위협
③ 기존 기업들 간의 경쟁
④ 잠재적인 진입자의 위협

18 통상적으로 어떤 제품의 생산에 있어 필요한 제품 1단위당 직접 노동량의 투입량이 누적 생산량의 증가에 따라 일정한 비율로 감소한다는 경험적인 사실을 표현하는 곡선으로 알맞은 것은?

① 학습곡선
② 경험곡선
③ 수요곡선
④ 공급곡선

19 경영조직 구조의 형태에 대한 민츠버그의 분류에서 다음 설명에 해당하는 유형으로 알맞은 것은?

> 기능조직이 점차 대규모화되면서 제품이나 지역, 고객 등을 대상으로 해서 조직을 분할하고 이를 독립채산제로 운영하는 방법이다.

① 단순구조(Simple Structure)
② 기계적 관료제(Machine Bureaucracy)
③ 사업부제(Divisionalized Form)
④ 전문적 관료제(Professional Bureaucracy)

20 다음 중 단일 라인조직의 특징이 아닌 것은?

① 모든 조직의 기본형태이다.
② 감독의 전문화가 이루어진다.
③ 의사결정이 신속하며, 하급자의 훈련이 용이하다.
④ 업무의 과다한 집중으로 인한 비효율성 문제가 있다.

21 다음 그림과 같이 구성된 조직구조의 유형으로 알맞은 것은?

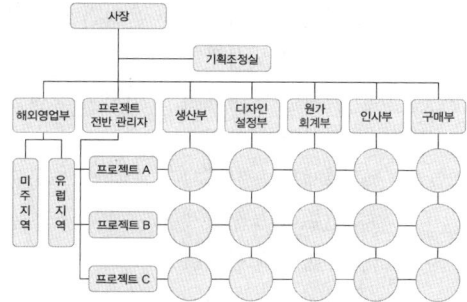

① 매트릭스 조직
② 사업부제 조직
③ 기능별 조직
④ 스태프 라인조직

22 다음 중 임금을 결정하는 요소가 아닌 것은?

① 생계비 수준
② 개인의 만족도
③ 기업의 지불 능력
④ 사회 일반적 임금수준

23 최저임금제에 대한 설명으로 옳지 않은 것은?

① 우리나라 최저임금을 정하는 방식은 임금 심의회 방식을 채택하고 있다.
② 국가가 종업원에 대한 임금액의 최저한도선을 정하고, 사용자에게 그 지급을 법적으로 강제하는 제도이다.
③ 최저임금제의 경제정책적인 목적에는 미숙련·비조직 근로자에 대한 노동력 착취 방지, 소득재분배 등이 있다.
④ 최저임금은 근로자의 생계비, 유사 근로자의 임금, 노동생산성 및 소득분배율을 고려해서 사업의 종류별로 정하도록 되어 있다.

24 노사관계의 발전과정을 순서대로 바르게 나열한 것은?

① 전제적 노사관계 - 온정적 노사관계 - 근대적 노사관계 - 민주적 노사관계
② 근대적 노사관계 - 민주적 노사관계 - 전제적 노사관계 - 온정적 노사관계
③ 전제적 노사관계 - 근대적 노사관계 - 민주적 노사관계 - 온정적 노사관계
④ 근대적 노사관계 - 전제적 노사관계 - 온정적 노사관계 - 민주적 노사관계

25 노동조합의 기능 중에서 집행기능의 내용이 아닌 것은?

① 경제활동 기능
② 참모기능
③ 단체교섭 기능
④ 정치활동 기능

26 생산예측의 방법 중에서 시계열분석 방법과 거리가 먼 것은?

① 이동평균법
② 최소자승법
③ 경기지표법
④ 지수평활법

27 생산능력에 대한 설명으로 옳지 않은 것은?

① 제조품목을 현 제품에 한정시킬 것인지, 제품개발까지도 포함을 시킬 것인지에 관한 문제는 생산방법에 관한 결정문제이다.
② 설비의 보전은 생산 공정의 신뢰성을 결정하는 것을 말한다.
③ 생산시기에 관한 결정은 제품 품목결정에 따른 제조실행에 있어서의 타이밍에 대한 결정이다.
④ 생산능력은 기술적 개념으로 경영학에 도입되어 경영능력의 확정을 위해 주로 비용과의 관계에서 연구되었고 능력개념은 한 기간에 있어 한 생산단위의 급부력을 의미한다.

28 총괄생산계획 중에서 중기계획에 대한 설명으로 옳은 것은?

① 기업의 전략계획, 판매 및 시장계획, 재무계획, 사업계획, 자본·설비투자계획 등이 포함된다.
② 대체로 6~8개월의 기간을 대상으로 해서 분기별 또는 월별로 계획을 작성한다.
③ 대체로 주별로 작성되며, 1일 내지 수주 간의 기간을 대상으로 한다.
④ 통상적으로 1년 이상의 계획기간을 대상으로 매년 작성한다.

29 다음 중 재고의 기능이 아닌 것은?

① 부문 간의 완충
② 생산의 안정화
③ 취급수량의 경제성
④ 재고보유를 통한 생산촉진

30 다음 예시와 관계 깊은 시장세분화의 요건으로 알맞은 것은?

> 전체시장을 소득수준에 따라 세분할 때 같은 세분시장에 속하는 소비자들의 반응행동은 유사하고 다른 세분시장에 속하는 소비자들의 반응행동은 상이해야 한다.

① 측정 가능성(Measurability)
② 유지 가능성(Sustainability)
③ 접근 가능성(Accessibility)
④ 내부적 동질성과 외부적 이질성

31 다음 중 시장세분화 변수의 기준이 <u>다른</u> 하나는?

① 고객의 연령
② 성별
③ 사회계층
④ 가족 수

32 무차별적 마케팅 전략에 대한 내용으로 적절하지 <u>않은</u> 것은?

① 자원이 풍부한 대기업에서 주로 사용한다.
② 규모의 경제, 즉 비용을 줄일 수 있다.
③ 모든 계층의 소비자를 만족시킬 수 없으므로 경쟁사가 틈새시장을 찾기 쉽다.
④ 필요한 정보를 찾기 위해 사용하는 검색 엔진 등이 그 예에 해당한다.

33 다음에서 설명하는 마케팅 전략으로 옳은 것은?

> • 자원이 한정된 중소기업이 사용한다.
> • 해당 시장의 소비자 욕구를 보다 정확히 이해하여 그에 걸맞은 제품과 서비스를 제공함으로써 전문화의 명성을 얻을 수 있다.
> • 생산·판매 및 촉진활동의 전문화로 비용 절감이 가능하다.

① 차별적 마케팅 전략
② 무차별적 마케팅 전략
③ 집중적 마케팅 전략
④ 제품 포지셔닝 전략

34 제품 포지셔닝에 대한 설명으로 옳지 <u>않은</u> 것은?

① 자사제품의 큰 경쟁우위를 찾아내어 이를 선정된 목표시장의 소비자들의 마음속에 자사제품을 자리 잡게 하는 것이다.
② 소비자들에게 경쟁제품과 비교하여 자사제품에 대한 차별화된 이미지를 심어주기 위한 계획적인 전략접근법이다.
③ 각 세분시장에 차별화된 제품과 광고 판촉을 제공하기 위해 비용이 늘어난다는 단점이 있다.
④ 포지셔닝 전략 중에서 '맥심 커피(정서적, 사색적인 고급 이미지를 형성)', '아시아나 항공사(아름다운 사람, 그녀의 이름은 아시아나)' 등은 이미지 포지셔닝과 관련이 깊다.

35 기업공개의 장점으로 적절하지 않은 것은?

① 기업 공신력이 제고되고 독점 및 소유 집중 현상의 개선이 가능하다.
② 노사협조, 생산성의 향상, 경영권 안정 및 종업원들의 이직방지가 이루어진다.
③ 투자자들에게 재산운용수단을 제공하며, 공개기업 종업원의 사기를 진작시킬 수 있다.
④ 공개 후 증권거래소 상장 시에 경영활동 결과를 공시하고 이를 평가받아 경영합리화를 기할 수 있으며, 소유 및 경영의 분리가 가능하다.

36 다음 중 자본자유화를 원활하게 하는 경제적 조치와 관계가 없는 것은?

① 유가증권의 매매
② 국제 간 자본의 대차
③ 기타 채권・채무에 대한 거래
④ 기업 경영평가 기준의 제공

37 다음 중 정보의 특징이 아닌 것은?

① 형태성
② 복잡성
③ 매체의존성
④ 결과지향성

38 다음 중 시스템의 특징으로 옳지 않은 것은?

① 통제되어야 한다.
② 상승효과를 동반한다.
③ 하나의 전체가 아닌 개개의 요소로 인지되어야 한다.
④ 투입물을 입력받아서 처리과정을 거친 후에 그로 인한 출력물을 밖으로 내보낸다.

39 재무제표와 관련된 내용으로 옳지 않은 것은?

① 자본변동표 : 자본의 크기와 그 변동에 관한 정보를 제공하는 재무보고서
② 현금흐름표 : 한 회계기간 중의 현금의 유입과 유출에 관한 정보를 제공하는 재무보고서
③ 손익계산서 : 일정 기간의 기업의 경영성과를 나타내는 동태보고서
④ 이익잉여금 처분계산서 : 일정 시점에 있어서 기업의 재무상태를 나타내는 정태보고서

40 비유동자산 중에서 무형자산에 속하는 것은?

① 장기대여금
② 산업재산권
③ 차량운반구
④ 투자부동산

제5회 적중모의고사 | 경영학개론

독학사 1단계 교양과정

제한시간: 50분 | 시작 ___시 ___분 – 종료 ___시 ___분

정답 및 해설 198p

01 경영학의 지도 원리 중 생산성에 대한 설명으로 옳지 <u>않은</u> 것은?

① 가치 생산성은 산출물의 시장가치를 활용하는 경우로서 다품종의 제품 생산 시에 적용한다.
② 물적 생산성은 산출물의 수량을 활용하는 경우로서 노동의 기능 및 강도 등을 반영하는 지표이다.
③ 생산성은 비영리 경제주체에서도 적용이 가능하지만 계량화가 가능한 활동 또는 성과에만 적용된다.
④ 버나드가 주장한 내용으로 기업의 사회적 책임과 연결되고 영리조직 및 비영리조직에도 적용이 가능하다는 이점이 있다.

02 규범 경영학에 대한 설명으로 옳은 것은?

① 사실 그대로 기술하고 분석한 결과로 얻은 일련의 체계적인 지식이다.
② 현실사회에 존재하는 경영원리의 해명을 목적으로 하는 실증이론에 해당한다.
③ 어떤 경영현상이나 경영정책의 결과가 바람직한지에 대한 문제를 다루는 것이다.
④ 특정의 윤리적, 규범적 판단과는 상관없이 경영현상에서 발생되는 어떠한 변화가 가져오는 결과를 정확히 예측하려고 할 때 필요한 일반적인 원리를 도출하려는 것이다.

03 호손(Hawthorne) 실험의 주요 결론에 관한 설명으로 옳지 <u>않은</u> 것은?

① 노동환경과 생산성 사이에 반드시 비례관계가 존재하는 것은 아니다.
② 심리적 요인에 의해서 생산성이 좌우될 수 있다.
③ 작업자의 생산성은 임금, 작업 시간, 노동환경의 함수이다.
④ 비공식조직이 자연적으로 발생하여 공식조직에 영향을 미칠 수 있다.

04 다음 중 사이어트와 마치의 이론에서 3가지 하위이론에 속하지 <u>않는</u> 것은?

① 조직목표이론
② 조직행동이론
③ 조직기대이론
④ 조직선택이론

05 다음 중 폐쇄-합리적 조직이론의 대표적 학자가 아닌 사람은?

① 베버(Weber)
② 페이욜(Fayol)
③ 테일러(Talor)
④ 뢰슬리스버거(Roethlisberger)

06 독일의 경영학사에 대한 설명으로 옳지 않은 것은?

① 상업학의 최초 문헌은 프랑스 출신의 사바리(J. Savary)의 「완전한 상인」이다.
② 사바리의 상업은 이론적인 측면이 강한 것에 반해서 루도비치의 경우에는 이론적인 측면에 실천적인 측면을 가미하였다.
③ 곰베르크(L. Gomberg)의 '상업경영학과 개별경제학' 논문은 독일 경영학의 개화에 있어 중요한 역할을 하였다.
④ 1675년을 경영학사에 있어 기점이자 경영학 자체의 기원으로 보며 1675년 이전의 경영학 역사를 '경영학 전사'로 본다.

07 기업 조직의 자원 중에서 물적 자원에 속하는 것은?

① 관리인력
② 전문인력
③ 자금조달능력
④ 원자재의 확보

08 다음에서 설명하는 기업결합의 유형으로 알맞은 것은?

> 생산 공정이나 판매과정 등에서 상호 관련이 없는 다양한 이종 기업을 합병 또는 매수해서 거대한 하나의 기업체를 형성하는 것

① 카르텔(Cartel)
② 트러스트(Trust)
③ 컨글로머릿(Conglomerate)
④ 신디케이트(Syndicate)

09 다음 중 다국적 기업의 특징이 아닌 것은?

① 국제협력체제의 실행
② 산업정책의 효과 증대
③ 기업소유권의 다국적성
④ 경영활동의 세계지향성

10 다음과 같은 공기업의 정책들과 관계 깊은 것은?

> 전화・전신・우편・전기・철도・수도・가스 또는 항만・도로

① 재정사업
② 경제정책
③ 사회정책
④ 공공정책

11 다음 중 기업의 사회적 책임과 관련하여 데이비스의 긍정론의 주요 논거가 <u>아닌</u> 것은?

① 사회문화규범
② 이윤극대화
③ 보다 좋은 기업환경
④ 정부에 의한 규제의 회피

12 이익이론 및 이익개념의 내용에 대한 설명으로 옳지 <u>않은</u> 것은?

① 이익이론은 실제로 이익이 어떤 구성요소에 의해 파악되며 해당 내용은 어떻게 달라질 수 있는지에 대한 연구이다.
② 이익이론은 이익이 무엇에 근거해서 누구에게 귀속이 되며 어떤 원인에 의해 발생하는지에 대한 이론적인 설명이다.
③ 이익개념에 대한 여러 견해 중 상법상 이익은 회계학상의 이익개념과 동일하게 기간손익을 전제로 한 법인세의 과세가능 순손익을 의미한다.
④ 회사기업에서 회계절차상의 이익범위는 회계기간 동안에 실현된 총체적 이익에서 제세공과금·제경비, 차입금(타인자본) 이자 등이 공제되고 유보이익과 배당이익을 결정하게 된다.

13 다음 중 의사결정의 주요요소가 <u>아닌</u> 것은?

① 환경
② 대상
③ 의사담당자
④ 정보활동

14 다음에서 설명하는 쿤츠의 경영계획의 원칙은?

> 계획은 기업 조직 내 어느 특정한 계층에서만 수행되는 활동이 아닌 전 계층에서 수행되어야 하는 관리활동이다.

① 보편성의 원칙
② 효율성의 원칙
③ 계획우선의 원칙
④ 합목적성(합리성)의 원칙

15 다음과 관계 깊은 표준의 종류로 가장 알맞은 것은?

> 유동비율, 부채비율, 자본이익률, 재고회전율

① 수익표준
② 자본적 표준
③ 물리적 표준
④ 추상적 표준

16 다음 중 PIMS 모형이 제시하는 전략에 포함되지 <u>않는</u> 것은?

① 구축전략
② 유지전략
③ 철수전략
④ 경쟁전략

17 성장-점유 매트릭스에 대한 설명으로 옳지 않은 것은?

① 최초의 표준화된 포트폴리오 모형이다.
② 시장점유율과 투자수익률의 정(+)의 관계를 실제적으로 검증한다.
③ 세로축을 시장성장률로 두고, 가로축을 상대적 시장점유율로 두어 2×2 매트릭스를 형성한다.
④ 수익의 주요지표로서 현금흐름에 초점을 두고, 상대적 시장점유율과 시장성장률이라는 2가지 변수를 고려하여 사업 포트폴리오를 구성한다.

18 전략경영의 특징에 대한 설명으로 옳지 않은 것은?

① 실행 및 통제의 문제를 포함한다.
② 조직시스템 및 조직변화와 관련되어 있다.
③ 기업 조직 내외의 사회적·정치적 요소에도 주목한다.
④ 전략 결정 시 기술적·경제적·정보적 측면에 집중한다.

19 라인 조직(기능별 조직)과 비교하였을 때 사업부제 조직의 장점으로 가장 적절한 것은?

① 전문화에 의한 지식경험의 축적 및 규모의 경제성을 이룰 수 있다.
② 제품별 명확한 업적평가가 가능하고 자원의 배분 및 통제가 용이하다.
③ 인원·신제품·신시장의 추가 및 삭감이 신속하고 신축적이다.
④ 자원(사람 및 설비)의 공통 이용이 가능하다.

20 다음과 같은 특징을 가진 조직은?

- 통상적으로 추진한 사업이 종료되면 해산하지만 문제가 반복성을 띠게 되면 계속 존속하게 되는 특징이 있다.
- 신축성 및 균형적 의사결정권을 동시에 부여하여 경영을 동태화시키는 순기능이 있다.
- 조직의 복잡성이 증대된다는 역기능을 가지고 있다.

① 사업부제 조직
② 전문적 관료제
③ 스태프 라인조직
④ 매트릭스 조직

21 조직문화에 대한 학자들의 정의가 바르게 연결되지 않은 것은?

① 오라일리(O'Reilly) : 강력하고 공유된 핵심가치
② 베이트(Bate) : 조직자극에 대해 합의된 지각
③ 딜과 케네디(Deal & Kennedy) : 현재 활용되고 있는 행동양식
④ 페티그루(Pettigrew) : 조직구성원에게 조직의 가치 및 신념 등을 전달하는 의식, 상징 등의 집합

22 임금관리의 3요소 중에서 임금체계의 핵심사항인 것은?

① 적정성
② 공정성
③ 합리성
④ 효율성

23 다음 중 노사관계 관리의 기본목표와 관계가 없는 것은?

① 노사관계의 안정
② 경영의 잠재적 수익능력의 개발
③ 공정한 성과배분의 실현
④ 노사관계의 산업평화적 이념의 정립

24 노동조합의 조직형태 중에서 해당 직종 또는 직능에 대한 차이 및 숙련의 정도를 무시하고 조직하는 노동조합으로 개별기업을 존립의 기반으로 삼고 있는 것은?

① 직업별 노동조합(Craft Union)
② 산업별 노동조합(Industrial Union)
③ 일반 노동조합(General Labor Union)
④ 기업별 노동조합(Company Labor Union)

25 오픈 숍(Open Shop) 제도에 대한 설명으로 옳지 않은 것은?

① 노동조합에 대한 가입 및 탈퇴에 대한 부분은 종업원들의 각자 자유에 맡긴다.
② 사용자는 비조합원들도 자유롭게 채용할 수 있기 때문에 조합원들의 사용자에 대한 교섭권은 약화된다.
③ 노동의 공급 등의 통제가 가능하기 때문에 노동가격(임금)을 상승시킬 수 있다.
④ 종업원의 노동조합에 대한 가입·비가입 등은 채용이나 해고 조건에 전혀 영향력을 끼치지 못하는 것이라 할 수 있다.

26 다음에서 설명하고 있는 생산 시스템으로 알맞은 것은?

특정 작업계획으로 여러 부품들을 생산하기 위해 컴퓨터에 의해 제어 및 조절되며 자재취급시스템에 의해 연결되는 작업장들의 조합이다.

① 풀 시스템
② 푸시 시스템
③ 셀 제조 시스템(CMS)
④ 유연생산 시스템(FMS)

27 최적생산기법에 대한 내용으로 적절하지 않은 것은?

① 효율의 증가
② 재고의 감소
③ 다품종 소량생산
④ 병목자원의 관리(Bottleneck Resources)

28 다음에서 설명하는 총괄생산계획의 비용요소로 가장 알맞은 것은?

자본이 재고에 묶임으로 인해 상대적으로 취득할 수 있는 기회이익의 손실을 의미한다.

① 기본생산비
② 재고유지비
③ 기회손실비
④ 감가상각비

29 다음 중 종합적 품질경영(TQM : Total Quality Management)에서 강조되지 않는 것은?

① 지속적인 개선
② 품질관리 기법에 대한 종업원 훈련
③ 조직문화 개선
④ 과학적 분업의 강화

※ 다음 그림을 참고하여 물음에 답하시오. (32~34)

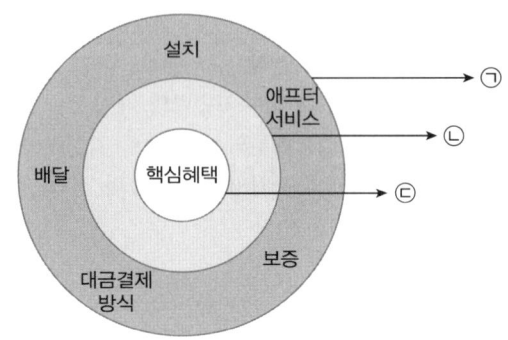

30 다음의 예시와 관계 깊은 포지셔닝 전략유형으로 알맞은 것은?

- 게토레이 : 일반음료와는 달리 운동 후 마시는 음료라는 상황을 강조
- 오뚜기 3분 요리 : 시간이 없어서 급하게 요리를 해야 할 때 등의 상황을 강조

① 이미지 포지셔닝
② 제품속성에 의한 포지셔닝
③ 경쟁제품에 의한 포지셔닝
④ 사용상황에 의한 포지셔닝

32 ㉠~㉢ 중에서 다음의 예시와 관계 깊은 것은?

화장품의 본질적 차원은 아름다워지려는 욕구충족 또는 아름다움에 대한 문제 해결의 기능이고, 자동차의 핵심 기능은 목적지까지 운전자를 이동시켜 주는 역할이라고 할 수 있다.

① ㉠
② ㉡
③ ㉢
④ ㉠, ㉡, ㉢

31 다음 중 제품사용자에 의한 포지셔닝과 관계 깊은 것은?

① 스웨덴의 Volvo : 안정성
② 하나로 : 샴푸와 린스를 따로 쓰지 않는 겸용샴푸
③ Olympus의 디지털카메라 : 생활방수기능
④ 아시아나 항공사 : 아름다운 사람, 그녀의 이름은 아시아나

33 ㉡에 속하는 속성으로 거리가 먼 것은?

① 포장
② 상표
③ 배달
④ 스타일

34 ㉠에 대한 설명으로 옳지 않은 것은?

① 실제 제품에 추가되는 혜택을 포함하는 제품이다.
② 유형제품을 확장한 개념으로 사후 서비스, 배당 등이 포함된 형태의 제품이다.
③ 제품은 단순한 유형적 특성의 결합이 아니고 소비자들의 욕구를 충족시켜 줄 수 있는 서비스 등의 부가적 요소를 보는 입장이다.
④ 소비자에게 자동차는 연비, 엔진성능, 브레이크, 정숙성, 디자인 등으로 말할 수 있다.

35 MM의 자본구조이론의 3가지 명제를 〈보기〉에서 모두 고른 것은?

〈보기〉
ㄱ. 기업 가치는 자본구조와는 무관하다.
ㄴ. 다양하면서도 장기적인 직접 금융에 의한 자금조달이 가능하다.
ㄷ. 투자안 평가는 자본조달과는 관련이 없으며, 가중평균자본비용에 의한다.
ㄹ. 부채의 증가에 의해 재무위험이 증가하며, 재무위험의 증가는 기업 주인인 주주들이 부담하게 되므로 자기자본비용의 상승을 초래하게 된다.

① ㄱ, ㄴ, ㄷ
② ㄱ, ㄴ, ㄹ
③ ㄱ, ㄷ, ㄹ
④ ㄴ, ㄷ, ㄹ

36 국내 기업 재무구조의 약화 원인 중에서 거시경제 요인에 속하는 것은?

① 성장위주의 경제정책
② 이자비용의 손비인정
③ 자산재평가세
④ 이자소득의 분리과세

37 정보시스템을 이용한 경영의 특징으로 옳은 것을 〈보기〉에서 모두 고른 것은?

〈보기〉
ㄱ. 효율성 향상
ㄴ. 생산성 증대
ㄷ. 기업과 고객 간의 친밀도 강화
ㄹ. 합리적인 가격으로 경쟁력 강화
ㅁ. 의사결정능력의 향상

① ㄱ, ㄴ, ㄷ, ㄹ
② ㄱ, ㄷ, ㄹ, ㅁ
③ ㄴ, ㄷ, ㄹ, ㅁ
④ ㄱ, ㄴ, ㄷ, ㄹ, ㅁ

38 다음 중 반구조적 또는 비구조적 의사결정을 지원하기 위해 의사결정자가 데이터와 모델을 활용할 수 있게 해 주는 대화식 시스템은?

① 경영정보시스템
② 사무자동화시스템
③ 의사결정지원시스템
④ 최고경영자 정보시스템

39 다음 중 재고자산이 <u>아닌</u> 유동자산은?

① 저장품
② 재공품
③ 반제품
④ 선급금

40 다음 중 비유동부채에 속하는 것은?

① 매입채무
② 미지급금
③ 단기차입금
④ 장기금융부채

제6회 적중모의고사 | 경영학개론

독학사 1단계 교양과정

제한시간: 50분 | 시작 ___시 ___분 – 종료 ___시 ___분

▣ 정답 및 해설 203p

01 다음에서 설명하는 경영학의 연구 방법으로 알맞은 것은?

> 각 사례를 관찰하여 이러한 사례들이 포함되는 일반적인 명제를 확립시키기 위한 추리, 즉 특수하거나 개별적인 사실로부터 일반적인 결론을 이끌어 내는 추론 방법

① 귀납법
② 연역법
③ 통계적 방법
④ 실험적 방법

02 경영학의 연구 방법 중에서 다음 사례들과 관계 깊은 것은?

> • 호손실험
> • 테일러 시스템

① 통계적 방법
② 실험적 방법
③ 사례적 방법
④ 모형적 방법

03 인간관계론에 대한 설명으로 옳지 않은 것은?

① 비용의 논리를 추구한다.
② 비공식조직을 강조한다.
③ 사회적 인간관과 연관이 있다.
④ 만족이 생산성 향상을 가져온다고 생각한다.

04 경영학 이론의 통합화와 관련하여 폐쇄-사회적 조직이론의 대표적인 학자는?

① 챈들러
② 메이요
③ 우드워드
④ 페이욜

05 다음 중 포드가 주장한 3S에 속하지 않는 것은?

① 조직의 기능화
② 작업의 전문화
③ 부품의 표준화
④ 제품의 단순화

적중모의고사 제6회 **137**

06 다음에서 설명하는 페이욜의 관리 일반 원칙은?

> 페이욜은 이것을 최상위로부터 최하위에 이르기까지의 '상급자의 사슬'로 보았다. 불필요하게 이 사슬로부터 이탈해서도 안 되겠지만, 이를 엄격하게 따르는 것이 오히려 해로울 때는 단축시킬 필요가 있다고 보았다.

① 지휘의 일원화
② 명령의 일원화
③ 권한과 책임
④ 계층의 연쇄

07 국제 기업 환경문제가 중요한 이유에 대한 설명으로 옳지 않은 것은?

① 진출하려는 국가마다 정치적, 경제적, 법률적, 사회·문화적 체제 및 제도 등은 통상적으로 비슷하다.
② 외국시장의 여러 환경 요소들은 국내에서보다 경직적이며 일방적이다.
③ 언어 등과 같은 제반 문화적 환경요인은 불가피한 요인으로 작용한다.
④ 각 국가마다 자국의 이익을 우선시하고, 외국기업에 대한 강력한 통제 및 규제가 많다.

08 다음은 경영제도의 삼층 구조적 위치관계를 보여주는 표이다. ㉠~㉢에 들어갈 말로 알맞은 것을 바르게 나열한 것은?

법률적인 형태 (법률규정)	경제적인 구조 (㉠ 와(과) ㉡)
경영적 구조(의사형성· ㉢)	

	㉠	㉡	㉢
①	지배	경영	지배
②	경영	지배	소유
③	소유	경영	지배
④	소유	경영	소유

09 개인기업의 장점으로 옳지 않은 것은?

① 기업의 단순성
② 해산의 용이성
③ 자본조달능력의 증대
④ 업무집행의 탄력성

10 다음 중 비영리기업에 속하는 것은?

① 익명조합
② 공기업
③ 합명회사
④ 상호보험회사

11 기업의 사회적 책임윤리의 정립에 대한 설명으로 적절하지 않은 것은?

① 기업윤리에서 괴리의 원인은 사회적 경제 질서의 변화에 이념적으로 적응하지 못하기 때문에 발생된다.
② 현대적인 기업경영에 있어서 이념적인 갈등은 사회적 책임주의와 영리주의가 서로 충돌하면서 야기된다.
③ 사회적 책임주의와 영리주의를 완전히 분리해서 생각하는 것이 기업윤리 위기의 극복 방안이다.
④ 현대 기업 조직에서의 주요 과제는 사회적 책임윤리의 정립으로, 이것은 기업윤리의 위기를 극복하는 데 있다.

12 사이먼의 의사결정 과정에서 검토활동에 대한 설명으로 옳은 것은?

① 과거의 선택에 대한 평가
② 특정 대체안의 선정 및 복수 대체안의 평가
③ 가능한 대체적인 활동방안의 개발 분석
④ 결정을 필요로 하는 갖가지 조건에 관련된 환경의 탐색

13 비정형적 의사결정 모형에 대한 설명으로 옳은 것은?

① 의사결정의 계층이 주로 하위층이다.
② 해결안은 문제가 정의된 다음에 창의적으로 결정한다.
③ 의사결정의 수준이 업무적·관리적 의사결정이다.
④ 시장 및 기술이 안정되고, 일상적이며 구조화된 문제해결이 많은 조직에 적용된다.

14 경영계획과 관련하여 계획의 단계를 순서대로 나열한 것이다. 빈칸에 들어갈 내용으로 가장 적절한 것은?

> 문제의 인식 – ☐ – 계획의 전제 수립 – 대안의 모색 및 검토 – 대안의 평가 – 대안의 선택 – 파생계획의 수립 – 예산에 의한 계획의 수량화

① 계획의 설정
② 계획의 기준 설계
③ 목표의 설정
④ 목표의 기준 설계

15 합리적 예산통제를 위한 조건에 대한 설명으로 옳지 않은 것은?

① 예산통제를 위한 조직이 확립되어 있어야 한다.
② 기업의 조직 구성원들은 모두가 예산통제 제도에 대해 충분하게 이해함과 동시에 지원을 해야 한다.
③ 예산통제를 위해서는 예산통제의 방침 또는 절차 등을 명시한 예산통제 관리규정이 정비되어 있어야 한다.
④ 예산통제제도를 지속적으로 내부통제에 활용하기 위해서는 회계연도와 상이하게 설정하는 것이 바람직하다.

16 BCG 매트릭스의 별(Star) 사업부에 대한 설명으로 옳은 것은?

① 제품 수명주기상 성장기에 속하는 사업이다.
② 제품 수명주기상 성숙기에 속하는 사업이다.
③ 시장성장률도 낮고 시장점유율도 낮은 사업부이다.
④ 시장성장률은 높으나 상대적 시장점유율이 낮은 사업이다.

17 호퍼와 센델의 전략경영 형성 단계(7단계)를 순서대로 바르게 나열한 것은?

① 전략의 식별 – 환경의 분석 – 자원의 분석 – 갭의 분석 – 전략적 대체안 – 전략의 평가 – 전략의 선택
② 자원의 분석 – 갭의 분석 – 전략의 식별 – 환경의 분석 – 전략적 대체안 – 전략의 평가 – 전략의 선택
③ 갭의 분석 – 전략적 대체안 – 전략의 식별 – 환경의 분석 – 자원의 분석 – 전략의 평가 – 전략의 선택
④ 전략의 식별 – 환경의 분석 – 자원의 분석 – 전략적 대체안 – 갭의 분석 – 전략의 평가 – 전략의 선택

18 마일스와 스노가 말하는 전략·구조 유형 중에서 분권화된 통제 및 단순한 수평적 정보시스템과 관계 깊은 것은?

① 방어형 전략
② 분석형 전략
③ 공격형 전략
④ 집중화

19 샤인(E. Schein)이 분류한 조직문화의 수준에서 가시적 수준에 대한 설명으로 옳은 것은?

① 옳고 그름이 결정될 수 있는 가치관이다.
② 기본적인 믿음이 표출되어 인식의 수준으로 나타난 것이다.
③ 당연하다고 생각하는 가장 기본적인 믿음으로 의식하지 못하는 상태에서 작용한다.
④ 인간이 창출한 인공물, 기술이나 예술, 행동양식들로 가치관이 표출되어 나타난 것으로 관찰 가능한 것이다.

20 가글리아드의 조직문화 형성과정의 4단계 중에서 2단계에 대한 설명으로 옳은 것은?

① 리더의 기본적인 신념에 의해 이루어진다.
② 전 구성원들에 의해 의문 없이 그러한 가치가 수용되고, 이는 구성원들이 더욱 당연한 가치로 받아들임으로써 더 이상 의식적으로 그것을 인식하려 하지 않는 단계이다.
③ 바람직한 결과가 연속적으로 달성됨으로 인해 조직의 구성원들은 이러한 가치를 당연한 것으로 받아들인다.
④ 기업 조직이 형성되는 단계로, 리더가 지니는 비전이 조직의 목적과 구성원들에게 과업을 분배하는 데 있어 평가 및 준거의 기준으로 활용되는 단계이다.

21 조직문화와 조직설계와 관련하여 숄츠의 조직문화 차원 중에서 내부적 차원에 따른 조직문화(제2유형)와 거리가 먼 것은?

① 생산적 문화
② 관료적 문화
③ 안정적 문화
④ 전문적 문화

22 클로즈드 숍(Closed Shop)에 대한 설명으로 옳지 않은 것은?

① 노동조합의 가입이 채용의 전제조건이 된다.
② 조합원들의 사용자에 대한 교섭권은 약화된다.
③ 조합원의 확보 방법으로는 최상의 강력한 제도라 할 수 있다.
④ 노동조합이 노동의 공급 등을 통제가능하기 때문에 노동가격(임금)을 상승시킬 수 있다.

23 단체교섭에 대한 설명으로 옳지 않은 것은?

① 기업별 교섭과 산업별 통일교섭의 절충형태를 공동교섭이라고 한다.
② 근로자 자신들의 근무조건을 유지 및 향상시키며 구체적인 노조활동의 자유를 사용자로부터 얻어 내기 위한 중요 수단이다.
③ 노사의 대표자가 노동자의 임금, 근로시간 또는 제 조건에 대한 협약의 체결을 위해서 평화적으로 타협점을 찾아가는 절차를 말한다.
④ 노동조합이 사용자 또는 사용자단체와 임금, 근로시간 및 기타 근로조건에 대한 협약체결을 위해서 단결력을 배경으로 교섭하는 것이다.

24 다음 중 우리나라에서 부당노동행위로 규정되어 금지하고 있는 것이 아닌 것은?

① 단체교섭의 거부
② 황견계약의 거부
③ 노동조합의 조직, 가입, 활동 등에 관한 불이익 대우
④ 단체행동에의 참가·기타 노동위원회와의 관계에 있어 행위에 관한 보복적 불이익 대우

25 쟁의행위의 유형 중에서 노동자 측면의 쟁의행위가 아닌 것은?

① 파업
② 준법투쟁
③ 생산관리
④ 직장폐쇄

26 다음 중 유연성을 높이는 공장자동화와 거리가 먼 것은?

① JIT
② CAD/CAM
③ Robotics
④ FMS

27 적시생산 시스템(JIT)에 대한 설명으로 옳지 않은 것은?

① 유럽의 자동차회사에서부터 시작되었다.
② 공간절약을 통해 비용을 절감하고자 하였다.
③ 재고를 최소화하고자 하였다.
④ 이 시스템은 대량의 반복생산체제에 적합하다.

28 재고관리 시스템 중에서 정량발주 시스템에 대한 설명으로 옳지 않은 것은?
① 발주 비용이 저렴하다.
② 단가가 높은 상품에 적용된다.
③ 매회 주문량을 일정하게 하고 다만 소비의 변동에 따라 발주시기를 변동한다.
④ 재고량의 증가가 우려되므로 정기적인 재고량 점검이 필요하다.

29 재고 관련 비용 중에서 다음과 관계 깊은 것은?

- 이익의 기회손실
- 납기지연에 따른 배상
- 기업신용의 피해

① 발주비(Ordering Cost)
② 구매비(Purchase Cost)
③ 품절비(Stock out Cost)
④ 재고유지비(Holding Cost)

30 다음 중 성격이 다른 소비재는?
① 치약 ② 비누
③ 신문 ④ 가구

31 자본재에 대한 설명으로 옳지 않은 것은?
① 설비품이나 보조장비로 구분한다.
② 제품의 일부분을 구성하지는 않는다.
③ 제품의 제작에 필요한 모든 자연생산물을 의미한다.
④ 제품생산을 원활히 하기 위해 투입되는 것을 말한다.

32 제품의 구성요소 중에서 제품의 기능에 포함되지 않는 것은?
① 특징
② 품질
③ 스타일
④ 상표

33 회사 입장에서 상표의 장점으로 옳지 않은 것은?
① 고객에 대한 기업의 이미지가 상승한다.
② 공급업자가 생산하는 제품의 질을 보증하는 역할을 수행한다.
③ 자사만의 제품특성을 법적으로 보호를 받음으로써, 타사가 모방할 수 없게 해 준다.
④ 고객의 자사제품에 대한 신뢰도를 구축하여 꾸준하게 구매가능성이 높은 고객층을 확보하도록 해 준다.

34 포장의 목적 중에서 타사제품과의 차별화를 통해 자사제품 이미지의 상승효과를 기하여 소비자의 구매충동을 일으키는 것은?
① 제품의 보호성
② 제품의 경제성
③ 제품의 편리성
④ 제품의 촉진성

35 기업조직의 재무구조 개선방안으로 옳은 것을 〈보기〉에서 모두 고른 것은?

> **보기**
> ㄱ. 금융의 자율화
> ㄴ. 경영합리화
> ㄷ. 기업 조직의 체질 개선
> ㄹ. 자기자본조달을 우대하는 방법
> ㅁ. 특혜금융 및 정책금융의 신설

① ㄱ, ㄴ, ㄷ, ㄹ
② ㄱ, ㄷ, ㄹ, ㅁ
③ ㄴ, ㄷ, ㄹ, ㅁ
④ ㄱ, ㄴ, ㄷ, ㄹ, ㅁ

36 국내 기업의 재무구조가 약화되는 기업의 내적 요인으로 옳지 않은 것은?

① 무분별한 기업의 확장
② 계열사 간 주식의 상호보유
③ 기업윤리 의식의 강화
④ 기업 조직의 방만한 투자정책

37 다음 중 최고경영자 정보시스템에 대한 설명으로 옳은 것은?

① 의사결정자 및 시스템 간의 대화식의 정보처리가 가능하도록 설계되어야 한다.
② 기업 조직에서 활용하는 효율적인 정보시스템의 개발 및 사용을 의미한다.
③ 기업 조직 내 일상의 업무소통 및 정보처리 업무 등을 지원하는 시스템을 의미한다.
④ 사용자의 입장에서는 알고 싶어 하는 정보에 대한 상세함의 정도에 따라 갖가지 형식으로 그림 또는 표 등의 선택이 가능하다.

38 다음 중 하드웨어의 중앙처리장치(CPU : Central Processing Unit)와 관계 깊은 것은?

① 스캐너
② 주기억장치
③ 마우스
④ 라이트 펜

39 다음 중 회계순환과정을 순서대로 바르게 나열한 것은?

① 결산조정분개와 전기 - 회계상 거래 - 분개 - 전기 - 시산표 - 재무제표의 작성
② 전기 - 시산표 - 결산조정분개와 전기 - 회계상 거래 - 분개 - 재무제표의 작성
③ 회계상 거래 - 분개 - 전기 - 시산표 - 결산조정분개와 전기 - 재무제표의 작성
④ 분개 - 전기 - 시산표 - 결산조정분개와 전기 - 회계상 거래 - 재무제표의 작성

40 자본의 크기 및 자본을 구성하는 전체 항목의 변동 등에 대한 정보를 제공해 주는 재무보고서는 무엇인가?

① 주석
② 현금흐름표
③ 재무상태표
④ 자본변동표

제7회 적중모의고사 | 경영학개론

독학사 1단계 교양과정

제한시간: 50분 | 시작 ___시 ___분 – 종료 ___시 ___분

정답 및 해설 208p

01 경영학의 접근 방법 중에서 쿤츠의 분류에 속하지 않는 것은?

① 운영적 접근 방법
② 시스템 접근 방법
③ 경험적 접근 방법
④ 고전적 접근 방법

02 경영학의 연구 대상에 대한 설명으로 옳지 않은 것은?

① 경영학의 연구 대상은 개별경제주체들의 경제적 활동이다.
② 개별경제는 국민경제에 상응하는 개념으로 국민경제를 구성하는 단위이다.
③ 기업경영은 국가, 지방자치단체의 단위 경제를 의미한다.
④ 기타경영은 기업, 재정, 가정을 제외한 기타의 각 개별경제를 의미한다.

03 경영학 이론의 통합화와 관련하여 개방-합리적 조직이론에 대한 설명으로 옳은 것은?

① 대표적 학자는 번스와 스토커, 챈들러, 우드워드, 로렌스와 로쉬, 톰슨 등이다.
② 오늘날 행동과학 분야 및 인적자원관리 발전을 위한 기틀을 제공하였다.
③ 기업 조직의 목적 및 수단 등을 분류하지 못하는 비합리성을 반영하였다.
④ 외부환경 문제에는 소홀하였고, 지나치게 기업 조직의 인간적·사회적 측면만을 강조하였다는 비판을 받는다.

04 페이욜의 관리일반원칙 중에서 인적·물적 요소의 배치에 핵심이 되는 적재적소 조직원칙과 관계 깊은 것은?

① 규율
② 질서
③ 보수
④ 공정성

05 막스 베버(M. Weber)의 관료제의 특징으로 옳지 않은 것은?

① 안정적이면서 명확한 권한계층
② 문서에 의한 직무집행 및 기록
③ 태도 및 대인관계의 개인성
④ 명확하게 규정된 권한 및 책임의 범위

06 테일러(F. W. Taylor)의 과학적 관리법에 관한 설명으로 옳은 것은?

① 보상은 생산성과 연공(Seniority), 팀워크와 능력에 비례하여 주어져야 한다.
② 직무설계가 전문화, 분권화, 개성화, 자율화되었다.
③ 동작연구, 감정연구, 인간관계연구가 활발히 진행되었다.
④ 능률적 작업과 생산성 향상을 주된 목표로 하였다.

07 국제 기업 환경의 영역에서 성격이 <u>다른</u> 하나는?

① 국제분규의 관할권
② 경제에 대한 정부의 규제
③ 국제상사분규의 중재
④ 갖추어야 할 법률지식

08 다음 중 영리기업에 포함되지 <u>않는</u> 것은?

① 유한회사
② 주식회사
③ 합자회사
④ 협동조합

09 리프만의 기업경제형태론에 대한 설명으로 옳지 <u>않은</u> 것은?

① 출자자로서의 기업위험을 부담하는 기업소유자만이 기업가이고, 주식회사에서는 주주 전체가 기업소유자가 된다.
② 기업이 산업의 발달과 더불어 생업, 가업으로부터 발전되어 왔다고 보았다.
③ 자본집중기능의 전개를 고려해서 기업형태를 개인기업, 인적 집단기업, 혼합적 집단기업, 자본적 집단기업으로 분류하였다.
④ 기업의 소유와 지휘, 운영의 분리가 불완전한 인적 회사와 분리가 이루어져 있는 자본회사로 구분하였다.

10 기업결합의 형태에서 기업 집중화 중 자본적 결합과 관계가 <u>없는</u> 것은?

① 지주지배
② 의결권 신탁
③ 주식의 상호 보유
④ 경영위임

11 기업의 사회적 책임과 관련하여 데이비스에 의한 부정론의 주요 논거 9가지에 포함되는 것을 〈보기〉에서 모두 고른 것은?

보기
ㄱ. 이윤극대화
ㄴ. 주주의 관심
ㄷ. 사회기술의 결여
ㄹ. 공공의 이미지
ㅁ. 국제수지의 악화
ㅂ. 책임과 권력의 균형

① ㄱ, ㄴ, ㄷ
② ㄱ, ㄷ, ㅁ
③ ㄴ, ㄷ, ㄹ
④ ㄷ, ㄹ, ㅁ

12 사이먼의 의사결정 모형 중에서 정형적 의사결정 모형의 특징으로 옳은 것은?

① 업무적·관리적 의사결정이다.
② 비일상적·특수적 상황의 문제를 다룬다.
③ 해결안은 문제가 정의된 다음에 창의적으로 결정된다.
④ 구조화가 되어 있지 않으며, 결정사항이 비일상적이면서 복잡한 조직이다.

13 앤소프의 의사결정 모형 중에서 전략적 의사결정에 대한 설명으로 옳은 것은?

① 각각의 기능 부분 및 제품라인 등에 대한 자원의 분배, 업무의 일정계획화, 통제활동 등을 내용으로 한다.
② 기업자원의 전환과정에 있어 효율을 최대로 하기 위한 의사결정이다.
③ 최대한의 과업능력을 이끌어내기 위해 기업 조직의 자원을 조직화하는 문제에 대한 의사결정이다.
④ 기업 조직의 외부문제와 관련한 것으로, 기업 조직이 생산하고자 하는 제품의 믹스 및 제품을 판매하려는 시장의 선택에 대한 것을 말한다.

14 쿤츠가 주장한 경영계획의 원칙으로 옳지 않은 것은?

① 합목적성의 원칙
② 계획우선의 원칙
③ 특수성의 원칙
④ 효율성의 원칙

15 경영통제를 위한 기법 중에서 손익분기점 분석에 대한 설명으로 옳지 않은 것은?

① 손익분기점은 총생산과 총수입이 일치하는 점이다.
② 손익분기점에서의 수량

$$= \frac{총\ 고정비}{단위당\ 공헌이익}$$

③ 손익분기점에서의 금액

$$= \frac{총\ 고정비}{1 - \frac{단위당\ 변동비}{단위당\ 판매가격}}$$

④ 기업의 매출액 및 이익과의 관계를 분석·검토하는 방법이다.

16 호퍼와 센델의 전략 구성요소에 포함되지 않는 것은?

① 영역
② 시너지
③ 자원전개
④ 성장벡터

17 관리문제 영역의 혁신과 전략계획(앤소프의 5단계 분류)에서 잠재적인 이익을 현실이익으로 전환하는 것과 관련된 것은?

① 경영적 관리
② 경쟁적 관리
③ 사회적 관리
④ 기업가적 관리

18 다음 중 SWOT 분석의 4가지 상황별·요인별 분석에 포함되지 않는 사항은?

① Strength(강점)
② Weakness(약점)
③ Organization(조직)
④ Threats(위협)

19 르윈(Lewin)의 조직변화의 단계에서 해빙 단계에 대한 설명으로 옳은 것은?

① 제안된 변화가 조직의 일상생활의 일부가 된다.
② 조직 구성원들이 옛 태도와 행동을 버리고 새로운 시스템과 이를 위한 새로운 태도와 기능 및 지식 등을 받아들일 준비가 되면 변화를 구체화하는 조치를 취하는 단계이다.
③ 이미 안정화되고 습관화된 기존 조직시스템과 업무관행에서 벗어나 과거의 생각과 태도를 버리고 새로운 것을 받아들이려는 자세를 갖게 되는 단계이다.
④ 변화단계에서 추진된 바람직한 시스템 및 인간 변화를 정착시키고 안정화시키는 과정이다.

20 조직문화 변화의 계기가 되는 요소들 중에서 경영상의 위기에 포함되는 요소가 아닌 것은?

① 갑작스런 경기의 후퇴
② 조직의 최고경영층의 변동
③ 적절하지 못한 전략
④ 회사에 돌이킬 수 없는 커다란 실수의 발생

21 다음은 조직사회화의 단계를 순서대로 나열한 것이다. 빈칸에 들어갈 내용으로 알맞은 것은?

> 적합한 인재 선발(1단계) – 강훈련을 통한 신념 및 가치관의 주입(2단계) – 교육 및 훈련을 통한 핵심기능의 숙지(3단계) – 정확한 업무평가 및 그에 따른 적절한 보상(4단계) – ☐(5단계) – 가치 주입(6단계) – 일관성 있는 역할모델 제시(7단계)

① 조직시스템과 절차 확립
② 모범을 보이고 지도하기
③ 조직 공동가치와의 일체감 형성
④ 새로운 조직문화에 적합한 조직구조 설계

22 유니언 숍(Union Shop)에 대한 설명으로 옳은 것은?

① 조합원들의 사용자에 대한 교섭권은 약화된다.
② 종업원의 노동조합에 대한 가입·비가입 등이 채용이나 해고조건에 전혀 영향력을 끼치지 못하는 것이라 할 수 있다.
③ 조합원의 확보방법으로는 최상의 강력한 제도라 할 수 있다.
④ 일단 채용이 되면 노동자는 노동협약에 따라 반드시 노동조합에 가입해야만 한다.

23 단체교섭 방식에서 해당 산업의 전반에 걸쳐 근로조건을 통일할 수 있는 반면 기업별 특수성을 반영하기 어려운 것은?

① 집단교섭
② 통일교섭
③ 공동교섭
④ 대각선교섭

24 단체협약에 대한 설명으로 옳지 않은 것은?

① 개인근로자와 사용자 간 교섭에서는 기대할 수 없는 근로조건을 확보하는 근로조건 개선기능을 한다.
② 유효기간 중 불필요한 분쟁을 피하고 산업평화를 유지할 수 있는 산업평화의 기능도 한다.
③ 노·사 당사자가 1년의 범위 내에서 정할 수 있다. 만약 유효기간을 정하지 않거나 1년 이상을 초과하는 기간을 정한 경우에는 그 유효기간을 2년으로 한다.
④ 노동자들이 사용자에 대해서 평화적인 교섭 또는 쟁의행위를 거쳐서 쟁취한 유리한 근로조건을 협약이라는 형태로 서면화한 것이다.

25 노조의 쟁의행위를 효과적으로 수행하기 위한 것으로 비조합원들의 사업장 출입을 저지하여 파업에 동조하도록 호소하면서 사용자에게 타격을 주기 위해 활용되는 것은?

① 파업
② 생산관리
③ 불매동맹(Boycott)
④ 피켓팅(Piketting)

26 적시생산 시스템(JIT)의 특성이 아닌 것은?

① 풀 시스템(Pull System)
② 칸반 시스템
③ 공장부하의 균일화
④ 유연한 자원

27 총괄생산계획(Aggregate Production Planning)에 대한 설명으로 옳은 것은?

① 총괄생산계획은 자재소요계획(Material Requirement Planning)을 바탕으로 장기생산계획을 수립하는 과정이다.
② 총괄생산계획에서 평준화 전략(Level Strategy)은 재고수준을 연중 일정하게 유지하고자 하는 전략이다.
③ 총괄생산계획은 제품군에 대한 생산계획으로 추후 개별 제품의 주 일정계획(Master Production Schedule)으로 분해한다.
④ 총괄생산계획에서 추종전략(Chase Strategy)은 고객주문의 변화에 따라 재고수준을 기간별로 정하고자 하는 전략이다.

28 자재소요계획(MRP)에 대한 설명으로 적절하지 않은 것은?

① 독립수요제품의 소요량 산정을 위해 주로 사용된다.
② 계획생산에 입각한 푸시(Push) 방식을 적용한다.
③ 자재명세서(Bill of Materials)를 필요로 한다.
④ MRP 운영에는 전산시스템이 중요하다.

29 공정관리의 기능 중에서 통제기능과 관계 깊은 것은?

① 절차계획
② 진도관리
③ 공수계획
④ 일정계획

※ 다음 그림을 보고 물음에 답하시오. (30 ~ 32)

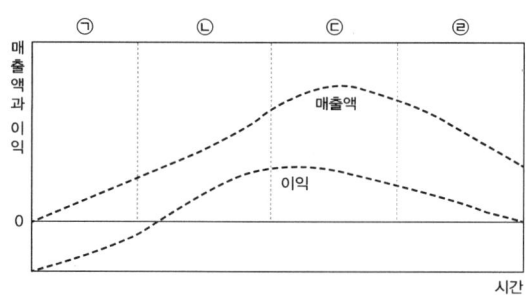

30 ㉠의 특징에 대한 설명으로 옳지 않은 것은?

① 시장 진입 초기이므로 과다한 유통·촉진 비용이 투입된다.
② 제품수정이 이루어지지 않은 기본형 제품이 생산된다.
③ 경쟁자가 없거나 또는 소수에 불과하다.
④ 실질적인 이익이 창출되는 단계이다.

31 ㉠~㉣ 중에서 다음 설명에 해당하는 것은?

> • 경쟁심화를 유발시킨다.
> • 많은 경쟁자들을 이기기 위해서 제품에 대한 마진을 줄이고, 가격을 평균 생산비 수준까지 인하하게 된다.

① ㉠ ② ㉡
③ ㉢ ④ ㉣

32 ㉠~㉣에 들어갈 말을 바르게 나열한 것은?

	㉠	㉡	㉢	㉣
①	도입기	성장기	성숙기	쇠퇴기
②	도입기	성숙기	성장기	쇠퇴기
③	성장기	도입기	성숙기	쇠퇴기
④	성숙기	쇠퇴기	도입기	성장기

33 제품믹스 전략에서 각 제품계열 안에 있는 품목 수가 의미하는 것은?

① 제품계열
② 제품믹스의 폭
③ 제품믹스의 깊이
④ 제품믹스의 길이

34 신제품 개발 과정 중에서 전반적인 자사의 목적에 맞지 않거나 또는 자사의 가용자원으로서 더 이상은 개발할 수 없는 아이디어들이 사라지는 단계인 것은?

① 제품개발
② 아이디어 선별
③ 아이디어 창출
④ 사업성 분석

35 현금흐름에서 현금유입과 거리가 먼 것은?

① 잔존가치
② 경상운영비
③ 제품의 판매로 인한 수익
④ 투자세액공제에 따른 혜택

36 투자안의 경제성 분석에 대한 설명으로 옳지 않은 것은?

① 회계적 이익률법은 연평균순이익을 연평균투자액으로 나눈 것이다.
② 내부수익률은 현금유입 및 유출의 현가를 동일하게 해 주는 할인율이다.
③ 회계적 이익률이 높으면 높을수록 양호하다고 판단한다.
④ 회수기간법은 기업에서 투자액을 회수하는 데 있어 소요되는 기간을 의미하는데 회수기간이 길수록 유리하다고 판단한다.

37 다음 중 하드웨어와 거리가 먼 것은?

① 입력장치
② 출력장치
③ 언어번역기
④ 중앙처리장치

38 다음과 같은 특징이 있는 컴퓨터 유형으로 알맞은 것은?

> 많은 유저들의 요구사항을 한 번에 처리할 수 있어서 특히 대기업이 자료처리의 중심으로 많이 활용하고 있다.

① 슈퍼 컴퓨터
② 메인 프레임
③ 미니 컴퓨터
④ 마이크로 컴퓨터

39 현금주의에 대한 설명으로 옳지 않은 것은?

① 선급비용과 선급수익을 수익과 비용으로 인식한다.
② 상환이자 지급액은 지급시기에 비용으로 인식한다.
③ 단순 예산회계처리로 실무자의 이해가 용이하다.
④ 자산과 부채에 영향을 미치는 사건을 기준으로 거래를 인식한다.

40 다음 중 당좌자산에 포함되는 것은?

① 선급금
② 저작권
③ 유가증권
④ 기업이 소유한 상품

제8회 적중모의고사 | 경영학개론

독학사 1단계 교양과정

제한시간: 50분 | 시작 ___시 ___분 – 종료 ___시 ___분

정답 및 해설 212p

01 경영활동의 경영기능에 대한 설명이 바르게 연결된 것은?

① 회계 – 기업 조직이 목적을 이루기 위해 기업이 자본의 조달 및 운용을 실시하는 것
② 생산관리 – 인적자원의 잠재적인 능력을 최대로 발휘하게 해서 구성원들이 스스로 최대 성과를 달성하도록 하는 것
③ 경영정보시스템 – 경영조직의 의사결정 유효성 향상을 위해 관련 정보 등을 필요에 따라 수집, 전달, 처리, 저장, 활용할 수 있도록 만든 인간과 컴퓨터와의 결합 시스템
④ 재무관리 – 경영의 생산력을 최고로 발휘하기 위한 것으로 공정계획이나 일정 계획에서부터 공장 내 자재가 입고 후 작업이 완료되어 제품으로 반출되기까지의 통제 관리

02 독일 경영학의 체제에 대한 설명으로 옳지 않은 것은?

① 니클리슈는 1907년에 경영학 사상 최초로 경영경제학의 체계화를 시도하였다.
② 경영경제학으로서 경영학총론을 다루는 일반경영경제학과, 경영학각론을 다루는 특수경영경제학으로 분류하였다.
③ 경영경제학의 연구 영역을 인간론, 구조론, 과정론, 상품론, 거래제도론으로 보았다.
④ 실제적으로 기업 조직에서 발생하는 문제 해결을 위해 그에 따른 합리적인 도입과 활용해야 하는가에 대한 실천적이면서 기술적인 문제를 중심으로 발전하였다.

03 우리나라의 경영학 발전 과정에 대한 설명으로 옳지 않은 것은?

① 우리나라의 경영학은 일제 강점기 당시 독일의 경영학이 직수입되었다.
② 광복 후에는 전문학교가 대학교로 승격되면서 각 대학에는 경제학과와 상학과가 공존하였다.
③ 독일식 경영학이 미국식 경영학으로 바뀌기 시작하였으나 전공자의 부족 및 교육 시설 등의 미흡으로 인해 연구가 거의 없었다.
④ 경영학에서 한국적인 특성을 찾기 위한 노력이 최근까지 일부 있었지만, 아직까지는 주로 독일의 경영학을 도입하여 우리나라의 현실을 정확하게 반영하지 못하고 있다.

04 다음 중 테일러의 과학적 관리론과 거리가 먼 것은?

① 연봉제
② 시간연구
③ 동작연구
④ 계획과 작업의 분리

05 사이먼이 현실적으로 합리성이 달성될 수 없는 이유로 제시한 내용이 아닌 것은?

① 객관적인 합리성의 경우 가능한 한 전체 대안의 열거를 요구하지만, 현실적으로는 그 중에서 일부밖에 열거할 수 없기 때문이다.
② 결과에 대한 지식이 완전하다고 하더라도 평가체제는 고정되어 있으므로 평가에 있어서 정확성과 일관성을 유지할 수 있기 때문이다.
③ 어떤 결과에 대한 지식이 완전하더라도 우리는 동시에 그 모두를 완전한 형태로 평가할 수는 없기 때문이다.
④ 객관적인 합리성은 전체 대안의 결과에 대한 완전한 지식을 요구하나, 현실적으로 우리의 지식은 언제나 단편적이고 불완전하기 때문이다.

06 인간관계론에 대한 설명으로 적절하지 않은 것은?

① 작업에 적합한 과학적인 근로자 선발을 중시하였다.
② 조직 내에서 비공식집단과 집단적 관계를 중시하였다.
③ 기업경영 및 인간관리의 민주화와 관련이 있다.
④ 민주적이고 참여적인 관리를 통하여 목표달성을 도모하는 조직이론이다.

07 기업환경의 종류에서 일반 환경에 포함되지 않는 것은?

① 경제적 환경
② 기술적 환경
③ 과업환경
④ 자원환경

08 모리슨의 공기업 경제형태론에 대한 설명으로 옳지 않은 것은?

① 공기업체는 기능적 조직체이고, 이는 전문경영자에 의해 구성되는 경영기관을 지닌다.
② 행정 및 경영의 분리를 주장함으로써 독립채산제를 준수할 것을 주장하였다.
③ 공기업체는 자립적인 조직체로 정당, 행정, 기타 특정 이해집단 등 특정 환경주체의 지배를 받는다.
④ 경영관리 노동 및 작업노동 사이에 분업이 존재하며 개인의 자기자본과 자기노동의 결합형태이다.

09 기업결합의 유형 중에서 동일한 시장 내 여러 기업이 출자해서 공동판매회사를 설립, 이를 일원적으로 판매하는 조직을 의미하는 것은?

① 카르텔
② 신디케이트
③ 트러스트
④ 콤비나트

10 다음에서 설명하고 있는 기업 유형으로 알맞은 것은?

> 통상적으로 2개국 또는 그 이상의 국가에서 직접적으로 기업 활동을 전개하는 모든 기업체라고 정의된다. 또한, 특정 국가의 이익을 초월하여 범세계적인 시야에서 경영활동을 수행하게 된다.

① 합명회사
② 합자회사
③ 합작회사
④ 다국적 기업

11 다음 중 데이비스의 사회적 책임에 대한 찬반론과 관련하여 논거의 성격이 <u>다른</u> 하나는?

① 사회기술의 결여
② 보다 좋은 기업환경
③ 사회문화규범
④ 책임과 권력의 균형

12 사이먼의 의사결정 과정을 순서대로 바르게 나열한 것은?

① 설계활동 – 정보활동 – 선택활동 – 검토활동
② 정보활동 – 설계활동 – 선택활동 – 검토활동
③ 선택활동 – 검토활동 – 정보활동 – 설계활동
④ 검토활동 – 설계활동 – 정보활동 – 선택활동

13 앤소프의 의사결정 모형에서 자원에 대한 조직화, 조달 및 개발과 관계 깊은 것은?

① 전략적 의사결정
② 관리적 의사결정
③ 업무적 의사결정
④ 정형적 의사결정

14 경영계획의 체계 중에서 기업 조직의 제반 계획을 통합하기 위한 중요 수단으로 가장 알맞은 것은?

① 예산
② 절차
③ 스케줄
④ 프로그램

15 경영계획의 원칙에 대한 설명으로 옳지 <u>않은</u> 것은?

① 합목적성의 원칙(Contribution to Purpose and Objectives)은 모든 계획에 있어서의 기본적인 목적은 기업 조직의 목표를 용이하게 달성하도록 공헌하는 데 있다는 것이다.
② 계획우선의 원칙(Primacy of Planning)이란 계획의 목적을 달성하기 위한 활동 코스를 제시하는 것이 모든 관리활동에 우선해야 한다는 것이다.
③ 보편성의 원칙(Pervasiveness of Planning)이란 계획은 기업 조직 내 최고경영층에서만 수행되어야 하는 관리활동이라는 것이다.
④ 효율성의 원칙(Efficiency of Plans)이란 계획은 주어진 비용으로 최대의 산출을 발생시킬 수 있어야 한다는 것이다.

16 제품의 표준화 전략에 대한 설명으로 적절하지 <u>않은</u> 것은?

① 통상적으로 확대전략은 현존 제품의 시장지위를 높이는 전략이다.
② 기존제품을 대신할 신제품 개발을 위해서 제품수명주기를 고려해야 한다.
③ 포드의 생산전략은 제품의 표준화, 부품 등의 호환성 제고, 이를 가능하게 하는 부품의 집중생산 및 컨베이어 시스템을 활용한 흐름작업화 등을 가리킨다.
④ 생산과 시장의 양면에서 기존 것과 다른 분야에 진출하는 것으로 이는 엄격히 말하면 신규제품 출시 및 시장에 진출하는 것 등을 의미한다.

17 마이클 포터의 경쟁전략에서 기업의 경쟁력을 결정하는 5가지 요인에 속하지 <u>않는</u> 것은?

① 잠재적 진입자
② 산업 내 경쟁자
③ 제품의 가격
④ 공급자

18 경영자전략계획의 일환으로 기업 조직의 환경 위험을 분석하여 한정된 자원의 최적배분이 가능하도록 기업의 능력 개발을 위해 고안된 전략을 의미하는 것은?

① 포트폴리오 전략
② 차별화 전략
③ 집중적 전략
④ 원가우위 전략

19 공식조직에 대한 설명으로 옳지 <u>않은</u> 것은?

① 성문화되어 있고 제도적·가시적이며 명시적 규약과 체계화된 업무 수행 방식을 갖춘 조직이다.
② 자연발생적으로 생겨난 조직으로 소집단의 성질을 갖고 있으며 조직 구성원은 밀접한 관계를 형성한다.
③ 구성함에 있어서는 기능(과제)의 분화 및 지위의 형성, 직위에 대한 권한 및 책임의 한계를 명시적으로 규정화하는 것 등이 문제가 된다.
④ 계획적이면서 의도적으로 구성요소 간 합리적 관계패턴을 공식적으로 확립시키기 위해 만든 조직이다.

20. 관료제의 역기능에 대한 설명으로 옳지 <u>않은</u> 것은?

① 규정에 얽매여 목표 및 수단의 전도현상이 발생한다.
② 계층의 구조가 하향식이므로 개인의 창의성 및 참여가 봉쇄된다.
③ 전문화된 단위 사이의 갈등을 유발해서 전체목표 달성을 저해한다.
④ 수직적인 커뮤니케이션을 공식적으로 인정하지 않으므로 공식적 계층을 따르다 보면 시간 및 에너지가 낭비된다.

21. 각 구성원에게 조직의 목적을 효과적으로 전달할 수 있도록 의사소통에서 지켜져야 하는 요소로 버나드가 제시한 것이 <u>아닌</u> 것은?

① 자기적시성
② 관심과 수용의 원칙
③ 신속성
④ 일관성

22. 다음 중 단위노조가 소속된 상부단체가 각 단위노조에 대응하는 개별기업의 사용자와 행하는 교섭방식은?

① 집단교섭
② 통일교섭
③ 기업별 교섭
④ 대각선 교섭

23. 쟁의행위의 유형 중에서 태업에서 더 나아가 능동적으로 생산 및 사무를 방해하거나 원자재 또는 생산시설 등을 파괴하는 행위를 의미하는 것은?

① 사보타지(Sabotage)
② 불매동맹(Boycott)
③ 피켓팅(Piketting)
④ 직장폐쇄(Lock Out)

24. 노동쟁의의 조정과 관련하여 중재에 대한 설명으로 옳은 것은?

① 중재재정의 내용은 단체협약과 동일한 효력을 지닌다.
② 노동위원회에서 구성한 조정위원 3인으로 구성된 조정위원회에서 맡는다.
③ 관계 당사자의 의견을 들어 조정안을 만들어 노사의 수락을 권고하는 형태이다.
④ 쟁의행위가 국민경제 및 국민의 일상생활을 위태롭게 할 경우 당사자에게 의견을 묻지 않고 고용노동부장관의 직권으로 결정하는 것이다.

25. 다음 중 경영참가제도의 종류가 <u>아닌</u> 것은?

① 자본참가
② 이익참가
③ 성과배분제도
④ 경영의사결정참가

26 다음에서 설명하는 것은?

> 일정 품질 및 수량의 제품을 적시에 생산 가능하도록 인적 노력 및 기계설비 등의 생산자원을 합리적으로 활용할 것을 목적으로 공장 생산 활동을 전체적으로 통제하는 것을 말한다.

① 자재관리
② 공정관리
③ 품질관리
④ 재고관리

27 자재소요계획(MRP)의 전제조건으로 옳지 않은 것은?

① 전체 재고품목들을 확인·구별할 수 있어야 한다.
② 재고기록서에 기록된 자료들은 정확성 및 유용성이 높아야 한다.
③ 원자재, 가공조립품, 구입품 등을 표시할 수 있는 재고기록서가 준비되어야 한다.
④ 어떠한 제품이 언제, 얼마만큼 필요한지를 나타내는 정확한 생산종합계획이 수립되어야 한다.

28 품질관리의 개념 및 특성에 대한 설명으로 옳지 않은 것은?

① '예방의 원칙'을 기반으로 하며 객관적인 판단을 위해 통계적 고찰 또는 방법 등의 과학적인 수단을 사용하게 되었다.
② 현대적인 품질관리는 전체적으로 품질관리를 추진해야 하는 입장을 취하는데 이런 측면을 강조하는 품질관리를 전사적 품질관리 또는 종합적 품질관리라고 한다.
③ 진행 중인 작업에 대해 첫 작업으로부터 완료되기까지의 진도상태를 관리하는 것을 말한다. 다시 말해, 작업이 계획대로 진행될 수 있도록 조정하는 것이다.
④ 소비자들의 요구에 부흥하는 품질의 제품 및 서비스를 경제적으로 생산 가능하도록 기업 조직 내 여러 부문이 제품에 대한 품질을 유지·개선하는 관리적 활동의 체계를 의미한다.

29 종합적 품질경영(TQM : Total Quality Management)의 원리에 대한 설명으로 옳지 않은 것은?

① 조직 및 업무의 관리보다는 주로 제품과 서비스에 대한 관리에 중점을 둔다.
② 제품품질을 측정하고 자료를 정리한다.
③ 문제발생 시 즉시 발생 근원에서 해결한다.
④ 표준화는 올바른 처리방식을 유지시키고, 동일한 문제의 재발을 방지한다.

30 신제품 개발 과정을 순서대로 바르게 나열한 것은?

> ㉠ 상업화
> ㉡ 사업성 분석
> ㉢ 아이디어 선별(평가)
> ㉣ 시험마케팅
> ㉤ 마케팅 전략개발
> ㉥ 아이디어 창출
> ㉦ 제품개발
> ㉧ 제품개념개발 및 테스트

① ㉠-㉡-㉢-㉣-㉤-㉥-㉦-㉧
② ㉡-㉢-㉣-㉤-㉥-㉦-㉧-㉠
③ ㉣-㉤-㉥-㉦-㉧-㉠-㉢-㉡
④ ㉥-㉢-㉧-㉤-㉡-㉦-㉣-㉠

31 가격의 역할에 대한 설명으로 옳지 <u>않은</u> 것은?

① 경쟁의 도구이다.
② 품질에 대한 정보제공의 기능을 갖는다.
③ 심리적 측면에서 보면 소비자들은 가격을 품질의 지표보다는 전통적인 교환비율로 여긴다.
④ 타 마케팅 믹스 요소 중에서 자사의 이익을 결정하는 유일한 변수 역할을 한다.

32 가격결정에 대한 영향 요인에서 내부요인에 속하는 것은?

① 원가
② 경쟁자
③ 시장과 수요
④ 환경요인

33 다음에 제시된 계산식과 관계 깊은 가격산정 방법은?

$$가격 = 단위원가 + \frac{투자액 \times 목표수익률}{예상판매량}$$

① 원가 가산법
② 목표수익률 가산법
③ 경쟁자 중심 가격결정
④ 소비자 기대수준 가격산정법

34 다음의 공통된 제품믹스 가격전략으로 알맞은 것은?

> • 휴가상품 패키지
> • 패스트푸드점의 세트메뉴
> • 프로야구 시즌티켓 판매

① 이중요율
② 가격계열화
③ 묶음가격
④ 부산품 전략

35 현금흐름 추정 시 고려사항으로 옳지 <u>않은</u> 것은?

① 인플레이션을 반영해야 한다.
② 증분현금흐름을 반영해야 한다.
③ 감가상각 등의 비현금지출비용 등에 각별히 유의해야 한다.
④ 매몰원가, 기회비용 등은 고려사항에 포함시키지 않는다.

36 경제적인 투자안에 대한 내용으로 적절하지 않은 것은?
① 내부수익률은 현금유입 및 유출의 현가를 동일하게 해 주는 할인율이므로 이러한 방식에서는 순현재가치가 0이 되는 할인율을 찾는다.
② 현재가치지수 또는 수익성 지수가 1보다 작게 되면 해당 투자안을 선택하게 된다.
③ 회계적 이익률이 높으면 높을수록 양호하다고 판단한다.
④ 회수기간이 짧으면 짧을수록 유리하다고 판단한다.

37 다음에서 설명하는 시스템 소프트웨어는 무엇인가?

> 고급언어로 쓰인 프로그램을 그와 의미적으로 동등하면서도 컴퓨터에서 즉시 실행이 가능한 형태의 목적 프로그램으로 바꾸어 주는 번역 프로그램

① 컴파일러(Compiler)
② 인터프리터(Interpreter)
③ 운영체제(OS ; Operating System)
④ 유틸리티 프로그램(Utility Program)

38 시스템 개발 단계를 순서대로 바르게 나열한 것은?
① 선택안의 평가 – 설계 – 구현 – 정보요구사항의 결정
② 정보요구사항의 결정 – 선택안의 평가 – 설계 – 구현
③ 설계 – 구현 – 정보요구사항의 결정 – 선택안의 평가
④ 선택안의 평가 – 설계 – 정보요구사항의 결정 – 구현

39 관리회계에 대한 설명으로 옳지 않은 것은?
① 내부정보이용자에게 유용한 정보이다.
② 재무제표 작성을 주목적으로 한다.
③ 경영자에게 당면한 문제를 해결하기 위한 정보를 제공한다.
④ 경영계획이나 통제를 위한 정보를 제공한다.

40 재무상태표에서 비유동자산에 해당하는 계정과목으로 옳은 것은?
① 영업권
② 매입채무
③ 매출채권
④ 현금 및 현금성자산

제9회 적중모의고사 | 경영학개론

독학사 1단계 교양과정

제한시간: 50분 | 시작 ___시 ___분 – 종료 ___시 ___분

정답 및 해설 217p

01 다음 중 버나드가 주장한 조직균형에서 기업 조직의 존속여건이 <u>아닌</u> 것은?

① 공통목적
② 공헌의욕
③ 의사소통
④ 경영능률

02 경영학의 지도 원리에서 생산성에 대한 설명으로 옳지 <u>않은</u> 것은?

① 생산성은 비영리 경제주체에도 적용이 가능하다.
② 생산성은 투입물에 대한 산출물의 비율이다.
③ 생산성은 기준에 상관없이 단일 개념으로 정의된다.
④ 생산성은 기술 향상뿐만 아니라 브랜드 충성도 제고를 포함하는 개념이다.

03 포드의 시스템에 대한 설명으로 적절하지 <u>않은</u> 것은?

① 포드는 1914년 자신이 소유하고 있던 자동차 공장에 컨베이어 시스템(Conveyor System)을 도입하였다.
② 컨베이어 시스템을 도입함으로써 대량생산이 가능하였고 나아가 자동차의 원가를 절감하여 그로 인한 판매가격을 인하시킬 수 있었다.
③ 유동작업을 기반으로 하는 새로운 생산관리 방식을 포드 시스템(Ford System) 또는 동시관리(Management by Synchronization)라고 한다.
④ 기업 조직 안에서 종업원 개개인의 존재는 경제 논리적인 존재가 아니라, 단지 협력체제라는 사회적 인간관의 시각에서만 인정되었으며 이는 종업원의 사회, 심리적인 욕구를 충족시킴으로써 기업의 생산성이 상승될 수 있다는 인식을 갖게 하는 계기가 되었다.

04 호손실험이 경영학적인 사고에 끼친 영향으로 적절하지 않은 것은?

① 인간에 대한 관심을 높이게 되는 계기가 되었다.
② 사람이 조직과의 관계에 있어 자유의사에 기반한 의사결정력을 지니고는 있지만, 그 힘에 있어서는 한계가 존재한다고 보았다.
③ 인간의 감정, 배경, 욕구, 태도, 사회적인 관계 등이 효과적인 경영에 상당히 중요하다는 사실을 인지하게 되었다.
④ 구성원들 상호 간 관계에서 이루어지는 사회적인 관계가 '비공식조직'을 만들고, 이는 공식조직만큼이나 생산성에 영향을 미친다는 사실을 인지하게 되었다.

05 현대 경영학 이론에 대한 설명으로 옳지 않은 것은?

① 과학적 관리법에서는 효율과 합리성을 강조한다.
② 인간관계론에서는 인간의 사회·심리적 요인을 중시한다.
③ 행동과학이론에서는 조직 내 비공식조직의 활용을 중시한다.
④ 상황이론에서는 조직구조가 조직이 처한 상황에 적합해야 한다고 본다.

06 독일 경영학의 발전과 관련하여 3차 논쟁에 대한 설명으로 옳은 것은?

① 1912년 바이어만과 쇠니츠(이론과학을 주장)와 슈말렌바흐(응용과학이자 기술론임을 주장)와의 논쟁이다.
② 리거가 1928년에 『사경제학 입문』에서 경영학은 순수과학이어야 함을 강조한 것이 발단이 되었다.
③ 1952년 구텐베르크(E. Gutenberg)가 쓴 『경영경제학원리(제1권, 생산론)』가 발단이었다.
④ 이론과학적인 조류의 비판과 함께 미국 경영학의 영향력이 커지면서 시작되었다.

07 과업환경 중에서 환경이 복잡하고 동태적인 성격을 갖는 산업으로 알맞은 것은?

① 전자산업
② 병원
③ 대학
④ 유행의류 제조업

08 국제 기업 환경의 영역과 관련하여 정치적 환경에 대한 설명으로 적절하지 않은 것은?

① 자국에 진출한 해외기업에 대해서 차별적 규제를 적용하는 경향이 심화되고 있다.
② 진출대상국 및 진출국 간에 정치적 이념이 다를 수 있으므로 충분한 이해 및 유연성을 바탕으로 서로 간의 실리를 놓치지 않도록 해야 한다.
③ 국가마다 문화적인 기호가 다르므로 진출국에 적합한 감각을 갖춰야 한다.
④ 진출대상국 및 진출국 사이에 국방·외교정책 등에 의해 기업활동이 영향을 받을 수 있으므로 진출대상국과 적대적 관계인 국가들이 어떤 반응을 보일지에 대해 유의해야 한다.

09 자본주의 기업의 성장과정을 순서대로 바르게 나열한 것은?

① 원시공동체 사회 – 사유제로의 이행 – 개인기업의 등장 – 공동출자사업 형태로 발전 – 16세기 초기의 주식회사
② 사유제로의 이행 – 원시공동체 사회 – 개인기업의 등장 – 공동출자사업 형태로 발전 – 16세기 초기의 주식회사
③ 원시공동체 사회 – 개인기업의 등장 – 사유제로의 이행 – 공동출자사업 형태로 발전 – 16세기 초기의 주식회사
④ 사유제로의 이행 – 원시공동체 사회 – 공동출자사업 형태로 발전 – 16세기 초기의 주식회사 – 개인기업의 등장

10 다음 중 개인기업의 장점으로 옳지 않은 것은?

① 비밀유지
② 해산의 어려움
③ 기업의 단순성
④ 업무집행의 탄력성

11 사회적 책임의 긍정론 및 부정론의 공통점에 대한 설명으로 옳은 것은?

① 기업윤리에 있어 괴리의 원인은 사회적 경제 질서의 변화에 이념적으로 적응하지 못하여 발생된다고 본다.
② 기업은 경제활동에 한정하고 그 이상의 과업이나 요청은 정부나 기타의 제도에 맡겨야 한다고 본다.
③ 기업 조직이 적극적이면서 자발적으로 이해관계자들의 요청을 받아들여서 이에 대응하는 것이 기업 자체의 존속 및 성장에 있어서 필요하다고 본다.
④ 자유기업체제의 사회에 있어서 사회적인 문제가 존재하고 있다는 것을 소극적 및 적극적으로 인정하고 있다.

12 이익개념의 여러 견해에 대한 설명으로 옳지 않은 것은?

① 회계학상 이익은 기간 순손익을 의미한다.
② 상법상 이익은 기간 순손익이 아닌 시점 이익으로 회계학적 견해와는 다소 차이가 있다.
③ 세법상 이익은 회계학상의 이익개념과 상이한 것으로 기간손익을 전제로 한 법인세의 과세가능 순손익을 의미한다.
④ 경제학상 이익은 미래지향적인 이윤개념으로 경제학상의 이익개념은 현가계산이 주가 되지만, 기본적으로 그 계산은 상법상 시점의 이익이다.

13 의사결정의 주요 요소에서 의사결정의 주체인 것은?

① 환경
② 대상
③ 경영
④ 의사 담당자

14 경영계획의 개념에 대한 설명으로 옳지 않은 것은?

① 협의의 경영계획 개념에는 목표 및 전략이 모두 포함된다.
② 프로그램경영자가 수행하는 최초의 경영관리 과정이면서 더불어 경영관리의 최종적 과정인 경영통제의 전제조건이 된다.
③ 관리활동의 출발점으로 기업 조직이 지향해야 할 목표를 제시한다.
④ 기업조직의 장래 관리활동코스에 대한 의사결정 및 그 과정이라고 정의된다.

15 경영통제 과정에서 표준의 설정에 대한 설명으로 옳지 않은 것은?

① 고객의 1인당 매출액, 철재 1톤당 수익 등은 표준의 종류 중에서 원가측정에 해당한다.
② 표준은 제품의 양, 작업 시간 및 속도, 서비스의 단위, 불합격품의 수량 등 물리적이면서 양적인 것으로 표현이 될 수도 있고 수입, 비용 또는 투자액과 같이 금전적인 화폐단위로도 표현이 가능하다.
③ 물리적 표준은 비금전적인 측정표준으로 통상적으로 원료에 노동력을 작용시켜 가공함으로써 재화 및 용역을 생산하는 작업장에서 주로 쓰이고 있다.
④ 표준은 기업 조직의 경영목표에 의해 수립되는 일종의 계획에 준하는 경영통제의 기준이라 할 수 있으며, 이는 실제적인 성과의 측정을 위한 기반이 된다.

16. 다음 그래프에 대한 설명으로 옳지 않은 것은?

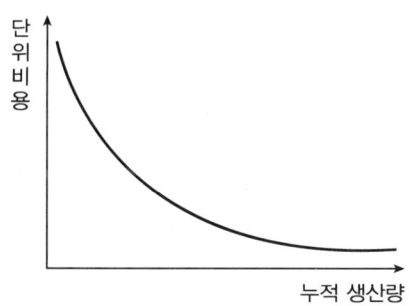

① 비용체감의 법칙이 적용된다.
② 시장점유율과 투자수익률의 정(+)의 관계를 실제적으로 검증한다.
③ 제품의 단위당 실질 코스트는 누적 경험량(누적 생산량 또는 판매량)이 증가함에 따라 단위당 비용이 20~30%의 비율로 저하된다는 것을 말한다.
④ 통상적으로 어떤 제품의 생산에 있어 필요한 제품 1단위당 직접노동량의 투입량이 누적 생산량의 증대에 따라 일정한 비율로 감소한다는 경험적인 사실을 표현하는 곡선이다.

17. 마일스와 스노가 말하는 전략·구조 유형 중에서 극도로 복잡하면서 고비용의 조정메커니즘이 필요한 전략은?

① 집중형 전략
② 분석형 전략
③ 방어형 전략
④ 공격형 전략

18. 경영전략의 유형에서 외형적인 전략출현 중심으로 분류할 때 산업계의 경쟁관계에서 전략적인 요인을 찾는 전략으로 가장 알맞은 것은?

① 산업지향 전략
② 시장지향 전략
③ 생산지향 전략
④ 소비지향 전략

19. 민츠버그가 분류한 조직형상의 구성요소 중에서 업무의 흐름을 설계하고 수정하며, 종업원들을 훈련시키는 등 전문적인 기술지원을 하지만 직접적인 작업을 수행하지는 않는 것은?

① 업무핵심층(Operating Core)
② 전략상층부(Strategic Apex)
③ 중간라인(Middle Line)
④ 기술구조(Technostructure)

20. 경영조직의 구조 중에서 기업규모가 대규모화되면서 점차 기능에 따라 조직을 구성하고 업무핵심층에 대한 정보와 조언, 지원을 담당하는 형태로 알맞은 것은?

① 단순구조
② 기계적 관료제
③ 사업부제
④ 애드호크라시

21 다음 중 매트릭스 조직이 필요한 경우로 보기 어려운 것은?

① 경영체의 인적자원 제약 시
② 경영체의 재무적 자원 제약 시
③ 환경변화에 대한 고도의 정보처리가 확실할 시
④ 2가지 이상의 전략부문에 대한 동시적·혁신적인 목표가 존재할 시

22 성과배분제도의 종류 중에서 일반적 성과배분제도가 아닌 것은?

① 상여금제
② 이윤배분제
③ 종업원지주제도
④ 스캔런플랜

23 노동쟁의의 조정에 대한 설명으로 옳지 않은 것은?

① 노동위원회는 관계 당사자의 일방이 노동쟁의의 조정을 신청한 때에는 지체 없이 조정을 개시하여야 하며 관계 당사자 쌍방은 이에 성실히 임하여야 한다.
② 노동위원회는 조정신청 전이라도 원활한 조정을 위하여 교섭을 주선하는 등 관계 당사자의 자주적인 분쟁 해결을 지원할 수 있다.
③ 조정은 조정의 신청이 있은 날부터 일반사업에 있어서는 20일, 공익사업에 있어서는 30일 이내에 종료하여야 한다.
④ 조정안이 관계 당사자에 의하여 수락된 때에는 조정위원 전원 또는 단독조정인은 조정서를 작성하고 관계 당사자와 함께 서명 또는 날인하여야 하며 조정서의 내용은 단체협약과 동일한 효력을 가진다.

24 빈칸 ㉠~㉢에 들어갈 말로 알맞은 것을 바르게 나열한 것은?

> • ㉠ (이)란 출산, 양육, 실업, 노령, 장애, 질병, 빈곤 및 사망 등의 사회적 위험으로부터 모든 국민을 보호하고 국민 삶의 질을 향상시키는 데 필요한 소득·서비스를 보장하는 사회보험, 공공부조, 사회서비스를 말한다.
> • ㉡ (이)란 국민에게 발생하는 사회적 위험을 보험의 방식으로 대처함으로써 국민의 건강과 소득을 보장하는 제도를 말한다.
> • ㉢ (이)란 국가와 지방자치단체의 책임 하에 생활 유지 능력이 없거나 생활이 어려운 국민의 최저생활을 보장하고 자립을 지원하는 제도를 말한다.

	㉠	㉡	㉢
①	사회보장	사회보험	공공부조
②	사회보험	공공부조	사회보장
③	사회보장	공공부조	사회보험
④	공공부조	사회보장	사회보험

25 생산제품의 판매가치와 인건비와의 관계에서 배분액을 계산하는 집단성과급제인 것은?

① 순응임률제
② 물가연동제
③ 스캔론플랜
④ 럭커플랜

26. 복리후생에 대한 설명으로 옳지 않은 것은?

① 구성원의 직무만족 및 기업공동체의식 제고를 위해서 임금 이외에 추가적으로 제공하는 보상이다.
② 의무와 자율, 관리 복잡성 등의 특성이 있다.
③ 통근차량 지원, 식당 및 탁아소 운영, 체육시설 운영 등의 법정복리후생이 있다.
④ 경제적·사회적·정치적·윤리적 이유가 있다.

27. 다음에서 설명하는 단체교섭 방식으로 옳은 것은?

> 전국에 걸친 산업별 노조 또는 하부 단위노조로부터 교섭권을 위임받은 연합체 노조와 산업별 또는 지역별 사용자단체 간의 단체교섭으로 기업별 특수성을 반영하기 어렵다는 단점이 있다.

① 집단교섭
② 대각선교섭
③ 기업별교섭
④ 통일교섭

28. 공정관리의 기능 중에서 공수계획과 관계 깊은 것은?

① 각 작업의 실시순서
② 경제적 제조 로트의 결정
③ 각 작업에 사용할 기계 및 공구
④ 기계시간(Machine Hour)과 인시(Man Hour)

29. 품질관리의 구체적 목표로 적절하지 않은 것은?

① 미래 공정능력에 따른 제품의 적정품질수준을 검토해서 설계의 지침으로 한다.
② 불량, 오작동의 재발을 방지하도록 한다.
③ 제품시장에 일치시킴으로써 소비자들의 요구를 충족시킨다.
④ 요구품질의 수준과 비교함으로써 공정을 관리한다.

30. 다음과 관계 깊은 심리적 가격결정방법은?

> 옷값이 10,000원이라고 하기보다는 9,900원으로 붙여놓으면, 실제 가격은 100원 차이지만 소비자의 입장에서는 그 이상의 할인된 가격이라는 느낌을 받는다.

① 관습가격(Customary Pricing)
② 단수가격(Odd Pricing)
③ 명성가격(Prestige Pricing)
④ 준거가격(Reference Pricing)

31. 지역에 상관없이 모든 고객에게 운임을 포함한 동일한 가격을 부과하는 가격정책은?

① 구역가격(Zone Pricing)
② FOB가격(Free On Board Pricing)
③ 기점가격(Basing-Point Pricing)
④ 균일운송가격(Uniform Delivered Pricing)

32 가격인하전략 중에서 소비자들을 대상으로 성수기와 비수기의 요금을 차별적으로 정한 것과 관계 깊은 것은?

① 공제
② 수량할인
③ 계절할인
④ 기능할인

33 유통경로의 의의 및 중요성에 대한 설명으로 옳지 않은 것은?

① 마케팅 믹스 4P's 중 하나이다.
② 어떤 제품을 최종 소비자가 쉽게 구입할 수 있도록 해 주는 과정이라 할 수 있다.
③ 제품, 가격, 지불조건 및 구입단위 등을 표준화시켜 상호 간 거래를 용이하게 한다.
④ 다른 믹스요소처럼 탄력성을 지니며 각 국에 따른 유통경로의 보편성으로 인해 중요 전략적 위치를 차지한다.

34 유통경로 전략에서 집약적 유통의 단점으로 옳지 않은 것은?

① 순이익이 낮다.
② 재고 및 주문관리 등의 어려움이 있다.
③ 제한된 유통으로 인해 판매기회가 상실될 수 있다.
④ 중간상 통제에 어려움이 있다.

35 다음 중 자본시장선을 나타낸 그래프로 옳은 것은?

①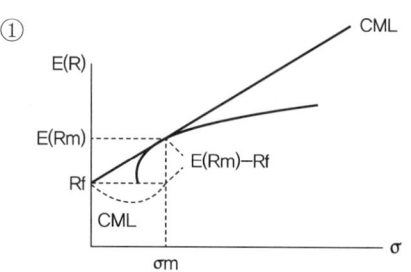

②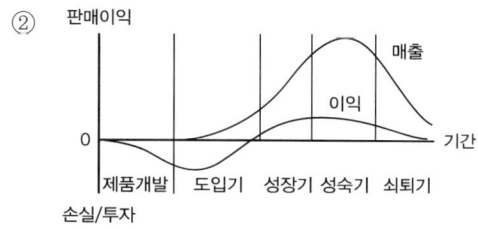

③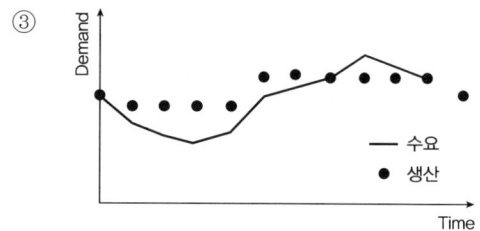

④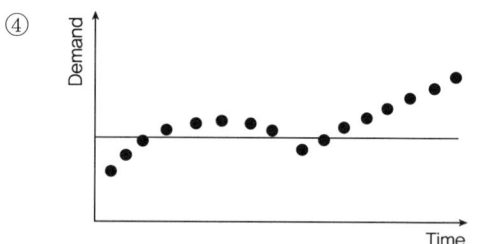

36 옵션에 대한 설명으로 옳지 않은 것은?

① 옵션은 약정한 기간 동안 미리 정해진 가격으로 약정된 상품 및 증권을 사거나 또는 팔 수 있는 권리를 의미한다.
② 콜 옵션(Call Option)이란 특정 증권 또는 상품 등을 팔 수 있는 권리를 의미한다.
③ 옵션을 매입하고 보유한 사람은 옵션매입자라 하고 이때 지불되는 가격을 옵션가격 또는 옵션프리미엄이라고 한다.
④ 옵션의 경우 결합 형태에 따라 기본포지션, 헤지포지션, 콤비네이션, 스프레드포지션 등으로 구분이 가능하다.

37 시스템 개발과 관련하여 손익분석이 이루어지는 시스템 개발 단계는?

① 정보요구사항의 결정
② 설계
③ 선택안의 평가
④ 구현

38 정보시스템 중에서 기업 사이에 컴퓨터를 통해서 표준화된 양식의 문서를 전자적으로 교환하는 정보전달방식은?

① 전자우편
② 화상회의
③ 사무자동화 시스템
④ EDI(Electronic Data Interchange)

39 거래를 분개할 때 결합관계가 옳지 않은 것은?

	차변	대변
①	자본증가	부채증가
②	자산증가	자산감소
③	자산증가	수익발생
④	부채감소	수익발생

40 다음 빈칸에 들어갈 말로 알맞은 것은?

> ☐은(는) 자본을 감소시키면서 실제 현금유입 또는 예상되는 현금유입을 포함하는데 그 종류에는 매출원가, 판매비와 관리비, 영업외 비용 등이 있다.

① 결산
② 수익거래
③ 비용
④ 자본

제10회 적중모의고사 | 경영학개론

독학사 1단계 교양과정

제한시간: 50분 | 시작 ___시 ___분 – 종료 ___시 ___분

> 정답 및 해설 222p

01 이론 경영학에 대한 설명으로 옳지 <u>않은</u> 것은?
① 순수과학으로서의 경영학을 의미한다.
② 경영의 방향에 대한 당위로서의 합리성 및 가치적인 배제를 말한다.
③ 경영의 경험적 사실을 설명하여 예측 가능한 경영 이론의 구축에 학문적 편향성이 있다.
④ 경영목적을 실천적으로 달성할 수 있는 여러 경영기술 또는 관리방법을 모색하는 것을 사명으로 한다.

02 다음에서 설명하는 경영학의 접근 방법으로 가장 알맞은 것은?

> 기업 조직의 경영자가 취하는 현실적인 행위 등을 관찰해서 경영자가 해야 하는 실질적인 활동 또는 역할 등이 무엇인지를 결론짓는 방법이다.

① 운영적 접근법
② 인간상호 접근법
③ 관리역할적 접근법
④ 사회기술시스템 접근법

03 페이욜이 말하는 6가지 경영의 기능 중에서 계획, 조직, 명령, 조정, 통제와 관계 깊은 것은?
① 기술적 활동
② 관리적 활동
③ 상업적 활동
④ 보전적 활동

04 뢰슬리스버거의 사회체계론에 대한 설명으로 옳지 <u>않은</u> 것은?
① 기업을 기술적 조직과 인간적 조직으로 나누고, 그 중 인간적 조직을 개인과 사회적 조직으로 구분하였다.
② 비공식조직에서는 감정의 논리가, 공식조직에서는 비용·능률의 논리가 적용되어야 함을 주장하였다.
③ 인간행동을 3가지 측면으로 나누어 설명하였다.
④ 기계적·폐쇄적 조직관 및 경제적 인간관이라는 가정을 기반으로 하였다.

05 경영학 이론의 통합화 시도와 관련하여 다음 내용과 관계 깊은 것은?

> - 생존을 중요시하는 기업 조직 안에 흐르는 비합리성·비공식성에 초점을 맞춰 기업 조직의 비합리적인 동기적 측면을 중점적으로 다루고 있다.
> - 기업 조직의 목적 및 수단 등을 분류하지 못하는 비합리성을 반영하였다.

① 개방 – 사회적 조직이론
② 폐쇄 – 합리적 조직이론
③ 폐쇄 – 사회적 조직이론
④ 개방 – 합리적 조직이론

06 막스 베버(M. Weber)가 제시한 관료제 이론의 주요 내용이 아닌 것은?

① 규정에 따른 직무배정과 직무수행
② 능력과 과업에 따른 선발과 승진
③ 상황적합적 관리
④ 계층에 의한 관리

07 경영환경에 대한 설명으로 옳지 않은 것은?

① 급변하는 환경에서 기업의 경영목적 및 사회목적의 균형을 찾기 위해 변혁과 변화는 자제해야 한다.
② 경영학에서는 경영의 외부요인을 일반적 환경이라고 한다.
③ 경영은 초시스템적인 사회에서의 한 하위시스템이며 동시에 개방적 시스템이다.
④ 기업 조직이 영속체로서 생명을 존속하고 성장 및 발전하기 위해서는 외부환경 및 내부환경에 대한 고찰을 충실히 해야 한다.

08 유한회사에 대한 설명으로 옳은 것은?

① 출자자의 폭넓은 모집이 어렵고 지분 양도 시 사원총회의 승인이 필요하다.
② 인적 회사의 성격이 가미되어 주식회사보다 소규모적·폐쇄적·비공개적인 회사이다.
③ 무한책임사원과 유한책임사원으로 구성되며 무한책임사원은 회사 경영이나 대표권을 맡고 직접·연대·무한의 책임을 진다.
④ 현대 산업사회의 전형적인 기업형태로 자본과 경영이 분리되어 있다.

09 주식회사의 기관에서 주주총회에 대한 설명으로 옳은 것은?

① 이사 전원으로 구성되는 합의체이다.
② 회사의 업무집행을 감시하는 필요적 상설기관이다.
③ 통상적인 업무에 대한 결정 및 집행을 맡음과 동시에 회사를 대표한다.
④ 영업활동의 신속성 및 업무내용의 복잡성으로 인하여 결의사항을 법령 및 정관에서 정하는 사항만으로 제한한다.

10 다음과 같은 비판을 한 학자의 견해로 옳은 것은?

> 리프만의 기업경제형태론에서는 자본소유라는 기업의 외적 계기만을 대상으로 하고, 기업의 내적 측면이 취급되지 않았다는 것을 들어 경영학적인 기업형태론이 아니라고 비판하였다.

① 출자자로서의 기업위험을 부담하는 기업소유자만이 기업가이고, 주식회사에서는 주주전체가 기업소유자가 된다.
② 소유 및 분리경향을 결정적으로 만든 것은 거대한 신용을 활용함으로써 발전한 지주회사 및 주식회사의 등장이라고 하였다.
③ 기업경영은 상징적으로 주식회사에서는 체증적, 개인기업에서는 고정적, 합명회사 및 합자회사에서는 비례적인 특징을 지닌다고 하였다.
④ 기업의 소유와 지휘, 운영의 분리가 불완전한 인적 회사와 분리가 이루어져 있는 자본회사로 구분하였다.

11 기업윤리의 구분에 있어 기업의 이념적 측면과 가장 관계 깊은 것은?
① 실천적 행동의 기초가 되는 이념
② 공정성의 지표
③ 도덕적 비판이 필요 없는 신념체계
④ 기업행동의 실천적 의사결정에 필요한 도덕적 원리

12 경영목표에 대한 설명으로 옳지 않은 것은?
① 경영목표란 기업이 경영활동을 통하여 실현하고자 하는 상태이다.
② 경영목표 형성 3가지 차원은 경영목표의 방향, 경영목표의 범위, 경영목표의 실현 기간이다.
③ 경영목표는 경영활동에 있어서의 지침 및 결과 등을 측정하는 지표로 의미가 있다.
④ 경영목표는 경영이념 및 상호작용 관계에 있어 경영이념의 형성에 의해 영향을 받기도 하지만 반대로 경영이념 형성에 대해 영향을 끼치기도 한다.

13 사이먼의 의사결정 모형에서 시장 및 기술이 안정되고 일상적이며 구조화된 문제해결이 많은 조직에서 적용되는 것은?
① 정형적 의사결정
② 비정형적 의사결정
③ 전략적 의사결정
④ 업무적 의사결정

14 경영관리의 내용에서 전략적 관리에 대한 설명으로 옳지 않은 것은?

① 선정된 목적을 달성할 수 있도록 조직체 및 환경과의 관계를 결정·유지하며, 해당 조직체의 하위부분이 효과적이면서 능률적으로 활동할 수 있도록 자원을 배분하는 과정이다.
② 기업 조직의 목적을 달성하도록 효과적인 전략을 수립하는 일련의 의사결정 및 그러한 전략을 실행할 수 있게 하는 활동을 말한다.
③ 일상 업무의 처리 및 관련된 관리과정으로서 관리적 결정 또는 작업적 결정이 주된 의사결정영역이다.
④ 오늘날의 점증하는 환경의 영향 및 이에 대해 적절히 대처하는 최고경영자의 활동이 중요하다는 것을 강조하고 있다.

15 경영계획의 주체에 따른 구분에서 실행계획에 대한 책임을 지는 경영계층으로 알맞은 것은?

① 전반관리층
② 중간관리층
③ 하부관리층
④ 생산관리층

16 다음 그림은 BCG 매트릭스의 사업부를 나타낸 것이다. 시장성장률은 높으나 상대적 시장점유율이 낮은 사업에 해당하는 것은?

① Star
② Question Mark
③ Cash Cow
④ Dog

17 다음 중 빈칸 ㉠, ㉡에 들어갈 말로 알맞게 연결된 것은?

구분	기존제품	신제품
기존시장	㉠	(제품개발)
신시장	(시장개발)	㉡

	㉠	㉡
①	확대화	다각화
②	다각화	확대화
③	단순화	전문화
④	전문화	단순화

18 다음에서 설명하는 제품의 다각화 종류로 알맞은 것은?

> 해당 사업이 연계한 동종업종의 것일 수도 있으며, 자신들의 업종과는 전혀 다른 양상의 분야로 확장해서 운영하는 것을 말한다.

① 수직적 다각화
② 수평적 다각화
③ 집중적 다각화
④ 복합적 다각화

19 조직문화의 중요성에 대한 설명으로 옳지 않은 것은?

① 기업 조직의 집단 간 갈등에 영향을 끼치기 때문이다.
② 강력한 기업 조직의 문화를 통해서 항상 생산성 향상이 가능하기 때문이다.
③ 기업 조직의 합병, 매수 및 다각화를 시도할 시 영향을 끼치기 때문이다.
④ 효과적인 화합 및 의사소통에 영향을 끼치기 때문이다.

20 샤인(E. Schein)이 주장한 조직문화의 수준(단계)에서 옳고 그름이 결정될 수 있는 가치관과 관계 깊은 수준은?

① 잠재적 수준(단계)
② 인식적 수준(단계)
③ 가시적 수준(단계)
④ 물리적 수준(단계)

21 숄츠가 말하는 조직문화의 차원 중에서 환경적 차원에 따른 조직문화에 대한 설명으로 옳지 않은 것은?

① 강인하고 억센 문화
② 열심히 일하고 잘 노는 문화
③ 회사의 운명을 거는 문화
④ 과정보다는 결과를 중시하는 문화

22 다음 중 최저임금제의 필요성으로 옳지 않은 것은?

① 계약자유 원칙의 한계 보완
② 저임금 노동자 보호
③ 임금인하 경쟁 방지
④ 소비자 부담 완화

23 다음에서 설명하는 성과배분제도로 알맞은 것은?

> • 기업이 주어진 인건비로 평상시보다 더 많은 부가가치를 창출하였을 경우, 이 초과된 부가가치를 노사협동의 산물로 보고 기업과 종업원 간에 배분하는 제도
> • 노무비 외 원재료비 및 기타 비용의 절감액도 인센티브 산정에 반영하는 제도

① 연봉제
② 럭커플랜
③ 임금피크제
④ 개인성과급제

24 임금관리에 대한 설명으로 옳지 않은 것은?

① 임금체계는 공정성이 중요한 관심사이다.
② 연공급은 근속연수를 기준으로 임금을 차등화하는 제도이다.
③ 직무급은 직무의 표준화와 전문화가 선행되어야 한다.
④ 직능급은 동일 직무를 수행하면 동일 임금을 지급한다.

25 다음 중 사회보험의 4대 지주가 아닌 것은?

① 국민연금
② 고용보험
③ 손해보험
④ 국민건강보험

26 생산예측의 방법 중에서 시계열분석 방법과 거리가 먼 것은?

① 추세변동
② 규칙변동
③ 계절변동
④ 순환변동

27 재고관리 시스템 중에서 정기발주시스템의 특징이 아닌 것은?

① 저렴한 발주 비용
② 운용자금의 절약
③ 사무처리 수요의 증가
④ 수요예측제도의 향상

28 재고 관련 비용 중에서 재고품의 장부가액 또는 시장가액과 관계 깊은 것은?

① 품절비(Stock out Cost)
② 발주비(Ordering Cost)
③ 구매비(Purchase Cost)
④ 재고유지비(Holding Cost)

29 다음과 같은 특성을 갖춘 생산운영관리시스템으로 가장 알맞은 것은?

- 칸반(Kanban) 시스템
- 린(Lean) 시스템
- 무재고 생산 지향
- 생산의 평준화

① JIT
② MRP
③ MRPⅡ
④ FMS

30 다음에서 설명하는 소매상으로 알맞은 것은?

보통 접근이 용이한 지역에 위치하여 24시간 연중무휴 영업을 하며, 재고회전이 빠른 한정된 제품계열(식료품 및 편의품)을 취급한다.

① 슈퍼마켓(Supermarket)
② 편의점(Convenience Store)
③ 백화점(Department Store)
④ 회원제 도매클럽(MWC : Membership Wholesale Club)

31 조달, 생산, 판매활동 등에 수반되는 각종 물적 흐름을 효과적으로 관리하는 과정을 의미하는 것은?

① 촉진믹스(Promotion Mix)
② 물적 유통관리(PDM)
③ 가격계열화(Price Lining)
④ 종합적 품질경영(TQM)

32 다음 중 촉진믹스의 구성요소가 아닌 것은?

① 광고활동
② 홍보활동
③ 경로 커버리지 결정
④ 인적판매활동

33 촉진믹스의 푸시(Push)전략에 대한 설명으로 옳은 것은?

① 광고와 홍보를 주로 사용한다.
② 소비자들의 브랜드 애호도가 높다.
③ 점포에 오기 전 브랜드 선택에 대한 관여도가 높은 상품에 적합한 전략이다.
④ 중간상들로 하여금 자사의 상품을 취급하도록 하고, 소비자들에게 적극 권유하도록 한다.

34 기업의 대표적인 PR 수단으로, 고객 및 일반 대중들에게 통일된 시각적 이미지를 주기 위해 로고, 명함, 문구, 제복, 건물 등을 디자인하는 것과 관계 깊은 것은?

① 이벤트
② 연설
③ 출판물
④ 기업 아이덴티티

35 다음에서 설명하는 경제용어로 알맞은 것은?

매매쌍방 간 미래의 일정 시점에 약정된 제품을 기존에 정한 가격에 일정수량을 매매하기로 계약을 하고, 계약의 만기 이전에 반대매매를 수행하거나 만기일에 현물을 실제로 인수 및 인도함으로써 계약을 수행하는 것을 의미한다.

① 옵션
② 선물거래
③ 수익성지수
④ 포트폴리오

36 재무비율의 종류 중에서 기업이 조달한 자본이 어느 정도 타인자본에 의존하고 있는가를 나타내는 비율로 부채의 원리금 상환능력을 측정하는 것은?

① 수익성 비율
② 활동성 비율
③ 레버리지 비율
④ 시장가치 비율

37 의사결정지원시스템(DSS : Decision Support System)에 대한 설명으로 옳지 않은 것은?

① 의사결정자 및 시스템 간의 대화식의 정보처리가 가능하도록 설계되어야 한다.
② 기업 조직 내 일상의 업무소통 및 정보처리 업무 등을 지원하는 시스템을 의미한다.
③ 그래픽을 활용해서 해당 정보처리 결과를 보여주고 출력하는 기능이 있어야 한다.
④ 의사결정이 이루어지는 과정 중에 발생 가능한 환경의 변화를 반영할 수 있도록 유연하게 설계되어야 한다.

38 다음 중 하드웨어의 출력장치가 아닌 것은?

① 모니터(Monitor)
② 프린터(Printer)
③ 키보드(Keyboard)
④ 스피커(Speaker)

39 고객들에게 상품 또는 용역 등을 판매하는 거래로 일정한 기간 동안 기업 조직의 지속적인 영업활동의 결과로 나타난 현금 또는 기타의 자산 유입을 의미하는 것은?

① 수익거래
② 비용인식
③ 회계거래
④ 수정분개

40 복식부기 제도에 대한 설명으로 옳지 않은 것은?

① 거래에 있어 양쪽이 동일한 금액으로 변동되는 것을 거래의 이중성이라고 한다.
② 회계상 거래는 반드시 자산, 부채, 자본의 증가 및 감소와 수익의 비용발생 대립이라는 관계로 나타난다.
③ 대립하게 되는 두 거래는 동일한 금액으로 양쪽에 기록된다.
④ 오른쪽은 차변, 왼쪽은 대변이라고 한다.

얼마나 많은 사람들이 책 한 권을 읽음으로써 인생에 새로운 전기를 맞이했던가.

– 헨리 데이비드 소로 –

합격으로 가는 가장 똑똑한 선택 시대에듀!

제 3 편

정답 및 해설

적중모의고사 제1회 정답 및 해설
적중모의고사 제2회 정답 및 해설
적중모의고사 제3회 정답 및 해설
적중모의고사 제4회 정답 및 해설
적중모의고사 제5회 정답 및 해설
적중모의고사 제6회 정답 및 해설
적중모의고사 제7회 정답 및 해설
적중모의고사 제8회 정답 및 해설
적중모의고사 제9회 정답 및 해설
적중모의고사 제10회 정답 및 해설

지식에 대한 투자가 가장 이윤이 많이 남는 법이다.

– 벤자민 프랭클린 –

자격증 · 공무원 · 금융/보험 · 면허증 · 언어/외국어 · 검정고시/독학사 · 기업체/취업
이 시대의 모든 합격! 시대에듀에서 합격하세요!
www.youtube.com → 시대에듀 → 구독

제1회 정답 및 해설 | 경영학개론

독학사 1단계 교양과정

01	02	03	04	05	06	07	08	09	10	11	12	13	14	15	16	17	18	19	20
①	④	④	③	③	①	③	④	①	①	④	④	③	②	②	③	④	④	③	④
21	22	23	24	25	26	27	28	29	30	31	32	33	34	35	36	37	38	39	40
③	①	②	③	④	②	③	③	④	③	①	②	①	④	③	②	④	③	①	②

01 정답 ①
② 페이욜 : 계획 및 조직하고 명령하며, 조정 및 통제하는 과정
③ 드러커 : 기업 조직의 방향을 설정하고, 리더십을 통해서 기업 조직의 제 자원을 어떠한 방법으로 활용할지를 결정하는 것
④ 버나드와 사이먼 : 조직을 만들고 이를 운영하는 것이며 의사결정의 과정

02 정답 ④
①·②는 경제활동, ③은 생산관리에 대한 설명이다.

03 정답 ④
④ 1955년에 고려대학교에서 국내 최초의 경영학과를 설치하여 상과대학이 독립된 후 본격적인 연구가 시작되었고 이후 경영학의 한국적인 특성을 찾기 위한 노력이 진행되었다.

04 정답 ③
③ 과학적 관리론은 계획과 작업의 분리가 이루어져 계획은 경영자가 세우고 작업은 근로자가 담당하였으며 시간 및 동작연구를 통한 과학적 자료에 근거하여 계획을 수립하였다.

05 정답 ③
③ 기업 조직은 경제학에서 가정하고 있는 객관적 또는 초합리적인 의사결정을 할 수 없고, 현실적인 제약 아래 제한된 의사결정을 하게 된다고 본 것은 사이먼이 주장한 내용이다.

06 정답 ①
기업의 경영환경 중 과업환경이란 기업 조직의 마케팅 활동에 도움을 주는 역할로 원료공급자, 중개업자, 소비자 등이고, 제약환경이란 기업 조직의 마케팅 활동을 제약하는 경쟁업자, 공중 등을 의미한다.

07 정답 ③
③ 인적 자원, 물적 자원, 재무 자원은 내부환경의 분석 요건이다.

08 정답 ④
자본주의 기업의 단점에는 경제 불안정, 소득분배의 불균형, 인간소외, 과도한 이윤추구로 인한 자연환경의 파괴, 공익과 사익의 괴리 등이 있다.

09 정답 ②
합자회사에서 사업의 경영은 무한책임사원이 하고, 유한책임사원은 자본을 제공하여 사업을 통해 발생하는 이익의 분배에 참여한다.

10 정답 ①
카르텔(Cartel)은 동종 또는 유사기업 간 협정, 카르텔 협정 등에 의해 성립되면 해당 기업은 일부 제약을 받지만 경제적·법률적인 독립성은 잃지 않는 기업결합의 유형이다.

11 정답 ④
기업윤리는 기업경영이라는 상황 하에서 발생하는 행동 또는 태도에 대한 옳고 그름을 체계적으로 구분하는 판단기준이다. 기업윤리헌장은 기업인의 윤리적인 행동 규준을 공포한 것으로, 또한 개별기업인의 기본적 정책결정 및 계획적인 집행 등을 포괄적으로 관리하는 지도 원리이기도 하다.

12 정답 ④
경영목표 형성의 3가지 차원에는 경영목표의 내용, 경영목표의 범위, 경영목표의 실현기간이 있다.

13 정답 ③
경영이념은 경영의 목표형성 및 경영활동 등에 영향을 미치지만 기업제도가 발전함에 따라 변화되어 왔다. 경영목표는 기업 조직의 규모·형태·조직의 차이에 의해 달라질 수 있지만 근본적으로는 경영활동 영역의 한계 및 특성 등을 명시하게 된다.

14 정답 ②
독일 경영학(경영경제학)은 상업학으로부터 시작해서 이론적인 측면이 강한 학문인데 반해, 미국 경영학(경영관리학)은 실제 경영에서 나타나는 문제의 해결에 관심을 가지고 시작한 실천적 측면이 강한 학문이다.

15 정답 ②
② 매니지먼트를 경영관리로 보는 관점으로, 타인들로 하여금 목표를 달성하게 하는 과정이나 기능은 물론 변화하는 환경에 대응하기 위한 전략적 관리를 그 연구 대상에 포함해야 한다는 관점이다. 매니지먼트를 기업내부의 관리적 문제로만 파악해서는 급격히 변화하는 환경에 적응할 수 없다는 측면에서 혁신과 전략적 관리를 포함하여야 한다고 주장하였다.

16 정답 ③
앤소프 전략의 구성요소에는 제품·시장분야, 성장벡터, 경쟁상의 이점, 시너지 등이 있다.

17 정답 ④
④ 경영계획에 대한 설명이다.

18 정답 ④
전략계획은 관리문제 영역의 혁신으로부터 나타난 계획형태의 하나이다. 앤소프는 이에 대해 경영의 관리 영역을 5단계로 분류하였는데, 그 중 로지스틱스 과정은 비관리적인 성격을 지니고 있으며 병참적 활동이나 생산적 활동이라 불린다.

19 **정답** ③
조직구조 분석을 위한 구성요소에는 분화, 통합, 권한 시스템, 관리 시스템이 있다.

20 **정답** ④
비공식조직(Informal Organization)은 자연발생적으로 생겨난 조직으로 소집단의 성질을 띤다. 조직 구성원은 밀접한 관계를 형성하며 비공식적인 가치관, 규범, 기대 및 목표를 가지고 있으며, 조직의 목표달성에 큰 영향을 미친다.
④ 공식조직에 대한 설명이다.

21 **정답** ③
③ 수직적 분화는 계층의 형성을 의미하며, 수평적 분화는 부문화의 형성을 의미한다.

22 **정답** ①
현대에 들어와서는 인사관리 또는 인적자원관리는 기업 조직의 목표와 더불어 구성원 개개인의 니즈를 동시에 충족시키는 접근방식이 강조되고 있으며 경력중심의 인사관리가 이루어지고 있다.

23 **정답** ②
인사관리의 목표는 생산성의 향상 및 근로생활의 질(QWL) 2가지를 동시에 만족시키는 것이다.

24 **정답** ③
인사관리의 환경 중에서 외부환경은 향후에 기업 조직의 유지 발전에 영향을 끼칠 조직 외부의 조건으로, 경제여건의 변화, 정부개입의 증대, 정보기술의 발전, 노동조합의 발전 등이 해당한다.

25 **정답** ④
직무분석 방법에는 직무분석 관찰법, 면접법, 질문지법, 중요사건법, 워크샘플링법 등이 있다. 이중 관찰법과 워크샘플링법이 관찰을 한다는 점에서 비슷해 보이지만, 워크샘플링법은 무작위로 많은 관찰을 한다는 점에서 관찰법과 다르다.

26 **정답** ②
생산관리란 생산 활동을 계획 및 조직하며, 이를 통제하는 관리기능에 관한 학문으로, 그 중에서 장기적인 문제와 연관되어 주로 전략적인 의사결정이 이루어지는 것은 설계기능이다.

27 **정답** ③
③ 생산 시스템은 단순하게 개체들을 모아놓은 것이 아닌 의미가 있는 하나의 전체이며, 어떠한 목적을 달성하는 데 기여할 수 있으며 각각의 개체는 각자의 고유 기능을 갖지만 타 개체와의 관련을 통해서 비로소 전체의 목적에 기여할 수 있다.

28 **정답** ③
생산 시스템의 유형 중에서 단속생산 시스템은 제품 변화와 수요변화에 대한 신축성이 강하다.

29 **정답** ④
JIT(Just In Time) 시스템의 효과에는 납기의 100% 달성, 고설계 적합성, 생산 리드타임의 단축, 수요변화의 신속한 대응, 낮은 수준의 재고와 작업의 효율성, 작업 공간 사용의 개선, 분권화로 관리의 증대, 재공품 재고변동의 최소화, 각 단계 간 수요변동의 증폭전달 방지, 불량 감소와 유연성 등이 있다.

30 정답 ③
마케팅 믹스의 구성요소는 마케팅 관리자가 통제할 수 있는 수단이며, 특히 중요한 것은 제품계획, 가격정책, 판매경로정책, 광고, 인적 판매활동, 판매촉진 등이라 하겠는데, 이는 학자에 따라 다르다. 즉, 미국의 매카시 교수는 마케팅 믹스의 구성요인을 4P's라 하고 이를 제품(Product), 유통(Place), 가격(Price), 촉진(Promotion)이라 하였다.

31 정답 ①
① 개인 및 기업 조직의 목표를 만족시키는 것으로 마케팅 활동은 단지 영리를 추구하는 기업 조직만이 실행하는 것은 아니다.

32 정답 ②
마케팅의 기본요소에는 필요, 욕구, 교환, 시장, 제품이 있다.

33 정답 ①
마케팅개념은 '생산개념 - 제품개념 - 판매개념 - 마케팅개념 - 사회지향적 마케팅개념'의 순서로 발전하였다.

34 정답 ④
현대 마케팅의 특징에는 소비자 지향성, 기업목적 지향성, 사회적 책임 지향성, 통합적 마케팅 지향성 등이 있다.

35 정답 ③
재무관리의 기능에는 자본조달결정기능, 투자결정기능, 배당결정기능, 유동성관리기능, 재무분석 및 계획기능이 있다.

36 정답 ②
재무관리의 영역 중에서 자금조달의 측면은 자본비용, 자기자본, 타인자본 등과 관련된 것이고, 자금운용의 측면은 투자대상, 투자결정, 결과 등과 관련된 것이다.
① 자본비용 : 기업의 자금사용에 대한 대가를 의미하는 것으로, 부채의 경우에는 이자이고 우선주나 보통주의 경우에는 배당이 속한다.
③ 타인자본 : 기업이 은행으로부터 차입하거나 또는 자본시장에서 사채발행을 통한 자본조달을 의미한다.

37 정답 ④
순현재가치법이란 대상사업의 경제성 평가에서 현금흐름의 순현재가치의 크기를 기준으로 판단하여 의사결정을 하는 방법이다. 2개 이상의 투자안에 동시에 투자할 때의 순현재가치는 각 투자안의 현재가치를 합한 것과 같다고 하는 가치의 가산원리가 적용된다.

38 정답 ③
앤소니는 경영활동을 운영통제, 관리통제, 전략계획의 세 가지로 분류하였다. ①은 운영통제, ②는 관리통제에 대한 설명이고, ④는 정보시스템이 조직에서 하는 세 가지 역할인 계획, 통제, 조직 중 조직에 관한 설명이다.

39 정답 ①

① 재무회계는 재무제표를 보고양식으로 한다. 보고에 일정한 양식이 없는 것은 관리회계의 특징이다.

40 정답 ②

① 기간성 가정 : 지속되는 기업 조직의 성과 또는 수탁책임 등을 기업 조직이 청산된 이후에 보고할 경우 계속기업의 가정에 의해 영원히 보고되지 않을 수 있다.
③ 계속기업의 가정 : 해당 기업 조직은 현재 실행 중인 활동 및 계획 등이 마무리될 때까지는 존속할 것이라는 가정을 말한다.
④ 경제실체의 가정 : 하나의 경제단위로 경영활동이 하나의 회계시스템에서 기록되고 보고되는 단위를 말한다.

제2회 독학사 1단계 교양과정 정답 및 해설 | 경영학개론

01	02	03	04	05	06	07	08	09	10	11	12	13	14	15	16	17	18	19	20
①	③	④	④	②	④	④	④	②	①	③	④	①	②	③	②	②	④	③	③

21	22	23	24	25	26	27	28	29	30	31	32	33	34	35	36	37	38	39	40
②	③	①	②	③	②	④	③	④	④	②	①	③	②	④	④	①	④	①	②

01 정답 ①
② 생산관리 : 경영의 생산활동을 능률적이고 생산력을 최고로 발휘시키기 위한 것으로, 공정계획·일정 계획에서부터 공장 내 자재가 입고되어 모든 작업이 완료되어 제품으로서 반출되기까지의 통제 관리
③ 인사관리 : 기업 조직의 능동적 구성요소인 인적 자원으로서의 구성원의 잠재적인 능력을 최대한 발휘하게 해서 구성원들로 하여금 스스로가 최대한의 성과를 달성하도록 하며, 그들이 인간으로서의 만족을 얻게 하려는 일련의 체계적인 관리활동
④ 경영정보시스템 : 경영조직의 의사결정 유효성 향상을 위해 관련 정보 등을 필요에 따라 수집, 전달, 처리, 저장, 활용할 수 있도록 만든 인간과 컴퓨터와의 결합 시스템

02 정답 ③
① 계획 : 기업의 경영목표를 설정하고 이를 달성하기 위해 가장 효과적인 방법을 찾는 활동
② 조직화 : 기업 조직형태 구성을 결정하고, 이에 필요한 자본과 인적·물적 자원, 지식, 정보 등을 분배 및 조정하는 것
④ 통제 : 기업 조직 구성원들의 행동이 기업이 의도하는 목표와 일치하는지 수준을 평가하고 필요한 경우에는 수정하는 활동을 포함

03 정답 ④
페이욜의 관리 5요소는 계획, 조직, 명령, 조정, 통제이다.

04 정답 ④
막스 베버는 지배 유형에 따라 관료제를 전통적 지배, 카리스마적 지배, 합법적 지배로 분류하였다. 제시된 것은 카리스마적 지배에 관한 설명이다.
① 전통적 지배 : 옛날로부터 내려온 전통이나 지배자의 권력의 신성성에 대한 신념에 입각하여 이루어지는 지배 유형
② 합법적 지배 : 법규화된 질서에 입각한 지배 유형

05 정답 ②
인간관계론은 1924년부터 1932년에 걸쳐 미국의 시카고에 있는 호손공장에서 호손실험을 실시한 결과를 토대로 발전되었는데, 호손실험은 하버드 대학의 심리학 교수였던 메이요(Elton Mayo) 교수가 중심이 되어 이루어졌다.

06 정답 ④
④ 고객과 경쟁자는 외부환경에 포함된다.

07 정답 ④
①·②·③은 경제적 환경에 해당하고, ④는 사회문화적 환경에 해당한다.

08 정답 ②
사회주의 기업의 단점에는 개인 선택자유의 제약, 비효율적인 자원 배분, 계획의 비신축성으로 인한 오류의 자동적 수정의 불가능, 독재정권의 출현 등이 있다.

09 정답 ①
②·③은 소키에타스(Societas)에 대한 설명이고 ④는 주식회사에 대한 설명이다.

10 정답 ②
익명조합은 당사자의 일방이 상대방의 영업을 위하여 출자하고 상대방은 그 영업으로 인한 이익을 분배할 것을 약정함으로써 효력이 발생한다(상법 제78조). 중세 코멘다에서 유래한 것으로 합자회사와 비슷하다(단, 합자회사의 경우는 법인).

11 정답 ③
블랜차드와 필은 개인 및 조직을 위한 원칙을 자긍심(Pride), 목적(Purpose), 일관성(Persistence), 인내(Patience), 전망(Perspective)의 5P로 분류하였다.

12 정답 ④
목표차원에서 추구하는 목표의 개념을 규정하기 위해서 사용되는 3가지 방향에는 목표의 내용, 목표의 추구 정도, 시간적 관련성이 있다.

13 정답 ①
목표의 추구 정도와 관련하여 의사결정이론에 의해 극대화 원리와 만족(최적)화 원리라는 2가지 가능성이 제시된다. 극대화 원리란 완전 합리성을 기반으로 하는 것으로, 현실성에 있어서는 비판을 받고 있다.

14 정답 ②
데이비스(R. C. Davis)는 매니지먼트는 기능이며, 이는 기업 조직의 목적을 달성시키기 위해 타인의 활동을 계획 및 조직하고 통제하는 것이라면서 매니지먼트를 관리(일반)로 보는 입장이다.

15 정답 ②
② 경영계획은 기업 조직의 장래 관리활동코스에 대한 의사결정 및 그 과정으로 미래의 불확실성 및 변화에 대처하기 위해 필요하다.

16 정답 ③
③ 스타이너는 전략계획은 의사결정의 미래성을 다루면서, 공식적 전략계획은 미래에 존재하는 기회 및 위협의 구별을 의미하고 이는 합리적 의사결정의 기초가 된다고 보았다.

17 정답 ②

① ETOP 분석 : 환경의 위협 및 기회에 대해 배경조사, 각 지표에 대한 과거행위의 측정, 중요지표의 선택, 잠재적인 미래 상황의 식별 등과 같은 프로파일을 통해 새로운 전략개발을 모색하기 위한 방법
③ 갭 분석 : 검토하려는 목표나 단순하게 연장된 성과의 차이로 설정된 목표가 달성될 것인지의 여부를 분석하기 위한 방법
④ 이슈 분석 : 환경의 변화에 대한 미세 신호를 포착하고 위협을 극복하며 기회를 파악하여 충격적인 놀라움의 원인 및 반응 등을 전략적으로 분석하는 방법

18 정답 ④

스타이너(Steiner)와 마이너(Miner)의 분류에는 조직계층별 분류, 영역에 기초를 둔 분류, 목적 또는 기능에 의한 분류, 물질적·비물질적 자원별 분류, 경영자의 개인적 선택에 의한 분류가 있다.

19 정답 ③

베버(M. Weber)는 조직의 규모가 커져감에 따라 발전된 합리적 구조를 관료제라고 하였으며 근대적인 합법적 지배를 기반으로 하고 있다. 더불어 관료제는 직위의 계층적인 배열, 전문화 및 분업, 비인격적 관계, 추상적인 규칙시스템 등을 특성으로 하고 있다.

20 정답 ③

사이먼(H. A. Simon)이 주장하는 권한의 기능에는 책임이행의 강요, 의사결정에 있어서 전문성의 확보, 활동 간 조정(집단구성원들이 특정한 정책의 결정에 따르도록 유도) 등이 있다.

21 정답 ②

의사소통의 과정은 '의사전달자 – 부호화 – 메시지 – 채널 – 해독화 – 수신자'의 순서로 이루어진다.

22 정답 ③

직무기술서에는 직무에 대한 명칭, 직무에 따른 활동과 절차, 실제 수행되는 과업 및 사용에 필요한 각종 원재료 및 기계, 타 작업자들과의 공식적인 상호작용, 감독의 범위와 성격 등이 포함되어 있다.
③ 직무명세서에 대한 내용이다.

23 정답 ①

직무기술서는 수행되어야 할 과업에 초점을 두며, 직무분석의 결과를 토대로 직무수행과 관련된 과업, 직무 행동을 일정한 양식에 기술한 문서이다. 직무명세서는 인적요건에 초점을 두고 직무분석의 결과를 토대로 직무수행에 필요로 하는 작업자들의 적성이나 기능 또는 지식·능력 등을 일정한 양식에 기록한 문서이다.

24 정답 ②

② 직무평가의 방법에는 정성적 방법과 정량적 방법이 있는데 그 중 정성적 방법에는 서열법과 분류법(또는 등급법)이 있고 정량적 방법에는 점수법, 요소비교법이 있다.

25 정답 ③

인적자원의 개발은 구성원에 대한 이동·승진관리와 직무순환 및 교육훈련 관리를 나타내는 인사관리의 주요활동으로 인력개발, 개인개발, 경력개발, 조직개발 등이 있다.
① 인력개발 : 기업 조직 내 인력자원을 타 자원(정보자원, 재무자원, 기타 물리적 자원)과

마찬가지로 기업의 장·단기전략, 목표를 달성하는 데 있어 주요 수단으로 여기고 조직전략 및 목표에 맞게 이를 개발하는 것
② 개인개발 : 구성원(근로자) 스스로가 종사하고 있는 직종에 연관된 신지식 및 기술 등을 습득하고, 긍정적인 태도 및 행동양식을 보여줌으로써 업무향상을 꾀하도록 인력개발을 하는 것
④ 조직개발 : 조직구조 전체를 하나의 시스템으로 간주하고 인력자원에 관련한 여러 가지의 변수를 분석해서 그들 변수 및 업무에 대한 문제를 해결함으로써 기업 전 조직을 새롭고 창조적인 체제로 개선해 나가는 것

26 정답 ②
셀 제조시스템(CMS)은 작업 공간의 절감, 유연성의 개선, 도구사용의 감소, 작업 준비시간의 단축, 로트 크기의 감소, 재공품 재고 감소 등의 효과가 있다.
① JIT 시스템 : 모든 생산과정에서 필요할 때, 필요한 것만을 필요한 만큼만 생산함으로써 생산시간을 단축하고 재고를 최소화하여 낭비를 없애는 시스템
③ 유연생산 시스템 : 특정 작업계획으로 여러 부품들을 생산하기 위해 컴퓨터에 의해 제어 및 조절되는 생산 시스템
④ 컴퓨터통합생산 시스템 : 제조활동을 중심으로 기업의 전체 기능을 관리 및 통제하는 기술 등을 통합시킨 것

27 정답 ④
④ 생산관리이론의 발전 배경에 대한 설명이다.

28 정답 ③
생산, 신제품의 개발, 판매 및 유통에서 선도적 역할을 수행하고 있는 회사는 시간을 유효하게 관리함으로써 경쟁력 우위를 점하고 있다.

29 정답 ④
생산예측의 방법 중에서 정성적 방법은 시장에 신제품이 처음으로 출시될 때처럼 새로운 제품에 대한 수요예측의 자료가 충분하지 못할 경우에 주로 활용하는 것으로, 논리적이고 선입견 없는 체계적인 방식으로 정보를 수집하는 것이다 (예 델파이법, 위원회에 의한 예측법, 시장조사법, 과거자료유추법 등).
④ 선형회귀분석은 투입산출모형, 경기지표법, 계량경제모형 등과 함께 정량적 방법의 하나이다.

30 정답 ④
마케팅개념은 고객중심적인 마케팅 관리이념으로서, 고객욕구를 파악하고 이에 부합되는 제품을 생산하여 고객욕구를 충족시키는 데 초점을 둔다.

31 정답 ①
목표시장 선정의 전략은 '시장세분화(고객세분화 –Segmentation) → 표적시장(목표고객결정 – Targeting) → 포지셔닝(Positioning)'의 3단계를 거쳐 이루어진다.

32 정답 ②
마케팅 조사의 설계 단계에 대한 설명이다.

33 정답 ①
① 최고경영층 및 각 기능부서는 기업 조직의 마케팅 활동에 있어 조직 내부에 영향을 미치는 내부환경이다.

34 정답 ③
기업 조직의 마케팅 활동에 있어 도움을 주는 역할을 실행하는 과업환경에는 원료공급자, 중개업자, 소비자 등이 있다.
③ 최고경영층은 내부환경에 속한다.

35 정답 ②
② 대리인 문제에 대한 상황이다.

36 정답 ④
증권의 종류 중에서 사채란 발행기관이 계약에 의해 일정한 이자를 지급하면서 만기 시 원금을 상환하기로 한 일종의 증서로, 회사가 대중으로부터 큰 규모의 자금을 오랜 기간 동안 집단적으로 조달하기 위해 발행하는 것을 말한다.
④ 자금 조달 방법 중에서 '기업공개'의 장점에 대한 내용이다.

37 정답 ④
④ 조직 수준에 따른 정보시스템에서 구조화된 활동에 대한 설명이다.

38 정답 ①
정보시스템의 구성요소에는 소프트웨어(프로그램), 하드웨어, 절차, 자료, 사람 등이 있다.

39 정답 ④
재무제표의 질적 특성에는 신뢰성, 중요성, 목적적합성, 이해 가능성, 비교 가능성 등이 있다.

40 정답 ②
복식부기제도에서 분개란 거래를 파악하며, 이를 각각의 계정과목별로 분류하는 작업이고 기장은 각각의 계정과목에 기입하게 되는 작업이다.

제3회 독학사 1단계 교양과정 정답 및 해설 | 경영학개론

01	02	03	04	05	06	07	08	09	10	11	12	13	14	15	16	17	18	19	20
②	②	②	③	②	③	①	④	③	①	④	④	②	④	①	②	①	②	①	③
21	22	23	24	25	26	27	28	29	30	31	32	33	34	35	36	37	38	39	40
④	①	④	②	③	①	③	②	③	③	①	④	④	②	②	④	①	④	③	①

01 정답 ②
② 경영학은 기업 조직이라는 실체를 대상으로 해서 기업과 관련되는 각종 현상을 과학적인 방법으로 연구하여 이에 대한 지식을 취득하고 체계화한 학문으로 사회과학에 해당한다.

02 정답 ②
재정경영은 국가, 지방자치단체의 단위 경제로 세무서, 중앙청, 법원 등이 이에 해당한다.

03 정답 ②
② 차별성과급을 도입하여 객관적·과학적 방법에 따른 임금률을 책정한 것은 테일러의 과학적 관리론의 내용이다.

04 정답 ③
페이욜은 관리활동 수행 시 일반적 규칙·기준으로 분업, 권한과 책임, 규율, 명령의 일원화, 지휘의 일원화, 전체의 이익을 위한 개인의 복종, 종업원의 보수, 집권화, 계층의 연쇄, 질서, 공정성, 직장의 안정성, 주도권, 종업원의 단결심의 14가지를 제시하였다.

05 정답 ②
논리적 행동은 객관적인 지식에 의한 논리적인 이해에 따른 행동이고, 비논리적 행동은 환경에 의해 좌우되는 사회적 감정에 따른 행동이며, 비합리적 행동은 사회적인 감정에 따른 비합리적인 행동이다.

06 정답 ③
③ 외부환경의 분석에 대한 설명이다.

07 정답 ①
과업환경
기업의 행동에 직접적인 영향을 미치며, 그 범위가 일반 환경에 비해 작고, 기업 조직이 일정 정도 통제할 수 있다는 점 등이 특징이다.

08 정답 ④
④ 유한회사에 대한 설명이다.

09 정답 ③
①은 과점시장, ②는 독점시장, ④는 독점적 경쟁시장에 대한 설명이다.

10 정답 ①
② 현지 진출 단계 : 현지 자회사의 법인화
③ 상품의 수출입 단계 : 간접수출입 단계 및 직접수출입 단계
④ 자본의 수출입 단계 : 자본대여 및 자본투자

11 정답 ④
④ 거대기업은 자기 보존적이고 무책임한 권력 엘리트에 의해 지배된다. 즉, 소유 및 경영의 분리를 기초로 한 경영자권력의 증대에 초점을 두는 비판으로 소유경영자로서의 사회적인 책임이 요청된다.

12 정답 ④
공통적으로 들어갈 말은 '목표시스템'이다.

13 정답 ②
② 매리스(R. Marris)는 성장균형 모형을 주장하였고, 비드린마이어(J. Bidlingmaier)는 수익범위 모형을 주장하였다.

14 정답 ④
쿤츠와 오도넬은 관리과정학파의 대표적 학자로 매니지먼트를 타인으로 하여금 목표를 달성하게 하는 기능이라 정의하면서 관리과정을 계획, 조직화, 충원, 지휘 및 통제로 구분하였다.

15 정답 ①
② 단기계획 : 1년 이내의 계획을 의미한다.
③ 개별계획 : 각 프로젝트마다 계획을 세운다.
④ 부문계획 : 기능별, 경영요소 또는 문제별로 세분화되어 있다.

16 정답 ②
포드의 생산전략은 제품의 표준화, 부품 등의 호환성 제고, 이를 가능하게 하는 부품의 집중생산 및 컨베이어 시스템을 활용한 흐름작업화 등을 가리키며 확대전략(Expansion Strategy)의 특징도 지닌다.
② 제품의 다각화 전략과 관련된 내용이다.

17 정답 ①
② 수평적 다각화 : 자신의 분야와 동등한 수준의 분야로 다각화하는 것
③ 집중적 다각화 : 핵심기술 한 가지에 집중해서 판매하는 것
④ 복합적 다각화 : 해당 사업이 연계한 동종업종의 것일 수도 있으나 대체로 전혀 자신들의 업종과는 다른 양상의 분야로 확장해서 운영하는 것

18 정답 ②
가치사슬 모형에서 본원적 활동에는 물류투입, 제조·생산, 물류산출, 마케팅, 서비스가 포함되고, 지원적 활동에는 기업하부구조, 인적자원, 기술개발, 조달이 포함된다.

19 정답 ①
품의제도는 문서의 형식으로 절차에 의해 양식화되고 확인·기록·보존하는 것으로 상신·결재·회의·양식화하는 공식적인 커뮤니케이션 수단이며, 기록 및 확인하는 요소를 포함한다.

20 정답 ③
㉠은 전략상층부(Strategic Apex)로 기업 조직에 대한 전반적인 책임과 함께 조직의 방향 설정과 전략개발 등을 담당한다.

21 정답 ④
애드호크라시는 업무처리가 완성되면 나머지 부문은 다시 사라지고 원래의 형태로 되돌아가는 조직으로 변화에 대한 적응성이 높은 것이 특징이다.

22 정답 ①
목표관리(MBO : Management By Objectives)에 대한 설명이다.

23 정답 ④
임금은 근로자가 노동의 대가로 사용자에게 받는 보수로, 임금수준, 임금체계, 임금형태를 임금관리의 3요소라고 한다.

24 정답 ②
② 임금의 결정요소에는 생계비 수준, 기업의 지불능력, 사회 일반적 임금수준이 있는데 그 중에서 기업의 지불능력은 임금수준의 상한선에서 조정이 된다.

25 정답 ③
최저임금제의 사회정책적 목적에는 저임금 근로자의 빈곤 퇴치, 미숙련·비조직 근로자에 대한 노동력 착취 방지, 소득재분배 등이 있다.
①·②·④는 최저임금제의 산업정책적 목적에 대한 내용이다.

26 정답 ①
푸시 시스템은 고객의 주문 이전에 생산을 개시하고 수요변화를 재고로 흡수하여 생산라인의 안정을 추구한다.

27 정답 ③
③ 전통적 제조과정의 특징으로 생산설비의 배치에 있어 하나의 공정 후 다음 단계로 수행되어 시간이 낭비된다.

28 정답 ②
생산예측 방법은 크게 정성적 방법과 정량적 방법으로 나뉘며, 정량적 방법은 다시 인과적 방법과 시계열 분석 방법으로 나뉜다. 정량적 방법 중 인과적 방법은 예측하려는 요소 및 그 외의 사회경제적 요소와의 관련성을 비교적 명백하게 밝힐 수 있을 때 활용되는데, 투입산출모형, 선형회귀분석, 경기지표법, 계량경제모형, 제품수명주기분석법, 소비자 구매경향 조사법 등이 있다.
② 생산예측 방법 중 정성적 방법에 속한다.

29 정답 ③
신 시스템 도입은 각각의 회사는 요구되는 상황에 따라 스스로의 목표 및 전략에 맞추어 제조기술과 도입 및 운영에 대한 프로젝트를 준비해야 한다는 기술적 접근과 관련된 것이다. 프로젝트의 추진에 있어 적정한 H/W 및 S/W의 선택도 중요하지만 시스템 통합이라는 관점과 조직적 관점을 간과해서는 안 된다.

30 정답 ③
기업 조직의 마케팅 활동에 있어 도움을 주는 역할을 실행하는 것들을 과업환경이라고 한다. 과업환경에는 원료공급자, 중개업자, 소비자가 있다. 제시문은 중개업자에 대한 설명이다.

31 정답 ①
소비자 구매의사결정과정은 '문제의 인식 – 정보의 탐색 – 대안의 평가 – 구매 – 구매 후 행동'의 순서로 이루어진다.

32 정답 ④
①은 포지셔닝 단계에서 이루어지는 활동이고, ②·③은 시장세분화 과정에서 이루어지는 활동이다.

33 정답 ④
④ 마케터는 모든 소비자들이 원하는 바를 효과적으로 충족시키기 위해 세분시장별로 마케팅 믹스를 조정할 수 있다.

34 정답 ②
유지 가능성(Sustainability)이란 세분시장이 충분한 규모이거나 이익을 낼 수 있는 정도의 크기가 되어야 함을 의미한다. 즉, 각 세분시장 내에는 특정 마케팅 프로그램을 지속적으로 실행할 가치가 있을 만큼의 가능한 한 동질적인 수요자들이 존재해야 한다.

35 정답 ②
사채의 종류는 이자지급 유무(할인사채, 쿠폰부사채), 담보유무(담보부사채, 무담보사채), 제3자의 보증유무(무보증사채, 보증사채), 상환시기와 방법(정시분할사채, 만기전액상환사채, 감채기금부사채, 수의상환사채, 연속상환사채) 등에 따라 분류할 수 있다.

36 정답 ④
①·②·③은 유통시장의 개념과 역할에 대한 설명이고 ④는 발행시장의 개념이다.

37 정답 ①
관련성(Relevancy)이란 양질의 정보를 취사선택하는 최적의 기준으로, 관련성 있는 정보는 의사결정자에게 매우 중요하다.

38 정답 ④
시스템의 구성요소는 입력(Input), 처리(Process), 출력(Output)이다.

39 정답 ③
재무제표의 구성요소는 자산, 자본, 부채, 비용, 수익 등이다.

40 정답 ①
유동자산(Current Assets)이란 재무상태표로부터 1년 내 현금화되는 자산으로 당좌자산, 재고자산, 기타 유동자산 등이 있다.
②·③·④ 비유동자산이다.

제4회 정답 및 해설 | 경영학개론

독학사 1단계 교양과정

01	02	03	04	05	06	07	08	09	10	11	12	13	14	15	16	17	18	19	20
①	②	③	②	④	④	①	②	④	③	①	③	①	④	②	④	①	①	③	②

21	22	23	24	25	26	27	28	29	30	31	32	33	34	35	36	37	38	39	40
①	②	③	①	②	③	①	③	④	④	①	③	③	③	②	④	③	③	④	②

01 정답 ①
① 생산성에 대한 설명이다.

02 정답 ②
실증 경영학은 현실사회에 존재하는 경영원리의 해명을 목적으로 하는 실증이론이며 사실 그대로 기술하고 분석한 결과로 얻은 일련의 체계적인 지식이다.
①・③・④ 규범 경영학에 대한 설명이다.

03 정답 ③
사이먼은 기업 조직은 경제학에서 가정하고 있는 객관적 또는 초합리적인 의사결정을 할 수 없고 현실적인 제약 아래 제한된 의사결정을 하게 된다면서 이러한 제한된 합리성 밖에 달성할 수 없는 현실의 인간을 '관리인'이라 하고, 객관적인 합리성을 달성할 수 있는 '경제인'과 구별하였다.

04 정답 ②
매슬로우의 욕구 단계 이론으로 인간의 단계별 욕구를 활용하여 상위 단계의 욕구를 충족시키기 위한 동기를 부여하여 더 좋은 경영성과를 도출해 내도록 하는 것이 가능하다는 입장이다.

05 정답 ④
① 테일러 – 과학적 관리론
② 뢰슬리스버거 – 사회체계론
③ 메이요 – 인간관계론

06 정답 ④
테일러는 임금은 생산량에 비례, 임금률은 시간연구에서 얻은 표준에 따라 결정해야 한다면서 생산량에 따른 임금 지급을 주장하였다.

07 정답 ①
경영환경을 변화의 정도 및 복잡성의 정도에 따라 분류할 때 단순하고 동태적인 산업에는 유행 의류 제조업, 장난감 제조업 등이 있다.

08 정답 ②
감사는 주주총회에서 선임되며 회계감사 및 업무에 대한 감사를 임무로 하는 상설기관이다.

09 정답 ④
협동조합은 경제적 약자인 소비자(민간인) 또는 생산자들이 경제적 약점을 보완하기 위해서 상호협조와 협동정신으로 공동출자하여 조직하는 공동기업의 형태이다.
④ 유한회사에 대한 설명이다.

10 정답 ③
기업결합의 다양한 방법에는 기업제휴, 기업합병, 기업계열화가 있는데, 기업결합의 구체적 유형에는 카르텔, 신디케이트, 트러스트, 콤비나트, 콘체른 등이 있다.

11 정답 ①
기업윤리를 강화하기 위한 방법에는 최고경영자가 윤리경영에 대한 몰입 강조, 기업윤리에 대한 강령의 작성 및 발표, 순응 메커니즘의 수립, 결과의 측정, 기업 조직의 잘못을 알리려는 종업원들의 활동 등이 있다.

12 정답 ③
근대 경제학의 경우 기업 조직이 이윤극대화(Profit Maximization)를 추구하는 것으로 가정한다. 이는 완전경쟁 하에서 기업 조직은 이윤극대화의 목적을 위해 한계수입 및 한계비용이 일치하는 부분에서 생산량과 가격을 결정한다고 가정하는 것으로 정태적인 가설이다.

13 정답 ①
이윤극대화의 경우 제한된 합리화 원리에 의해 제한될 뿐만 아니라 오늘날 기업형태의 발전, 기업규모 확대, 이해집단의 영향과 기술혁신 등을 기반으로 한 산업사회의 발전 등에 의해 제한을 받게 되는데 제시된 글은 딘(J. Deen)의 이윤제한 이유에 대한 설명이다.

14 정답 ④
④ 쿤츠 및 오도넬이 주장한 내용으로 관리과정을 계획, 조직화, 충원, 지휘 및 통제로 구분하였다.

15 정답 ②
① 예산 : 계획기능 중의 하나인 통제를 위한 불가결한 수단임과 동시에 예산편성은 기업 조직의 제반 계획을 통합하기 위한 중요한 수단이다.
③ 스케줄 : 기업 조직의 목표달성을 위해 어떤 일을 어떤 순서대로 연속적으로 수행해야 하는지에 대한 시간적인 순서를 말한다.
④ 프로그램 : 목표달성을 위해 필요하고 연결되어 있는 제반활동이나 연속되는 행동시스템을 말한다.

16 정답 ③
마이클 포터의 경쟁전략은 기업의 경쟁력을 결정하는 5가지 요인(잠재적 진입자, 산업 내 경쟁자, 공급자, 구매자, 대체품)이 기업을 위협하는 환경에서 경쟁우위에 서기 위해 취할 수 있는 전략을 말한다. 경쟁전략 중 집중화 전략은 특정 구매자 집단이나 특정 제품종류 및 지역시장, 즉 틈새시장을 대상으로 해서 소비자들의 니즈를 원가우위 또는 차별화 전략을 통해 충족시켜 나가는 전략이다.

17 정답 ②
마이클 포터가 제시한 기업의 경쟁력을 결정하는 5가지 요인은 잠재적인 진입자의 위협, 기존 기업들 간의 경쟁, 구매자의 교섭력, 공급자의 교섭력, 대체품의 위협 등이다.

18 정답 ①
학습곡선은 통상적으로 어떤 제품의 생산에 있어 필요한 제품 1단위당 직접 노동량의 투입량이 누적 생산량의 증가에 따라 일정한 비율로 감소한다는 경험적인 사실을 표현하는 곡선이고, 이러한 현상을 학습효과라고 한다.

19 정답 ③
사업부제 조직은 기능조직이 점차 대규모화함에 따라 제품이나 지역, 고객 등을 대상으로 해서 조직을 분할하고 이를 독립채산제로 운영하는 방법으로 기능조직과 같은 형태를 취하고 있으며 회사 내 회사라고 볼 수 있다.

20 정답 ②
② 복수 라인조직의 특징이다.

단일 라인조직
한 사람의 의사 및 명령이 하부에 직선적으로 전달되는 형태의 조직으로 지휘명령권이 명확하며, 계층원리 또는 명령일원화원리에 의해서 설계된 조직형태이다.

21 정답 ①
매트릭스 조직
기존의 조직체계에서 특정사업(프로젝트)을 수행하거나 특정업무가 하나의 조직단위에 국한되지 않고 각 조직 단위에 관계되는 경우 이렇게 관계된 조직의 단위로부터 대표자를 선정해 새로운 조직체를 형성하는 조직형태를 말한다.

22 정답 ②
임금은 근로기준법에는 사용자가 근로의 대가로 근로자에게 임금, 봉급, 그 밖에 어떠한 명칭으로든지 지급하는 일체의 금품으로 정의되어 있다(근로기준법 제2조 제1항 제5호). 이러한 임금을 결정하는 요소에는 생계비 수준, 기업의 지불능력, 사회 일반적 임금수준 등이 있다.

23 정답 ③
③ 최저임금제의 경제정책적인 목적은 저임금 근로자의 구매력을 증가시켜 불황기에 유효수요 축소의 방지, 부당한 임금절하에 의한 생산비 절하를 방지하는 데 있다.

24 정답 ①
노사관계는 노동시장에서 노동력을 제공해서 임금을 지급받는 노동자(근로자)와 노동력 수요자로서의 사용자 및 정부가 서로 간에 형성하는 관계를 말하며, '전제적 노사관계 – 온정적 노사관계 – 근대적 노사관계 – 민주적 노사관계'의 순서로 발전되었다.

25 정답 ②
노동조합의 기능 중에서 참모기능이란 보통 기본기능과 집행기능을 보조하거나 참모하는 역할을 수행하는 기능이다.

26 정답 ③
시계열분석 방법은 제품 및 제품계열에 대한 수년간의 자료 등을 수집하기 용이하며, 변화하는 경향이 비교적 분명하며 안정적일 경우에 활용되는 것이다. 그 중 추세변동이란 상승·하락적인 장기적 추세 및 방향을 나타내는 변동을 말하며 이동평균법, 최소자승법, 목측법, 지수평활법 등이 해당된다.
③ 인과적 방법에 속한다.

27 정답 ①
① 생산품목에 관한 결정문제이다. 생산능력에 대한 의사결정 문제는 생산품목에 관한 결정문제, 생산시기에 관한 결정문제, 생산방법에 관한 결정문제가 있다.

28 정답 ②
중기계획은 대체로 6~8개월의 기간을 대상으로 해서 분기별 또는 월별로 계획을 작성한다. 계획기간 동안에 발생하는 총생산비용을 최소로 줄이기 위해 월별 재고수준, 노동력 규모 및 생산율 등을 결정하는 수요예측, 총괄생산계획, 대일정계획, 대일정계획에 의한 개괄적인 설비능력계획 등을 포함한다.

29 정답 ①
재고의 기능에는 기능 고객에 대한 서비스, 생산의 안정화, 부문 간 완충, 취급수량의 경제성, 재고보유를 통한 판매촉진 등이 있다.

30 정답 ④
내부적 동질성과 외부적 이질성은 특정한 마케팅 믹스에 대한 반응이나 세분화 근거에 있어서 같은 세분시장의 구성원은 동질성을 보여야 하고, 다른 세분시장의 구성원과는 이질성을 보여야 함을 의미한다.

31 정답 ③
①·②·④는 시장세분화 변수 중에서 인구통계적 기준에 해당하고 ③은 심리행태의 세분화(생활양식) 기준에 해당한다.

32 정답 ①
세분시장이 확인되고 나면, 기업은 얼마나 많은 그리고 어떤 세분시장을 표적으로 할 것인지 결정해야 하는데 그 중 무차별적 마케팅 전략은 수요의 동질성이 높은 제품에 대해 전체시장을 하나의 동일한 시장으로 간주하고, 하나의 제품을 제공하는 전략이다.
① 차별적 마케팅 전략에 해당한다.

33 정답 ③
집중적 마케팅 전략은 기업의 자원이 한정·제약되어 있는 경우 전체 세분시장 중에서 특정 세분시장을 목표시장으로 삼아 집중 공략하는 전략을 말한다.

34 정답 ③
③ 시장 표적화와 관련하여 목표시장 선정전략에서 차별적 마케팅 전략의 단점에 해당한다.

35 정답 ②
기업공개란 기업이 외부 투자자를 대상으로 자사 주식을 처음으로 공개 매도하는 것으로, 재원(財原)의 확보가 주목적이다.
② 종업원 지주제도의 효과에 해당한다.

36 정답 ④
자본자유화는 유가증권의 매매, 국제 간 자본의 대차, 기타 채권·채무에 대한 거래 등 국제 간의 자금이동을 원활하게 하는 경제적 조치를 의미한다.
④ 유통시장의 역할과 관련된 내용이다.

37 정답 ②
정보는 단순해야 하고 지나치게 복잡해서는 안 된다. 지나치게 정교하거나 자세한 내용은 경우에 따라 의사결정자에게 불필요할 수도 있다.

38 정답 ③
③ 시스템은 계층적 구조의 성격을 지니고 개개 요소가 아닌 하나의 전체로 인지되어야 한다.

39 정답 ④

④ 이익잉여금 처분계산서는 기업의 이익잉여금의 처분사항을 명확히 보고하기 위하여 이월 이익잉여금의 총 변동사항을 표시한 재무제표이다. 일정 시점에 있어서 기업의 재무상태를 나타내는 정태보고서는 대차대조표(재무상태표)이다.

40 정답 ②

비유동자산(Non-current Assets)이란 현금화되는 기간이 1년 이상인 것을 말하며, 경제활동에 있어 활용할 목적으로 오랜 기간 동안 보유하는 자산이다. 비유동자산 중에서 무형자산에는 저작권, 개발비, 산업재산권, 라이선스 및 프랜차이즈 등이 있다.

제5회 정답 및 해설 | 경영학개론
독학사 1단계 교양과정

01	02	03	04	05	06	07	08	09	10	11	12	13	14	15	16	17	18	19	20
④	③	③	②	④	②	④	③	②	④	②	③	④	①	②	④	②	④	②	④
21	22	23	24	25	26	27	28	29	30	31	32	33	34	35	36	37	38	39	40
④	②	②	④	③	④	②	②	③	④	②	③	③	④	③	①	④	③	④	④

01 정답 ④
④ 경영학의 지도원리 중 버나드가 주장한 조직균형에 대한 내용으로 기업 조직이 존속하기 위해서 외부적으로는 기업 조직의 환경요소가, 내부적으로는 기업 조직과 구성원들 간에 균형이 존재해야 한다는 것이다.

02 정답 ③
규범 경영학은 여러 경영현상을 비교해서 어느 것이 사회적 견지에서 바람직한지를 평가하며, 이에 대한 판단기준 설정과 관련된 이론이다.
①·②·④ 실증 경영학에 대한 설명이다.

03 정답 ③
임금, 작업 시간, 노동환경뿐만 아니라 심리적인 요인도 작용하므로 인간의 감정, 배경, 욕구, 태도, 사회적 관계 등이 효과적인 경영에 상당히 중요함을 인지하게 되었다. 또한 이들 상호 간에는 함수관계가 없을 수도 있다.

04 정답 ②
① 조직목표이론: 기업 조직에서 목표가 어떻게 설정되고, 그것이 시간의 흐름에 따라 어떻게 변화되며 기업 조직이 그 목표에 얼마만큼 주목하는지를 고찰한다.
③ 조직기대이론: 기업 조직이 새로운 대안 및 정보 등을 언제 어떻게 탐색하고, 정보 등이 어떠한 방식으로 처리되는지 등을 다룬다.
④ 조직선택이론: 기업 조직이 활용 가능한 대안들에 대해 서열을 매겨 그 중 하나를 선택하게 하는 과정이다.

05 정답 ④
폐쇄-합리적 조직이론은 1900~1930년대의 이론으로, 조직을 외부환경과 관계없는 폐쇄체계로 파악하면서 인간도 합리적으로 사고하며 행동한다고 파악한다. 대표적 학자에는 테일러, 베버, 페이욜, 귤릭, 어윅 등이 있다.

06 정답 ②
② 말페르거는 『상업교육용 사전』을 저술했으나 이는 대부분 사바리의 「완전한 상인」을 모방하는 수준이었다. 사바리의 상업은 실천적인 측면이 강한 것에 반해서 루도비치의 경우에는 실천적인 측면에 이론적인 측면을 가미하였다.

07 정답 ④
기업 조직의 자원 중에서 물적 자원에 해당하는 것에는 공장입지(시장접근성, 원재료의 공급, 노동력 공급의 용이성, 수송수단의 활용성), 우수한 공장설비(제조공장의 능률성, 연구 및 실험

시설, 창고 및 기계설비), 원자재의 확보(원자재 공급의 장기적인 계약) 등이 있다.
①・②는 인적 자원, ③은 재무 자원이다.

08 **정답** ③
컨글로머릿(Conglomerate)은 생산 공정이나 판매과정 등에서 상호 관련이 없는 다양한 이종 기업을 합병 또는 매수해서 거대한 하나의 기업체를 형성하는 형태로, 구성목적은 경영의 다각화, 경기변동에 따른 위험분산, 이윤 증대, 외형상의 성장, 조직의 개선 등에 있다.

09 **정답** ②
다국적 기업이란 통상적으로 2개국 또는 그 이상의 국가에서 직접적으로 기업 활동을 전개하는 모든 기업체를 의미한다. 이는 산업정책의 효과 감소, 세계적인 독과점체제의 파급, 연구개발 및 기술독점 등의 본국집중(독점)에 의한 수입국 기술진보의 저해 등의 문제가 발생할 수 있다.

10 **정답** ④
공기업의 공공정책은 전화・전신・우편・전기・철도・수도・가스 또는 항만・도로 등의 사회생활의 필수적인 기반이 되는 공익사업을 의미한다.

11 **정답** ②
사회적 책임의 찬성론은 기업 조직이 적극적이면서 자발적으로 이해관계자들의 요청을 받아들여서 이에 대응하는 것이 기업 자체의 존속 및 성장에 있어서 필요하다는 견해이다.
② 사회적 책임의 부정론의 주요 논거에 해당한다.

12 **정답** ③
③ 상법상 이익, 즉 상법상 순손익은 기간 순손익이 아닌 시점이익이라는 점에서 이는 회계학적 견해와는 다소 차이가 있으며, 세법상 이익은 회계학상의 이익개념과 동일하게 기간손익을 전제로 한 법인세의 과세가능 순손익을 의미한다.

13 **정답** ④
의사결정의 주요요소에는 의사 담당자(개인, 집단, 조직 또는 사회), 환경(확실성, 위험, 불확실성 상황으로 구분), 대상(결정사항으로서 생산, 마케팅, 재무 등)이 있다.

14 **정답** ①
보편성의 원칙이란 계획은 기업 조직 내 어느 특정한 계층에서만 수행되는 활동이 아닌 전 계층에서 수행되어야 하는 관리활동으로 최고경영층으로부터 하위관리자에 이르기까지 모두 수행해야 하는 관리기능이라는 것이다.

15 **정답** ②
자본적 표준이란 원가표준을 변형한 것으로 물리적인 항목에 금전적 측정치를 활용한 것이지만 이는 작업의 비용보다도 기업에 투하된 자본과 관련이 있다. 종류에는 유동비율, 부채비율, 자본이익률, 재고회전율 등이 있다.

16 **정답** ④
PIMS는 이익모형으로 기업 조직의 수익성에 영향을 미치는 요소 및 그 영향 정도, 전략과 시장 조건의 변화에 따른 투자수익률의 변화를 파악하고자 하는 것이다. 제시하는 전략에는 구축전략, 유지전략, 철수전략이 있다.

17 **정답** ②
② 경험곡선과 PIMS에 대한 설명이다.

18 **정답** ④
전략경영은 경영관리상의 전 범위를 포괄하며, 또한 전략경영시스템은 계획 활동뿐만 아니라 기업 조직의 활동, 동기부여·통제 등의 여러 국면을 포괄하는 시스템이다.
④ 전략계획에 대한 설명이다.

19 **정답** ②
사업부제 조직은 부문 간 조정이 용이하며 제품별 명확한 업적평가가 가능하고 자원의 배분 및 통제가 용이하다.
①·③·④ 라인 조직의 장점이다.

20 **정답** ④
매트릭스 조직은 기존의 조직체계에서 특정 사업(프로젝트)을 수행하거나 특정 업무가 하나의 조직단위에 국한되지 않고 각 조직 단위에 관계되는 경우 이렇게 관계된 조직의 단위로부터 대표자를 선정해 새로운 조직체를 형성하는 조직 형태이다.

21 **정답** ④
④ 페티그루(Pettigrew)는 기업문화를 언어, 상징, 이념, 전통 등 조직체 개념의 총체적 원천이라고 정의하였다. 조직구성원에게 조직의 가치 및 신념 등을 전달하는 의식, 상징 등의 집합이라고 한 것은 오우치(Ouchi)이다.

22 **정답** ②
임금관리의 3요소는 임금수준, 임금체계, 임금형태로 그 중 임금체계의 핵심사항은 공정성이고, 임금수준의 핵심사항은 적정성이며, 임금형태의 핵심사항은 합리성이다.

23 **정답** ②
노사관계 관리의 기본목표는 노사관계의 공익성을 바탕으로 한 노사관계의 산업평화적 이념의 정립, 생산성 향상과 공정한 성과배분의 실현, 노사관계의 안정에 있다.
② 전략계획의 목표이다.

24 **정답** ④
기업별 노동조합(Company Labor Union)이란 동일한 기업에 종사하는 노동자들이 해당 직종 또는 직능에 대한 차이 및 숙련의 정도를 무시하고 조직하는 노동조합으로 개별기업을 존립의 기반으로 삼고 있는 것을 말한다.

25 **정답** ③
오픈 숍(Open Shop) 제도란 사용자가 노동조합에 가입한 조합원뿐만 아니라 비조합원도 자유롭게 채용할 수 있도록 하는 것을 말한다.
③ 클로즈드 숍(Closed Shop) 제도에 대한 설명이다.

26 **정답** ④
유연생산 시스템은 다양한 제품을 높은 생산성으로 유연하게 제조하는 것을 목적으로 한다. 컴퓨터에 의해 자동화된 동일한 생산라인에서 손쉬운 공정변화를 통해서 다양한 제품을 대량 생산하여 주문생산의 유연성과 대량생산의 생산성을 동시에 달성하도록 창출된 생산 시스템이다.

27 정답 ③
최적생산기법의 핵심은 '병목자원의 관리(Bottleneck Resources)'로 여기서 '병목'이란 시장수요에 미달되거나 같은 성능을 지닌 자원을 말한다. 최적생산기법의 목표는 효율의 증가, 재고의 감소 및 운영비용 절감 등을 동시에 만족시키는 것이다.

28 정답 ③
총괄생산계획에서의 비용요소 중 재고비용에는 재고유지비와 기회손실비가 있다. 그 중 재고유지비는 보유 중인 재고유지를 위한 창고운영비, 세금, 보험금, 감가상각비 등이 포함되고 기회손실비는 자본이 재고에 묶임으로 인해 상대적으로 취득할 수 있는 기회이익의 손실을 의미한다.

29 정답 ③
③ 종합적 품질경영(TQM : Total Quality Management)은 고객만족을 위한 경영방식이므로 조직문화 개선과는 관련이 없다.

30 정답 ④
사용상황에 의한 포지셔닝이란 자사제품의 적절한 사용상황을 설정함으로써 타사제품과 사용상황에 따라 차별적으로 다르다는 것을 소비자에게 인식시키는 전략이다.

31 정답 ②
제품사용자에 의한 포지셔닝이란 제품이 특정 사용자 계층에 적합하다고 소비자에게 강조하여 포지셔닝하는 전략이다. 샴푸와 린스를 따로 쓰지 않는 겸용샴푸 '하나로', '랑데뷰' 같은 제품은 아침시간에 바쁜 직장인이나 맞벌이 부부가 시간을 절약할 수 있도록 하는 제품으로 포지셔닝한 것이다.

32 정답 ③
문제의 예시는 핵심제품에 대한 설명이다. 핵심제품은 제품의 핵심적인 측면을 나타내는 것으로 제품이 본질적으로 수행하는 기능을 의미한다.

33 정답 ③
ⓒ은 유형제품으로 제품의 유형적 측면을 나타내는 것이며 소비자가 제품으로부터 추구하는 혜택을 구체적·물리적인 속성들의 집합으로 유형화시킨 것을 의미한다. 즉, 우리가 일반적으로 말하는 유형의 제품은 여기에 속한다.
ⓒ에 속하는 속성은 포장, 특징, 스타일, 품질, 상표가 있다.

34 정답 ④
①·②·③은 확장제품에 대한 설명이고, ④는 유형제품에 대한 설명이다.

35 정답 ③
MM의 자본구조이론은 1958년 모딜리아니와 밀러가 자본구조 무관계론을 발표하면서 본격적으로 발전하였다. 기업 조직의 가치는 해당 기업이 하고 있는 사업의 수익성 및 위험도에 의해 결정될 뿐 투자에 있어 필요한 자금을 어떠한 방식으로 조달하였는가와는 무관하다는 입장이다.
ㄴ. 증권시장이 국제화되었을 때 나타날 수 있는 현상이다.

36 정답 ①
국내 기업 재무구조의 약화 원인 중에서 거시경제 요인으로는 성장위주의 경제정책, 만성적인 인플레이션이 있다.
②·③·④ 세제상 요인에 속한다.

37 정답 ④
정보시스템을 이용한 경영을 통해 운영의 수월성 확보, 경쟁력 강화, 의사결정능력의 향상 등이 가능해진다.

38 정답 ③
의사결정지원 시스템(DSS : Decision Support System)은 의사결정자 및 시스템 간의 대화식의 정보처리가 가능하도록 설계되어야 하며 그래픽을 활용해서 해당 정보처리 결과를 보여주고 출력하는 기능이 있어야 한다.

39 정답 ④
유동자산(Current Assets)은 재무상태표로부터 1년 내 현금화되는 자산으로, 그 중 재고자산에는 기업이 소유한 상품, 반제품, 원재료, 재공품, 저장품 등이 있다.

40 정답 ④
비유동부채란 1년 이후에 상환하는 부채로 장기성 매입채무, 장기금융부채, 이연법인세대 등이 있다.
①·②·③ 유동부채에 속한다.

제6회 독학사 1단계 교양과정 정답 및 해설 | 경영학개론

01	02	03	04	05	06	07	08	09	10	11	12	13	14	15	16	17	18	19	20
①	②	①	①	①	④	①	③	③	④	③	①	③	④	①	③	①	①	③	④
21	22	23	24	25	26	27	28	29	30	31	32	33	34	35	36	37	38	39	40
③	②	①	②	④	①	①	②	③	④	③	①	②	④	①	③	④	②	③	④

01 정답 ①
② 연역법 : 일반적인 이론이나 법칙에서 출발해서 논리적 추론에 의해 구체적인 현상에 이를 적용해서 일정한 원리 및 결론을 도출해내는 추론 방법
③ 통계적 방법 : 관찰을 통해 취득한 자료를 활용하고 다루면서 이로부터 객관적인 결론에 도달할 수 있도록 하는 방법
④ 실험적 방법 : 변수들 사이의 함수관계를 발견하기 위해 통제된 상황에서 독립변수를 인위적으로 조작 또는 변화시켰을 때 그것이 종속변수에 끼치는 효과를 객관적인 방식으로 측정 및 관찰하여 파악하는 실증적 연구방법

02 정답 ②
실험적 방법은 변수들 사이의 함수관계를 발견하기 위해 통제된 상황에서 독립변수를 인위적으로 조작 또는 변화시켰을 때 그것이 종속변수에 끼치는 효과를 객관적인 방식으로 측정 및 관찰하려 파악하는 실증적 연구 방법이다.

03 정답 ①
산업이 발달하고 기업이 대규모화되면서 능률을 위주로 한 기업의 생산성은 점차 한계점에 도달하게 되었다. 이는 과학적 관리론에 대한 불평으로 이어져 종업원의 사회, 심리적인 욕구를 충족시킴으로써 기업의 생산성이 상승될 수 있다는 인식이 대두하는 계기가 되었다. 이러한 기업의 인간화가 곧 인간관계론의 출발점이 되었다.

04 정답 ①
폐쇄-사회적 조직이론은 조직을 외부환경과 관계없는 폐쇄체계로 파악하면서도 조직 구성원들의 인간적인 측면을 수용하는 관점으로 조직 구성원들의 사기를 생산성과 연결, 외부환경에 대해 소홀하다는 비판이 있다. 대표적 학자는 메이요, 뢰슬리스버거, 딕슨 등이다.

05 정답 ①
포드가 주장한 3S에는 부품의 표준화(Standardization), 제품의 단순화(Simplification), 작업의 전문화(Specialization)가 있다.

06 정답 ④
① 지휘의 일원화 : 동일한 목표를 가지고 활동하는 각 집단은 한 명의 상사와 한 개의 계획을 가져야만 한다는 것이다.
② 명령의 일원화 : 종업원이 한 사람의 상사에게서만 명령을 받아야 한다는 것을 의미한다.
③ 권한과 책임 : 책임은 권한의 필연적인 결과이며 또한 권한으로부터 생겨난다고 보았다.

07 **정답** ①
① 국내의 많은 기업들이 해외에 대한 투자 및 경영활동을 수행하고 있지만 국제 경영환경은 국내의 환경과는 매우 상이하며 여러 차이점을 지니고 있으므로 국제 기업환경의 문제가 중요한 이슈로 대두되고 있다.

08 **정답** ③
경영유형론에서는 경제적인 구조 및 법률적인 형태의 측면뿐만 아니라 경영의사형성을 포함하는 삼층 구조적인 접근이 필요하다는 것이 경영제도의 삼층 구조적 접근의 의미이다.
㉠ – 소유, ㉡ – 경영, ㉢ – 지배

09 **정답** ③
개인기업은 가장 간단한 기업의 형태로 단독출자자가 직접 경영하고 무한책임을 지는 형태이다.
③ 주식회사의 특징에 해당하며 개인기업은 자본조달이 어렵다는 단점이 있다.

10 **정답** ④
기업은 사기업과 공기업으로 나뉘며, 사기업은 다시 영리기업과 비영리기업으로 나눌 수 있다. 비영리기업은 출자자인 구성원에게 기업의 이윤을 분배할 것을 목적으로 하지 않는 기업형태로 각종 협동조합과 상호보험회사 등이 이에 해당한다.
①·③ 영리기업에 속한다.

11 **정답** ③
③ 현대적인 기업경영에 있어서 이념적인 갈등은 사회적 책임주의와 영리주의가 서로 충돌하면서 야기되므로 이러한 양자의 경영 정책적 조화가 기업윤리 위기의 극복책이 된다.

12 **정답** ①
②는 선택활동, ③은 설계활동, ④는 정보활동에 대한 설명이다.

13 **정답** ②
사이먼은 의사결정 유형을 정형적, 비정형적인 것으로 분류하였다. 그 중 비정형적 의사결정은 비일상적이고 특수적 상황에서 문제가 발생하면 해결안은 문제가 정의된 다음에 창의적으로 결정하며 주로 고위층에서 의사결정이 이루어진다.
①·③·④ 정형적 의사결정에 대한 설명이다.

14 **정답** ③
계획의 단계는 '문제의 인식 – 목표의 설정 – 계획의 전제 수립 – 대안의 모색 및 검토 – 대안의 평가 – 대안의 선택 – 파생계획의 수립 – 예산에 의한 계획의 수량화'의 순서로 이루어진다.

15 **정답** ④
④ 예산기간의 경우 회계기간의 장단, 제조기간의 장단, 장기예측의 필요 유무, 계절적 요인 등에 따라 달라질 수 있지만, 예산통제제도를 지속적으로 내부통제에 활용하기 위해서는 회계연도와 동일하게 설정하는 것이 바람직하다.

16 **정답** ①
②는 현금젖소(Cash Cow) 사업부, ③은 개(Dog) 사업부, ④는 물음표(Question Mark) 사업부에 해당한다.

17 정답 ①
호퍼와 센델의 전략경영 형성 단계(7단계)는 '전략의 식별 – 환경의 분석 – 자원의 분석 – 갭의 분석 – 전략적 대체안 – 전략의 평가 – 전략의 선택'의 순서로 이루어진다.

18 정답 ③
공격형 전략은 유연성을 목표로 분업의 정도와 공식화의 정도가 낮은 제품별 조직구조를 취하는 경향을 보이며 분권화된 통제 및 단순한 수평적 정보시스템으로 복잡한 조정메커니즘과 조정자에 의해 갈등이 해결된다.

19 정답 ④
①·②는 인식적 수준에 대한 설명이고, ③은 잠재적 수준에 대한 설명이다.

20 정답 ①
②는 4단계에 대한 설명이고, ③은 3단계에 대한 설명이며, ④는 1단계에 대한 설명이다.

21 정답 ③
내부적 차원(제2유형)의 조직문화는 기업의 문제해결태도와 관련된 내부적 상황에 관한 것으로, 생산적 문화, 관료적 문화, 전문적 문화로 분류할 수 있다.

22 정답 ②
클로즈드 숍(Closed Shop) 제도는 기업의 결원에 대한 보충이나 신규채용 등에 있어 사용자가 조합원 중에서 채용을 하지 않으면 안 되는 것을 말한다.
② 오픈 숍(Open Shop) 제도에 대한 설명이다.

23 정답 ①
① 기업별 교섭과 산업별 통일교섭의 절충형태를 집단교섭이라고 한다.

24 정답 ②
우리나라의 경우 개별적인 근로자를 대상으로 한 부당노동행위와 노동조합을 대상으로 하는 부당노동행위로 구별하고, 다음 5가지 종류의 부당노동행위를 규정하여 이를 금지하고 있다. 노동조합의 조직·가입·활동 등에 관한 불이익 대우, 황견계약의 체결, 단체교섭의 거부, 노동조합의 조직·운영에 대한 지배·개입과 경비원조, 단체행동에의 참가·기타 노동위원회와의 관계에 있어 행위에 관한 보복적 불이익 대우(노동조합 및 노동관계조정법 제81조)가 해당된다.

25 정답 ④
직장폐쇄란 노동조합과 사용자 간 근로조건에 대한 주장이 일치하지 않는 경우 사용자 측이 자기의 주장을 관철하기 위해서 노동자가 제공하는 노동력의 제공을 거부하고, 노동자에게 경제적 타격을 입힘으로써 압력을 가하는 실력행위를 말한다.

26 정답 ①
① JIT는 재고 감소, 비용 절감 등을 위한 생산관리시스템이다.

27 정답 ①
JIT 시스템은 적정한 부품을 적시, 적소에 제공함으로써 생산활동에 있어 모든 낭비의 근원을 제거하고자 하는 생산관리 시스템이다. 따라서 재고의 감소, 비용의 절감 및 품질 향상 등의 효과를 가져온다. 일본 도요타 회사에서 처음 개발한 JIT 시스템은 재고 과잉에 따른 낭비의 제거뿐 아니라 작업자의 능력을 최대한 이용한다. 작업자는 다음 생산 공정에 필요한 부품을 적시에 전달할 책임을 지고 있다. JIT 시스템의 궁극적인 목표는 수익의 증가, 비용 절감 및 적은 투자를 통한 투자 수익률을 증대시키는 것이다.

28 정답 ②
② 정량발주시스템은 재고가 일정 수준의 주문점에 다다르면 정해진 주문량을 주문하는 시스템으로 저가품에 주로 이용된다.

29 정답 ③
품절비(Stock out Cost)는 재고보다도 수요가 많아 마이너스 재고가 될 시에 발생하는 비용으로 납기지연에 따른 배상, 이익의 기회손실, 기업신용의 피해, 긴급주문 및 특별수송 비용 등이 포함된다.

30 정답 ④
소비재 중에서 ①·②·③은 편의품에 해당하고, ④는 선매품에 해당하는 제품이다.

31 정답 ③
자본재란 제품의 일부분을 구성하지는 않지만 제품생산을 원활히 하기 위해 투입되는 것을 말한다. 건물, 전동기, 대형 컴퓨터 등 고정 장비인 설비품과 지게차, 팩시밀리 등 이동장비나 사무실 집기 등의 보조장비로 구분된다.
③ 원자재에 대한 설명이다.

32 정답 ④
제품의 구성요소는 제품의 기능, 상표, 포장이다. 제품의 기능은 타사제품과 차별되는 기본요소 또는 구조적·기능적인 차이점과 함께 소비자들에게 제공하는 이점 및 효과, 품질(다른 제품에 대한 우위성으로 기술적 수준과 상업적인 질의 두 가지 측면)과 스타일(제품에 대한 선호 및 취향)로 구성되어 있다.

33 정답 ②
② 구매자 입장에서 상표의 좋은 점이다.

34 정답 ④
① 제품의 보호성 : 포장의 근본적인 목적임과 동시에, 제품이 공급자에서 소비자로 넘어가기까지 운송, 보관, 하역, 배송을 함에 있어서 발생할 수 있는 여러 위험요소로부터 제품을 보호하는 것
② 제품의 경제성 : 유통상의 총비용을 절감하게 하는 것
③ 제품의 편리성 : 제품취급을 편리하게 해 주는 것을 말하며, 제품이 공급자의 손을 떠나 운송, 보관, 하역 등 일련의 과정에서 편리를 제공하기 위한 것

35 정답 ①
기업 조직의 재무구조 개선방안에는 자기자본조달을 우대하는 방법, 기업 조직의 체질개선 및 경영합리화, 금융의 자율화와 특혜금융 및 정책금융의 폐지 등이 있다.

36 정답 ③
국내 기업의 재무구조가 약화되는 기업의 내적 요인에는 기업 조직의 방만한 투자정책, 계열사 간 주식의 상호보유, 부채의 레버리지 효과, 기업윤리 의식의 부재, 무분별한 기업의 확장 등이 있다.

37 정답 ④
최고경영자 정보시스템이란 조직의 최고경영층에게 주요 성공요인과 관련된 내·외부 정보를 손쉽게 접할 수 있도록 해 주는 컴퓨터 기반의 시스템을 말한다.

38 정답 ②
중앙처리장치는 기억장치에서 읽어 온 데이터에 대해서 연산처리, 비교처리, 데이터 전송, 편집, 변환, 테스트와 분기, 연산제어 등의 조작을 수행하고, 데이터 처리 순서를 표시하는 프로그램을 기억장치로부터 인출하여 여러 가지의 장치를 구동하면서 조작을 행한다.

39 정답 ③
회계순환과정은 기업 조직이 재무보고를 위해 선택하고 있는 일련의 회계처리과정으로, '회계상 거래 - 분개 - 전기 - 시산표 - 결산조정분개와 전기 - 재무제표의 작성'의 순서로 진행된다.

40 정답 ④
① 주석: 유의적 회계정책상의 요약 및 그 외의 내용으로 구성된다.
② 현금흐름표: 기업 조직이 일정 기간 현금흐름의 변동을 알기 위해 만드는 동태보고서를 의미한다.
③ 재무상태표: 일정 시점에서의 재무상태를 표현하는 정태보고서로 이월시산표를 기반으로 만들어진다.

제7회 독학사 1단계 교양과정 정답 및 해설 | 경영학개론

01	02	03	04	05	06	07	08	09	10	11	12	13	14	15	16	17	18	19	20
④	③	①	②	③	④	②	④	③	④	②	①	④	③	①	④	②	③	③	①
21	22	23	24	25	26	27	28	29	30	31	32	33	34	35	36	37	38	39	40
③	④	②	③	②	④	③	①	②	④	③	①	③	③	②	④	②	②	④	③

01 정답 ④
④ 고전적 접근 방법은 세토의 분류로, 경험에 근거하면서 기업 경영능률을 강조하고, 경영관리자들이 생산증대를 위해 지속적으로 조직의 효율성을 제고시키는 등 계속적인 노력을 해야 한다는 것을 주장하는 방식이다.

02 정답 ③
③ 기업경영은 각 사업체로 영리적인 단위 경제를 의미하고, 국가, 지방자치단체의 단위 경제를 의미하는 것은 재정경영이다.

03 정답 ①
②·④는 폐쇄-사회적 조직이론, ③은 개방-사회적 조직이론에 대한 설명이다.

04 정답 ②
① 규율 : 규율을 준수, 적용, 활력 및 존경의 표시를 달성하고자 정해진 약속에 대한 존중으로 여겼다.
③ 보수 : 보수의 액수와 지불 방법은 공정해야 하며, 종업원과 고용주 모두에게 똑같이 최대의 만족을 주는 것이어야 한다고 보았다.
④ 공정성 : 상사에 대한 부하의 충성 및 헌신은 부하를 공평하게 다루는 상사의 친절과 정의감이 결합함으로써 이루어지는 것이라고 보았다.

05 정답 ③
관료제의 특징에는 태도 및 대인관계의 비개인성, 과업전문화에 기반한 체계적인 노동의 분화, 기술적인 능력에 의한 승진을 기반으로 한 평생의 경력관리 등이 있다.

06 정답 ④
① 보상은 생산성과 능력에 비례하여 설정되었다.
② 직무설계가 전문화, 단순화, 표준화되었다.
③ 시간연구 및 동작연구, 작업연구에 중점을 두었다.

07 정답 ②
①·③·④는 국제 기업 환경의 영역 중에서 법률적 환경에 속하고, ②는 정치적 환경에 속한다.

08 정답 ④
①·②·③은 영리기업인 회사기업에 속하고 ④는 비영리기업에 속한다.

09 정답 ③
③ 일본의 경제학자 점부(占部), 우라베 쿠니요시가 제시한 기업경제형태론이다.

10 **정답** ④
④ 기업결합 중에서 기업계약적 결합과 관련된 내용이다.

11 **정답** ②
데이비스의 부정론의 주요 논거 9가지에는 이윤극대화, 사회관여의 기업비용, 사회적 책임의 사회비용, 사회기술의 결여, 기업의 주요목적에 대한 위협, 국제수지의 악화, 기업의 충분한 사회권력의 보유, 변명의무의 결여, 광범위한 지지의 결여가 있다.

12 **정답** ①
②·③·④ 비정형적 의사결정 모형의 특징이다.

13 **정답** ④
①·②는 업무적 의사결정(Operational Decision Making)에 대한 설명이고, ③은 관리적 의사결정(Managerial Decision Making)에 대한 설명이다.

14 **정답** ③
쿤츠는 경영계획의 원칙으로 합목적성의 원칙, 계획우선의 원칙, 보편성의 원칙, 효율성의 원칙을 주장하였다.

15 **정답** ①
① 손익분기점 분석(BEP : Break-Even Point Analysis)은 기업의 매출액 및 이익과의 관계를 분석·검토하는 방법으로 손익분기점은 총비용과 총수입이 일치하는 점이다.

16 **정답** ④
호퍼와 센델의 전략 구성요소에는 영역, 자원전개, 경쟁우위성, 시너지가 있다.
④ 앤소프 전략의 구성요소에 포함된다.

17 **정답** ②
① 경영적 관리 : 3가지 관리활동(사회적·기업가적·경쟁적 관리)이 요구하는 능력을 제공하는 것이다.
③ 사회적 관리 : 사회에 있어 기업 조직의 정당성, 합법성, 존재이유를 판단하고 결정한다.
④ 기업가적 관리 : 기업을 위한 이익잠재력을 창출해 내는 것이다.

18 **정답** ③
SWOT 분석은 기업의 내부환경과 외부환경을 분석하여 마케팅 전략을 수립하는 것으로, 기업을 Strength(강점), Weakness(약점), Opportunities(기회), Threats(위협)의 4가지 상황별·요인별로 분석하여 마케팅 전략을 세우는 방법이다.

19 **정답** ③
①·④는 재동결단계에 대한 설명이고, ②는 변화단계에 대한 설명이다.

20 **정답** ①
갑작스런 경기의 후퇴 및 기술혁신 등으로 인한 심각한 환경의 변화, 시장개방 등으로 인한 위기 등은 환경적인 위기이고, 조직의 최고경영층의 변동, 회사에 돌이킬 수 없는 커다란 실수의 발생, 적절하지 못한 전략 등은 경영상의 위기에 해당한다.

21 정답 ③
조직사회화는 7단계를 거쳐 일어나고, 이 중에서 5단계는 조직 공동가치와의 일체감 형성이다. 신입사원이 들어오는 경우에는 7단계에 따른 사회화가 체계적으로 이루어져야 한다.

22 정답 ④
유니언 숍은 사용자의 노동자에 대한 채용은 자유롭지만, 일단 채용이 되고나서부터는 노동자는 노동협약에 따라 반드시 노동조합에 가입해야만 하는 제도를 말한다.
①·②는 오픈 숍, ③은 클로즈드 숍에 대한 설명이다.

23 정답 ②
통일교섭은 전국에 걸친 산업별 노조 또는 하부 단위 노조로부터 교섭권을 위임받은 연합체 노조와 이에 대응하는 산업별 또는 지역별 사용자 단체 간의 단체교섭을 말한다.

24 정답 ③
③ 노·사 당사자가 2년의 범위 내에서 정할 수 있다. 만약 유효기간을 정하지 않거나 2년 이상을 초과하는 기간을 정한 경우에는 그 유효기간을 2년으로 한다(노동조합 및 노동관계조정법 제32조).

25 정답 ④
불매동맹과 피케팅은 노동자 측면의 부수적 쟁의행위로 노조의 쟁의행위를 효과적으로 수행하기 위해 이용된다.
③ 불매동맹은 노동조합이 사용자나 사용자와 거래 관계에 있는 제3자의 제품구입 또는 시설 등에 대한 이용 거절, 근로계약 체결 거부 등을 하는 행위이다.

26 정답 ④
④ JIT의 특성이 아니고 자동화 시스템, U라인 등의 특성이다.

27 정답 ③
① 총괄생산계획은 자재소요계획을 바탕으로 하지 않고 중기계획에 해당된다.
② 평준화 전략은 고용수준을 연중 일정하게 유지하고자 하는 전략을 말한다.
④ 추종전략은 고객주문의 변화에 따라 고용수준을 기간별로 조정하고자 하는 전략이다.

28 정답 ①
MRP(Material Requirement Planning)는 소요량에 의해 최초의 주문을 계획하는데, 자재소요의 양적·시간적인 변화에 맞춰 기주문을 재계획함으로써 정확한 자재의 수요를 계산해 나가는 방법으로, 종속수요제품의 소요량 산정을 위해 주로 사용된다.

29 정답 ②
공정관리의 기능에는 계획기능, 통제기능의 2가지가 있다. 계획기능에는 절차계획, 공수계획, 일정계획이 있고, 통제기능에는 작업할당, 진도관리가 있다.

30 정답 ④
㉠은 제품수명주기 중에서 도입기에 해당하는 시기로 제품이 시장에 처음 소개된 시기, 즉 제품이 처음으로 출시되는 단계로 제품에 대한 인지도나 수용도가 낮고, 판매성장률 또한 매우 낮다.
④ ㉡에 해당하는 성장기의 특징에 대한 설명이다.

31 **정답** ③
ⓒ은 성숙기에 해당하는 데, 이 시기에는 경쟁제품이 출현해서 시장에 정착되어 대부분의 잠재 소비자가 신제품을 사용하게 됨으로써 판매 성장률이 둔화되기 시작한다.

32 **정답** ①
제품수명주기(Product Life Cycle)는 통상적으로 '제품이 시장에 처음 출시되는 도입기 → 본격적으로 매출이 증가하는 성장기 → 매출액 증가율이 감소하기 시작하는 성숙기 → 매출액이 급격히 감소하여 더 이상의 제품으로 기능을 하지 못하는 쇠퇴기'로 이루어진다.

33 **정답** ③
① 제품계열 : 특성이나 용도가 비슷한 제품들로 이루어진 집단이다.
② 제품믹스의 폭 : 기업이 가지고 있는 제품계열의 수를 의미한다.
④ 제품믹스의 길이 : 제품믹스 내의 모든 제품 품목의 수를 의미한다.

34 **정답** ②
신제품 개발이란 자사의 목표와 마케팅 목표를 달성하는 데 있어 신제품이 수행해야 할 전략적 역할을 규명하는 것으로, 그 중 아이디어 선별(평가) 단계에서는 전반적인 자사의 목적에 맞지 않거나 또는 자사의 가용자원으로서 더 이상은 개발할 수 없는 아이디어들이 사라지게 된다.

35 **정답** ②
현금흐름에서 현금유입에는 제품의 판매로 인한 수익, 잔존가치, 투자세액공제에 따른 혜택 등이 있고, 현금유출에는 경상운영비, 최초 투자지출액, 운전자본의 증가 등이 있다.

36 **정답** ④
④ 회수기간법이란 기업에서 투자액을 회수하는 데 있어 소요되는 기간을 의미하는데, 특히 불확실성이 많은 상황에서 이러한 방식이 적용되며, 회수기간이 짧으면 짧을수록 유리하다고 판단한다.

37 **정답** ③
③ 언어번역기는 소프트웨어에 속하며 컴파일러와 인터프리터가 있다.

38 **정답** ②
메인 프레임은 다량의 DB와 갖가지 주변 기기들의 지원이 가능하고 많은 유저들의 요구사항을 한 번에 처리할 수 있어서 특히 대기업이 자료처리의 중심으로 많이 활용하고 있다.

39 **정답** ④
현금주의는 현금을 출납한 시점을 기준으로 거래를 인식한다.
④ 발생주의에 대한 설명이다.

40 **정답** ③
①은 기타 유동자산, ②는 비유동자산 중 무형자산, ④는 유동자산 중 재고자산에 포함된다.

제8회 정답 및 해설 | 경영학개론

독학사 1단계 교양과정

01	02	03	04	05	06	07	08	09	10	11	12	13	14	15	16	17	18	19	20
③	④	④	①	②	①	③	④	②	④	①	②	②	①	③	④	③	①	②	④
21	22	23	24	25	26	27	28	29	30	31	32	33	34	35	36	37	38	39	40
③	④	①	①	③	②	③	③	①	④	③	①	②	③	④	②	①	②	②	①

01 정답 ③
①은 재무관리, ②는 인사관리, ④는 생산관리에 대한 설명이다.

02 정답 ④
④ 미국 경영학의 체계에 해당하는 설명이다. 미국 경영학은 경영관리학 또는 경영자 경영학으로서 경영학총론과 경영학각론으로 분류되며, 경영학각론에서는 생산관리, 마케팅, 인사관리, 재무관리 등 경영의 각 기능에 대해서 다룬다.

03 정답 ④
④ 경영학은 한국적인 특성을 찾기 위한 노력이 최근까지 일부 있었지만, 아직까지는 주로 미국 경영학을 도입하여 우리나라의 현실을 정확하게 반영하지 못하고 있다. 최근 들어 한국적인 경영이론의 개발에 대해서 각계의 목소리가 높아지고 있다.

04 정답 ①
① 테일러는 종업원들에 대한 임금도 작업량을 달성한 사람에게는 높은 임금을 주고, 그렇지 못한 사람에게는 낮은 임금을 적용하는 등 차별성과급제를 적용하여 능률증진을 꾀하였다.

05 정답 ②
② 사이먼은 결과에 대한 지식이 완전하다고 하더라도 평가체제가 변화할 수 있고 평가에 있어서의 정확성과 일관성을 유지할 수 없다면서 현실적인 의미에서 합리성은 제한된 합리성에 불과하다고 보았다.

06 정답 ①
① 과학적 관리론에 대한 내용으로 조직관리를 과학적으로 하여 인간의 생산성을 증대시키고자 시간연구와 동작연구를 기초로 노동의 표준량을 정하고 임금을 작업량에 따라 지급하는 등의 방법을 중시하였다.

07 정답 ③
과업환경은 특정 경영체가 목표설정 및 목표를 달성하기 위한 의사결정을 내리는 데에 직접적으로 영향을 미치는 환경을 의미하며 일반 환경에 포함되지 않는다.

08 정답 ④
공기업을 국가 또는 공공단체가 소유하고 지배하는 기업적인 요소를 지니는 사업체로서 이를 공공소유, 공공목적, 기업적 요소를 갖춘 형태로 규정한다.
④ 점부(占部)의 기업경제형태론 중에서 개인기업에 대한 설명이다.

09 정답 ②
신디케이트는 동일한 시장 내 여러 기업이 출자해서 공동판매회사를 설립, 이를 일원적으로 판매하는 조직을 의미하며 참가기업의 경우 생산면에서 독립성을 유지하지만 판매는 공동판매회사를 통해 이루어진다.

10 정답 ④
다국적 기업은 통상적으로 2개국 또는 그 이상의 국가에서 직접적으로 기업 활동을 전개하는 모든 기업체로 경영활동의 세계지향성, 기업 조직구조의 분권화, 기업소유권의 다국적성, 인적 구성의 다국적성, 국제협력체제의 실행, 이윤의 현지기업에 대한 재투자성의 특징을 지닌다.

11 정답 ①
②·③·④는 데이비스의 사회적 책임에 대한 긍정론의 논거에 해당하고, ①은 데이비스의 사회적 책임에 대한 부정론의 논거에 해당한다.

12 정답 ②
사이먼의 의사결정 과정은 '정보활동 – 설계활동 – 선택활동 – 검토활동'의 순서로 진행된다.

13 정답 ②
관리적 의사결정은 중간관리층의 의사결정으로 자원에 대한 조직화, 조달 및 개발과 관련되어 있다.

14 정답 ①
쿤츠 등은 계획의 체계로 목적, 목표, 전략, 방침, 규칙, 절차, 프로그램, 예산의 8가지를 들었다. 그 중 예산(Budget)은 계획기능 중의 하나인 통제를 위한 불가결한 수단임과 동시에 기업 조직의 제반 계획을 통합하기 위한 중요 수단으로 보았다.

15 정답 ③
보편성의 원칙(Pervasiveness of Planning)
계획은 기업 조직 내 어느 특정한 계층에서만 수행되는 활동이 아닌 전 계층에서 수행되어야 하는 관리활동이라는 것으로, 경영계획은 최고경영층으로부터 하위관리자에 이르기까지 모두 수행해야 하는 관리기능이라고 보는 것이다.

16 정답 ④
④ 제품의 다각화 전략에 대한 설명이다.

17 정답 ③
마이클 포터의 경쟁전략은 기업의 경쟁력을 결정하는 5가지 요인(잠재적 진입자, 산업 내 경쟁자, 공급자, 구매자, 대체품)이 기업을 위협하는 환경에서 경쟁우위에 서기 위해 취할 수 있는 전략을 말한다.

18 정답 ①
포트폴리오 전략
경험곡선에 의한 비용체감의 법칙과 PIMS 모형에 의한 시장점유율 및 ROI 결정법칙을 합하여 현재 잠재력이 있는 전략적 사업단위를 발견해서 이에 대해 투자 또는 환수를 정하는 전략이다.

19 정답 ②
② 비공식조직에 대한 설명이다.

20 정답 ④
④ 관료제는 직위의 계층적인 배열에 따라 계층적인 권한체계로 이루어져 있으므로 수평적인 커뮤니케이션을 공식적으로 인정하지 않는다. 따라서 공식적 계층을 따르다 보면 시간 및 에너지가 낭비된다.

21 정답 ③
버나드는 조직을 구성하는 기본 조건으로 의사소통, 공동목적, 협동의욕의 세 가지를 들었다. 그리고 이 중 의사소통은 조직의 목적을 각 구성원에게 효과적으로 전달할 수 있도록 명료성, 일관성, 자기적시성, 분포성, 타당성, 적응성, 관심과 수용의 원칙 등이 지켜져야 한다고 주장하였다.

22 정답 ④
① 집단교섭 : 여러 개 단위노조와 사용자가 집단으로 연합전선을 구축해서 교섭하는 방식을 말한다.
② 통일교섭 : 전국에 걸친 산업별 노조 또는 하부단위노조로부터 교섭권을 위임받은 연합체 노조와 이에 대응하는 산업별 또는 지역별 사용자단체 간의 단체교섭을 말한다.
③ 기업별 교섭 : 기업 내 조합원들을 교섭의 단위로 해서 기업단위노조와 사용자 간 단체교섭이 행해지는 것을 말한다.

23 정답 ①
태업은 노동조합이 형식적으로는 노동력을 제공하지만 의도적으로 불성실하게 노동력을 제공하여 작업능률을 저하시키는 행위이고 사보타지(Sabotage)는 태업에서 더 나아가 능동적으로 생산 및 사무를 방해하거나 원자재 또는 생산시설 등을 파괴하는 행위이다.

24 정답 ①
중재란 조정과는 다르게 노사의 자주적인 해결의 원칙과는 거리가 먼 형태로 중개절차가 개시되면 냉각기간이 경과했더라도 그날로부터 15일간 쟁의행위를 할 수 없고, 중재재정의 내용은 단체협약과 동일한 효력을 지닌다.

25 정답 ③
경영참가제도의 종류에는 국가별, 지역별, 기업의 규모에 따라 각각 차이가 있지만 일반적으로 널리 사용되고 있는 기본유형으로는 자본참가, 이익참가, 경영의사결정참가의 세 가지가 있다.

26 정답 ②
ASME(미국기계기사협회)에 따르면 '공정관리는 공장에서 원재료로부터 최종적인 제품에 다다르기까지 원재료나 부품품의 가공 및 조립의 흐름을 순서 있고, 능률적인 방식으로 계획하고, 순서를 정하며, 일정을 세워 작업을 할당해서 독촉하는 절차'라고 하고 있다.

27 정답 ③
③ 원자재, 가공조립품, 구입품 등을 표시할 수 있는 자재명세서가 준비되어야 한다.

재고기록서
재고 상황 부문(순 소요량, 총 소요량, 보유재고, 계획입고, 계획발주), 주 품목자료 부문(품목특성, 품목종별, 계획요소, 안전재고), 보충자료 부문(세부발주사항, 현 진행기록사항, 계산요소)으로 구성된다.

28 정답 ③
③ 공정관리의 통제기능 중 진도관리에 대한 설명이다.

29 정답 ①
종합 품질 관리라고도 하며 기업 활동의 전반적인 부분의 품질을 높여 고객 만족을 달성하기 위한 경영 방식이다. 기존의 품질 관리는 주로 제품과 서비스에 대한 관리였으나, TQM에서는 조직 및 업무의 관리에도 중점을 두어 구성원 모두가 품질 향상을 위해 노력하여야 한다. 제품 및 서비스 생산과정 개선, 지속적인 종업원 교육, 바람직한 기업 문화 창출, 미래 경영 환경 대비, 신기술 개발 등을 통해 경쟁력을 높이고 장기적인 성장을 도모할 수 있다.

30 정답 ④
신제품 개발은 '아이디어 창출 → 아이디어 선별(평가) → 제품개념개발 및 테스트 → 마케팅 전략개발 → 사업성 분석 → 제품개발 → 시험마케팅 → 상업화'의 과정을 거쳐 이루어진다.

31 정답 ③
③ 가격은 심리적 측면에서 보면 소비자들은 가격을 전통적인 교환비율보다는 품질의 지표로 이용할 수도 있으므로, 기업은 가격에 대한 소비자의 심리적 반응을 충분히 고려해야 한다.

32 정답 ①
가격결정에 대한 영향 요인 중에서 내부요인에는 마케팅 목표, 마케팅 믹스 전략, 원가 등이 있다.
②·③·④는 외부요인이다.

33 정답 ②
목표수익률 가산법
기업 조직이 투자에 대한 목표수익률을 정하고 이를 달성할 수 있도록 가격을 산정하는 방법으로, 일정 이익률을 확보하는 것이 중요한 자본집약적 산업, 공공사업 등에서 주로 활용된다.

34 정답 ③
묶음가격(Bundling Price)
두 가지 또는 그 이상의 제품 및 서비스 등을 결합해서 하나의 특별한 가격으로 판매하는 방식의 마케팅 전략으로, 제품이나 서비스의 마케팅 등에서 종종 활용하는 기법이다.

35 정답 ④
현금흐름 추정 시 세금효과를 고려해야 하며, 그 중에서도 감가상각 등의 비현금지출비용 등에 각별히 유의해야 한다. 그 외에도 매몰원가, 기회비용 등에 대한 명확한 조정이 필요하다.

36 정답 ②
현재가치지수 또는 수익성 지수란 현금유입 현가를 현금유출 현가로 나눈 값으로 투자안의 효율성을 표시한다. 이 값이 1보다 크면 해당 투자안을 선택하게 된다.

37 정답 ①
컴파일러(Compiler)
고급언어로 쓰인 프로그램을 그와 의미적으로 동등하면서도 컴퓨터에서 즉시 실행이 가능한 형태의 목적 프로그램으로 바꾸어 주는 번역 프로그램으로 언어번역기이다.

38 정답 ②

시스템 개발 단계는 '정보요구사항의 결정 – 선택안의 평가 – 설계 – 구현'의 순서로 진행되며 그 중 정보요구사항의 결정은 '프로젝트 팀 구성 – 문제의 정의 – 구체적인 정보요구사항의 결정 – 타당성의 조사 – 경영자의 승인 획득'의 과정으로 전개된다.

39 정답 ②

② 재무제표 작성을 주목적으로 하는 것은 재무회계이다.

40 정답 ①

비유동자산이란 재무상태표 작성일을 기준으로 1년 이내에 현금화할 수 없는 자산으로, 크게 투자자산, 유형자산, 무형자산으로 구분할 수 있다. '투자자산'은 기업의 본래 영업활동이 아닌 투자목적으로 보유하는 자산을 의미하고, '유형자산'은 토지, 건물 등 부동산 자산과 기계장치, 설비 등을 말한다. 그 외 영업권, 산업재산권 등을 '무형자산'이라고 한다.

제9회 정답 및 해설 | 경영학개론

독학사 1단계 교양과정

01	02	03	04	05	06	07	08	09	10	11	12	13	14	15	16	17	18	19	20
④	③	④	②	③	③	①	③	①	②	①	④	③	①	①	④	②	①	④	②
21	22	23	24	25	26	27	28	29	30	31	32	33	34	35	36	37	38	39	40
③	④	③	①	③	③	④	④	①	②	③	③	④	③	①	②	③	④	①	③

01 정답 ④

버나드가 주장한 조직균형은 기업 조직이 존속하기 위해서 외부적으로는 기업 조직의 환경요소가, 내부적으로는 기업 조직과 구성원들 간에 균형이 존재해야 한다는 것이다. 버나드가 주장한 기업 조직의 존속여건에는 공통목적, 공헌의욕, 의사소통이 있다.

02 정답 ③

③ 생산성은 노동, 자본, 원자재, 산출물의 수량, 산출물의 시장가치, 산출물의 부가가치 등의 기준에 따라서 다양한 개념으로 정의된다.

03 정답 ④

④ 인간관계론(Human Relations Approach)이 등장하게 된 배경과 관련된 내용이다.

04 정답 ②

② 버나드의 조직이론으로 조직과 조직을 구성하는 사람에 대해서 비교적 균형이 잡힌 이론을 전개하면서 조직목적과 개인목적의 통합이 기업 조직의 존속조건임을 강조하였다.

05 정답 ③

③ 조직 내 비공식조직의 활용을 중시하는 입장은 인간관계론이다.

06 정답 ③

① 1차 논쟁, ② 2차 논쟁, ④ 4차 논쟁의 내용이다.

07 정답 ①

환경의 2가지 차원은 변화의 정도 및 복잡성의 정도를 말하는데 그 중 환경이 복잡하고 동태적인 성격의 산업에는 전자산업, 석유회사가 있다.

08 정답 ③

③ 국제 기업 환경의 영역 중에서 문화적 환경에 대한 설명으로 미적 감각에 대한 내용이다.

09 정답 ①

자본주의 기업은 '원시공동체 사회 – 사유제로의 이행 – 개인기업의 등장 – 공동출자사업 형태로의 발전(코멘다, 소키에타스) – 초기의 주식회사(16세기)'의 순서로 발전하였다.

10 정답 ②
개인기업은 가장 간단한 기업의 형태로 단독출자자가 직접 경영하고 무한책임을 지는 형태이며 장점에는 신속성, 비밀유지, 업무집행의 탄력성, 기업의 단순성, 해산의 용이성 등이 있다.

11 정답 ④
두 이론 모두 자유기업체제의 사회에 있어서 사회적인 문제가 존재하고 있다는 것을 소극적 및 적극적으로 인정하고 있고, 기업 및 정부는 다원사회에 있어서 영향력이 있는 사회제도로 인식하고 있다는 점에서 공통적이다.

12 정답 ③
③ 세법상 이익은 회계학상의 이익개념과 동일하게 기간손익을 전제로 한 법인세의 과세가능 순손익을 의미한다.

13 정답 ④
의사 담당자는 의사결정의 주체로 개인이나 집단, 조직 또는 사회가 될 수 있다.

14 정답 ①
① 광의의 경영계획 개념에는 목표 및 전략이 모두 포함되지만 협의의 경영계획 개념에는 방침, 절차, 프로그램, 규정, 예산만 포함된다.

15 정답 ①
원가측정이란 금전적 측정표준으로 물리적 표준과 동일하게 작업장에서 주로 쓰이고 있는 것으로, 단위생산당 간접원가, 단위생산당 직접원가, 단위생산당 원재료비 등이 이에 해당한다. 반면에 수익표준은 화폐적인 단위를 매출에 활용한 것으로, 고객의 1인당 매출액, 철재 1톤당 수익 등이 이에 해당한다.
① 원가측정이 아니라 수익표준에 대한 설명이다.

16 정답 ④
제시된 그래프는 경험곡선으로 제품의 단위당 실질 코스트는 누적 경험량(누적 생산량 또는 판매량)이 증가함에 따라 단위당 비용이 20~30%의 비율로 저하된다는 것을 보여준다.
④ 학습곡선에 대한 설명이다.

17 정답 ②
분석형 전략은 기능별 구조 및 제품별 구조를 결합한 느슨한 조직구조를 취하는 경향이 있으며 중간 정도로 집권화된 통제가 필요하고 극도로 복잡하면서 고비용의 조정메커니즘이 적용된다.

18 정답 ①
산업지향 전략은 산업계의 경쟁관계에서 전략적인 요인을 찾는 전략으로, 전사적 전략이 중심이 된다.

19 정답 ④
① 업무핵심층(Operating Core) : 제품 및 서비스 생산과 직접 관련된 기본적인 업무를 수행한다.
② 전략상층부(Strategic Apex) : 기업 조직에 대한 전반적인 책임과 함께 조직의 방향 설정과 전략개발 등을 담당한다.
③ 중간라인(Middle Line) : 업무핵심층과 전략상층부를 연결해 주는 역할을 수행한다.

20 정답 ②
민츠버그의 분류에서 기계적 관료제에 대한 설명이다.

21 정답 ③
매트릭스 조직은 기존의 조직체계에서 특정 사업(프로젝트)을 수행하거나 특정 업무가 하나의 조직단위에 국한되지 않고 각 조직 단위에 관계되는 경우 이렇게 관계된 조직의 단위로부터 대표자를 선정해 새로운 조직체를 형성하는 조직 형태로 환경변화에 대한 고도의 정보처리가 불확실할 때 필요하다.

22 정답 ④
성과배분제도에는 일반적 성과배분제도로 상여금제, 이윤분배제, 종업원지주제도 등이 있고 공장단위 성과배분제도에는 스캔런플랜(판매가치 기준), 럭커플랜(부가가치 기준), 링컨플랜, 프렌치시스템(비용 절감) 등이 있다.

23 정답 ③
③ 조정은 조정의 신청이 있는 날부터 일반사업에 있어서는 10일, 공익사업에 있어서는 15일 이내에 종료하여야 하며 규정에 의한 조정기간은 관계 당사자 간의 합의로 일반사업에 있어서는 10일, 공익사업에 있어서는 15일 이내에서 연장할 수 있다.

24 정답 ①
사회보장이란 출산, 양육, 실업, 노령, 장애, 질병, 빈곤 및 사망 등의 사회적 위험으로부터 모든 국민을 보호하고 국민 삶의 질을 향상시키는 데 필요한 소득·서비스를 보장하는 사회보험, 공공부조, 사회서비스를 말한다. 사회보험은 국가의 책임으로 시행하고, 공공부조는 국가와 지방자치단체의 책임으로 시행하는 것을 원칙으로 한다.

25 정답 ③
① 순응임률제 : 기존의 제반조건이 변할 때 거기에 순응하여 임금률도 자동적으로 변동, 조정되도록 하는 제도이다.
② 물가연동제 : 물가변동에 따라 임금을 올리거나 내리는 임금지불제도이다.
④ 럭커플랜 : 생산부가가치의 증대를 목표로 노사가 협력하여 얻은 생산성 향상의 결과물을 럭커 표준이라는 일정분배율에 따라서 노사 간에 적정하게 배분하는 방법이다.

26 정답 ③
③ 법정복리후생이란 국민건강보험, 산재보험, 고용보험, 국민연금 등을 말한다.

27 정답 ④
① 집단교섭 : 여러 개 단위노조와 사용자가 집단으로 연합전선을 구축해서 교섭하는 방식으로 기업별 교섭과 통일교섭의 절충형태
② 대각선교섭 : 단위노조가 소속된 상부단체가 각 단위노조에 대응하는 개별기업의 사용자 간에 행해지는 교섭방식
③ 기업별 교섭 : 기업 단위노조와 사용자 간 단체교섭, 각 사업장의 특수성을 반영할 수 있으나 노동시장에 대한 지배력이 없고 기업별, 사업장별 교섭 등에서 오는 제약이 따른다.

28 정답 ④
계획생산량 완성에 있어 필요로 하는 인원 또는 기계의 부하를 결정해서 이를 현유인원 및 기계의 능력 등과 비교해서 조정하는 것으로 가장 많이 활용되는 기준은 작업 시간으로서 기계시간(Machine Hour)과 인시(Man Hour)가 대표적이다.

29 정답 ①
품질관리의 구체적 목표에는 소비자들의 제품에 대한 요구 충족, 다음 공정의 작업을 원활화, 불량이나 오작동의 재발 방지, 불량품 및 부적격 업무 감소, 요구품질의 수준과 비교하여 공정 관리, 현 공정능력에 따른 제품의 적정품질 수준을 검토해서 설계의 지침으로 하는 것 등이 포함된다.

30 정답 ②
단수가격(Odd Pricing)
시장에서 경쟁이 치열할 때 소비자들에게 심리적으로 값싸다는 느낌을 주어 판매량을 늘리려는 가격결정방법이다.

31 정답 ④
균일운송가격(Uniform Delivered Pricing)
지역에 상관없이 모든 고객에게 운임을 포함한 동일한 가격을 부과하는 가격정책으로, 운송비가 가격에서 차지하는 비율이 낮은 경우에 용이한 가격관리 방법이다.

32 정답 ③
계절할인
제품판매에서 계절성을 타는 경우에 비수기에 제품을 구입하는 소비자에게 할인 혜택을 주는 것이다. 여행사에서 소비자들을 대상으로 성수기와 비수기의 요금을 차별적으로 정한 것도 계절할인의 한 예이다.

33 정답 ④
기업이 소비자에게 전달하는 제품과 서비스는 다양한 경로를 거쳐 목표로 한 최종 소비자에게 보내지거나 소비하게 되는데, 이러한 경로를 유통경로라고 한다.

④ 다른 믹스 요소와는 다르게 용이하게 변화시킬 수 없는 비탄력성을 지니며, 각 국의 특성에 따른 고유 유통경로가 존재하는 유통경로의 특수성으로 인해 중요 전략적 위치를 차지한다.

34 정답 ③
집약적 유통은 가능한 한 많은 소매상들이 자사의 제품을 취급하게 함으로써 포괄되는 시장의 범위를 확대시키려는 전략이다.
③ 전속적 유통의 단점에 해당한다.

35 정답 ①
자본시장선(CML : Capital Market Line)이란 무위험자산을 시장 포트폴리오와 결합한 자본배분선이다.

36 정답 ②
② 콜 옵션(Call Option)은 특정 증권 또는 상품 등을 살 수 있는 권리를 의미하고, 풋 옵션(Put Option)은 특정 증권 또는 상품 등을 팔 수 있는 권리를 의미한다.

37 정답 ③
정보의 요구사항에 대한 결정이 있은 후에 정보시스템 구성요소에 대한 선택안의 제시 및 평가가 이루어지는데, 손익분석 및 주관적인 평가는 선택안 평가에서 이루어진다.

38 정답 ④
EDI(Electronic Data Interchange)란 전자문서교환이라고도 하며, 기업 사이에 컴퓨터를 통해서 표준화된 양식의 문서를 전자적으로 교환하는 정보전달방식이다.

39 정답 ①

차변(장부의 왼쪽)에는 자산과 비용(예 자산의 증가, 부채의 감소, 자본의 감소, 비용의 발생)을 기재하고 대변(장부의 오른쪽)에는 부채 및 자본과 수익(예 자산의 감소, 부채의 증가, 자본의 증가, 수익의 발생)을 기재한다.

40 정답 ③

비용이란 수익을 얻는 중에 소모된 자산 또는 활용된 용역의 원가를 의미하며 자본을 감소시키면서 실제 현금유입 또는 예상되는 현금유입을 포함한다.

제10회 독학사 1단계 교양과정 정답 및 해설 | 경영학개론

01	02	03	04	05	06	07	08	09	10	11	12	13	14	15	16	17	18	19	20
④	③	②	④	①	③	①	②	④	③	①	②	①	③	③	②	①	④	②	②

21	22	23	24	25	26	27	28	29	30	31	32	33	34	35	36	37	38	39	40
④	④	②	④	③	②	④	②	①	②	②	③	④	④	②	②	②	③	①	④

01 정답 ④
④ 실천 경영학에 대한 설명이다.

02 정답 ③
① 운영적 접근법 : 관리활동에 있어서 능동적인 실천을 가능케 해 주는 개념 또는 원리 그리고 이러한 방법을 실무에 활용함으로써 관리에 대한 적정한 지식을 체득하려 한다는 부분에서 운영과학적인 특징을 지닌다.
② 인간상호 접근법 : 관리활동은 '인간을 통해서 무엇인가를 하게끔 하는 활동'이므로 관리에 대한 연구는 인간상호관계 지향적이어야 하며, 사회심리학적 존재로서 개인의 행동 또는 그러한 동기를 중요시하게 된다.
④ 사회기술시스템 접근법 : 초반에 관리연구에 있어 사회시스템 분석에 역점을 두었으나, 후에는 기술시스템이 사회시스템에 강한 영향을 끼치고 있다는 것을 알게 되면서 두 시스템의 상호관계를 중요시하는 연구경향을 가지게 되었다.

03 정답 ②
① 기술적 활동 : 생산, 제조, 가공
③ 상업적 활동 : 구매, 판매, 교환
④ 보전적 활동 : 재산 및 종업원의 보호

04 정답 ④
④ 테일러의 과학적 관리론에 대한 내용이다.

05 정답 ①
개방–사회적 조직이론은 조직이 환경에 대해서 개방되었고, 구성원들이 지닌 비합리성·비공식성 등이 수용되고 있다는 입장으로 웨익, 힉슨, 마치와 올슨, 페퍼와 샐린시크 등이 대표적 학자이다.

06 정답 ③
막스 베버의 관료제 이론의 주요 내용으로는 안정적이면서 명확한 권한 계층, 태도 및 대인관계의 비개인성, 과업전문화에 기반한 체계적인 노동의 분화 등이 있다.

07 정답 ①
① 급변하는 환경에 기업 조직이 적응하기 위해서는 기업의 경영목적 및 사회목적의 균형을 찾아야 하며, 그로 인한 전략적 적응이 요구된다. 하지만 적응방식은 기업 조직의 행동범위 또는 행동양식의 차이에 따라 달라진다.

08 정답 ②
유한회사는 전출자자가 유한책임사원으로 구성되어 있지만 출자자를 공모할 수는 없으며 사원의 수가 제한되며 지분의 증권화가 불가능하고 인적 회사의 성격이 가미되어 주식회사보다 소규모적·폐쇄적·비공개적인 회사이다.
①은 합명회사, ③은 합자회사, ④는 주식회사에 대한 설명이다.

09 정답 ④
①·③은 이사회에 대한 설명이고 ②는 감사에 대한 설명이다.

10 정답 ③
리프만의 기업경제형태론에 대한 핀다이젠의 비판 내용이다.
①·④는 리프만의 기업경제형태론의 입장이고, ②는 베블렌의 견해이다.

11 정답 ①
기업윤리의 구분에 있어서 이념적 측면은 실천적 행동의 기초가 되는 이념, 즉 도덕적 비판을 필요로 하는 신념체계가 된다.

12 정답 ②
② 경영목표 형성의 3가지 차원은 경영목표의 내용, 경영목표의 범위, 경영목표의 실현기간이다.

13 정답 ①
사이먼은 의사결정 유형을 정형적·비정형적인 것으로 분류하고 정형적 의사결정은 구조화된 결정 문제, 비정형적 의사결정은 비구조화된 결정 문제라고 하였다. 그 중 정형적 의사결정은 문제 해결안이 조직의 정책 또는 절차 등에 의해 미리 상세하게 명시되는 것으로 시장 및 기술이 안정되고, 일상적이며 구조화된 문제해결이 많은 조직에서 적용된다.

14 정답 ③
③ 경영관리의 내용 중 업무적 관리에 대한 설명이다. 이는 기업 조직의 각 하위부서에서의 활동들이 효율적으로 수행되도록 관리하는 것으로, 감독 관리자 및 중간관리자 계층이 주로 수행하는 관리활동을 말한다.

15 정답 ③
경영계층은 전반관리층(전반계획 또는 종합계획), 중간관리층(부문계획), 하부관리층(실행계획에 대한 책임)으로 나누어지며, 이러한 각 계층은 나름대로의 계획을 수립하게 된다.

16 정답 ②
물음표(Question Mark) 사업부는 시장성장률은 높으나 상대적 시장점유율이 낮으며 제품수명주기상에서 도입기에 속하는 사업이다.

17 정답 ①
시장개발, 시장침투, 제품개발은 제품의 생산기술과 마케팅의 어느 한쪽 또는 쌍방과 공통의 관련성을 지닌다는 점에서 공통점을 보이며 이를 확대화라 한다. 다각화의 경우 생산과 시장의 양면에서 기존 것과 다른 분야에 진출하는 것으로 엄격히 말하면 신제품 출시, 시장에 진출하는 것 등을 말한다.

18 정답 ④
복합적 다각화란 해당 사업이 연계한 동종업종의 것일 수도 있으며, 자신들의 업종과는 전혀 다른 양상의 분야로 확장해서 운영하는 것을 말한다.

19 정답 ②
② 기업의 조직문화는 생산성에 영향을 끼치는데, 강력한 기업 조직의 문화는 생산성을 저해할 수도 있고 생산성을 향상시킬 수도 있다.

20 정답 ②
인식적 수준은 기본적인 믿음이 표출되어 인식의 수준으로 나타난 것으로, 옳고 그름이 결정될 수 있는 가치관이다.

21 정답 ④
숄츠(Scholz)가 주장한 조직문화의 차원 중에서 환경적 차원에 따른 조직문화(제1유형)는 기업과 환경과의 관계를 다루는 방법의 결과에 관한 것으로, 강인하고 억센 문화, 열심히 일하고 잘 노는 문화, 회사의 운명을 거는 문화, 과정을 중시하는 문화 등으로 분류하고 있다. 그 중 과정을 중시하는 문화는 위험 및 피드백이 거의 없는 환경에 있는 기업의 문화이다.

22 정답 ④
최저임금제의 필요성
- 계약자유 원칙의 한계를 보완
- 저임금 노동자를 보호
- 임금인하 경쟁을 방지
- 유효수요를 증대

23 정답 ②
① 연봉제 : 개별 구성원의 능력·실적 및 조직 공헌도 등을 평가해 계약에 의해 연간 임금액을 책정하는 보수 체계
③ 임금피크제 : 근로자들의 임금을 삭감하지 않고 고용을 유지하기 위해 근무시간을 줄여 고용을 보장하기 위한 제도
④ 개인성과급제 : 노동의 성과를 측정하여 그 결과에 따라 임금을 지급하는 제도

24 정답 ④
직능급은 종업원의 직무수행능력을 기준으로 임금수준을 결정하는 것이다.

25 정답 ③
④ 사회보험의 4대 지주는 국민건강보험, 연금보험, 고용보험, 산업재해보상보험이다.

26 정답 ②
시계열분석 방법이란 제품 및 제품계열에 대한 수년간의 자료 등을 수집하기 용이하며, 변화하는 경향이 비교적 분명하며 안정적일 경우에 활용되는 것이다. 이는 규칙변동이 아니라 불규칙변동으로 우연한 사건의 결과가 발생하는 변동을 의미한다.

27 정답 ①
정기발주시스템은 발주 간격을 정해서 정기적으로 발주하는 방식으로, 단가가 높은 상품에 적용되며 발주할 때마다 발주량이 변하는 것이 특징이다.
① 정량발주시스템의 특징이다.

28 정답 ③
① 품절비(Stock out Cost) : 재고보다도 수요가 많아 마이너스 재고가 될 때 발생하는 비용
② 발주비(Ordering Cost) : 제품에 대한 주문 행위에 필요한 비용으로 통신, 사무 및 서류처리, 수송, 수입검사 등의 비용 및 공장에서 하는 새로운 주문으로 인한 작업준비의 비용
④ 재고유지비(Holding Cost) : 재고 보유로 인해서 부담하게 되는 자본비용(금리), 위험비용(도난·파손·진부화), 저장비용(저장·설비·세금·보험·자재취급) 등

29 정답 ①
JIT(적시생산 시스템)은 무재고 생산방식 또는 도요타 생산방식이라고도 하며 필요한 것을 필요한 만큼 필요한 때에 만드는 생산방식을 의미한다.

30 정답 ②
소매상은 개인용으로 사용하려는 최종 소비자에게 직접 제품과 서비스를 제공하여 소매활동을 하는 유통기관을 말한다. 그 중 편의점(Convenience Store)은 보통 접근이 용이한 지역에 위치하여 24시간 연중무휴 영업을 한다.

31 정답 ②
일반적으로 유통경로에서 제품이나 그에 따르는 서비스 등은 특정한 장소 및 시기에 적절한 품질로 중간상 및 소비자에 전달되어야 한다. 이렇듯 물적 유통관리는 제품이나 서비스를 생산자로부터 시작하여 최종 소비자에 이르기까지의 과정에서 관리하는 것을 말한다.

32 정답 ③
촉진믹스(Promotion Mix)의 구성요소는 광고활동, 인적판매활동, 판매촉진활동, 홍보활동이다.

33 정답 ④
푸시(Push)전략은 제조업자가 소비자를 향해 제품을 밀어낸다는 의미로 제조업자는 도매상에게, 도매상은 소매상에게, 소매상은 소비자에게 제품을 판매하게 만드는 것을 말한다.

34 정답 ④
사람이 아닌 다른 매체를 통해 제품이나 기업자체를 뉴스나 논설의 형식으로 널리 알리는 방식을 PR이라고 한다. 기업의 대표적인 PR 수단으로는 출판물, 뉴스, 이벤트, 연설, 사회봉사활동, 기업 아이덴티티 등이 있다.
① 이벤트 : 기자회견, 세미나, 전시회, 기념식, 행사 스폰서십
② 연설 : 최고경영자 또는 임원들이 각종 행사에 참여하는 연설
③ 출판물 : 사보, 소책자, 연례 보고서, 신문이나 잡지 기고문

35 정답 ②
선물계약을 매도하는 것은 해당 상품을 인도할 의무를 지는 것이 되며, 반대급부로 선물을 매입하게 되는 것은 해당 상품을 인수할 의무를 지게 되는 것을 말한다.

36 정답 ③

① 수익성 비율 : 기업이 투자한 자본으로 얼마만큼의 이익을 달성했는지를 측정하는 비율
② 활동성 비율 : 기업이 자산을 얼마나 효율적으로 활용하고 있는가를 나타내는 비율
④ 시장가치 비율 : 투자자가 기업의 과거성과와 미래전망에 대해 어떻게 평가하고 있는지를 알 수 있게 하는 지표

37 정답 ②

의사결정지원시스템은 반구조적 또는 비구조적 의사결정을 지원하기 위해 의사결정자가 데이터와 모델을 활용할 수 있게 해 주는 대화식 시스템이다.
② 사무자동화시스템에 대한 설명이다.

38 정답 ③

출력장치란 컴퓨터에서 정보를 처리한 후에 해당 결과를 기계로부터 인간이 인지할 수 있는 언어로 변환하는 장치로, 모니터(Monitor), 스피커(Speaker), 프린터(Printer) 등이 있다.

39 정답 ①

수익거래란 고객들에게 상품 또는 용역 등을 판매하는 거래를 통해 발생하며 일정 기간 동안 기업 조직의 지속적인 영업활동의 결과로 나타난 현금 또는 기타의 자산 유입을 의미하고 매출 외에 다른 수익인 영업의 수익이 포함된다.

40 정답 ④

복식부기 제도의 거래의 본질에서 회계상 거래는 반드시 자산, 부채, 자본의 증가 및 감소와 수익의 비용발생 대립이라는 관계로 나타난다. 여기서 대립하는 두 거래가 동일한 금액으로 양쪽에 기록되는데 왼쪽은 차변, 오른쪽은 대변이라 하며 거래에서 양쪽이 동일한 금액으로 변동되는 것을 거래의 이중성이라고 한다.

독학학위제 1단계 교양과정인정시험 답안지(객관식)

전공분야

성 명

★ 수험생은 수험번호와 응시과목 코드번호를 표기(마킹)한 후 일치여부를 반드시 확인할 것.

수험번호

(1) 1 – – – –
(2) ● ② ③ ④ – – – – – – – –

※ 감독관 확인란

관리번호 (연번) (응시자수)

과목코드 / 응시과목

교시코드 ① ② ③

1~20, 21~40 ① ② ③ ④

답안지 작성시 유의사항

1. 답안지는 반드시 컴퓨터용 사인펜을 사용하여 다음 보기와 같이 표기할 것.
   보기) 잘된 표기: ●   잘못된 표기: ⊗ ⊙ ◐ ○ ◎
2. 수험번호 (1)에는 아라비아 숫자로 쓰고, (2)에는 "●"와 같이 표기할 것.
3. 과목코드는 뒷면 "과목코드번호"를 보고 해당과목의 코드번호를 찾아 표기하고, 응시과목란에는 응시과목명을 한글로 기재할 것.
4. 교시코드는 문제지 전면의 교시를 해당란에 "●"와 같이 표기할 것.
5. 한번 표기한 답은 긁거나 수정액 및 스티커 등 어떠한 방법으로도 고쳐서는 아니되고, 고쳐 문항은 "0"점 처리함.

[이 답안지는 마킹연습용 모의답안지입니다.]

[컴퓨터용 사인펜만 사용]

독학학위제 1단계 교양과정인정시험 답안지(객관식)

컴퓨터용 사인펜만 사용

★ 수험생은 수험번호와 응시과목 코드번호를 표기(마킹)한 후 일치여부를 반드시 확인할 것.

답안지 작성시 유의사항

1. 답안지는 반드시 컴퓨터용 사인펜을 사용하여 다음 **보기**와 같이 표기할 것.
   보기 잘 된 표기: ● 잘못된 표기: ⊽ ⊗ ⦿ ◑ ○●
2. 수험번호 (1)에는 아라비아 숫자로 쓰고, (2)에는 "●"와 같이 표기할 것.
3. 과목코드는 뒷면 "과목코드번호"를 보고 해당과목의 코드번호를 찾아 표기하고, 응시과목란에는 응시과목명을 한글로 기재할 것.
4. 교시코드는 문제지 전면 의 교시를 해당란에 "●"와 같이 표기할 것.
5. 한번 표기한 답은 긁거나 수정액 및 스티커 등 어떠한 방법으로도 고쳐서는 아니되고, 고친 문항은 "0"점 처리함.

[이 답안지는 마킹연습용 모의답안지입니다.]

독학학위제 1단계 교양과정인정시험 답안지(객관식)

독학학위제 1단계 교양과정인정시험 답안지(객관식)

2026 시대에듀 A+ 독학사 1단계 교양과정 스피드 단기완성 경영학개론
+ 무료특강

개정6판1쇄 발행	2026년 01월 15일 (인쇄 2025년 11월 13일)
초 판 발 행	2020년 02월 05일 (인쇄 2019년 12월 05일)
발 행 인	박영일
책 임 편 집	이해욱
편 저	독학학위연구소
편 집 진 행	천다솜 · 김다련
표지디자인	박종우
편집디자인	차성미 · 고현준
발 행 처	(주)시대고시기획
출 판 등 록	제10-1521호
주 소	서울시 마포구 큰우물로 75 [도화동 538 성지 B/D] 9F
전 화	1600-3600
팩 스	02-701-8823
홈 페 이 지	www.sdedu.co.kr

I S B N	979-11-434-0120-5 (13320)
정 가	20,000원

※ 이 책은 저작권법의 보호를 받는 저작물이므로 동영상 제작 및 무단전재와 배포를 금합니다.
※ 잘못된 책은 구입하신 서점에서 바꾸어 드립니다.

독학사 시험 합격을 위한
최적의 강의 교재!

심리학과 · 경영학과 · 컴퓨터공학과 · 간호학과 · 국어국문학과 · 영어영문학과

심리학과 2·3·4단계

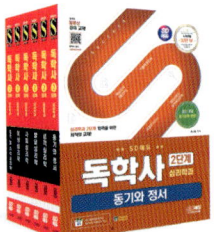

2단계 기본서 [6종]
이상심리학 / 감각 및 지각심리학 /
사회심리학 / 발달심리학 / 성격심리학 /
동기와 정서

2단계 6과목 벼락치기 [1종]

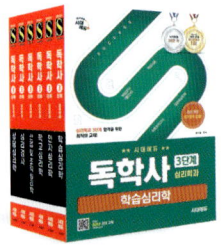

3단계 기본서 [6종]
상담심리학 / 심리검사 / 산업 및 조직심리학 /
학습심리학 / 인지심리학 / 학교심리학

4단계 기본서 [4종]
임상심리학 / 소비자 및 광고심리학 /
심리학연구방법론 / 인지신경과학

경영학과 2·3·4단계

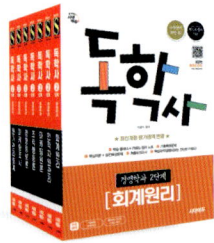

2단계 기본서 [7종]
회계원리 / 인적자원관리 / 마케팅원론 /
조직행동론 / 경영정보론 / 마케팅조사 /
원가관리회계

2단계 6과목 벼락치기 [1종]

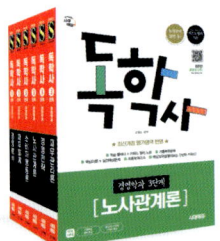

3단계 기본서 [6종]
재무관리론 / 경영전략 / 재무회계 / 경영분석 /
노사관계론 / 소비자행동론

4단계 기본서 [3종]
재무관리 / 마케팅관리 / 인사조직론

※ 4단계 회계학은 2·3단계 교재로 겸용
 2단계 겸용: 원가관리회계
 3단계 겸용: 재무회계

컴퓨터공학과 2·3·4단계

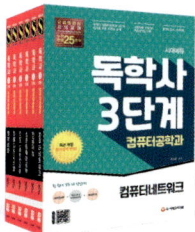

2단계 기본서 [6종]
논리회로 / C프로그래밍 / 자료구조 /
컴퓨터구조 / 운영체제 / 이산수학

3단계 기본서 [6종]
인공지능 / 컴퓨터네트워크 / 임베디드시스템 /
소프트웨어공학 / 프로그래밍언어론 / 정보보호

4단계 기본서 [4종]
알고리즘 / 통합컴퓨터시스템 /
통합프로그래밍 / 데이터베이스

2단계 6과목 벼락치기 [1종]

간호학과 4단계

4단계 기본서 [4종]
간호연구방법론 / 간호과정론 / 간호지도자론 /
간호윤리와 법

4단계 적중예상문제집 [1종]

4단계 4과목 벼락치기 [1종]

국어국문학과 2·3·4단계

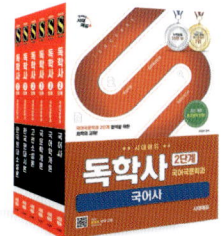

2단계 기본서 [6종]
국어학개론 / 국문학개론 / 국어사 /
고전소설론 / 한국현대시론 /
한국현대소설론

3단계 기본서 [6종]
국어음운론 / 고전시가론 /
문학비평론 / 국어정서법 /
국어의미론 / 한국문학사

※ 4단계는 2·3단계에서 동일 과목의 교재로 겸용
　2단계 겸용 : 국어학개론, 국문학개론
　3단계 겸용 : 문학비평론, 한국문학사

영어영문학과 2·3·4단계

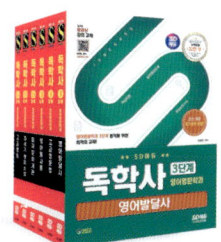

2단계 기본서 [6종]
영어학개론 / 영문법 / 영어음성학 /
영국문학개관 / 중급영어 /
19세기 영미소설

3단계 기본서 [6종]
영어발달사 / 고급영어 / 영어통사론 /
미국문학개관 / 20세기 영미소설 /
고급영문법

※ 4단계는 2·3단계에서 동일 과목의 교재로 겸용
　영미소설(19세기 영미소설 + 20세기 영미소설), 영미문학개관(영국문학개관 + 미국문학개관)

※ 본 도서의 이미지 및 구성은 변동될 수 있습니다.